GOLDMANN

W0242629

Buch

Bonarum, eine kleine Siedlung an den Ufern des Rheins zur Zeit der Germanen. Dort, wo heute das Bundeshaus steht, sitzt Heino der Brögler unter einer Eiche und erzählt der Jugend des Dorfes die Nibelungen-Sage. Sein Schwiegersohn Baldur Blauzahn, der Sippenchef, ist ein frauenverachtender, fremdenfeindlicher Patriarch von Wotans Gnaden. Er ist feige und verlegen, geil und geldgierig, vorurteilsbeladen und nur auf den eigenen Vorteil bedacht. Ein germanischer Mann wie du und ich und wahrscheinlich der Urahne von Ekel Alfred. Baldur lebt schimpfend und keifend genüßlich in den Tag hinein, bis eines Tages mit dem Kimber Bendix aus Rom ein seltsamer Flüchtling nach Bonarum gerät. Mit ihm zieht die Epoche der Zivilisation herauf, sehr zum Unwillen von Baldur, der Ausländer und alle, die er dafür hält, nur in Babygermanisch anmacht: »Also, Bimbo, wenn Vollmond, du hier machen große Flitze. Verschwindibum.« Genau das tut der fremde Neubürger nicht, und das Verhängnis nimmt seinen Lauf.

Wolfgang Menge beschreibt auf unnachahmlich sarkastische Weise, wie unsere Urahnen auf den Umbruch und die neue Zeit reagiert haben. *Meine Ahnen, deine Ahnen* ist ein moderner Schelmenroman mit hintergründig aktuellen Bezügen, ein Buch über unser heutiges Deutschland, das immer noch von meinen und deinen Ahnen bewohnt wird.

Autor

Wolfgang Menge, 1924 in Berlin geboren, ist Autor so berühmter Fernseherfolge wie »Millionenspiel«, »Smog«, »Ein Herz und eine Seele« (mit Ekel Alfred). Er erhielt zahlreiche Auszeichnungen, darunter den Prix Italie, Prix Futura und mehrfach den Adolf-Grimme-Preis.

Wolfgang Menge

Meine Ahnen
Deine Ahnen

Roman

GOLDMANN VERLAG

Umwelthinweis:
Alle bedruckten Materialien
dieses Taschenbuches
sind chlorfrei und umweltfreundlich.

Der Goldmann Verlag
ist ein Unternehmen der Verlagsgruppe Bertelsmann

Made in Germany · 1. Auflage · 9/92
Genehmigte Taschenbuchausgabe
© 1990 by Zinnober Verlag, Hamburg
Umschlaggestaltung: Design Team München
unter Verwendung einer Zeichnung von Marunde
Druck: Elsnerdruck, Berlin
Verlagsnummer: 41201
Lektorat: Ge
Herstellung: Sebastian Strohmaier
ISBN 3-442-41201-3

VORBEMERKUNG

Sollte jemand während der Lektüre den Eindruck gewinnen, er werde mit scheinbar sich widersprechenden Informationen über unsere germanischen Vorfahren konfrontiert, so ist er in Wahrheit auf einen besonderen Vorzug dieses Werkes gestoßen. Wahrscheinlich, weil die Quellen über das Leben unserer germanischen Ahnen mehr als spärlich sind, hat sie fast jeder Forscher anders ausgelegt. Wer sich für die unterschiedlichen, häufig einander widersprechenden Auffassungen interessiert, war bislang darauf angewiesen, zahllose Wälzer durchzuackern. Dagegen werden hier entgegengesetzte Auffassungen zum ersten Mal gemeinsam verwendet, und zwar stets willkürlich, um jede Parteilichkeit zu vermeiden.

DAS ERSTE KAPITEL

Baldur Blauzahn stand, seine Fäuste in die Hüften gestemmt, 7,4 km Luftlinie vom Fundort seiner prächtig erhaltenen Leiche entfernt (erst kürzlich entdeckt unter dem Swimmingpool der Steyler Mönche in St. Augustin), fast mitten auf den Geleisen des Hauptbahnhofs und betrachtete zufrieden seine beiden stämmigen Sklaven Özcan und Pilsudsky, die an einem hölzernen Gerüst arbeiteten, dessen Sinn bislang allein Baldur Blauzahn kannte. Baldur schaute auf seine Armbanduhr – ebenfalls eine seiner zahlreichen Erfindungen. Daß sie nur bei Sonnenschein funktionierte, mag einigen als Mangel vorkommen. Doch immerhin war es die erste Armbanduhr, zumindest nach den Kenntnissen ihres Erfinders. Es war zehn Minuten nach zwei Uhr, nachmittags. Der Intercity Rheinpfeil aus Hannover müßte auf seiner Route über Basel nach Zürich in 14 Minuten kommen, wenn er pünktlich sein würde, was hin und wieder tatsächlich vorkam. Von seinem Standort aus konnte Baldur sein Haus sehen. Ab und zu warf er einen Blick auf das Dach des Hauses und grinste dann. Die würden sich mal wieder wundern. Vor allem Thusnelda, seine Frau, würde sich wundern. Hatte sie nicht erst gestern ihre Hirseklöße kaum essen können, weil ihre Augen noch vom Kochen tränten?

Baldur mußte nicht lange auf diesen Moment warten; bereits während er an Thusnelda dachte, erschien sie in der Tür, schaute sich das hölzerne Monstrum erschrocken und mißtrauisch an, sagte aber vorsorglich nichts. Erfahrung hatte sie gelehrt, mit Fragen nach Erfindungen ihres Mannes sparsam umzugehen. Überdies hatte sich Thusnelda in Wahrheit noch nie dafür interessiert, was ihr Mann anstellte. Hätte er sie auch nur ein einziges Mal so angesehen, wie sie heutzutage vermutlich jeder erwachsene Mann ansähe, dem diese stolze Gestalt mit den stählern blitzenden Augen begegnete. Würde er nur ein einziges Mal ihren entschlossenen Mund betrachtet haben, der ständig herablassend zu lächeln schien, dann hätte ihm mindestens ihre mühsam gebändigte Nervosität auffallen müssen, die kaum verbarg, wie schwer es ihr noch immer fiel, die ihr vom Schicksal aufgebürdete Rolle würdig auszufüllen, seine, Baldurs, Ehefrau zu sein. Dabei war es ihr nicht einmal vergönnt gewesen, sich eine andere Art zu leben auch nur vorstellen zu können. Manchmal allerdings, nicht häufig, wenn sie nachts von irgendeinem Geräusch gestört wurde, meistens von Baldurs räudigem Schnarchen, ahnte sie, daß es für Frauen eine andere Art geben könnte, ein Leben zu verbringen. Doch bis zum nächsten Morgen hatten sich nicht mal Spuren dieser Träume erhalten, geblieben war ein ärgerlicher Schmerz in den Schläfen.

»Hast du die Kinder gesehen?« fragte sie, als sei weiter nichts.

»Ist das alles, was du zu sagen hast?« bellte Baldur. Doch Thusnelda war schließlich bereits fast zwanzig Jahre verheiratet. »Wenn ich mehr will, sag' ich mehr.« Dann tat sie so, als würde sie das rätselhafte Gerüst erst jetzt entdecken. »Ach du dicker Wotan, was ist das denn? Soll das etwa ins Haus?«

»Nee, in den Wald, du dußlige Kuh.«

»So, wie es da steht?« Die Frage war Baldur zu banal, um sie einer Antwort zu würdigen.

Doch Thusnelda hatte erkannt, was Baldur entgangen war: Ein Blick hatte ihr gereicht, um sicher zu sein, daß das Gestell mindestens zwei Hände breit zu hoch war, um durch die Tür zu passen; jeder Idiot hätte das erkannt. Präzise hatte Baldur ausgemessen, wie hoch das Gestell sein müßte, damit er bequem am Dachgiebel arbeiten könnte – allerdings eben innerhalb des Hauses.

Daß Baldur zwischen den Bahnsteigen so ruhig arbeiten konnte – genauer gesagt: arbeiten lassen –, ist einfach zu erklären: Der Bahnhof existierte noch gar nicht. Wenn Baldur Blauzahn einen Kalender besessen hätte (es gab ihn bereits), hätte er wissen können, daß heute der 18. März war. Doch selbst wenn er das gewußt hätte, würde er nicht einmal geahnt haben, daß an diesem 18. März – übrigens sicher nicht zufällig ein Donnerstag, der dem Gott Wotan gewidmete Tag also – in seiner unmittelbaren Umgebung ein historischer Prozeß von kaum übersehbaren Folgen ausgelöst wurde. Auf die Gefahr hin, daß es die Spannung der Lektüre erheblich reduziert, soll bereits jetzt verraten werden, daß Baldur von all dem bis zuletzt, ja, vermutlich bis zu seinem Tode nichts bemerkte. Dabei hatte er doch alles vor Augen, nahm in vielen Phasen sogar aktiv an diesem Prozeß teil.

Obwohl wir heute vorgeben, sehr viel klüger zu sein, als es unsere Ahnen waren, wissen wir doch, daß Zeitgenossen nur selten die Ereignisse und Vorgänge, die sie miterleben, richtig bewertet haben. Daß es künstlerischen Werken bekanntlich selten anders geht, sei lediglich als Garnierung erwähnt, nicht etwa deshalb, um, persönlich gekränkt, darauf zu verweisen, daß die künstlerischen Giganten von morgen die unbekannten Künstler von heute sind, während die heute Umjubelten und Geehrten ziemlich bald nach ihrem Tod vergessen sein werden. Allerdings geschieht es ebenfalls recht häufig, nicht gerade in der Kunst, aber doch in der Geschichtsbeschreibung unserer Gelehrten, daß sie die wirklichen Ursprünge, manchmal sogar epochaler Umwälzungen, nicht erkennen können oder nicht erkennen wollen. Vielleicht, weil sie ihnen zu unauffällig, zu banal oder zu unbedeutend erscheinen.

Wahrscheinlicher ist es jedoch, daß sich historische Ereignisse durch ihre Natur einer wissenschaftlichen Beschreibung entziehen. Historiker müssen von Dokumenten leben; die wirkliche Geschichte jedoch spielt sich aber stets zwischen Menschen ab. Und diese entziehen sich schon deshalb jeder Dokumentierung, weil sie sich, im Unterschied zu wohl allen anderen Schöpfungen der Natur, durch ihre Komplexität erheblich voneinander unterscheiden. Eine Rose ist bekanntlich eine Rose ist eine Rose. Wie sie einmal werden wird, weiß ein brauchbarer Gärtner bereits, wenn er den Samen in die Erde legt (falls man dazu einen Samen benötigt, was ich hoffe). Aber was wird aus einem Menschen, nachdem der Samen mal drin ist? Das wissen nicht mal die eigenen Eltern, selbst nachdem so ein Rüpel an die zwanzig Jahre existiert. Und sind sie einmal gestorben, was für ihre Begegnung mit Historikern in der Regel verlangt wird, ist jeder Versuch zwecklos, hinter ihre Schliche zu kommen.

Also lassen sich historische Bewegungen (und ihre Gesetze), das hat etwa Egon Friedell in seiner »Kulturgeschichte der Neuzeit« einleuchtend dargelegt, nur in der Phantasie wiederholen. Das schöpferische Erlebnis eines Künstlers verbleibt als einziger Weg, um in Geschichte einzudringen.

Wer aufmerksam verfolgt, was sich aus einem letztlich doch einigermaßen beiläufigen Unglücksfall an diesem 18. März in Baldur Blauzahns Dorf Bonarum (und der weiteren Umgebung) heraus entwickelte, wird nicht nur etwas besser verstehen, wie unsere germanischen Ahnen ihre Tage verbracht, wie sie gedacht und gefühlt haben, vor allem wird er – hoffentlich – endlich kapieren, was um Himmels willen unsere germanischen Vorväter dazu getrieben hat, eines Tages ihre schwer durchdringlichen, aber doch kerngesunden Wälder und ihre fruchtbaren Äcker, Haus und Hof[1] also, zu verlassen, mühsam die Alpen zu überqueren, um schließlich als Eroberer in Rom einzumarschieren.

Das heutige Bonn war damals ein Dorf und hieß, seit die Römer im Lande waren, Bonarum. Obwohl es gegenwärtig auf dem besten Wege ist, wieder zu einem Dorf zu werden, ist indessen kaum damit zu rechnen, daß man auf den alten Namen zurückgreift. Allein die mit einer solchen Umbenennung verbundenen gigantischen Kosten dürften abschrecken. Der Fall Chemnitz, als jüngstes Beispiel, sollte als mahnendes Beispiel ausreichen. Wäre Bonn mit allem so üppig gesegnet wie mit Schulden, wäre es die Hauptstadt von Schlaraffenland.

Wenn immer wieder behauptet wird, daß sich unser deutsches National- oder Gemeinschaftsgefühl nur deshalb so dürftig ausgebildet hat, weil unsere germanischen Vorfahren unwillig waren, selbst andere Germanen in ihrer Nähe zu dulden, also

[1] Näheres zu Stabreimen s. a. bei Heiner dem Reimer und seine Reimstäbe auf S. 120 ff.

nicht gemeinsam zu siedeln, wie es sich bei allen anderen Völkern eingebürgert hat, so ist dies eine unverschämte Unterstellung, deren Urheber – wen überrascht es – jenseits unserer südlichen Grenzen gesucht werden darf: der römische Historiker Tacitus.

Daß sich unsere Wissenschaftler dennoch auf seinen Bericht berufen, ist die eigentliche Schande. Dabei hätten sie, wären sie fähig, auch nur zu lesen, mühelos erkennen können, daß sich dieser Historiker bereits in dem einzigen Absatz selbst widerspricht, der sich mit den Wohngepflogenheiten befaßt und so beginnt: »Daß die Völkerschaften der Germanen keine Städte bewohnen, ist hinreichend bekannt, ja daß sie nicht einmal zusammenhängende Siedlungen dulden. Sie hausen einzeln und gesondert, gerade wie ein Quell, eine Fläche, ein Gehölz ihnen zusagt.« Aber dann fährt er fort: »Ihre Dörfer legen sie nicht in unserer Weise an, daß die Gebäude verbunden sind und aneinanderstoßen: jeder umgibt sein Haus mit freiem Raum.« Also doch. Auf einmal sind da Dörfer. Aber vorher tut er so, als ob Dörfer keine Siedlungen wären oder ein Dorf nur dann ein Dorf genannt werden dürfte, wenn dessen Häuser zu Wohnblocks aneinandergepreßt sind.

In Bonarum standen jedenfalls zu dieser Zeit genau vierzehn Häuser, wenngleich nicht alle so modern, bequem und großzügig angelegt waren wie das von Baldur Blauzahn. Sein Haus umfaßte, nach heutigen Maßen, nicht nur eine Grundfläche von 71,8 qm (11,4 × 6,3 m), sondern war obendrein nach den neuesten Erkenntnissen von Bauexperten errichtet worden: Die Außenwände bestanden aus hölzernen Pfosten, zwischen diesen war mit Lehm beworfenes oder beschmiertes Flechtwerk.

Eine Neuerung hatte Baldur allerdings an der Rückwand eingeführt, eine kleine, holzgerahmte Öffnung (30 × 40 cm), die dann in allen Dörfern der Umgebung für gehöriges Aufsehen sorgte. Obwohl Baldur sich diese Öffnung ausgedacht hatte, damit es im Haus ein bißchen heller sein sollte, nannte er sie seltsamerweise Windauge (engl.: *window*).

Die Wandpfosten hatte Baldur oben waagerecht mit Holzbohlen verbunden (verbinden lassen), auf denen wiederum ein Gerüst für die Dachkonstruktion (Massivholz!) ruhte. Das an den Seiten bis fast auf Augenhöhe herabgezogene Dach war, wie heute noch vielfach in unseren nördlichen Landesteilen zur Freude von Landschaftsschützern und Feuerversicherungen üblich oder vorgeschrieben, mit Reet gedeckt.

Lediglich beim Fußboden hatte Baldur zu früh aufgegeben. Wie es so häufig beim Bauen und Einrichten geschieht – wenn der erste Schwung vorbei ist, bleibt alles erst mal eine Weile, oder noch länger, bestenfalls halbfertig. Eigentlich hatte Baldur nämlich vorgehabt, den ebenerdigen Fußboden im Wohntrakt mit Steinen auszulegen. Allein für den sich unmittelbar, also ohne irgendwelche Zwischenwände anschließenden Stallbereich war festgetretener Lehm vorgesehen. Doch bereits das Aussuchen und der Transport von Steinen, die zueinander paßten und farblich harmonierten, erwiesen sich als so mühsam, daß Baldur eines Tages aufgab und sich Verbesserungen und Erfindungen für andere Lebensbereiche zuwandte. (Baldurs Sohn Heldmut behauptete später, sein Vater habe in der fraglichen Zeit eine sogenannte Sicherheitsnadel erfunden, konnte einen Prototyp allerdings nie vorlegen. So muß diese Behauptung als Spekulation unberücksichtigt bleiben.)

Jedenfalls blieb der Fußboden, was er von Anfang an war: festgetretener Lehm (daher noch heute: Erdgeschoß). Die wiederholten Aufforderungen Thusneldas, doch zumindest den Fußboden im Wohnbereich mit Holz auszulegen, um das Saubermachen zu erleichtern, hatte Baldur niemals ernst genommen.

Dennoch war Baldurs Haus, wie bereits erwähnt, das modernste, größte und bequemste im Dorf. Schließlich war Baldur immerhin Dorfschnulze und Sippenvogt in Personalunion. Doch das erklärt nicht alles. Badwilas Haus etwa war ein Drittel so groß (großzügig berechnet 4,5 × 3,8 m), obwohl sie als »weise Frau« der Großsippe nicht nur mit ehrfürchtigem Respekt im gesamten Gau angesehen wurde, sondern in wichtigen Bereichen gegenüber Baldur Blauzahn weisungsbefugt war. Aber ihr Haus war nicht nur kleiner, sondern hatte nicht einmal Wände. Es bestand ausschließlich aus Dach, ähnlich jenen Häusern, wie sie – allerdings erheblich größer (und nicht mehr fensterlos) – in traditionsbewußteren germanischen Siedlungen, etwa im südlichen Dänemark, bei den sogenannten Jütländern, noch heute zu sehen sind (aber vorzugsweise an deutsche Touristen vermietet werden). Allerdings hätte sie heute einen prächtigen Blick auf den Eingang des Münsters – sollte sie vor ihrer Tür stehen.

Warum Badwila sich mit einem so winzigen Haus beschied, kann heute nur vermutet werden. Vielleicht benötigte sie so wenig Raum, weil sie keine Tiere halten mußte; vielleicht hat es nur daran gelegen, daß man für ihre (weniger angesehene) Vorgängerin im Amt einfach mit Grundfläche knauserte. Schließlich hatten die Gründerväter mit Axt und Feuer erst einmal Platz schaffen müssen, bevor die ersten Häuser errichtet werden konnten. Wie bei fast allen germanischen Dörfern war auch hier vorher undurchdringlicher Wald. Die Lage war ihnen als so günstig erschienen, daß sie sich dieser elenden Plackerei eigenhändig unterzogen.[2] Eine ziemlich große Lichtung in der Nähe konnte mit etwas weniger Aufwand als Acker genutzt werden. Daß das rechte Ufer des Rinos nicht allzuweit, aber auch nicht allzu dicht lag, schien ihnen ein weiterer Vorzug des Ortes. An den gewaltigen Strom führte lediglich ein schmaler, verdeckter Pfad, der nur Einheimischen bekannt war. So glaubten sich die Bonarer, trotz des möglichen Zugangs zum Rino, aber eben doch mitten im undurchdringlichen Wald, vor überraschenden Besuchen umherstreunender Halunken geschützt. Doch in diesem Punkt hatten sie sich getäuscht, wie aus der Schilderung der kommenden Ereignisse hervorgehen wird.

Da Bonarum abseits aller Handelswege lag, also aller öffentlichen Straßen und Wege (am Beginn unseres Berichtes jeden-

[2] Wie ungewöhnlich dieses Tun für Germanen ist, verdeutlicht eine (hier unbewertet bleibende) Beobachtung des bereits erwähnten Historikers Tacitus. Nachdem er schildert, wie schwer es ist, einen Germanen dazu zu bringen, seinen Acker zu bestellen und die Ernte abzuwarten, daß einer bereits als Sonderling gilt, der lieber Schweiß als Blut vergießt, fährt er fort (Germania, Abschnitt XV, zitiert nach der Übersetzung aus dem Lateinischen von Manfred Fuhrmann): »Wenn sie nicht zu Felde ziehen, verbringen sie viel Zeit mit Jagen, mehr noch mit Nichtstun, dem Schlafen und Essen ergeben. Gerade die Tapfersten rühren sich nicht. Die Sorge für Haus, Hof und Feld bleibt den Frauen, den alten Leuten und allen Schwachen im Hauswesen überlassen; sie selber faulenzen.«

falls), hatte sich jeder einen Platz für sein Haus nach Gutdünken aussuchen können. Jeder baute dort, wo es ihm am besten gefiel; auf jede Art von Bauordnung hatte man verzichtet. So befand sich das Haus von Baldurs einfältigem Schwager Sigurd beispielsweise an der Ecke Poststraße, wo heute Montanus Bücher verkauft (hoffentlich auch dieses, und zwar reichlich), die Wände seines Hauses verliefen fast identisch mit den Schaufensterfronten der Modehäuser Poerschke (Herren) und Tyrasa (Frauen).

Die Äcker von Bonarum erstreckten sich nach Süden, fast bis hin zum (Stand 1990) Auswärtigen Amt, aber nur so weit östlich, daß zwischen ihnen und dem Rino noch ausreichend schützender Wald erhalten geblieben war.

*

Zur gleichen Zeit, als Baldur mit seinem Gerüst zu tun hatte, saß sein Schwiegervater Heino (mit vollständigem Namen, an den sich indessen kaum noch jemand erinnerte, Heinrich der Bröggler) unten am See beim Unterricht. Allerdings waren nur noch acht Schüler anwesend. Doch entsprach dieser Schülermangel dem eher bescheidenem Curriculum, das nicht mal die wenig anspruchsvollen Schüler von heute befriedigen würde. Und das will was heißen. Wie heute noch üblich, behauptete der Lehrer, er, Heino, sei für diesen Zustand nicht verantwortlich. Das Argument, er hätte nie Lehrer werden dürfen, da er selbst kaum schreiben und gar nicht rechnen könne, ließ er selbstverständlich nicht gelten. Daß er kein ausgebildeter Pädagoge sei, habe er nie bestritten. Obendrein habe Baldur den Unterricht der Dorfkinder nur deshalb ihm anvertraut, weil er auf diese Weise nicht ständig im Dorf herumgammeln würde.

Heino konnte diese verantwortungsvolle Aufgabe jedoch guten Gewissens übernehmen, denn er hatte mehr erlebt als jeder andere Germane weit und breit. Heino war der älteste Mensch im Land nördlich der Schneeberge, somit auch im Dorf. Sein wirkliches Alter jedoch kannte selbst er nicht mal annähernd und verließ sich auf grobe Schätzungen, die er obendrein den jeweiligen Umständen anpaßte. Wurde er von Ratsuchenden nach seinem Alter gefragt, kniff er seine Augen zusammen

– obwohl sie bereits weit geöffnet aussahen, als hätten sich zwei Rosinen in eine Sandtorte verirrt –, grinste nachsichtig und erwiderte mit einer dreistelligen Zahl. Fragte ihn dagegen eine weibliche Person, versuchte er zumindest in seine Stimme jene Geschmeidigkeit zu legen, die seinen Gliedern schon länger fehlte, und nannte eine beliebige Zahl unter Sechzig; in Ausnahmefällen ließ er sich sogar zu dem Versuch verleiten, ohne seinen mit einigen gewagt pornographischen Schnitzereien verzierten Stock zu benutzen, aufzustehen – was ihm hin und wieder gelang und dann niemanden mehr überraschte als ihn selbst. War er bei einer derartigen Gelegenheit ausreichend betrunken, konnte es geschehen, daß er, um seine Jugendlichkeit zu beweisen, seinen Mund weit aufriß, damit seine Zähne besichtigt werden konnten. Er besaß immerhin noch elf. Wirklich erstaunlich war, daß er es nicht nötig hatte, seine Haare zu färben. Grau waren sie lediglich im wilden Bart und an den Schläfen. Daß er, um bei den Germaninnen mehr zu erreichen, den grundgütigen Onkel spielte (der er tatsächlich war), hat er bis zu seinem Tode entschlossen abgelehnt.

Er war (nach eigenem Zeugnis) Veteran vieler Schlachten, an denen teilgenommen zu haben er sich selbst ganz sicher war. Doch deuten einige Umstände darauf hin, daß er an seiner Lieblingsschlacht im Teutoburger Wald nicht teilgenommen hatte. Mehrere Gründe sprechen dafür, daß er jedenfalls diese mit irgendeiner anderen verwechselt. Erstens: Die Schlacht war längst geschlagen, bevor er geboren wurde. Zweitens – nein, ein Grund muß reichen.[3]

[3] Der modernen Gewohnheit, nach Möglichkeit viele Ursachen für ein und dieselbe Folge anzuführen, mag sich der Verfasser nicht anschließen, obwohl der Reiz dieser Übung von ihm nicht verkannt wird. So hat er beispielsweise gerade in diesen Tagen, nicht ohne Respekt, in einer hiesigen Zeitung lesen dürfen, daß die Tennisspielerin Steffi Graf nach Beendigung des Turniers nicht am abendlichen Galadiner des Veranstalters teilnehmen konnte, weil sie zu sehr unter ihrer Erkältung litt. Außerdem sei sie zu ihren Eltern nach Heidelberg geflogen. Übrigens weiß sich der Verfasser in dieser altmodischen Haltung in renommierter Gesellschaft. Napoleon hatte bei seinem Eroberungszug durch Deutschland mit den Stadtvätern von Freudenstadt vereinbart, daß ihm mittags um

Heinos Vorliebe gerade für diese eine Schlacht erhärtet die Ansicht, daß er – was man dem Stil seiner Berichte weniger schlüssig entnehmen kann – ein Meister der Analyse historischer Ereignisse gewesen ist. Ohne einen germanischen Sieg nämlich hätten wir kaum das heutige Kulturgefälle zwischen Neumünster und Oberammergau. Schleswig-Holstein etwa wäre ähnlich unterentwickelt wie heute Bayern, Mecklenburg wie Sachsen. Schließlich wurden genau jene römischen Legionen vernichtet, mit denen Rom seine Grenze bis an die Elbe vorschieben wollte. (Daß im selben Jahre, weit weg in China, ein gewisser Wang Mang die Han-Dynastie beseitigte, das Privateigentum an Grund und Boden aufhob, feste Preise für die meisten Produkte einführte und Maos Versuch eintausendneunhundertvierzig Jahre später demnach lediglich ein Rückfall in das Jahr 9 der chinesischen Geschichte war, interessiert in unserem Zusammenhang dagegen sicherlich niemanden.)

Obwohl Heino den Text des Nibelungenliedes auswendig kannte, wird damit nicht unbedingt belegt, daß er wirklich von Anfang an dabeigewesen war, wie er (manchmal) behauptete. Denn häufig verbreitete er selbst eine andere Version, die der Wahrheit näherkommen dürfte. Danach war er zu Siegfrieds berüchtigter Räuber- & Mörderbande erst gestoßen, nachdem er (enttäuscht) hatte feststellen müssen, daß der Berg, in dem Heino (nicht grundlos) den Nibelungenschatz vermuten durfte, von Siegfried bereits leergeräumt worden war.

Die Melodien übrigens kannte er so gut wie gar nicht. Vielleicht sang er sie gerade deshalb so gern. Als Sänger war er Autodidakt ohne Vorbild und bediente ein gräßliches Instrument mit

zwölf vor den Toren die Stadtschlüssel übergeben werden sollten. Vorher sollte die Stadt 24 Schuß Salut schießen. Die Stadtväter waren pünktlich, nur der vereinbarte Salut war nicht geschossen worden. Als Napoleon, zutiefst beleidigt, damit drohte, die Stadt bis auf die Grundmauern niederbrennen zu lassen, fiel der Bürgermeister mit seinen Ratsherren vor Napoleon auf die Knie und jammerte: »Majestät, wir haben sieben Gründe vorzubringen, die uns daran gehindert haben, den Salut, wie vereinbart, zu schießen.« Napoleon nickte mit verkniffenem Mund, denn er war noch immer wütend. Der Bürgermeister begann: »Erstens, wir besitzen gar keine Kanonen . . .«
Napoleon verzichtete darauf, die restlichen sechs Gründe zu erfahren.

vier Saiten, aber ohne Bogen, das er sich eigens für diesen Zweck gebastelt hatte. Er nannte es zärtlich Fidula, obwohl es in Wahrheit eher einem Banjo ähnelte. Daß er diese Ohrenmarter stets bei sich führte – eine Gewohnheit, die sich bei vielen seiner Gitarre spielenden Nachfahren bedauerlicherweise bis in unsere Zeit erhalten hat –, trug ebenfalls nicht gerade zu seiner Beliebtheit bei. Vermutlich schätzte er diese Fidula besonders deshalb, weil sie ihn an seinen Aufenthalt in Amerika erinnerte. Denn daß er in Amerika gewesen war, in seiner frühesten Jugend, daß er mit den Wikingern an vielen ihrer berüchtigten Brand- und Mordfahrten teilgenommen hatte, darf als verbürgt gelten. Dazu wußte er zuviel, was er auf andere Weise nirgendwo hätte erfahren können. Wenn ihm vorgehalten wurde, er nenne Amerika Finnland, bestenfalls West-Finnland, muß das als eine ziemliche Unverfrorenheit gebrandmarkt werden, weil dieser Vorwurf ausgerechnet von Männern kam, die selbst nicht mal mehr in der Lage waren, die ersten zehn Frauen, mit denen sie gebrögelt hatten, in korrekter Reihenfolge aufzuzählen. (Falls sie die zehn Namen überhaupt noch zusammenkriegen konnten.)

Daß heutige referierende Historiker die verschiedenen Daten seiner Erlebnisse nicht unter einen Hut bringen können, darf man Heino ebenfalls nicht vorwerfen. Schließlich hat er erlebt, was diese nur ausgegraben haben. Wenn sie zum Beleg ihrer Irrtümer auf die unvollständig überlieferten schriftlichen Zeugnisse des (bereits mehrfach erwähnten) geltungsbedürftigen römischen Historikers verweisen, die angeblich den Berichten Heinos widersprechen, so ist dies schon deshalb unsinnig, weil wesentliche Informationen dieses Römers von Heino stammen. Wir werden darauf noch häufiger und ausführlicher zu sprechen kommen.

Von allem anderen abgesehen, ist ja unstrittig, daß besonders die Abenteuer der Wikinger und die der Nibelungen den rätselhaften Charakter von uns Deutschen sowie unser tiefes Gemüt besser deuten als so manches trockene Ereignis einer allein durch Jahreszahlen dokumentierten Geschichte.

Der Charakter eines Volkes, das sich einen Mann wie Siegfried als größten Helden auserwählte, einen habgierigen und brutalen Prahlhans und Macho, der vergewaltigte, betrog, raubte und mordete, zum Idol erhob, sollte keine Rätsel mehr aufgeben.

*

Den Platz am See für den Unterricht hatte sich Heino übrigens (mit Bedacht) selbst gewählt. Dieser dürfte nördlich des Poppelsdorfer Schlosses begonnen haben, dort, wo die Königstraße in die Poppelsdorfer Allee mündet, und sich bis zur Autobahn hingezogen haben (der dortige Weiher ist der klägliche Rest). Und die Eltern hatten dieser Ortswahl erfreut zugestimmt. Entgingen sie doch auf diese Weise nicht nur den ständigen Störungen Heinos, der, wie die meisten Rentner, nichts Besseres zu tun wußte, als auf dem Marktplatz herumzulungern, überall seine Nase reinzustecken und jedem Ratschläge zu geben, der keine benötigte. Obendrein waren die Eltern – zumindest für ein paar Stunden täglich – ihre Kinder los, die nicht weniger störten.[4]

Warum also hatte sich Heino das Seeufer für seinen Unterricht ausgesucht? Der Grund war ziemlich simpel. Germanen waren Reinlichkeitsfanatiker – diese Tatsache ist merkwürdiger-

[4] Das hat sich ja ebenfalls bis in unsere Gegenwart gehalten: die törichte Behauptung nämlich, die allgemeine Schulpflicht sei von einer aufgeklärten Obrigkeit eingeführt worden, damit ihre Bürger lesen und schreiben lernen. Die Heuchelei dieser Behauptung entlarvt sich selbst bereits durch die Tatsache, daß o. e. Fähigkeiten nur für sehr wenige Menschen von Vorteil sind. Es hat Jahrhunderte gedauert, bis man endlich, in unseren Tagen, dazu übergegangen ist, diese Fehlentwicklung zu bremsen und aus Alphabeten wieder Analphabeten zu machen. Ein Prozeß, in dem die Verdienste des Fernsehens gar nicht überschätzt werden können. Dennoch ein merkwürdig mühsames Geschäft. Merkwürdig vor allem deshalb, weil kaum jemand von denen, die als Kinder das Lesen und das Schreiben erlernt haben, später diese Fähigkeiten praktiziert. Nein, in Wahrheit ist die allgemeine Schulpflicht entstanden mit der Emanzipation des aufstrebenden Bürgertums. Handwerker und Händler wollten es nicht länger hinnehmen, daß nur dem Adel Einrichtungen vorbehalten blieben, in denen er seine Kinder aufbewahren konnte. Jetzt wollten die sog. kleinen Leute nicht länger dulden, daß ihre Kinder ständig kreischend in der Wohnung umherfegten, wenn nicht gar in den meist im Haus befindlichen Werkstätten der Handwerker, während die besseren Herrschaften zumindest an Vormittagen Ruhe genossen. Auch sie wollten ihre Kinder wenigstens halbtags auslagern.

weise fast vergessen, obwohl Germanen die Seife erfunden haben (damals: Saipu oder auch Sope). Also badeten sie, ob Winter oder Sommer, nach Möglichkeit täglich. Sie dachten sich obendrein nichts dabei, allesamt nackend zu baden, Männer und Weiber, Jungen und Mädchen. Niemand dachte sich was dabei – außer Heino.

Während Baldur noch bei seinem Gerüst beschäftigt war, versuchte Heino den Kindern zu erklären, was er in Amerika kennengelernt hatte.

»Ich mach' euch das mal vor. Sonst versteht ihr das doch nicht«, sagte er, während er das Blatt einer Seerose pflückte und es zusammenrollte.

»Ganz fest. Und vielleicht noch ein Blatt drüber, damit es schön dick wird . . . und dann stecken sie das Ganze in den Mund . . .« Heino mußte unterbrechen. Er hatte Schwierigkeiten, mit der dicken Rolle im Mund zu reden. Er nahm die Rolle also wieder heraus und blickte Heldmut schon mal auffordernd an: » . . . und dann nehmen sie einen brennenden Ast und halten das Feuer hier dran, ganz vorne dran. Die haben viel mehr Feuer als wir . . . alle paar Schritt brennt da irgendwas. Und dann warten sie, bis es schön glüht.« Heino blickte zum Feuer, doch Heldmut schien nicht zu kapieren, daß Heino darauf wartete, einen brennenden Ast gereicht zu bekommen.

»Nun heb schon deinen faulen Arsch, du Penner«, brüllte er unvermittelt. Heldmut war vom forschen Ton seines Opas nicht überrascht; er war von seinem Vater Baldur Schlimmeres gewohnt. So erhob er sich träge und reichte dann Heino gelangweilt einen Ast mit etwas Glut dran. Heino steckte sich sein Gerolltes aufs neue in den Mund und griff nach dem Ast.

»Also die Rolle in Mund . . . und dann saugen sie den Rauch ganz tief in den Bauch . . .« Heino machte tiefe Atemzüge, bis er in einen Hustenanfall ausbrach und die Kinder vor Vergnügen jubelten. Ausgerechnet in diesem Augenblick erschien Sigurd.

Sigurd Swastika war Baldurs Schwager, seit er dessen Schwester Brunhilde geheiratet hatte. Wer sich Germanen so vorstellte, wie sich Richard Wagner Germanen vorstellte, würde nie auf die Idee kommen, Sigurd sei solch ein Germane. Obwohl erst 34 oder 43 (er hielt die Reihenfolge der Zahlen für nebensächlich) Jahre alt, waren seine Haare bereits knapp geworden. Ein Bart war ihm nie vergönnt gewesen, erst recht kein so wilder, wie ihn sich sein Schwager Baldur zu seinem heimlichen Ärger hatte wachsen lassen. Außerdem verabscheute Sigurd Fleischgerichte. So trug er ständig eine Umhängetasche, die ihm Brunhilde gleich nach der Hochzeit gewebt, genäht und mit zwei S, den Anfangsrunen seines Namens, bestickt hatte und die stets voll mit Körnern aller Art war. Diese Körner verzehrte er. Sigurd liebte die Natur und seine Brunhilde wie beim erstmaligen Genuß. Er wäre nicht einmal auf die Idee gekommen, mit einer anderen Frau (sei es lediglich eine seiner Mägde) auch nur zu brögeln, wie es unter Germanen so normal war, daß manche Historiker vermuten, es sei damals Pflicht gewesen.

Sigurd ignorierte die glimmenden Seerosenblätter in Heinos Mund und fragte: »Hat einer von euch Baldur gesehen?«

Doch niemand schien die Frage gehört zu haben. Sigurds Sohn Walgari strahlte seinen Vater an: »Opa Heino hat uns gerade wieder was aus Finnland erzählt. Wie man knökt.«

»Schmökt«, verbesserte Elske.

Sigurd bemühte sich, energisch zu wirken: »Ich habe gefragt, wo Baldur ist.«

»Also, wenn Papi nicht zu Hause ist . . .«, wollte Elske erklären, doch jetzt war Sigurd nicht mehr bei der Sache. Es dauerte bei ihm meistens etwas länger, bis er erfaßte, was um ihn herum geschah. Jetzt hatte er sich Heino zugewendet. »Und du solltest endlich aufhören, den Kindern diese Wikinger-Märchen zu erzählen«, sagte er in einem für ihn ungewöhnlich vorwurfsvollen Ton.

Heino fühlte sich beleidigt: »Das sind keine Märchen. Das hab' ich alles selbst erlebt.«

»Und wenn schon. Erstens ist das nun schon so lange her . . . Und dann immer die Wikinger. Als ob unsere Vorfahren überhaupt nichts erlebt hätten.«

Jetzt wurde Heino sogar wütend. »Unsere Vorfahren nichts erlebt? Was? Das behauptet einer wie du? Was du vom heiligen Land unserer Ahnen kennst, weiß du doch von mir. Alle wissen es von mir. Von keinem anderen.«

Er wollte aufstehen, stolperte dabei über die vielen Gegenstände seiner Ausstattung, über Helm, Schwert, Fidula, Flitzbogen, Schleuder, Mezzabecher und Kruken, rappelte sich auf und hielt jetzt wie zufällig seinen Bogen in der Hand.

»Wer war denn noch dabei, außer mir? Bei den Nibelungen beispielsweise? Ich habe Siegfried noch persönlich gekannt, und Hagen aus Tromsö war einer meiner engsten Freunde bis zu seiner Ermordung. Bökel vom Berge hat mir sogar selbstgeschnittene Runen geschenkt.« Erst jetzt schien er den Bogen zu entdecken und hielt ihn Sigurd bedrohlich vors Gesicht. »Was glaubst du, wieviel Blut der schon gesehen hat, in all den Schlachten? In den Wäldern von Teutonenburg, auf den Feldern der Kaldaunen, in den Bergen . . .«

Unvermittelt setzte er sich, weil ihm der Name entfallen war. Sigurd setzte sich ebenfalls; er hatte vergessen, was er wollte.

»Ja, die Reise nach Finnland«, begann Heino verträumt, als wäre er nicht unterbrochen worden, »als ich noch bei den Wikingern war. Jahre hat das gedauert, bis wir überhaupt angekommen sind. Wir dachten schon jeden Moment, jetzt ist gleich die Welt zu Ende, und das Meer kippt nach unten. Da sieht unser Ausguck eine ganz fremde Küste, und da wußten wir, das ist ein neuer Kontinent. Und Erwin sagt, den nennen wir Finnland.«

Sigurd hob irritiert seinen Kopf. »Wieso Finnland? Ich denke, Finnland heißt das Land gleich neben den Wikingern, nur in der anderen Richtung, zum Sonnenaufgang?«

Heino nickte: »Das ist uns dann auch aufgefallen. Und dann hat Erwin sich einen neuen Namen ausgedacht . . .«

»Und wer ist Erwin?« fragte Sigurd.

»Welcher Erwin?«

»Hast du doch eben gesagt.«

Heino schüttelte nachsichtig den Kopf. »Erwin? Nein. Ach, Baldur, du verwechselst den bestimmt wieder mit Erik.«

Sigurd korrigierte ihn sanft: »Ich bin nicht Baldur, ich bin Sigurd.«

Elske versuchte, den unfruchtbaren Dialog zu beenden: »Und dann schmöken die eben.«

Sigurd blickte Heino mißtrauisch an, vermutete schon wieder Schweinkram. »Die tun was? Schmöken?«

Elske fing kichernd an zu erklären, was sie gerade erfahren hatte: »Also diese Rothäute da, die nehmen so große Blätter, rollen die dann zusammen.«

»Blätter?«

Heino nickte. »Von einer Pflanze, die nennen sie Tabasco. Sieht aber so ähnlich aus wie unser Mangold.«

»Schmeckt aber anders?«

Walgari war es mal wieder peinlich, wie schwerfällig sein Vater war: »Die essen das doch nicht, Papi. Hat Elske doch gesagt, die schmöken das. Die rollen diese Blätter fest zusammen, stecken sie in den Mund, und dann machen sie da Feuer ran, bis es schön glimmt. Und der Rauch schmeckt dann ganz fabelhaft, sagt Opa Heino.«

Sigurd blickte Heino vorwurfsvoll an. »Aha. Der Rauch. Na ja. Warum nicht. Der Rauch bei uns im Herd . . . wenn man das gern riecht.«

Doch dann wurde er nachdenklich. »Andererseits, wenn dieser Römer recht hat, den ich voriges Jahr hinterm Limes getroffen habe, daß in den meisten Pflanzen auch Gift drin ist, dann ist das bestimmt viel gesünder. Durch so Feuer werden die Gifte in den Pflanzen nämlich verbrannt. Also gesund wär das schon. Daß man aber von dem Rauch satt wird, hätte ich nicht gedacht.«

Das mußte Heino einräumen: »Satt nun direkt nicht. Du kannst nicht alles haben, Baldur.«

»Ich bin Sigurd. Baldur suche ich ja gerade.«

Immerhin war Sigurd durch diese Verwechslung wieder eingefallen, weshalb er an den See gekommen war. Also rappelte er sich wieder empor, wendete sich, bevor er ging, den Kindern zu: »Also das mit dem Schmöken, Kinder, das gefällt mir. Ihr wißt ja, daß ich großen Wert darauf lege, gesund zu leben. Vielleicht sättigt dieser Rauch doch ein bißchen. Und wenn ihr das nächste Mal Hunger habt, dann versucht doch erst mal, euren Spinat zu schmöken, statt ihn zu essen. Gesünder ist es auf alle Fälle. Andererseits, wenn man bedenkt, daß die Wikinger jahrelang unterwegs waren, dann mit nichts anderem heimgekehrt sind als mit einem Instrument, das gräßliche Töne macht, und der Erkenntnis, daß man Gemüse nicht nur essen, sondern auch seinen Rauch einatmen kann, dann frage ich mich, ob sich eine so lange und weite Reise lohnt.«

»Und daß sie einen neuen Kontinent entdeckt haben?« wandte Elske ein.

»Was heißt das schon. Der war ja nun mal da. Sie haben ihn gesehen, aber schließlich nicht geschaffen. Das hat . . .« Sigurd blickte in den Himmel. Doch Heino war zu ärgerlich geworden, um Sigurd zu Ende reden zu lassen: »Und wenn jemand von diesen mit der roten Haut mal zu uns nach Germanien kommen würde, was wäre ihnen dann wohl bei uns so wertvoll, daß sie es mit nach Hause nehmen wollten?«

Sigurd dachte verzweifelt nach, dennoch fiel ihm nichts ein. Verlegen griff er in seine Umhängetasche, nahm eine Handvoll Körner raus. »Möchte jemand?« Daß selbst die Kinder sofort ihre Köpfe angeekelt zur Seite drehten, schien er erwartet zu haben, denn er hatte sich die Körner unmittelbar nach seiner Frage in den Mund geschüttet. Zufrieden kauend, verschwand er in Richtung Dorf. So verpaßte er das bereits am Anfang erwähnte, sich später so schicksalhaft auswirkende Ereignis.

*

Im Dorf war mit dem Gerüst inzwischen geschehen, was Thusnelda erwartet, aber vor dem sie nicht gewarnt hatte: Es war zusammengekracht, als die Sklaven Özcan und Pilsudsky es teilnahmslos durch die Tür ins Haus schieben wollten. Beide waren lediglich darauf bedacht gewesen, nicht von einem herabstürzenden Balken getroffen zu werden. Nachdem sie ihren Chef beim Ausmessen beobachtet hatten und er ihnen danach ein Modell seines Gerüstes in den Sand zeichnete, genügte ein Blick zwischen ihnen, und sie wußten, was aus dem Produkt einer Arbeitswoche werden würde. Dennoch hatten sie gelassen mit dem Tischlern begonnen. Wenn sie in solchen Fällen nicht miteinander redeten, lag das nicht daran, daß sie zu Völkern gehörten, die noch nie aufeinandergetroffen waren, obwohl beide äußerlich sehr vieles gemein hatten, drahtige schwarze Haare, rasanten Bartwuchs, schmale Augen. Özcan hatte lediglich eine etwas gedrungenere Figur als Pilsudsky, und wenn er keine Hosen anhatte, war zu sehen, daß seine Beine schwungvoll gebogen waren, als hätte er seine Babyjahre mit festgebundenen Füßen auf einem Schweinerücken zugebracht.

Da sie jedoch beide bereits als Sklaven geboren, sogar gemeinsam aufgewachsen waren, konnten sie sich glänzend verständigen. Deshalb mußten sie nicht miteinander reden, als Baldur ihnen diese sinnlose Arbeit übertrug. Sie arbeiteten, weil sie dazu gezwungen waren; was aus ihrer Arbeit wurde, hatte sie noch nie interessiert. Ihnen war jedes Ergebnis recht.

Baldur hatte die zwei selbstverständlich beschimpft, so gut er konnte, hatte sich also nicht damit begnügt, sie schwarzhaarige Rinderwichser zu nennen, dennoch war ihm nichts anderes übriggeblieben, als sein Gestell innerhalb des Hauses neu aufbauen zu lassen. Denn daß er die Höhe der Tür nicht bedacht hatte, war ihm bereits klargeworden, als Özcan und Pilsudsky noch auf dem Wege zum Haus waren. Nur konnte er jetzt nicht mehr eingreifen, ohne die Schuld allein auf sich zu nehmen.

Doch jetzt stand es endlich, mitten im Wohntrakt des Langhauses, und hatte gleichzeitig seinen Zweck enthüllt: Dieses komplizierte, einer ligurischen Sandsteinschleuder ähnelnde Gestell war ein friedliches Gerät. Baldur wollte sich mit ihm lediglich eine Möglichkeit schaffen, bequem, aber ein paar Meter über dem Fußboden, im First seines Daches arbeiten zu können. Nun mag sich mancher fragen: Hätte dafür nicht eine einfache Leiter genügt? Die Antwort ist simpel: Die Epoche der Leitern war noch nicht eingeläutet, zumindest für Germanien nicht. Ihre Erfindung war einer späteren Generation vorbehalten. Wie es ja, kaum anders, heute verwunderlich ist, daß ganz einfache Dinge erst sehr viel später erfunden oder entdeckt werden als wesentlich kompliziertere. Und eben nicht nur in der medizinischen Wissenschaft, die so häufig als Beispiel herhalten muß. Obwohl es merkwürdig bleibt, daß wir Tuberkulose heilen können, aber keinen Schnupfen, wird der aufmerksame Beobachter täglich auf dieses Phänomen stoßen. So verfügen wir etwa über hundert unterschiedliche Apparate und Maschinen, um Suppengrün zu zerkleinern. Doch in welchen Haushalten finden wir, wenn dann die Suppe fertig ist, irgendein Gerät, um das Fett bequem abschöpfen zu können und nicht mühsam Löffel für Löffel, wobei auch noch der halbe Küchentisch vollgekleckert wird?

Während Thusnelda am Herd stand und mit verblüffender Geschicklichkeit Hirseklöße formte – indessen muß die Bewunderung nicht übertrieben werden, denn es gab mindestens viermal wöchentlich Hirseklöße bei Blauzahns, und das seit mehr als fünfzehn Jahren –, bestieg Baldur sein Gerüst, einen triumphalen Gesichtsausdruck kaum unterdrückend.

»Soll ich nicht lieber festhalten?« fragte Thusnelda, als wäre sie besorgt, weil der oberste Balken, den Baldur gerade bestiegen hatte, zu wackeln begann. Doch so was ließ Baldurs Erfinderstolz nicht zu. »Rintintin, schließlich habe ich das konstru . . .«

Zum »iert« kam er nicht mehr, denn im selben Augenblick hatte sich der Balken gelöst und war heruntergefallen. Geistesgegenwärtig hatte Baldur immerhin den Dachbalken ergriffen, aber nun hing er unterm Dach, suchte eine Stütze für seine Beine und brüllte gleichzeitig seine Tussi an: »Nun steh da nicht so dämlich rum, du Kuh! Tu was!«

Thusnelda seufzte pflichtgemäß, legte einen Knödel aus der Hand, ging ans Gerüst und hielt es fest, weniger, um ihrem Mann gefällig zu sein, sondern weil sie unbedingt vermeiden wollte, daß das Gerüst völlig zusammenbrechen würde, so daß sich ihr Mann verletzte und sie ihn dann ständig pflegen und, was noch schlimmer schien, ihn ständig im Haus ertragen müßte.

»Was willst du eigentlich da oben?« fragte sie milde.

»Das wirst du schon sehen, wenn du mir mein Schwert gegeben hast.« Thusnelda reichte ihm das Schwert, nicht ohne automatisch mit dem Ärmel ihrer Kutte noch schnell einen Fleck abzuwischen. Baldur war es inzwischen gelungen, jedenfalls für ein Bein Halt zu finden. Ohne auch nur durch ein Lächeln so was wie »danke« anzudeuten, fing er sofort an, mit dem Schwert ein Loch ins Dach zu hacken. Entrüstet schrie Thusnelda auf: »Was soll das denn? Bist du total bambam? Im Frühjahr haben wir das Dach neu gedeckt ...« Sie stolperte mit etwas Verzögerung über das Personalpronomen und fuhr ruhiger fort: »Wir ist gut. Das hat ja deine liebe Ehefrau machen dürfen.«

Baldur blieb erstaunlich gelassen. »Ich möchte mal wissen, wozu ich zwanzig Rinder bezahlt habe, für so was wie dich.«

Thusnelda korrigierte gleichmütig: »Achtzehn.«

»Und zwei Schweine«, ergänzte Baldur, rechthaberisch wie immer.

In diesem Moment wurde die fruchtlose Diskussion durch Sigurd unterbrochen, der, ohne anzuklopfen, eintrat. Nachdem er ihn entdeckt hatte, grüßte er seinen Schwager fröhlich wie leider fast immer: »Heil Baldur«, als hätte er ihn nirgendwo anders erwartet, als unterm Dachbalken hängend. »Ich such' dich schon die ganze Zeit.«

Noch konnte sich Baldur beherrschen. »Die ganze Zeit war ich hier oben.«

Sigurd nickte befriedigt. »Und ich hab' dich hier unten gesucht. Was machst du da oben?«

Endlich erhielt Baldur eine Chance, seine aufgestaute Wut loszuwerden. »Ich trainiere. Ich hab' ein Angebot nach Rom als Gladiator, du Ziegenficker. Ich warte auf solche Arschlöcher wie dich, damit ich ihnen mit dem blanken Hintern ins Gesicht springen kann.«

Dem einen oder anderen mag es so vorkommen, als sei Baldur ein ungewöhnlicher Germane, ein besonders rüpeliges Exemplar. Tatsächlich jedoch verkörperte er einen unter Germanen weitverbreiteten Typus. Gemeint ist jene Sorte Germanen, die es in ihrem Leben zu etwas gebracht hatten. Solange sich ein Germane traute, sein Haupt nur dann zu erheben, wenn ihn niemand dabei überraschen konnte – Situationen mit Ehefrauen und Kinder sollen hier außer Betracht gelassen werden –, schien er von sanfter, fast unterwürfiger Natur zu sein. Sobald jedoch einer, wie eben Baldur Blauzahn, ein bißchen mehr erreicht hatte als seine Nachbarn im Dorf, sei es, er besaß ein paar Rinder mehr, drei Frauen, wo andere nur eine haben, oder ein etwas größeres Haus, ja, selbst wenn er lediglich eine sehr entfernte Verwandtschaft mit einem Adeligen nachweisen konnte – sobald also einer aus der Masse hervortauchte, war er wie Baldur Blauzahn. Vielleicht sogar noch ungehobelter als dieser, und noch bornierter. Denn hätte man Baldur tief genug ins Herz blicken können, wären sicherlich Spuren von Güte und Menschenfreundlichkeit zu entdecken gewesen. Nur, wer hat schon soviel Zeit, um so lange und so tief in fremden Herzen zu bohren?

Da Baldur, wie bereits angedeutet, den ständigen Drang hatte, zu erfinden und zu verbessern, wurde er automatisch zu einem Intellektuellen. Damit war, für uns Heutige schwer verständlich, ein gehöriges Maß an Ansehen verbunden; es war ehrenvoll, ein Intellektueller zu sein. Deshalb war es undenkbar, daß sich jemand etwa eigenmächtig selbst zu einem solchen krönte.

Da hat sich viel geändert im Laufe der Zeit. Wer heute partout als Intellektueller angesehen werden möchte, hat nichts weiter zu tun, als dies bei irgendeiner Gelegenheit, die ihm wirksam erscheint, bekanntzugeben; in einer sorgsam dosierten, aufdringlichen Bescheidenheit natürlich. (»Ich will nicht verhehlen, daß man als Intellektueller doch zugeben muß, mangelnde Praxisnähe kann defizitäre . . .«)

Aber noch bedeutsamer dürfte sein, daß heute niemand mehr einen Erfinder für einen Intellektuellen halten würde; im Gegenteil, heute haben sich gerade jene diese Bezeichnung angeeignet, die selbst unfähig sind zu erfinden, die die Erfindungen anderer nicht einmal verstehen, dann aber (vermutlich, weil sie sie nicht verstehen) über diese urteilen, vorzugsweise öffentlich.

Ob Baldurs selbstgefällige und hochfahrende Überheblichkeit darauf zurückzuführen war, daß er, wenngleich nur nach damaligem Verständnis, ein Intellektueller gewesen ist, kann heute mit letzter Sicherheit nicht mehr behauptet werden. Nur wäre es falsch, zu vermuten, daß die genannten Eigenschaften für Germanen typisch gewesen sind. Wenn auch viele (Teutonen mehr als Kimbern) ähnlich unerträglich waren, wirkten doch die meisten eher brav, bieder und ehrlich.

Zugunsten der damaligen Intellektuellen muß jedoch darauf

verwiesen werden, daß diese wenig kriegerisch waren, was man wiederum nicht von allen Germanen behaupten kann.[5]

*

Während dies alles geschehen war – das Gerüst aufgebaut, fast wieder zusammengefallen, Sigurd eingetroffen –, hatte friedlich am Webstuhl an der Wand Iduna gesessen, die älteste Tochter von Baldur und Thusnelda Blauzahn. Wer sie angeblickt hätte, anstatt zu verfolgen, was um sie herum geschah, wäre sicher nicht darauf gekommen, daß im Hause überhaupt etwas geschah. Nicht ein einziges Mal hatte sie ihren Kopf von ihrer Arbeit abgewendet, sie schien allein in sie versunken. Nur manchmal lächelte sie, aber ganz unabhängig von den Auseinandersetzungen ihrer Eltern, denen sie schon lange nicht mehr zuhörte. Sie kannte es nicht anders. Sie lächelte, weil sie träumte, und sie träumte von jenem jungen Mann, der nun bald in ihr Leben treten würde, denn sie war gerade siebzehn Jahre alt geworden. Allerdings war dieser junge Mann noch ohne Gesicht und ohne Namen. Er existierte lediglich in ihren Träumen. Noch. Sie ahnte nicht, konnte nicht ahnen, daß dieser junge Mann bereits auf dem Wege nach Bonarum war, ebensowenig übrigens wie er.

*

Am See war Heino inzwischen auf das Thema Nibelungen gekommen, wurde bald von Elske unterbrochen: »Weißt du, wie man an so eine Tarnkappe rankommt?«

»Ob ich was weiß?«

»Du hast doch eben gerade gesagt, daß dieser Siegfried sich unsichtbar machen konnte, und so 'n Ding könnte ich wirklich

[5] Vergleiche hierzu die Erkenntnisse des Tacitus, der wohl die ersten Informationen zu diesem Thema von Heinrich dem Brögler bezog, sie bei seinen Erkundungsreisen jedoch nicht nur bestätigt fand, sondern erheblich ausweiten konnte: »Si civitas, in qua orti sunt, longa pace et otio torpeat, plerique nobilium adulescentium petunt ultro eas nationes, quae tum bellum aliquod gerunt, quia et ingrata genti quies et facilius ...« etc.

gut gebrauchen. Du kennst ja Papi. Wenn der seinen Rappel kriegt und uns verkloppen will . . .« Heldmut blickte seine kleine Schwester bewundernd an und nickte dann begeistert. »Das wär was.«

Bevor Heino antworten konnte – so schnell ging das ja bei ihm nicht –, mischte sich Walgari ein: »Quatsch. Tarnkappen. Es gibt doch gar keine Tarnkappen.«

Das wußte Heino nun wirklich besser: »Ach nee. Du glaubst nicht, daß man sich unsichtbar machen kann? Und wenn ich dir sage, daß ich dabei war, als Siegfried diese . . . wie heißt die noch . . . die große, mit solchen Muscheln hier kann ich euch sagen, und so . . . und einen Arsch hatte die . . . die dann später eben auch den Dings da geheiratet hat, wie hieß der noch . . . so 'n mickriger kleiner König . . . Aber jedenfalls kam der am Abend vor diesen entscheidenden Wettkämpfen zu uns ans Lagerfeuer . . . und . . . Mann, hat der eine Angst gehabt, Brunhilde hieß sie. Jetzt fällt mir der Name wieder ein. Brunhilde . . . und er mußte eben vorher gegen die kämpfen, sonst würde sie ihn . . . und er hieß Günter . . . Mann, was habe ich doch noch für ein gutes Gedächtnis. Günter. Jawoll. Wo war ich stehengeblieben?«

»Am Lagerfeuer«, sagte Asgard, Walgaris Schwester, also die Tochter von Sigurd und Brunhilde Swastika.

Heino dachte nach, das Wort Lagerfeuer sagte ihm so schnell nichts. Die Kinder ließen ihn zappeln.

»Waren wir nicht bei den Wettkämpfen? Natürlich. Das war nämlich so, diese Brunhilde, das war eben 'ne echte Walküre, die hat verlangt, daß einer, den sie heiratet, sie vorher besiegen muß. Bei allen möglichen Sachen. So ähnlich wie bei den Römern, die machen da auch so Wettkämpfe . . . alle vier Jahre, ganz nackend, nebenbei gesagt. Wenn aber einer gegen sie antritt und verliert, dann hat sie dem eigenhändig die Rübe runtergesäbelt. Und da sollen da schon ein paar hundert Kandidaten dabei draufgegangen sein. Da könnt ihr euch ja vorstellen, wie dem kleinen König Günter zumute war, als er zu uns ans Lagerfeuer kam. Wahrscheinlich hat er das vorher nicht gewußt, sonst wär der doch in Wormatia geblieben. Also, ich hab' mir das ja angesehen am nächsten Tag. Wir alle. Also . . .«

Heino erhob sich, ging auf einen neben ihm liegenden ziemlich großen Stein zu: »Die nimmt dann so einen Stein, vielleicht doppelt so groß ...« Doch Heinos Demonstration scheiterte daran, daß er den Stein nicht mal anheben konnte, was ihn indessen nicht weiter störte. »Also so einen Otto, den hat sie so weit wegschleudern können, daß man einen halben Tag laufen mußte, bis man ihn wiedergefunden hat. Und mit dem Bogen konnte sie noch besser umgehen.«

Jetzt wollte er jedenfalls mit seinem Bogen versuchen, was ihm beim Stein mißlungen war. Er hob also seinen Bogen auf, nahm einen Pfeil, spannte und schoß in den Wald. »Und wumm ... weg ... und dann flog der und flog.«

Die Kinder blickten Heinos Pfeil nach, darüber verdutzt, daß dieser Heinos Bogen überhaupt verlassen hatte, sogar mit ziemlichem Schwung. Heino war noch überraschter, ließ sich allerdings nichts anmerken, tat so, als wäre das selbstverständlich, setzte sich wieder und erzählte weiter.

Allerdings nicht viel weiter. Denn kaum hatte er »Und gegen diese Frau sollte dieser kleine König nun ...« gesagt, war ihm, als hörte er einen Schrei.

»War da nicht was?«

»Als ob jemand geschrien hat«, meinte Elske.

»Im Wald jemand geschrien?« Walgari grinste überlegen. »Wer soll da denn wohl geschrien haben. Glaubst du, da gehen Leute im Wald spazieren und schreien?«

»Vielleicht Hunnen?« Asgard war die Ängstlichste von allen, indessen auch die Jüngste.

Da konnte Heino sie beruhigen: »Hunnen gibt es nicht mehr. Ich war dabei, als die letzten Hunnen niedergemetzelt worden sind, damals in der bajuwarischen Walachei.« Man horchte noch einen Moment, aber es blieb ruhig. Heino konnte seinen Unterricht fortsetzen.

Normalerweise war es den Kindern egal, daß Heino seine Erlebnisse so erzählte, wie sie ihm gerade einfielen – also sprunghaft und verworren. Es entsprach seiner normalen Erzählkunst, daß er, wie heute, von den Rauchgewohnheiten der Wikinger übergangslos zur Brautwerbung König Günters bei dieser unheimlichen, auf der nebeligen Vulkaninsel des Nordens herrschenden Königin gekommen war. Doch heute wollte Heldmut seinen Opa mit dessen Abschweifungen nicht davonkommen lassen. Was war mit den Tarnkappen los? Was haben Tarnkappen, wenn überhaupt, mit den athletischen Fähigkeiten dieser nordischen Walküre zu tun, die, wie seine liebevolle Tante, Brunhilde hieß?

»Das liegt doch auf der Hand. Oder nicht?« Offenbar lag es woanders, zumindest für die Kinder.

»Na schön. Also alles noch mal von vorn. Siegfried, ich, König Günter und ein gewisser Balthasar Rübesahm waren also eines Tages losgeschippert. Denn die hat ja auf einer dieser grauen Inseln gelebt . . . so 'n Stück links von den Wikingern, und da muß man eben mit einem Schiff hin. Deshalb hab' ich mich auch breitschlagen lassen, da überhaupt mitzufahren. Denn eigentlich wär' ich ja lieber in Wormatia geblieben, weil, da war gerade Frühling. Und so in solchen Tagen, da war das eben so üblich, daß wir da eigentlich immer nur gebrögelt haben, jeden Tag und jede Nacht.« Heino schloß die Augen und lächelte selig, in seine Erinnerungen vertieft.

Asgard nutzte diese Pause und fragte Elske, was sie schon immer fragen wollte: »Was ist das eigentlich, brögeln?«

Elske blickte ihre Cousine herablassend an: »Dasselbe wie sumsen.« Obwohl Asgard mit dieser Antwort nichts anfangen konnte, nickte sie befriedigt.

»Na schön«, fing Heino wieder an, »ich war nun also mit, denn ohne mich hätten die die Insel nie gefunden, Günter schon mal gar nicht, der hat sich ja sogar meistens in seiner eigenen Burg verlaufen. Und Siegfried war nicht viel besser, nämlich weil der vor jede Art Wasser einen unheimlichen Schiß hatte. Ich konnte mir das ja alles zuerst gar nicht erklären. Aber ein paar Jahre später, als mein Freund Hagen aus Tromsö Siegfried einen Speer in den Achilles gestoßen hat, da fiel mir das wieder ein mit dem Wasser. Denn da war Siegfried gerade beim Trinken, und vorher war da ja die Sache gewesen, wo ihm beim Duschen ein Blatt auf den Achilles gefallen war. Allerdings war das ja kein Wasser, sondern Drachenblut. Aber immerhin nichts zum Trinken. Und deshalb eben hat er sein Leben lang wohl so 'ne Art Ahnung gehabt, als ob ihm da einer immer ins Ohr geflüstert hätte: ›Sieh dich vor vor Wasser.‹

Was das Trinken angeht, hat er sich ja auch immer dran gehalten. Dem ist sein ganzes Leben lang kein Tropfen Wasser über die Lippen gekommen. Mezza, Mezzaforte und Vino. Sonst nix. Aber eben die Reinlichkeit, die hat ihn das Leben gekostet. Man kann das nämlich auch übertreiben.«

An dieser Stelle konnte Elske sich nicht mehr beherrschen. Richtig wütend fuhr sie ihren Großvater an: »Die Tarnkappe!«

»Was ist damit?« fragte Heino.

Heldmut half seiner Schwester: »Du wolltest uns was von der Tarnkappe erzählen.«

»Da bin ich doch mittendrin. Daß Siegfried die Sauerei mit der Tarnkappe erst auf dieser Insel angestellt hat, ist ja nicht meine Schuld. Also, die Sache war doch so: Dieser kleine König Günter aus Wormatia hatte sich doch in den Kopf gesetzt, daß er ausgerechnet diese Walküre heiraten wollte. Die oder keine, hat er immer gesagt.«

»Und warum?« wollte Walgari wissen.

»Das ist doch nun scheißegal!« Heldmut war nahe dran, seinem Vetter eins auf die Nuß zu geben. Nun fing der auch noch an, die Sache mit der Tarnkappe zu verzögern!

»Also irgendwie will ja jeder, der kaum größer gewachsen ist als eine Schwarzalbe, unbedingt eine Frau haben, die größer ist, als Frauen normalerweise sind. Und weil Günter eben ein ganz besonders kleiner König war, wollte er eine besonders große Frau, am liebsten die größte Frau, die es auf der Welt gab. Und das war eben Brunhilde, die nun zufällig auch noch selbst Königin war. Nur die Sache mit den Wettkämpfen, die hat er wohl nicht so ernst genommen. Da hat er wohl gedacht, wenn einer so reich ist wie ich, dann wird die schon sagen, na gut, weil du es bist . . . oder so. Das ist ja nun überall so auf der Welt, daß einer, wenn er reich ist, denkt, er kann sich alles erlauben. Da kann man sich alles leisten, was einem gerade vor den Bogen kommt. Aber bei Brunhilde hatte Günter nun in die leere Nase gepopelt. Auf die Idee war er gar nicht gekommen, daß das einer egal sein konnte, ob er reich war oder nicht so reich. Der hatte nicht dran gedacht, daß Brunhilde ihren Keller auch voll hatte mit Schätzen. Also selbst steinreich war.

Und an dem Abend kam er dann zu uns ans Lagerfeuer und hat gejammert und gestöhnt: ›Was soll ich nur machen? Nicht nur, daß die eben die Steine weiter werfen und besser schießen kann als ich, die fordert auch ein Wettrennen mit Pferden, zehnmal um die Burg, und die wird mir ja nicht gerade ihr bestes Pferd geben, sondern irgendeinen alten Klepper. Meins mußte ich ja zu Hause lassen.‹ Siegfried, dieser friesische Strolch, guckt ihn nur so verlogen treuherzig an und sagt: ›Tja, ich habe dich ja gewarnt. Aber du wolltest ja unbedingt.‹ Und ich sag', noch so im Spaß fast: ›Tja, mein König, das wird Sie dann wohl den Kopf kosten.‹ Und jetzt kommt der Hammer: ›Leider nicht nur mich‹, sagt der König und grinst sogar so 'n bißchen höhnisch. ›Sie hat gesagt, wenn ich bei irgendwas verliere, dann will sie nicht nur meinen Kopf, sondern eure genauso.‹«

»Auch deinen, Opa Heino?« fragte Asgard besorgt, als wäre die Gefahr noch akut, obwohl ihr Opa ja nun vor ihr saß, einschließlich Kopf.

»Natürlich auch meinen. Das war nämlich gekommen, weil sie zuerst, als sie uns am Ufer sah, gedacht hatte, daß Siegfried derjenige ist und nicht Günter. Und Siegfried sah ja eben auch nach was aus. Der hat ihr gefallen. Den hätte sie ohne Wettkämpfe genommen. Das war ja eben in Wirklichkeit auch das Geheimnis von diesem Strolch. Daß er aussah wie das Gegenteil von seinem Charakter.

Aber dann hat sie eben gemerkt, daß sie sich geirrt hatte, und da wurde sie tückisch, wie die Weiber so sind. Und das waren natürlich keine schönen Aussichten für uns. Wir waren ja nur so mitgefahren. Allerdings hat mir später mal jemand erzählt, daß Siegfried früher schon mal da gewesen war und bei dieser Gelegenheit Brunhilde gebrögelt hätte und ihr die Ehe versprochen. Aber, wie gesagt, ich will nur Sachen erzählen, bei denen ich selbst dabei war oder die ich aus sicherer Quelle habe. Überrascht hatte mich nur, daß Siegfried so tat, als wäre es ihm egal, ob er seinen Kopf behält oder nicht. Er legte dem König anbiedernd seinen Arm um die Schultern und tröstete ihn: ›Macht Euch keine Sorgen, König, überlaßt alles mir.‹

Und dann ist er in der Nacht an Bord von unserem Schiff gegangen und hat seine Tarnkappe aus dem Gepäck geholt. Und dem seine Tarnkappe hatte noch ein Extra, was andere Tarnkappen nicht haben; es machte den, der sie trug, zwölfmal kräftiger. Na ja, als dann am nächsten Morgen die Wettkämpfe anfingen, da fragt Brunhilde noch, wo denn der Siegfried sei. Und Günter sagt, weiß ich nicht, vielleicht noch beim Frühstück – dabei stand der Kerl natürlich neben ihm, nur eben unsichtbar und . . .«

Weiter kam Heino nicht, nicht an diesem Tag und nicht an den folgenden. Denn genau in diesem Augenblick teilte sich das Gebüsch, und ein völlig verwahrloster Mann, der sich mit letzten Kräften durch den Wald geschleppt hatte, fiel Heino wie tot genau vor die Füße. Im Rücken steckte ein Pfeil. Die Kinder beugten sich über den Mann, drehten seinen Kopf nach oben, daß er zumindest atmen konnte – falls er dazu noch fähig sein sollte. Heino legte sein rechts Ohr dicht an die Brust des Fremden.

Elske blickte ihren Opa entsetzt an: »Du hast ihn mit deinem Pfeil getroffen.«

Heino antwortete nicht ohne Stolz: »Gelernt ist gelernt. Das wär ja auch das erste Mal gewesen, wenn ich danebengeschossen hätte.«

Indessen war der erbärmliche Zustand des Fremden keineswegs auf Heinos Zufallstreffer zurückzuführen – der hatte ihm nur den Rest gegeben. Tatsächlich war er bereits seit vielen Monaten auf der Flucht und wäre vermutlich, selbst ohne von Heinos Pfeil getroffen worden zu sein, kaum weitergekommen. Obwohl von Entbehrungen vieler Monate gezeichnet, wirkte er auf seltsame Art unschuldig, und obwohl mindestens 25 Jahre alt, hatte er etwas ungemein Kindliches an sich. Obwohl bislang noch kein Kind seine Augenfarbe gesehen hatte, würde jedes sicher sein, daß seine Augen so blau sein würden wie der Himmel an einem sommerlichen Nachmittag. Seine Haare waren ganz sicher blond, auch wenn man die genaue Tönung jetzt kaum ausmachen konnte, gesäubert würden sie weich gelockt zur Seite fallen. Demnach mußte er, trotz seiner Fremdartigkeit, Germane sein. Um so überraschter waren die Kinder, als Heino, nachdem er die zerrissenen Klamotten des Fremden kurz, aber gründlich und geschickt, gleichwohl erfolglos nach Wertsachen abgesucht hatte, zu dem überraschenden Schluß kam: »Ein Sanella. Und leben tut er auch noch. Schöne Scheiße. Mit dem werden wir nur Ärger haben.«[6]

*

Sigurd hatte es tatsächlich geschafft, seinen Schwager dazu zu bewegen, die Arbeiten am Dachfirst zu unterbrechen und ihm auf den Gemeindeacker zu folgen. Erregt deutete Sigurd auf einen Kuhfladen.

Baldur blickte Sigurd fassungslos an: »Na und, da hat eine Kuh hingeschissen.«

Sigurd versuchte es beim nächsten Kuhfladen: »Fällt dir denn nichts auf?«

»Scheiße ist Scheiße, was soll mir da auffallen?«

»Die Gerste, Baldur.«

»Wieso soll da keine sein? Du hast doch welche ausgesät.«

»Guck genau hin, hier wächst viel, da schon weniger, da überhaupt nix.«

[6] Die hier geäußerte Sorge Heinrichs dürfte sich vermutlich auf die bereits damals verbindlichen Regeln der germanischen Gastfreundschaft beziehen, auf eine Übung also, die uns noch heute erheblich beschäftigt. Nicht ohne Reiz dürfte ein Vergleich zwischen dem GG Art. 16 mit den besonders im zweiten Absatz des Abschnitts XXI formulierten Erkenntnissen des Tacitus (»Convictibus et hospitiis non alia gens effusius . . .« etc.) sein. Der Geselligkeit und der Gastfreundschaft soll sich demnach kein anderes Volk verschwenderischer hingeben als wir Germanen. Irgend jemanden, wer es auch sei, vom Hause zu weisen gilt als Frevel. Entsprechend seinem eigenen Vermögen, bewirtet jeder den Gast an reichlicher Tafel. Hat dieser sich vollgefressen, weist der Wirt den Gast zu neuer Bewirtung, meistens begleitet er ihn sogar selbst dorthin. Uneingeladen betreten sie den nächsten Hof. Auch dort wird er mit gleicher Herzlichkeit aufgenommen. Beim Gastrecht unterscheidet man nicht zwischen bekannt und unbekannt. Und sollte der Gast dann wirklich woandershin wollen, wird dem Davonziehenden noch mitgegeben, wonach immer es ihn verlangt.

»Und?«

»Nicht nur hier.« Sigurd hüpfte jetzt auf dem Acker aufgeregt von einem Haufen zum nächsten, als wäre er ein Troll, der von Wespen verfolgt wird. »Was ist das? Und hier. Da drüben. Bei jedem Kuhfladen wächst mehr als da, wo keiner ist.«

Allmählich wurde Baldur nachdenklich. Das Phänomen war eindeutig: In der Nähe von Kuhfladen wuchsen wesentlich mehr Pflanzen als woanders. Dennoch schien Baldur noch nicht bereit, zuzugeben, daß ausgerechnet Sigurd etwas entdeckt haben sollte und nicht er, der schließlich zuständig war für Neuerungen jeder Art.

Doch ahnte er bereits, daß Sigurd etwas ganz Besonderes entdeckt hatte, nur war Baldur sich noch nicht darüber im klaren, welche Schlußfolgerungen sich ergaben. Also galt es, erst mal Zeit zu gewinnen, schon um Sigurd nicht überheblich werden zu lassen.

»Zufall.«

»Du kannst übers ganze Feld gehen. Es ist überall dasselbe. Wohin die Kühe auch . . .«

»Na schön, kein Zufall. Aber was habe ich davon? Soll ich die Kühe übers Feld verteilen und ihnen sagen, von nun an scheißt ihr genau hierher und nirgendwo anders? Damit wir eine bessere Ernte kriegen?«

Über dieses Problem war Sigurd ebenfalls gestolpert, ohne daß ihm eine Lösung eingefallen wäre. »Das nicht, aber . . .«

Baldur war zufrieden. Den möglichen Höhenflug seines Schwagers hatte er gebremst. Jetzt gleich nachsetzen, nahm er sich vor. Jetzt muß ich diesen Kerl endgültig auf die ihm zukommende Größe zurückstutzen, und er wußte auch, wie er das anstellen konnte. Hinterlistig sagte er, scheinbar unverfänglich: »Das kann nicht mal Bökel vom Berge.«

Das saß. Denn Sigurd hatte vor einigen Monaten, durch seltsame Berichte versprengter römischer Soldaten verwirrt, den Glauben an die heimischen Götter verloren. Nachdem er wenig später auf einen wild missionierenden Apostel gestoßen war, ließ er kein Stichwort aus, sich über die germanischen Götter auf bösartige und verletzende Art lustig zu machen. Denn nicht nur, daß er an diese Götter nicht mehr glaubte, er hatte einen neuen. Und dieser neue Gott machte seine Anhänger ganz offensichtlich gleichzeitig fanatisch und hochmütig. Mit einer Leidenschaft, die dem sonst so sanften Mann bislang fremd gewesen war, versuchte er seitdem immer wieder, friedliche Mitgermanen davon zu überzeugen, daß einzig dieser neue Gott ein richtiger Gott war. Vergeblich natürlich, und das verbitterte ihn noch mehr.

So reagierte er aufbrausend, wie Baldur es erwartet hatte: »Euer Bökel, der kann doch nicht mal eine leere Kumme umkippen.«

»Fang bloß nicht wieder mit deinem Krösus an«, stichelte Baldur.

»Jesus. Krösus war . . .«

»Ist doch egal, wie er heißt. Du weißt genau, wen ich gemeint habe. Und dieser . . .«

Sigurd unterbrach ihn vorsorglich: »Jesus.«

Baldur nickte freundlich: ». . . dieser Jesus – der kann meinen Kühen beibringen, wo sie hinscheißen sollen?«

»Hab' ich gar nicht behauptet«, antwortete Sigurd spontan, wurde jedoch gleich nachdenklich. »Aber wer weiß, vielleicht kann er das wirklich.«

»Also, wenn er das schafft . . . Dann werd' ich Christ, und du gibst mir das zu saufen, was man da saufen muß.«

Sigurd wußte, daß sich sein Schwager keine Gelegenheit entgehen ließ, um sich über ihn lustig zu machen. Nur wußte er nicht, wann Baldur eine solche Gelegenheit sah oder wirklich meinte, was er sagte. So blieb er vorsichtig.

»Saufen?«

»Also das weiß ich von dir. Wenn man so was werden will wie du. Daß man da sagt, gut, ich vergess' meine alten Götter und verlass' mich jetzt auf diesen neuen – auch wenn es nur ein einziger ist . . .«

Doch die Leier kannte Sigurd schon. »Geht das wieder los . . .«

»Mach dir nicht gleich in die Hose. Aber bambam ist es doch. Ein Gott für alles. Egal. Aber du hast gesagt, wenn da jemand ist, der sich bekehren lassen will, dann kommt einer von den Posteln, A, B oder C, ich hab' vergessen, welcher genau von denen, jedenfalls kommt der her zum Saufen.«

»Ich hab' nicht saufen gesagt, sondern taufen. Da kriegst du eine Kumme Wasser übern Kopf, und dann bist du getauft. Natürlich kannst du auch einen Schluck davon trinken, wenn du Lust hast.«

»Und dann?«

»Dann bist du mein Bruder.«

»Du bist mein Schwager.«

»Und dein Bruder. Dann. Dein Schwager bin ich jetzt, weil ich deine Schwester geheiratet habe ...«

»Für einen Appel und ein Ei hast du sie von mir gekriegt. Zehn Rinder ... Ich muß total bambam gewesen sein.«

Alles ließ sich jedoch selbst ein Christ wie Sigurd nicht bieten. »Soviel mehr hast du für deine Tussi doch bestimmt auch nicht bezahlt«, warf er Baldur selbstbewußt vor. Und Baldur wurde tatsächlich ärgerlich.

»Für dich immer noch Thusnelda, ja? Nur weil du meine Schwester geheiratet hast, hast du noch lange nicht das Recht, meine Frau Tussi zu nennen. Wenn du in unserer Sippe erzogen worden wärst, dann würdest du überhaupt von Frauen nicht so ... so ...«

In seiner Erregung verlor er den Faden, setzte neu an: »Für uns Germanen sind Frauen etwas Heiliges. In ihrem Schoße tragen sie unsere Zukunft.« Nach diesem pathetischen Ausbruch mußte er erst mal durchatmen.

»Außerdem hab' ich mehr für sie bezahlt. Fast das Doppelte. Und jetzt muß ich an meiner Erfindung weiterarbeiten.«

Eine Weile gingen sie stumm in Richtung Dorf. Sigurd konnte die gereizte Stimmung nicht lange ertragen, also versuchte er einzulenken.

»Wir können uns ja drinnen noch über die Sache mit den Kühen unterhalten.«

»Wir haben alles besprochen«, erwiderte Baldur schroff.

Doch war ihm inzwischen klargeworden, was es bedeuten könnte, wenn man die Entdeckung seines Schwagers irgendwie nutzbar machen würde. »Ich werde das noch mal eine Weile beobachten. Aber eins sag' ich dir jetzt schon: Erst mal heißt es, Schnauze halten.«

Sigurd reagierte verblüfft. »Wieso das denn?«

Baldur blieb stehen und blickte Sigurd an: »Hast du Einfaltspinsel dir denn nicht überlegt, was das bedeutet? Wenn das funktioniert?«

»Aber sicher hab' ich das: Unsere Ernte verdoppelt sich.«

»Mindestens. Und so soll es dann auch bleiben.«

Baldur marschierte wieder los. Doch jetzt blieb Sigurd stehen. »Soll das heißen, daß du es gerecht findest, wenn wir uns jeden Tag fünfmal satt essen können, während woanders Menschen verhungern?«

»Wo?«

Baldur hatte seinen Schwager mitleidig angeblickt.

»Man kann sie doch gar nicht alle aufzählen.«

»Aber das sind doch lauter fremde Stämme.«

»Es sind Menschen wie du und ich.«

»Wie du vielleicht, aber nicht wie ich. Außerdem wissen wir ja noch gar nicht, wie man die Kühe dazu bringt, an die Stellen zu scheißen, wo wir unsere Samen hingestreut haben. Sprich du mal erst mit deinem Krösus.«

»Und du?«

»Ich was?«

»Ich hab' ja nur einen Gott. Aber ihr habt doch so viele, da wird es doch viel leichter sein, einen zu finden, der dafür zuständig ist. Und er wird obendrein mehr Zeit haben, sich um diese Sache zu kümmern.«

Einen Moment lang sah Baldur seinen Schwager mißtrauisch an. Sollte der etwa rückfällig geworden sein? Er blieb unentschlossen.

»Sowie ich rauskriege, an wen ich mich wenden muß.«

»Das weißt du nicht?«

»Ich weiß alles, nur nicht genau, ob der Gott für so was verantwortlich ist, der für die Kühe zuständig ist oder für den Acker.«

Jetzt wurde Sigurd tatsächlich übermütig: »Vielleicht gibt es ja einen, der nur fürs Scheißen verantwortlich ist.«

Baldur überlegte einen Moment, ob es nicht doch am wirksamsten wäre, Sigurd einfach die Faust zwischen die Augen zu rammen. Doch dann würde es wieder Ärger mit seiner Schwester geben; er müßte lange erklären, weshalb und warum, überflüssige Diskussionen also, für die er gerade in diesen Tagen keine Zeit erübrigen konnte. Also blieb er widerwillig friedlich.

»Warum nicht. Wir haben für alles Spezialisten. Du eben nicht. Das ist bei dir ganz anders: Du hast eben einen Universal-Gott. Einen für alles. Von so einem kann man nicht viel erwarten.«

Endlich konnte Baldur zufrieden sein. Endlich dürfte er seinen Schwager ausreichend eingeschüchtert haben.

Am liebsten hätte er sogar ein heiteres Liedchen gepfiffen. Nur kann er weder eine Melodie, noch hätte er sie pfeifen können. Übrigens war dieser Wunsch für einen Blauzahn einigermaßen ungewöhnlich. Menschen, die pfeifen oder gar Instrumente bedienen konnten, zählten in der Sippe Blauzahn nämlich stets zur Gruppe verdächtiger Personen, denen man nur mit Vorsicht begegnen dürfe. Als etwa seinerzeit seine Eltern Sigurd als Ehemann für Brunhilde ausgesucht hatten, brachte Baldur als wichtigsten Einwand gegen diesen vor, daß Sigurd musikalisch sein sollte. Tatsächlich galt Sigurd als Virtuose, so gut wie er konnte kaum jemand das Bockshorn blasen.

Solange Baldur zurückdenken konnte (das war freilich nicht weiter als bis zu seinem Großvater), lautete die noch heute bekannte Regel: Wo man singt, da laß dich niemals nieder. Gute Menschen singen keine Lieder.[7]

[7] Leider muß zugegeben werden, daß die frühen Germanen edler Kunst verständnislos gegenüberstanden. Das Wort »Kunstbanausen«, wie es Prof. Dr. Franz-Emanuel Richter benutzte, wirkt indessen, zumindest in diesem Zusammenhang, doch zu vulgär. Jedenfalls kann ein Ausruf kaum anders zu interpretieren sein, der vom Südfriesenfürsten Ottotto zuverlässig überliefert worden ist: Als dieser nämlich mit anderen germanischen Sklaven in Rom (und in Ketten) einmarschieren mußte, wurde er in der Via Benito mit in Marmor gemeißelten Statuen griechischer (dort hatten die Römer sie schließlich geraubt) Jünglinge konfrontiert. Entsetzt und angeekelt blieb er stehen und rief: »Wie gräßlich. So was würde ich nicht mal in meinem Vorgarten haben wollen, selbst wenn die Leute lebendig wären!«
Wie anders ist es doch heute, da sich die Brust jedes deutschen Bürgers spannt, wenn er auf die Pracht der unzähligen Opernhäuser, Theater, Ausstel-

Ob es für Baldur ein Trost gewesen wäre, wenn er gewußt hätte, daß er gar keinen Anlaß hatte, fröhlich zu sein? Jedenfalls war das Verhängnis bereits über ihn hereingebrochen, ohne daß er es ahnte. Später hat er häufig behauptet, daß ihm alles erspart geblieben wäre, wenn er nicht so gutmütig gewesen wäre, sich von Sigurd aus dem Haus locken zu lassen. Allerdings entspricht dies der Natur vieler Germanen: Bei Heimsuchungen aller Art benötigen sie einen Schuldigen. Doch ob er das Unheil in Gestalt des Fremden wirklich von der Schwelle seines Hauses gewiesen hätte, mag man anzweifeln. Schließlich war der Fremde nicht nur verwundet, sondern angeschossen – vom eigenen Schwiegervater. Unter diesen Umständen war eine Blutrache gar nicht zu vermeiden. Daß der Fremde keinen einzigen lebenden Verwandten mehr besaß, konnte zu dieser Zeit schließlich niemand wissen, selbst die mit allen Mysterien vertraute Badwila hätte so etwas nicht vorhersehen können.

Wer die Angelegenheit allerdings etwas gründlicher betrachtet, muß einräumen, daß der Fremde nun nicht für jeden Kummer und Trübsal bedeutete. In Wahrheit mußte nur einer unter ihm leiden: Baldur Blauzahn. Die gewaltigen und für die Germanen glücklichen Veränderungen wurden schließlich ebenfalls durch den Fremden ausgelöst. Nur hat Baldur Blauzahn diese Wende nicht mehr erleben dürfen.

Wer übrigens vermutet, daß Baldur tatsächlich so ausgesehen hat, wie es voreilige Moorarchäologen unterstellten, nachdem sie seine Leiche nur sehr flüchtig betrachtet hatten, irrt sich. In Wahrheit ist er auch nicht, wie ebenfalls behauptet, die 124. Moorleiche aus dem Borremose (Süd-Jütland) gewesen – wie sollte er dort denn wohl hingekommen sein? Schließlich hatte seine Sippe den berühmten langen Marsch in südlicher Richtung angetreten. Wohl war das schon eine Weile her, doch die

lungen, Museen, Festspiele usw. blickt. Selbst wenn er erfährt, daß viele Künstler, Tenöre besonders und Intendanten, in einem Monat so viel Geld einsacken, wie er als einfacher Bürger im ganzen Leben verdient, bleibt er doch stolz darauf, daß sich die von ihm gewählte Obrigkeit das alles von seinem Geld leisten kann. Was wäre eine Stadt wie, sagen wir mal, Bremerhaven ohne Oper, Operette, Ballett und Theater (aus Steuergeldern)?

Erinnerungen an die Strapazen waren unvergessen. Baldur hatte überhaupt keinen Anlaß, mit oder ohne Sippe, die ganze Strecke wieder zurückzumarschieren. Er und mit ihm alle anderen Germanen waren selig, hier am Rino ihre Heimat gefunden zu haben.

Nein, in Wahrheit ist Baldur Blauzahn in St. Augustin bei Bonn in einem ehemaligen Kesselmoor entdeckt worden. Und zwar in der riesigen Parkanlage der Steyler Mission, schräg gegenüber vom Konrad-Adenauer-Haus und Finanzamt. Zwei biedere Handwerker waren am späten Vormittag des 4. Oktober 1983 bei Reparaturarbeiten am luxuriösen Swimmingpool der Mönche auf Baldur gestoßen. Nur fürchteten sich die Mönche vor erneuter Publizität. Die Vorstellung, noch einmal das Tor zur Mission von Zeitungsreportern, Fernsehteams etc. umlagert zu sehen (von anderen Belästigungen gar nicht zu reden), war ihnen ein Alptraum. Schließlich waren sie gerade aus den Schlagzeilen herausgekommen, nachdem sich der für ihre Finanzen verantwortliche Pater von einem Bundestagsmitglied der CDU dazu hatte überreden lassen, gütigen Spendern eine fünffach überhöhte Quittung auszustellen. Wer also DM 1.– spendete, erhielt eine Spendenquittung über DM 5.–, oder, realistischer, wer eine Million DM gespendet hatte, erhielt – zur Vorlage beim Finanzamt – eine Quittung über fünf Millionen DM. Selbstverständlich durften die (ziemlich) arglosen Mönche von der tatsächlich gezahlten Million lediglich einen kleinen Anteil für sich behalten; der Rest kam (noch mal abzüglich einer privaten Provision für das MdB) in die CDU-Parteikasse. Dieses Finanzierungssystem auf Kosten der Allgemeinheit hatte so lange funktioniert, bis ein gewisser Herr Förster, Oberregierungsrat und Leiter der Steuerfahndung von St. Augustin, in Begleitung eines Staatsanwaltes einen Tresor im Flick-Konzern öffnen konnte.

Wer jedenfalls zufällig auf ein Foto von Baldurs Leiche gestoßen sein mag, sollte nicht denken, daß er tatsächlich so ausgesehen hat, obwohl seine Leiche sehr gut erhalten war. Beispielsweise wäre es falsch, anzunehmen, seine Haare wären immer so kurz gewesen, wie sie es waren, als man ihn fand. Die Bartstoppeln an Kinn und über der Oberlippe sprechen dafür, daß Baldur sich vor seinem Tod rasiert hatte – denn die Stoppeln waren so lang, wie sie Männern auch heute noch nach dem Tode wachsen. Diese Einzelheiten lassen lediglich den Schluß zu, daß der Tod ihn nicht unerwartet traf, sondern daß er sich vorbereiten konnte, und dazu gehörte eben, daß er sich seinen Bart, den er seit seinem 23. Lebensjahr trug, erst zu diesem Zwecke abrasiert hat oder abrasieren ließ (vermutlich von Özcan, seinem Sklaven, der zu Baldurs Lebzeiten für Haar- und Bartpflege zuständig war). Immerhin kann eingestanden werden, daß die Größenangaben korrekt waren. Baldur war tatsächlich nicht besonders groß geraten, im Gegenteil, für einen Germanen war er klein, aber gedrungen. (Seine Frau Thusnelda überragte ihn um mehr als eine Kopflänge.) Haar und Bart wirkten wie das abgewetzte Stück eines Sisalteppichs, nur etwas rötlicher als letzterer. Doch das war ebenfalls absichtlich. Weil er eben kleiner war als die meisten anderen Germanen, versuchte er durch Bart und Haarschopf jedenfalls einigermaßen bedrohlich auszusehen.

Wenn nach der Obduktion seiner Leiche registriert wurde, daß sein Gehirn nicht besonders groß gewesen sei, so wird jeder Fachmann bestätigen können, daß es ganz normal ist, wenn ein Gehirn während solch langer Zeit – schließlich mehr als ein Jahrtausend – erheblich schrumpft. Ein bißchen mehr Takt hätte man von seriösen Wissenschaftlern schon erwarten können. Zumal man sich gleichzeitig wundern darf, daß sein sonst wuchtiger und harmonischer Körperbau nirgends erwähnt worden ist. Lediglich noch der fast diffamierende Hinweis, daß seine Geschlechtsteile besonders gut erhalten waren.

*

Da Bendix, so hieß der Fremde übrigens, die Berichte des Tacitus schon deshalb nicht kannte, weil dieser bislang noch nicht mal auf die Idee gekommen, so was zu schreiben, konnte er sich nicht sicher sein, wie es die Germanen dieser Gegend mit den Vorschriften zur Gastfreundschaft hielten. So dachte er, es sei am sichersten, vorerst so zu tun, als würde er noch mit dem Tode ringen. Denn er hatte sich bereits entschlossen, seine vielmonatige Flucht nirgendwo anders zu beenden als in diesem Dorf, in Bonarum. Hier wollte er sich niederlassen. Vielleicht sogar heiraten und Kinder kriegen? Er wurde puterrot bei diesem verwegenen Gedanken. Während die beiden Sklaven ihn, noch nicht ganz bei Bewußtsein, ins Haus schleppten, hatte er durch seine fast geschlossenen Lider ein junges Mädchen am Webstuhl erblickt, wie er es sich in seinen Träumen nicht anmutiger hätte vorstellen können. Ja, zunächst hatte er noch gar nicht glauben wollen, daß er nicht träumte. Aber dann hatte er sie gesehen, als sie sich mit zwei anderen, kaum weniger reizvollen, lediglich etwas älteren Weibern über ihn beugte, schlank wie die allein stehende Zeder im Garten seines römischen Herrn Cornelius, dabei nicht zu klein, die Haare nicht zu blond, wie er es von den Menschen dieses Landstrichs befürchtet hatte, und dann die Titteria, genau die Größe, auf die er immer gehofft hatte. Allerdings war er sich in diesem Punkt nicht ganz sicher, denn gesehen hatte er kaum mehr als den schattigen Umriß. Dabei hatte er sich sofort bemüht, als sie sich über ihn gebeugt hatte, im Ausschnitt ihrer Kutte mehr zu entdecken.

Noch während er intensiv versuchte, sich das, was er so flüchtig wahrgenommen hatte, genauer vorzustellen, betrat ein Mann so herrisch das Haus, daß Bendix sich vorsichtshalber wieder auf Bewußtlosigkeit umstellte. Er fühlte, daß der Kerl jetzt neben ihm stand. Also öffnete er langsam die Augen und stöhnte: »Oh . . . Wo bin ich?«

Thusnelda antwortete sanft: »Du bist bei Freun . . .«

Weiter kam sie nicht, denn ihr Mann schubste sie grob zur Seite und übernahm die Vernehmung.

»Wo du kommen her? Was du tun in unserem Wald?«

Bendix stutzte. Wieso sprach der Kerl ein so eigenwilliges Germanisch, als hätte er jedes Wort vorher in Runen schnitzen müssen? Doch war jetzt vermutlich nicht der passende Moment, sich darüber Gedanken zu machen. Er war etwas gefragt worden und mußte sich eine Antwort überlegen. Sollte er gleich seine ganze Geschichte erzählen, zumindest, soweit er sie erzählen konnte? Denn einen Bereich seiner Erlebnisse hatte er so entschlossen in sein Herz gemauert, daß er lieber unter der Folter sterben würde, als jemals ein Wort davon über die Lippen zu bringen. Aber den Rest könnte er sehr wohl berichten. Doch konnte er es riskieren, mit der Wahrheit rauszurücken, ohne zu wissen, wem er sie sagte? Am Ende war er bei Germanen gelandet, die mit der römischen Besatzungsmacht sympathisierten? Und wie viele es von dieser Sorte gab, hatte er schließlich in Rom mitgekriegt. Vorsicht ist die Mutter der Töpferscheibe. Mal sehen, wie's geht. Also versuchte er es zunächst so: »Hunnen.«

»Hier nix Hunnen!«

»Glaubt ihr etwa ...«, stöhn, stöhn, »ich hab' mich selbst in den Rücken geschossen?«

Iduna blickte ihren Vater vorwurfsvoll an: »Sollten wir nicht erst mal die Wunde untersuchen?«

»Bei einem hergelaufenen Fremden?« blaffte Baldur. Dann beugte er sich wieder dicht über Bendix und fragte so laut, als ob die Schußverletzung obendrein das Hörvermögen des Opfers beschädigt hätte: »Von wo du sein?«

Bendix entschied sich für eine Schwächeperiode, schloß die Augen und stöhnte. Doch als Baldur an seinen Mantel faßte, um die Qualität des Stoffes zu prüfen, sofort das Ergebnis »römisch« verkündete, änderte Bendix seinen Zustand, fragte seinerseits.

»Ihr seid Teutonen, nicht?«

»Hier wir fragen, du Warzenschwein. Du sein Römer, ein Sanella?«

Bendix war empört. Ausgerechnet er ein Römer. Immerhin war der Frage zu entnehmen, daß er nicht bei Freunden Roms aufgenommen worden war. Also durfte er die Wahrheit sagen. Er versuchte sogar zu lächeln.

»Nein. Ich bin einer von den letzten Kimbern.«

»Der lügt wie gehauen. Kimbern sehen anders aus.«

Thusnelda blickte ihren Mann erstaunt an: »Du hast doch noch nie einen gesehen.«

»Na und? Ich habe auch Wotan noch nie gesehen, aber ich weiß, wie er aussieht.«

Bendix war nicht an einem Ehestreit interessiert – denn daß die beiden miteinander verheiratet waren, hatte er dem rüden Ton entnommen, in dem sie sich unterhielten.

»Ich war viele Jahre in Rom. Servilius hatte uns gefangengenommen und nach Rom verschleppt. Im Herbst konnte ich endlich fliehen.«

»So, wie er lügt, könnte er wirklich Römer sein.«

»Wenn es danach ginge, könnte er ebensogut Friese, Fale, Gallier, Wikinger . . .« Sie konnte die Aufzählung unterbrechen. Baldur mußte zugeben, daß an dem Einwand seiner Thusnelda etwas dran war. Andererseits war das noch längst kein Grund, dem Fremden zu glauben.

»Ich sag' euch, was das für einer ist. Einer von diesen verdammten Liguriern. Zu Hause haben sie keine Arbeit, nichts mehr zu fressen, jetzt kommen sie alle zu uns, weil sie gehört haben, wir Germanen leben in Saus und Braus. Ganz besonders wir hier in Bonarum. Das hat sich nämlich rumgesprochen inzwischen, bis zu den Türkisen. Unser Bernstein. Unsere Webereien, unsere Pelze, unsere schönen Frauenhaare . . .«

»Besonders deine«, meinte Thusnelda kühn, aber leise.

Doch Baldur reagierte nicht, konnte nicht reagieren, denn Badwila war ins Haus gekommen, in ihrem Windschatten Sigurd und Brunhilde.

Daß Badwila sich in Bonarum niedergelassen hatte, war für Bonarum (und für Baldur) eine Auszeichnung. Denn Badwila war, wie erwähnt, die weise Frau des gesamten Stammes, also nicht nur der Sippe oder gar des Dorfes. Doch Baldur, sonst für Ehrungen aller Art empfänglich, über diese Anerkennung hatte er sich noch nie freuen können. Das lag nicht nur an dem Nimbus und der Autorität, die mit der Institution einherging, es war die Selbstherrlichkeit Badwilas, die Baldur auf den Schurz ging. Immerhin war Baldur Dorfschnulze und Sippenvogt. Aber das hatte Badwila nie dazu gebracht, jedenfalls nicht in der Öffentlichkeit, den ihm zustehenden Respekt auch nur anzudeuten. Statt dessen behandelte sie ihn, wenn überhaupt, als wäre er ein primitiver Bauer. Baldur hatte nie verstehen können, warum Germanen irgendwann in grauer Vorzeit darauf verfallen waren, für dieses wichtige Amt eine Frau zu nehmen. Es sollte früher einmal eine Quotenregelung gegeben haben, hatte Heino behauptet. Doch was das war, wußte er nicht, und Baldur konnte sich ebenfalls nichts darunter vorstellen. Eine Frau also zuständig für Probleme des Schicksals, der Götter, der Obrigkeit, der Moral und Sitte, für Vorhersagen aller Art, die höchste Instanz bei Streitigkeiten – zumindest solchen, die sich ohne den Gauführer Woldemar lösen ließen. Alles in den Händen einer Frau.

Wenn es um Frauen ging, verlor Baldur schnell seine sonst kühle Nüchternheit. Seit Heino, dem niemand nachsagen konnte, daß er zu poetischen Übertreibungen neigte, einmal erzählt hatte, daß die achtzehnjährige Badwila, wenn sie irgendwo erschien, wirkte, als sei sie in einen Rahmen von Licht getaucht, war Baldur davon überzeugt, daß der für Ernennungen zuständige germanische Fürst sich allein von dem Aussehen Badwilas hatte blenden lassen. Ob sie die Fähigkeiten besaß, die sonst von jedem verlangt wurden, dem soviel Verantwortung aufgehalst wurde, sei nie geprüft worden. Allerdings war Baldur bereit zuzugeben, daß an ihr, obwohl so alt wie Heino oder noch älter, die Spuren früheren Reizes noch deutlich zu erkennen waren.

Daß er damit dementierte, was er für die Ursache von Badwilas Karriere ansah, schien ihm nie klargeworden zu sein. Weil es nämlich nichts Besonderes ist, als Frau mit achtzehn schön zu sein; in ihrer Jugend sind es fast alle Frauen. Wenn eine Frau jedoch zwanzig Jahre später noch bezaubert oder gar erst dann erblüht, muß die Ursache dafür in Herz oder Kopf gesucht werden. Allerdings hatte Badwila selbst diese Jahre längst hinter sich; sie war in Wahrheit auch nie in einem banalen Sinne schön gewesen, nie zart und demütig. Aber immer von einer fast blitzenden Anmut, dabei klug und neugierig. Nie hatte sie sich von einem Mann blenden lassen, sah jedem ins Herz, wenn er ihr schmeichelte, las die Gedanken jener, die sie belehren wollten. Derartige Fähigkeiten machen einsam. Und wenn Badwila früher Männern gegenüber oft nachsichtig war, großzügig, hin und wieder sogar freundlich, so behandelte sie sie heute rauh und rücksichtslos.

Dennoch sollte sich niemand Badwila so vorstellen wie jene Frauen, die es in unserer Zeit zu was gebracht haben. Sirimawo Bandaranaike etwa, Golda Meir, Indira Gandhi, Evita Perón oder gar Margaret Thatcher.

Daß Badwila jetzt in Baldurs Haus kam, hing damit zusammen, daß sie sich neben ihren offiziellen Ämtern, sozusagen nebenberuflich, zu allem Überfluß noch als Hexe und Medizinfrau betätigte. Und anstatt mit einem freundlichen »Heil« zu grüßen, meckerte sie sofort los: »Alle Kerle sofort raus aus dem Haus.« Und als sie Heino entdeckte, der gerade neugierig durch die Tür blinzelte, fuhr sie ihn an: »Wir sprechen uns noch, du alter Bock. Du solltest dich schämen.«

Und weg war er. Baldur zögerte noch.

»Hauptsache, er kann möglichst schnell wieder weg. Sonst kommen morgen Hunderte und übermorgen Tausende. überall Sanellas und Ligurier. Fressen uns die letzten Körner vom Halm, wie damals die Heuschrecken in Sachsen.«

»In Sachsen gibt es keine Heuschrecken«, traute sich Sigurd einzuwenden.

»Seid ihr taub?« fragte Badwila gewohnt grob.

Baldur warf einen sehnsüchtigen Blick auf sein Gerüst. »Könnte ich da oben nicht weiterarbeiten? Da stör' ich doch nicht.«

Badwila blickte kurz auf das Gerüst, auf das Loch im Dach und schüttelte ablehnend den Kopf: »Das Loch kannst du später stopfen. Es wird erst am Nachmittag regnen.«

Sigurd gehorchte, Baldur schien zu überlegen, ob er die Sache mit dem Loch richtigstellen sollte, ließ es dann aber nach einem weiteren Blick Badwilas.

Sowie sie das Haus verlassen hatten, begannen Tussi, Brunhilde und Iduna damit, den Fremden zu entkleiden, und die Kinder trauten sich wieder aus ihrem Versteck im Stall, der mehr als die Hälfte der Wohnfläche einnahm. Besonders neugierig schien die neunjährige Elske zu sein. Sie drängte sich ganz dicht an den nackten Bendix und betrachtete gerade jene Körperpartie mit besonderem Interesse, die Iduna anzusehen sich scheute.

»Da unten sieht er eigentlich aus wie ein Germane.«

Thusnelda mußte lächeln: »Glaubst du, Sanellas haben da was anderes hän . . . was anderes als Germanen?«

Jetzt wurde Badwila ungeduldig: »Ob das Ding nun steht oder hängt, das ist doch völlig gleichgültig.«

Sie begann damit, Bendix an Brust, Bauch und Beinen abzutasten. »Hier am Bein scheint was kaputt zu sein. Hol mal die Butter.«

Iduna war schon auf dem Weg, als Elske erregt aufschrie: »Er hat sich bewegt!«

Erschrocken blieb Iduna stehen: »Wo?«

Elske grinste ihre Schwester an: »Nur am Kopf.«

*

Die drei ausgesperrten Männer schlenderten (sofern ein älterer Herr am Stock noch schlendern kann) ziellos und schweigend durchs Dorf. Doch allzulange konnte Heino die Stille nicht ertragen. Obwohl ihn die Antwort überhaupt nicht interessierte, fragte er seinen Schwiegersohn: »Du erfindest schon wieder was, stimmt das?«

Baldur tat, als hätte er nichts gehört, so antwortete Sigurd, obwohl er den Mund voller Körner hatte, mit einem fast höhnischen Ton in der Stimme: »Ein Loch im Dach.«

»Wer zuletzt hustet, hustet am besten. Du wirst dich noch wundern, du Flacharsch«, schnaubte Baldur. Dann drehte er sich zu Heino: »Meine größte Erfindung bisher.«

»Man kann das auch übertreiben mit den Erfindungen. Ich habe in meinem ganzen Leben noch nichts erfunden und bin noch total wummwumm.«

»Und kannst fremde Menschen abschießen.« Irgendwas mußte Sigurd geängstigt haben, wenn er sich sogar Heino vornahm.

Doch der blieb unbeeindruckt: »Mein lieber Ragnarök, das kann doch mal passieren. Stell dich nicht so an.«

»Aber eines Tages wird er erfahren, daß du auf ihn geschossen hast und nicht irgendwelche Hunnen.«

»Von wem wird er das erfahren?« fragte Baldur, gleichzeitig mißtrauisch und drohend. Aber niemand antwortete, die Konversation war fürs erste beendet.

Heino nestelte an seinem Gürtel, an dem er vorsorglich immer einen Krug Mezza befestigt hatte, nahm einen Schluck und reichte ihn stumm Baldur weiter. »Aber laß noch was drin für Sigurd.«

Baldur setzte noch mal ab: »Der trinkt keinen Alkohol mehr.«

Von dieser Eröffnung war Heino so überrascht, daß ihm sicherlich das Gebiß aus dem Mund gefallen wäre, wenn es bereits erfunden gewesen wäre. Immerhin verschlug es ihm die Sprache.

»Hat er dir denn noch nichts von seinem neuen Gott erzählt? Einem Gott, der alles verbietet, was Spaß macht? Sogar Schweinebraten.«

»Auch brögeln?« wollte Heino wissen.

Doch Sigurd hatte wenig Lust, sich an diesem Tage ein zweites Mal über seinen neuen Glauben zu unterhalten. So drehte er sich einfach um und sagte: »Ich geh' nach Hause.« Doch dann besann er sich und beantwortete Heinos Frage doch noch: »Außerhalb der Ehe ist das Brögeln selbstverständlich verboten.«

Heino und Baldur schütteten sich aus vor Lachen, so daß sich Sigurd veranlaßt sah stehenzubleiben.

»Das Lachen wird euch noch vergehen. Wenn nicht in diesem, dann im nächsten Leben. Da seid ihr nämlich in der Hölle.« Sigurd drehte sich um und verließ die beiden endgültig.

»Was meint er denn damit? Hölle?« wollte Heino wissen.

»Der sagt neuerdings immer Hölle statt Höhle. Aber man wird da gebraten. Die soll irgendwo da unten sein.« Baldur blickte grinsend auf seine Füße.

»Da unten? Wo unsere Schwarzalben leben, die siebenhundert Zwerge?« Heino konnte kaum noch atmen, so komisch fand er die Vorstellung.

»Seit er diesen neuen Gott hat . . . ist Sigurd total bambam.«

Heino wurde unvermittelt ernst, glaubte nicht richtig verstanden zu haben.

»*Diesen?* Ist es denn nur einer?«

»Das ahnst du nicht: Er sagt, es gibt nur einen.«

»Und wofür soll er zuständig sein?«

»Für alles. Einer für alles. Total bambam. Als ob einer Gewitter machen und gleichzeitig aufpassen könnte, daß einen die Römer beim Bernsteintauschen nicht bescheißen. Und dann sorgt dieser eine Gott noch dafür, daß genug Pufferlinge wachsen für den Schweinebraten.«

Heino wollte sich nicht lumpen lassen. »Und die Sonne. Daß die auch pünktlich jeden Morgen aufgeht. Das macht der sicherlich so nebenbei. Und daß es nachts schön dunkel wird, damit man schlafen kann.«

»Er beschützt die Jungfrauen . . .«

»Vor Leuten wie dir.«

»Macht Sommer und Winter, Feuer und Wasser und paßt auf die Toten auf, macht die Musik, die Felsen, das Gift und die Fische im See. Alles nebenbei.«

Während sie sich vor Lachen noch krümmten, kam Sigurd bereits zurück, empört, wie es schien.

»Brunhilde hat gesagt, du willst den Fremden wieder wegjagen?«

Baldur glaubte, sich verhört zu haben: »Was denn sonst? Soll ich ihn etwa bei mir wohnen lassen, damit er unsere Frauen schwängert, den ganzen Bernstein klaut, die Töchter entjungfert und dann mit unserem heiligen Pferd türmt?«

»Einen Menschen, der bei uns Schutz sucht, kannst du doch nicht einfach von der Schwelle jagen.«

»Und ob ich das kann. Außerdem habe ich keine Schwelle. Hast du eine?«

»Das sagt man nun mal so«, entschuldigte sich Sigurd.

»Das ist genauso ein Stuß wie die heilige germanische Gastfreundschaft. So was sagen immer die anderen. Wenn man selbst niemanden aufnehmen muß, dann kann man ja auch so tun, als ob.«

»Man soll seinen Nächsten lieben wie sich selbst«, behauptete Sigurd und verließ die beiden, sehr zufrieden mit sich und fest davon überzeugt, daß er ihnen etwas zum Nachdenken hinterlassen hatte.

*

Nachdem Bendix gewaschen, gebuttert und verbunden war, verstanden zumindest Brunhilde und Thusnelda, warum die sanfte Iduna, bereits als er verschwitzt und verdreckt ins Haus getragen worden war, aussah, als sei ein Blitz in ihr Herz eingeschlagen.

Badwila wischte sich ihre Hände an einem Tuch ab, kopfschüttelnd, weil Iduna ihr dieses wohl hinhielt, dabei jedoch zu Bendix hinüberblickte.

»In Bonarum wird sich von nun an vieles ändern«, sagte sie prophetisch, verließ aber das Haus ohne weitergehende Erläuterung.

Brunhilde und Thusnelda blickten sich an.

»Was meint sie wohl damit?« fragte Brunhilde.

Doch Thusnelda hatte ebenfalls keine Erklärung, Iduna die Frage nicht mal gehört. Die drei Frauen standen neben Bendix, der endlich eingeschlafen war und nicht mehr nur so tat.

»Ob er wirklich Kimber[8] ist?« wollte Thusnelda wissen.

[8] So unsinnig diese Frage Thusneldas ist, so verständlich ist sie dennoch. Man möge sich nur einmal vor Augen führen, daß Thusnelda bislang lediglich den Vornamen des Fremden erfahren hatte. Hätte sie bereits dessen vollständigen Namen gekannt, nämlich Bendix Büsum, hätte sie an seiner kimberischen Abstammung nie gezweifelt. Darüber hinaus konnte tatsächlich damals niemand damit rechnen, daß auch nur ein einziger Kimber die mörderische Schlacht bei Vermicelli (in anderen Urkunden Vercellae) überlebt haben sollte. Während der Streit über die ursprüngliche Heimat der Kimbern ausgestanden zu sein scheint – es überwiegt die Ansicht, daß sie aus Jütland stammen –, bleibt die Frage, *warum* sie Jütland überhaupt verlassen haben, Anlaß für häufig geradezu gehässige Auseinandersetzungen.
So vertritt bekanntlich die Leverkusener Schule die schlichte (und nicht gerade originelle) These, die Äcker seien ausgelaugt gewesen. Gegen sie sprechen bereits die Eßgewohnheiten der heutigen Bewohner von Jütland. Wer in deren Gärten oder Äckern zufällig Obst oder Gemüse entdeckt, darf sicher sein, daß derartige Produkte für den Export gedacht sind. Die meisten Jütländer ekeln sich vor dem Genuß von Obst und feinerem Gemüse, außer Kartoffeln. Für das beste Gemüse halten sie Fleisch (und selbst das verzehren sie selten, wie die Natur es bietet, sondern kleingehackt und zu Klumpen geballt).
Sehr viel überzeugendere Gründe konnte jedoch kürzlich Prof. Dr. Björn Rasmussen-Förde vorbringen, als er behauptete, daß letztlich der stetig wachsende Wohlstand die jütländischen Kimbern dazu gezwungen habe, ihre Heimat zu verlassen. Er begründete (in Reykjavík) diese auf den ersten Blick irritierende These mit der Tatsache, daß immer weniger Kimbern bereit waren, wie ihre Väter im Winter zu frieren. So haben sie in wenigen Jahren die sich bis südlich des heutigen Amrum hinstreckenden nordischen Wälder rücksichtslos verheizt. Die in diesen Breiten üblichen schweren Nordweststürme hätten somit keinen Widerstand gefunden und wären immer wilder über die Inseln hinweggefegt, die Fluten konnten sie deshalb immer häufiger überschwemmen, ganze

»Jedenfalls kein Sanella. Dazu ist er zu groß und zu blond«, meinte Brunhilde.

»Irgendwie sieht er geheimnisvoll aus, finde ich.« Als glaubte sie, mit dieser Bemerkung zuviel von sich preisgegeben zu haben, ergänzte Thusnelda schnell: »Weil er ein Fremder ist, denke ich.«

»Was für schlanke Hände er hat, als ob er nie in seinem Leben gearbeitet hat«, sagte Iduna, Mutter und Tante anstrahlend, »so schmale Handgelenke habe ich auch noch bei keinem von uns gesehen.«

»Ich glaube, du solltest deine Tochter mit einigen Dingen vertraut machen, die uns Frauen betreffen, bevor . . .« Der warnende Blick ihrer Schwägerin ließ sie verstummen.

»Bevor was?« wollte Iduna wissen, neugierig geworden.

Doch blieb Thusnelda eine Antwort erspart, erst recht ein langes Gespräch mit ihrer Tochter über weibliche Probleme. Denn Baldur war laut lärmend ins Haus gekommen, gefolgt von Heino und von Sigurd, der sich den beiden wieder angeschlossen hatte.

»Pscht . . .«, machte Iduna, legte einen Zeigefinger an die Lippen und deutete auf den schlafenden Bendix.

»Er schläft.«

Höfe fortreißen, und eines Tages seien eben die Inseln einfach nicht wieder aufgetaucht.

Doch scheint diese konkurrierende These bei gründlicherer Prüfung ebenfalls gewisse Schwächen zu haben. Etwa: Woher wußten die Kimbern, daß das letzte »Landunter« das endgültige sein würde? Bei kurzen Überschwemmungen ist es relativ einfach, sich notdürftig auf die eine oder andere Weise über Wasser zu halten. Aber wenn man sich eines Tages, vielleicht auf einem Stückchen Feuerholz treibend, mitten im Meer wiederfindet und vergeblich darauf wartet, einen Dachfirst oder einen Baumwipfel aus den Fluten auftauchen zu sehen? Was dann? Während sie hilflos wie Schiffbrüchige im Meer trieben, sollen sie ihren langen Marsch angetreten haben?

Nein, nach der zweiten These hätte es überhaupt keine Kimbern mehr geben dürfen, jedenfalls keine mehr, wie sie dann zu Hunderttausenden die südlichen Hänge der Schneeberge (heute Alpen), auf ihren Schildern sitzend, jubelnd, aber schrecklich und halbnackt, hinabrutschten in die Täler der sonnigen Lombardei. (Von dem tatsächlichen Grund für die großen Wanderungen wird – höchstwahrscheinlich – in einem folgenden Kapitel ausführlicher die Rede sein.)

Iduna hätte ihren Vater besser kennen sollen. Der nahm diesen Hinweis als Aufforderung, Bendix an den Schultern zu rütteln: »Wenn du jetzt schlafen, Bimbo, du verpassen wichtige Erfindung.« Erst, als er sicher sein konnte, daß Bendix wach war, hörte er auf, nickte befriedigt und bestieg das Gerüst.

»Im Frühjahr gedeckt, und jetzt haut er ein Loch rein«, nörgelte Thusnelda.

Der brave Sigurd versuchte seinen Schwager zu entschuldigen: »Im Moment ist es noch ein Loch, aber es wird ja keins bleiben. Wollen wir mal abwarten, bis er fertig ist. Irgendwas wird er damit machen.«

Aber Baldur war bereits fertig, und es war nichts weiter zu sehen als das Loch im Dach.

Noch oben auf seinem Gerüst stehend, blickte er stolz in die Runde: »Na? Was sagt ihr jetzt?«

Die Bewunderung hielt sich in Grenzen. Lediglich Iduna, die ahnte, daß es nichts schaden könne, den Vater so früh wie möglich gütig zu stimmen, sagte: »Ich finde das Loch wunderschön. Mir gefällt es gut.«

Überflüssiges oder gar völlig unangebrachtes Lob hatte Baldur noch nie verwirrt. So lächelte er, während er vom Gerüst kletterte, seine Tochter zustimmend an: »Es wird gleich noch schöner.«

Kaum stand er wieder sicher auf dem festgestampften Lehmboden, räumten seine Sklaven das Gerüst weg; die darunter befindliche Feuerstelle war wieder zugänglich.

»Das wurde auch Zeit, sonst hätte ich das Abendessen nie rechtzeitig fertiggekriegt«, nörgelte Iduna.

»Dann quatsch nicht so lange dumm rum, mach Feuer an.«

Die Besucher blickten sich ratlos an, wußten nicht, war das schon alles? Kommt noch was?

Baldur tat so, als würde ihn die Sache nicht mehr interessieren, ging vor die Tür und pinkelte aufs Frühbeet.

Als er wieder ins Haus kam, hatte er ein paar Äste unterm Arm und warf sie ins Feuer, obwohl Thusnelda ihn davon abhalten wollte. Denn sie hatte bemerkt, daß die Äste feucht waren; offensichtlich hatte ihr Mann nicht nur aufs Frühbeet gezielt.

»Das Zeug ist doch ganz naß. Was meinst du, wie es hier gleich qualmen wird.«

»Das wollen wir doch hoffen«, erwiderte Baldur stolz, verschränkte siegessicher seine Arme über der Brust und blickte ins Feuer.

Tatsächlich sorgte das feuchte Holz schnell dafür, daß es qualmte. Aber der Rauch verteilte sich nicht im Haus wie sonst, sondern zog durch das Loch im Dach nach außen.

Thusnelda schaute zu ihrer Schwägerin: »Was hältst du davon, Brunhilde?«

Baldur platzte: »Mußt du erst meine Schwester fragen? Siehst du nicht selbst, daß ich ein Genie bin?«

Sigurd steckte sich beeindruckt eine Handvoll Körner in den bereits vollen Mund.

Selbst Iduna blickte, stolz auf ihren Vater, gespannt hinüber zu Bendix, mußte jedoch enttäuscht feststellen, daß dieser so tat, als wäre es ganz selbstverständlich, revolutionäre Einfälle zu haben.

»Man muß nur aufpassen, wenn es regnet«, bemerkte Bendix beiläufig.

Sigurd war sofort auf Baldurs Seite: »Unsere Äcker können Regen vertragen.«

Bendix mußte seine Bedenken nicht erläutern, denn im selben Augenblick prasselte ein ebenso plötzlicher wie kräftiger Aprilschauer aufs Dach und nach wenigen Sekunden durch das Loch im Dach aufs Feuer.

»Die Idee mit dem Loch im Dach als Rauchabzug ist ja schon mal was, für'n Anfang jedenfalls«, fuhr Bendix fort. »Nur nicht zu Ende gedacht. Da fehlt ein Schornstein. Den kennt ihr Germanen noch nicht. Aber ich bau' euch einen, sobald ich auf den Beinen bin.«

Baldurs Geduld war erschöpft: »Wenn du wieder auf Beinen, du ganz andere Sorgen haben, Bimbo.«

DAS ZWEITE KAPITEL

Seinen rechten Arm abstützend um die Schultern der anmutigen Iduna gelegt, humpelte Bendix zum ersten Mal nach seiner Verwundung vors Haus. Selbstverständlich hätte er auch gehen können, ohne sich festzuhalten. Doch wollte er sich die Gelegenheit zu körperlicher Nähe, sei sie noch so bescheiden, nicht entgehen lassen. Als Iduna ihm anbot, er könnte sich an ihr festhalten, griff er zu. Draußen saugte er geräuschvoll die saftige Frühjahrsluft ein, ließ sich behutsam auf dem Felsenstein neben der Tür nieder (den Thusnelda übrigens aus unbekanntem Grund Herrmann nannte) und deutete Iduna an, sie möge sich neben ihn setzen. Iduna folgte jedoch erst, nachdem sie sich unauffällig vergewissert hatte, daß ihr Vater sich weit draußen auf dem Acker befand.

Ob es der zärtlichen Pflege Idunas zu verdanken war oder eher den bitteren Kräutern Badwilas – jedenfalls hatte Bendix Büsum sich schneller wieder hochgerappelt, als einige gehofft, andere jedoch gefürchtet hatten.

Die »anderen« waren genaugenommen nur zwei Personen: Baldur und Heino. Heino machte sich Gedanken darüber, was geschehen könnte, falls dieser eigenwillige Fremde herausfinden würde, daß nicht irgendein Pfeil ihn verwundet hatte, sondern eben seiner, Heinos. Vor allem scheute er sich, falls das herauskommen sollte, vor den Unbequemlichkeiten der Blutrache.[9]

[9] Hier wird deutlich, daß zentral-germanische Entwicklungen der letzten Jahre noch nicht bis zu Heino vorgedrungen waren, wahrscheinlich bis zu niemandem in Bonarum. Zum besseren Verständnis der Situation muß man sich immer wieder vor Augen halten, daß man sich in diesen Gegenden – selbst in Limesnähe – erst auf einem zivilisatorischen Niveau befand, an das sich in anderen Völ-

kern niemand mehr erinnern konnte, weil man es bereits vor Jahrtausenden hinter sich gelassen hatte. Ebenfalls darf nicht außer acht gelassen werden, daß jeder Fortschritt mit Opfern verbunden ist; oder, wie der frühere Bundeskanzler es – treffend wie immer – formulierte: »Es gibt keinen Fortschritt zum Nulltarif.« So war selbst die Blutrache ein Opfer der Zivilisation geworden. Das mag bedauern, wer noch nie erlebt hat, wie sich, beispielsweise, ein gerade eintreffender Autofahrer frech in eine Parklücke drängte, auf die unsereins geduldig gewartet hatte.

Daß die direkte Rechtspflege heutzutage jedoch nur geringes Prestige genießt, liegt an einer Entwicklung, die damals begann, als diese Art der Justiz, wie soeben angedeutet, gerade zu Baldur Blauzahns Lebzeiten aus der Mode gekommen war. Das System der Blutrache hatte seine Blütezeit in jener Periode erreicht, in der es die Germanen nur selten eine Generation lang an einem Ort aushielten, ehe sie ihr Bündel schnürten und zu neuen Wäldern aufbrachen; in einer Zeit ohne festen Gerichtsstand also schien diese Rechtspraxis die vernünftigste Möglichkeit zu sein, einigermaßen gesittete zwischenmenschliche Umgangsformen durchzusetzen. Wer sich, aus welchem Grunde und wie auch immer, an einem Fremden verging, sollte damit rechnen müssen, daß daraufhin dessen Verwandtschaft angerückt kam, um die Tat zu rächen. Hatte man jemanden verletzt oder gar getötet, wurde aus der einfachen Rache eine Blutrache – Auge um Auge, Zahn um Zahn. (Wenn in einigen Völkern des europäischen Südens diese Rechtsauffassung bis heute erhalten geblieben ist, dürfte das allerdings eher auf einen Mangel an Vertrauen in die dortige Justiz deuten als auf die Reiselust der Südländer. Das ist bekanntlich in unserem zivilisierten Norden anders. Möglicherweise übertreiben wir sogar unseren Hang zur Gerechtigkeit ein bißchen. Denn es dürfte schwer werden, einen Beruf zu entdecken, deren Betreiber sowenig von wirtschaftlichen oder politischen Veränderungen berührt werden wie unsere Richter. Da mögen sich Gesetze ändern, die politischen Verhältnisse ins Gegenteil verkehren – einmal Richter, immer Richter. Selbst die Arbeitsplätze des in diesem Zusammenhang häufig genannten Toilettenreinigungspersonals – Motto: Gepinkelt wird immer – werden, wie neueste Untersuchungen ergeben haben, von wirtschaftlichen Schwankungen empfindlicher getroffen.)

Die frühere Form der unmittelbaren Urteilsvollstreckung besaß allerdings einen Schönheitsfehler: Hatte nämlich die eine Sippe sich, wie es sich gehört, an der anderen gerächt, mußte ja nun die andere sich wieder an der einen rächen. So ging es ständig hin und her und kostete nicht nur Zeit, sondern auch diverse Brüder, Onkel, Väter und Neffen. Tatsächlich hätte sich der Prozeß der ständigen Rache ja bis in alle Ewigkeit fortsetzen können, wenn nicht irgendwann einmal die Rächer in ein Lager gekommen und dort auf eine Inschrift gestoßen wären, die etwa gelautet haben dürfte: Empfänger unbekannt verzogen. Erst in diesem Augenblick konnten die Rächer erleichtert nach Hause reisen: Der Teufelskreis der Blutrache war unterbrochen.

Doch nachdem sich Baldurs Urgroßvater in Bonarum niedergelassen hatte

Baldur dagegen wußte gar nicht, an welche Probleme im Zusammenhang mit diesem Fremden er zuerst denken sollte. Ohne darauf zu achten, ob er in einen der Kuhfladen trat oder nicht (daß er keine Zeit fand, über deren seltsame Wirkung nachzudenken, bedrückte ihn ebenfalls), marschierte er wild über den Acker. Daß jeder Aufenthalt eines Fremden Ungelegenheiten mit sich brachte, verstand sich von selbst. Doch darüber machte er sich ausnahmsweise die wenigsten Gedanken, obwohl dieser ernährt werden mußte, Schlafplatz beanspruchte, und selbst seine Klamotten ließ Bendix reinigen und ausbessern.

Nein, Bendix brachte erheblich mehr Ärger, den er nur teilweise mit anderen erörtern konnte. Denen konnte er sagen, daß der Fremde, selbst wenn er wirklich Kimber sein sollte, doch so lange in Rom als Sklave tätig gewesen war, daß die entsetzliche Verkommenheit der dortigen Bewohner ganz sicher auf ihn abgefärbt haben dürfte, und so zweifellos die Gefahr bestand, daß er die gesunden Sitten und Gebräuche von Baldurs Sippe infizieren könnte. Doch damit hätte Baldur sich abfinden können; was ihn indessen mürbe machte, war die belehrende Art und Weise dieses arroganten Flegels, mit der er in jedes Gespräch eingriff. Nichts war ihm neu, alles wußte er besser. Allein wie blasiert sich dieser Schnösel neulich zum Rauchabzug geäußert hatte. Als ob von den Sanellas schon alles erfunden war, was es zu erfinden gab!

Oder hatten sie es am Ende wirklich getan?

und dort geblieben war, und mit ihm alle anderen Urgroßväter der Teutonen, war man unvermittelt über Generationen hinweg ständig für jedermann erreichbar. Als dieses Dilemma augenfällig geworden war, haben sich ein paar Gauführer, Fürsten, Drusen usw. – alle, die Verantwortung trugen – darauf geeinigt, daß künftig derartige Streitfälle, »selbst ein Totschlag mit einer bestimmten Anzahl Groß- und Kleinvieh gesühnt werden kann«. (S. a. Tacitus XXI.: ». . . nec inplacabiles durant; luitur enim etiam homicidium certo armentorum ac pecorum numero recipitque satisfactionem universa domus . . .«)
Doch hatte man, wie gesagt, in Bonarum von dieser Veränderung noch nichts gehört, Heinos (und Baldurs) Furcht vor einer Blutrache durch Verwandte von Bendix Büsum war demnach subjektiv begründet. Von der Tatsache, daß er wirklich keine hatte, konnten sie ebenfalls nicht ausgehen, denn das hatten sie lediglich aus seinem eigenen Munde vernommen, Beweise dafür hatte er nicht vorbringen können.

Nein, das war einfach nicht möglich.

Die größte Ungezogenheit hatte dieser Lümmel sich allerdings vorhin erlaubt: Er hatte einfach angefangen zu singen. Hätte Baldur da sein Haus nicht verlassen, er hätte den Kerl umgebracht.

In diese und ähnliche Grübeleien war Baldur so sehr vertieft, daß er nicht einmal merkte, daß Sigurd hinter ihm hergerannt war und nun bereits eine ganze Weile neben ihm ging.

Von seiner Tür aus hatte er Baldur entdeckt und schien jetzt nur noch einen günstigen Moment abpassen zu wollen, um Baldur anzusprechen. Man konnte gegen Sigurd viel vorbringen, doch eines mußte man ihm lassen: Er hatte einen einmaligen Instinkt für ungünstige Momente. Er wußte ganz genau, wann er etwas sagen sollte und wann nicht. Da irrte er sich nie, erwischte immer den falschen Augenblick.

Jetzt war es soweit; ganz plötzlich fiel er über Baldur her: »Was machst du eigentlich, wenn Bendix sich bei uns niederlassen will?«

Baldur zuckte zusammen, als wäre Sigurd vom Himmel gefallen. Er hatte nicht einmal verstanden, was Sigurd gefragt hatte. »Ich singe nie!« fuhr er ihn wütend an, mit seinen Gedanken noch immer bei Bendix Büsum.

Sigurd blickte seinen Schwager nachdenklich an, biß von einer der Möhren ab, mit denen er heute seine Umhängetasche geladen hatte.

Jetzt stieß auch noch Heino zu ihnen: »Also, ich hab' mir das alles hin und her überlegt: Der Kerl muß weg!«

Baldur sagte leise: »Ich bring' ihn um.«

Sigurd war empört: »Den Sanella umbringen?«

»Den doch nicht, du Körnerfresser.«

»So was sagt man nicht mal im Scherz.«

»Das war auch kein Scherz, du Arschloch.«

»Umbringen. Ein Fremder ist ein Mensch wie du.«

»Ich rede nicht von ihm.« Er blieb vor seinem Schwiegervater stehen und tippte diesem ein paarmal so heftig mit seinem dicken Zeigefinger vor die Brust, daß der alte Mann, der heute ohne seinen Stock unterwegs war, hingefallen wäre, wenn Sigurd ihn nicht reaktionsschnell aufgefangen hätte: »Ihn.«

Doch war Heino weniger über den Stoß erstaunt als über den damit verbundenen Vorwurf, den er sich nicht erklären konnte. Andererseits war er nicht neugierig genug, um nach der Ursache der Verstimmung seines Schwiegersohns zu fragen. Statt dessen wendete er sich Sigurd zu und deutete auf die Möhre: »Was ißt du da eigentlich?«

Sigurd strahlte. »Wie die Dinger heißen, weiß ich nicht. Aber sie wachsen unterm Unkraut.«

Selbst Baldur ließ sich durch diese überraschende Mitteilung vom Thema ablenken: »Unter? Unter der Erde? Eine Wurzel? Du ißt Wurzeln?«

Sigurd hielt ihm eine Möhre hin: »Willst du mal abbeißen?«

Doch Baldur schlug ihm nur wütend den Arm zur Seite.

»Denk lieber drüber nach, wie wir den Sanella wieder loswerden, den wir seinetwegen . . .« Er wollte Heino aufs neue vor die Brust stupsen, doch der rechnete damit und drehte sich gelenkig zur Seite.

Sigurd blieb bei seiner Rohkost: »Es ist aber sehr gesund.«

»Du weißt nicht, wie es heißt, aber du weißt, daß es gesund ist.«

»Das schmeckt man. Vielleicht nenne ich es Rotwurzel. Und man kann sie so essen. Man muß sie nicht mal braten.«

»Wenn die wenigstens giftig wären, dann könnten wir sie dem Sanella zu fressen geben«, meinte Heino und sah dabei Baldur an, in der Hoffnung, ihn mit derartigen Vorschlägen versöhnlich zu stimmen.

Sigurd wurde wütend. »Solange ich in der Nähe bin, möchte ich dich bitten, nicht so zu sprechen. Einen Menschen vergiften, nur weil er woanders geboren wurde als in unseren heiligen Wäldern.«

»Haben wir dich gezwungen, in unserer Nähe zu sein?« wollte Heino wissen.

Sigurd ignorierte diese Frage. »Woher wißt ihr eigentlich, daß er überhaupt hier bei uns bleiben will?«

Darauf war Baldur noch nicht gekommen. »Du meinst, daß er freiwillig wieder abhaut, wenn die Wunde . . .« Er konnte das Wort nicht aussprechen, ohne seinen Schwiegervater zumindest vorwurfsvoll anzublicken: ». . . wenn seine Wunde verheilt ist? Glaubst du denn im Ernst, daß jemand, der, von wo auch immer, hierher in mein Dorf gerät, auf den Gedanken kommen kann, es freiwillig wieder zu verlassen?«

Heino blickte seinen Schwager lange teilnahmsvoll an, sagte jedoch nichts mehr, sondern ging wortlos zurück ins Dorf.

Baldur blickte hinter ihm her und fragte Sigurd: »Hast du ihn verstanden?«

»Aber sicher. Wenn du willst, erklär' ich dir das.«

»Ich will es nicht. Auf alle Fälle wäre alles halb so schlimm, wenn dieser alte Sack nicht auf ihn geschossen hätte.«

»Weiß Bendix das überhaupt?«

»Natürlich nicht. Aber jeder Tag, den er länger hierbleibt, vergrößert die Gefahr, daß er es erfährt. Irgendwer wird es ihm schon beibringen.«

Sigurd wußte natürlich, auf wen sein Schwager da anspielte: »Wieso immer ich? Außerdem, wenn er Heinos Pfeil findet, weiß er auch so, was passiert ist. Da muß ihm niemand mehr was verraten.«

*

Allmählich wurde es Iduna zu dumm: »Wenn es da unten wirklich so schön ist, wie du sagst, dann möchte ich mal wissen, warum du getürmt bist.«

Obwohl Bendix vom forschen Ton der zarten Iduna überrascht wurde, konnte er ihren Unwillen nachempfinden. Da war er nun endlich einmal allein mit ihr, erzählte aber nur enthusiastisch, was Rom für eine tolle Stadt war, was jeden Tag los war, auf dem Forum und abseits vom Forum, auf der einen Seite vom Tiber und auf der anderen, die Theater, die Thermen, die Festspiele, in den Arenen und überhaupt das Wetter . . .

Dabei wußte er ganz genau, daß sie überhaupt nichts verstand, nichts verstehen konnte, aber er wußte eben nicht, wie er es anstellen sollte, über das zu reden, was ihn tatsächlich bewegte, während er so dicht neben ihr saß. Am liebsten hätte er sogar überhaupt nicht geredet, sondern sie in den Arm genommen, sie gestreichelt und dann . . . Bendix Erfahrungen mit Frauen waren nämlich, obwohl er einen gegenteiligen Eindruck vermittelte, eher theoretischer Natur. Doch durfte er sich auf keinen Fall anmerken lassen, wie riskant dieses Thema für ihn war.

»Immerhin war ich ja nur ein Sklave. Auch wenn ich in den Saepta verkauft worden bin, dicht beim Forum.«

»Was bedeutet das denn?«

»Sklaven sind ja nicht alle gleich teuer. Da gibt es ganz schöne Unterschiede. Die normalen und billigen stehen auf so einem Podium, das sich dreht ... Aber darunter kannst du dir ja auch nichts vorstellen.«

»Nein. Aber warum ist einer teuer und der andere billig?«

»Na ja. Da gibt's viele Gründe. Ob einer jung ist oder alt. Wie einer aussieht ...«

»Aha.«

Für einen ganz kurzen Augenblick, wohl für niemanden erkennbar, ganz sicher nicht für Iduna in dieser aufregenden Situation, schien Bendix ins Schleudern zu geraden. »Nichts aha. Viel entscheidender ist nämlich, was einer kann. Beispielsweise hat sich Cornelius, so hieß mein Centurio, einen Grammatiker gekauft, der war teurer als seine Villa auf Capri einschließlich Grund und Boden.«

»Einen Grammatiker?«

»Das ist einer, der die Regeln ... der weiß, wie man korrekt redet. Und dieser Sklave hatte sogar wieder Sklaven, die ihn bedienen mußten. So Leute, die intelligent waren und gelehrt — die brachten die höchsten Preise.[10] Danach eben erst Schönheit

[10] Der Verfasser versagt sich jeglichen primitiven Vergleich mit heutigen Honoraren vergleichbaren Personals, will andererseits nicht verhehlen, daß er gewisse Schwierigkeiten hat, den Erkenntnissen heutiger Gelehrter zu folgen, die behaupten, daß der Reichtum des römischen Weltreichs vornehmlich auf dieses Wirtschaftssystem zurückzuführen ist: Je mehr Sklaven sich eine Gesellschaft leisten kann, desto reicher wird sie.
Wenn aber Sklaven so teuer sind, wie kann sie sich jemand leisten, der nicht bereits reich ist?
Von einem Sklavenverleih oder einem Sklavenleasing etwa, eine Einrichtung, die diesen Widerspruch erklären könnte, ist schließlich bislang nichts bekannt geworden.

und Gesundheit. Manchmal wurde auch einer höher bewertet, weil er vielleicht ein Zwerg war oder besonders unverschämt.«

»Ach so, deshalb bist du auf dem ... Dingsda verkauft ..., deshalb warst du teurer.«

»Ich weiß selbst nicht genau, weshalb ich in den Saepta verkauft wurde, also da, wo die Luxusläden sind und die Reichen einkaufen ...«

»Was Luxusläden sind, weiß ich auch nicht, ich weiß ja nicht mal, was kaufen bedeutet«, sagte Iduna ungeduldig. Schließlich saßen sie hier nun schon lange genug, dachte sie, und irgendwann müßte er doch mal zur Sache kommen.

Aber Bendix tat so, als würde er nicht spüren, wie ihr Herz klopfte: »Du wirst alles lernen. Mit der Zeit. Ich werde dir alles beibringen, was ich weiß.«

»Wann denn?«

»Wir haben doch so viel Zeit.«

Iduna zog ihre Stirn kraus: »Was denkst du denn, wie lange du hierbleibst?«

»Was heißt, wie lange. Ich will überhaupt hierbleiben, mir gefällt es hier. Ich bin seit Oktober auf der Flucht. Endlich habe ich den Platz gefunden, von dem ich geträumt habe. Nicht mehr diesen Lärm und Gestank der großen Stadt, die alles um sich herum ausbeutet und verpestet. Und ...« Jetzt, glaubte Bendix, habe ich das richtige Stichwort gefunden, jetzt kann ich ihr gestehen, daß ich vor allem ihretwegen hierbleiben möchte, daß ich schon fest entschlossen war, nie wieder fortzugehen, als man mich verwundet ins Haus trug und ich dich sah, schöne Iduna. Er war so froh, daß er endlich sagen konnte, was ihm durch den Kopf ging, er holte tief Luft und ... in diesem Augenblick brachte ihn Iduna aus dem Konzept: »Und du glaubst, daß mein Vater das zulassen würde?«

»Warum nicht?« fragte er, mühsam gefaßt.

»Da kennst du ihn schlecht. Sowie du gesund bist, jagt er dich zurück in den Wald. Das hat er auch schon verkündet.«

»Darf er das denn?« Bendix lächelte.

Iduna war enttäuscht, als diese Drohung keinen Eindruck zu machen schien. Sie hatte sich mehr von ihr versprochen. Jetzt tat er so, als wäre es ihm egal, ob er gehen müßte oder bleiben würde.

»Wer will ihm das verbieten?« fragte sie leicht verstimmt.

»Der Gauführer?« schlug Bendix vor, jetzt sogar grinsend.

»Wenn der es überhaupt erfährt, und dann wird mein Vater bestimmt irgendeine Ausrede haben.«

»Und Badwila? Gerade bei deinem Vater wird sie doch wohl aufpassen, daß die Gesetze der Gastfreundschaft beachtet werden.«

»Selbst die verlangen nicht, daß man Gäste ewig bewirtet.«

Jetzt mußte Bendix endlich seinen Trumpf ausspielen, in der Hoffnung, daß dieser stechen würde. Denn beweisen konnte er schließlich nicht, was er vermutete, aber vielleicht würde Iduna ihm helfen. Er blickte sie unvermittelt ernst an: »Und wenn mir einer aus eurer Sippe in den Rücken geschossen hätte?«

Iduna erschrak. Wie gern hätte sie ihm gesagt, was sie wußte, aber sie traute sich nicht, so was auch nur zu denken. Schließlich ging es nicht um sie, sondern um das Wohl der gesamten Sippe Blauzahn. Nein, ihr blieb nichts anderes übrig, als erstaunt zu tun: »Woher willst du wissen, daß es einer von uns war.«

»Wer sonst?«

»Na hör mal, im Wald treibt sich viel Gesindel rum. Außerdem wird Papi immer das Gegenteil behaupten. Du wirst doch nie beweisen können, daß Op. . .«, fast hätte sie sich verplappert, ». . . daß es einer aus unserer Sippe gewesen ist.«

»Es sei denn, ich hätte den Pfeil.«

»Aber den hast du nicht.«

»Und wer hat ihn?«

»Woher soll ich das wissen?« log Iduna tapfer.

»Habt ihr ihn denn dem Schützen zurückgegeben?«

»Dem bestimmt nicht, der würde nur wieder Unheil damit . . .« Iduna erschrak, und Bendix lächelte. Na also. Ich ahnte ja, daß ich dich erwische. Du bist doch viel zu brav, um konsequent zu lügen. Das sagte er allerdings nicht, sondern dachte es nur. Und daß er sich täuschte, würde ihm, wie so vielen Männern vor und nach ihm, erst sehr viele Jahre nach der Hochzeit klarwerden.

Vor weiteren Unannehmlichkeiten wurde Iduna durch ihre

Mutter bewahrt, die mit zwei Krügen aus dem Haus kam, um Wasser aus dem Brunnen zu holen. Iduna sprang sofort auf: »Das kann ich doch machen.«

Thusnelda blickte erst ihre Tochter überrascht an, dann Bendix.

»Ist was passiert?« fragte sie besorgt und reichte ihr die Krüge.

»Nein. Nichts. Nur, daß Bendix gesagt hat, daß er unbedingt hierbleiben möchte.«

»Ich hab' nichts dagegen, aber ich weiß nicht, ob es deinem Vater in den Kram paßt.«

»Wenn ich wüßte, wo der Pfeil geblieben ist«, sagte Bendix betont beiläufig, während Iduna auf dem Weg zum Brunnen war. Er dachte sich, daß ein sanfter Hinweis ausreichen würde.

»Was dann?«

»Ich habe schließlich viel gelernt in Rom. Ich könnte allen sehr nützlich sein.«

Thusnelda blickte ihn einen Moment nachdenklich an. »Du solltest dich lieber wieder hinlegen. Noch bist du nicht gesund.«

*

Wenn Heino während seines Unterrichts von den Jahren erzählte, die er, meist an der Seite seines Freundes Hagen aus Tromsö, mit den Nibelungen verbracht hatte, tat er das völlig konfus, ohne System, mithin nicht mal auf den zeitlichen Ablauf der Ereignisse achtend. So geschah es nicht selten, daß er an einem Tage etwa in der großen ewigen Liebe eines seiner Helden schwelgte, dessen Ermordung er einen Tag zuvor, nicht weniger begeistert, beschrieben hatte. Mal war es irgend etwas, was er gerade erlebt hatte, dann wieder eine Frage der Kinder, die ihm reichte, um endlos zu plappern.

Dieses erzählerische Chaos mochte nicht zuletzt deshalb entstanden sein, weil er bislang nie den Anfang der Geschichte erzählt hatte. Doch heute war es soweit. Zufällig lieferte Heino den Beginn der Nibelungen nach. (Es ist zu hoffen, daß er von nun an eine gewisse Kontinuität einhalten wird.)

»Als Siegfried noch zu Hause gewohnt hat«, begann Heino jedenfalls, unmittelbar nachdem er seine wichtigsten Ausrüstungsstücke, also Wikingerhelm, Schild, Mezzabecher, Nachfüllkruke, Fidula und Schwert (den Flitzbogen hatte Thusnelda an sich genommen), sorgsam um seinen, mit den abgeschabten Resten eines Bärenfells bekleideten Stein drapiert und sich auf denselben gesetzt hatte, »da war ich selbst ja noch nicht dabei ... Aber ich hatte eben schon von diesem Strolch gehört. Der stammt ja aus den Neiderlanden. Ich weiß nicht, ob ich euch das schon erzählt hab', was das für Halunken sind, die aus den Neiderlanden. Ein Land voll mit Friesen. Das ist ja schon ein Alptraum für sich. Und dann behaupten sie noch, sie wären Germanen wie wir. Aber wer mal einen gesehen hat, der weiß Bescheid. Keiner größer als so.« Er hob lässig, ohne aufzustehen, seinen rechten Arm, so daß er bestenfalls auf eine Gesamthöhe von knapp fünf Ellen kam. »Das sind dann aber schon die Riesen. Und deshalb bauen sie auch überall Dämme an ihre Grenzen, weil da fast immer Meer ist und sie Angst haben, weggespült zu werden. So kommt es übrigens, daß sie an die Namen von ihren Dörfern immer noch ein Damm ranhängen, die heißen dann vielleicht Bremendamm, Rotterdamm, Leerdamm oder Amsterdamm und so.

Also, die Eltern von Siegfried sollen merkwürdigerweise ganz ordentliche Leute gewesen sein, auch Könige natürlich, aber eben Könige von Friesen, was ja nicht viel mehr bedeutet, als wenn bei uns einer Oberhirte im Gauweiler ist. Obwohl sie selbst angeblich ganz bescheiden gelebt haben, was ich mir bei Friesen gar nicht vorstellen kann, wurde ihr Siegfried unheimlich verpäppelt. Manche sagen, weil sie nur diesen einen Sohn hatten, andere, weil er so schön war. Schon zu seinem neunten Geburtstag haben sie ihm ein Schwert geschenkt und zwei Jahre später ein Pferd. Und immer die besten Klamotten. Und da war das kein Wunder, daß die Weiber hinter ihm her waren – die friesischen Weiber natürlich.

Nachdem er sein Pferd hatte, ist er ja dann auch immer wie so 'n angeschossenes Wildschwein in der Gegend rumgeritten, von einem Damm zum nächsten, hat sich hier mal mit jemandem geprügelt, dann da, hier mal 'ne Dame gebrögelt, dann wieder da. Aber bei der einen waren ihm die Muckis zu flach, bei der anderen der Hintern zu rund, und er ist weitergeritten. Das Land ist ja so übersichtlich. Wenn er sich mal ein Stückchen im Sattel reckte, konnte er alles sehen, so flach ist das da oben. Allerdings, wenn man überhaupt was erkennen konnte. Denn meistens ist da ja Nebel. Und nicht nur im Frühling, wie bei uns und nur hier am See. Bei denen ist fast immer Nebel. Und das will ich ja zugeben, da wären ganz andere rammdösig geworden, daß man, wenn schon mal kein Nebel ist, man gleich alles überblicken kann. Aber was blieb ihm übrig, er war ja nun mal da geboren und hat immer gedacht, daß es woanders genauso ist.

Aber dann haben die Eltern einen Fehler gemacht. Wieder, um diesen kleinen Rübenpopel zu verwöhnen, haben sie ein Riesenfest veranstaltet zu seinem 18. Geburtstag. Und wie das so ist, bei solchen Gelegenheiten, wenn man eingeladen wird, da fragen die Herrschaften nicht lange, ob das nun Friesen sind oder nicht, Hauptsache, man kann sich mal tüchtig die Leckereien reinhauen, ohne was dafür einzutauschen, und natürlich saufen und brögeln. Außerdem kriegt man da als Gast auch noch was geschenkt, so Schmucksachen und so was. Und wenn die besseren Herrschaften sonst natürlich einen großen Bogen um Neiderland machen, solche Gelegenheiten lassen sie sich nicht entgehen. Und weil das Fest ja nun eine Woche lang gedauert hat, da haben die auch ein bißchen was erzählt, die Gäste, von zu Hause und wieviel schöner es bei ihnen ist und das alles. Aber wo ist es nun nicht schöner als in Neiderland. Und Siegfrieds Ohren wurden immer größer, und dann hat er erst von einem, dann von einem anderen, dann von immer mehreren, insgesamt waren es so an die vier bis neunzehn, die haben diesem 18jährigen Flegel von einer gewissen Kriemhild aus Wormatia was vorgeschwärmt. Das war die Schwester von dem berühmten König Günter, von dem ich ja schon oft erzählt habe. Und daß diese Kriemhild nun angeblich noch schöner sein sollte als die fromme Helene aus Katanga, wegen der ihrer Schönheit es ja einen Krieg gab, der zehn Jahre lang gedauert hat. Ich selbst war da allerdings nicht dabei, weil ich ausgerechnet zu der Zeit mit den Wikingern in Westfinnland war. Ich hab' nur davon gehört von meinem Freund Hagen aus Tromsö. Aber eben, wenn sich da ganze Völkerscharen zehn Jahre lang um eine Frau kloppen, dann muß an der schon allerhand dran gewesen sein. Da könnt ihr euch vorstellen, was los war, als Siegfried dann noch hörte, daß die auch noch reich gewesen ist, weil, ihr und ihrem Bruder gehört ganz Burgund.[11]

Das war eben doch eine ganz andere Sorte König als einer, der nichts als Friesen unter sich hat. Und das Land schöner, Berge, Flüsse, Täler, Wälder und alles. Und das Wetter. Was Nebel ist, wußten die gar nicht, hatten sogar noch nie davon gehört. Die kannten das Wort gar nicht. Und nirgendwo Dämme.

Na ja, da hat dieses selbstgefällige, verwöhnte Bürschchen nicht lange nachgedacht und hat erklärt, die oder keine, und zwar heiraten. Aber das hat er nicht etwa seinen Eltern mitgeteilt, wie sich das gehört, sondern irgendwelchen Leuten, die das dann aber dem Vater weitergesagt haben. Und da war der Alte natürlich sauer. Ich meine König Günter war ja nun nicht irgendwer, wie gesagt. Und Siegfrieds Mutter war ja dann total erschrocken, als die das hörte. Mein lieber Schulli waren die entsetzt, und der Vater – Siegmund hieß der übrigens und sie Sieglinde – Mann, wie mir heute die Namen alle einfallen, mehr Namen, als ich brauche –, also der sagt erst ganz sanft zu Sieg-

[11] Sollte jemand von dem Hinweis irritiert sein, daß die Burgunder damals ausgerechnet in Worms ihren zentralen Amtssitz hatten, so sei zugestanden, daß die Burgunder in der Tat aus einer völlig anderen Gegend stammten. Nur aus Rücksicht auf unsere Vertriebenenverbände wird diese Tatsache seit Jahren unterdrückt, darf anscheinend öffentlich gar nicht mehr erwähnt werden. Die wirkliche Heimat der Burgunder befindet sich nämlich in dem seit Jahrzehnten umstrittenen Gebiet östlich von Oder und Neiße. Daß die genannten Verbände daran nicht erinnert werden mögen, daß es vor ihnen eine Landsmannschaft gab, die dort heimisch war, ist nur zu verständlich. Denn wie ernst würde unsere Bevölkerung deren nervtötendes Lamentieren über die verlorenen Ostgebiete zwischen Oder und Weichsel wohl noch nehmen, wenn wir ihnen vorhalten würden: Da, wo ihr herkommt, haben vor euch die Burgunder gelebt. Und wo leben die jetzt – vom Wie ganz zu schweigen? Wir könnten ihnen sogar androhen, eine Umfrage unter den Burgundern zu veranlassen, um zu erfahren, ob auch nur einer von ihnen wieder in die alte Heimat seiner Väter zurückkehren möchte. Da könnten wir noch zuzahlen – niemand würde die Bourgogne verlassen wollen.

fried, also hör mal, mein Junge, ich hab' da gehört, daß du die Kriemhild heiraten willst, aber schlag dir die aus dem Kopf. Das ist nichts für unsereins. Und die Mutter fing gleich an zu heulen natürlich und die üblichen Redensarten. Du reitest nur in dein Unglück, bleibe im Lande und iß, was auf den Tisch kommt, und so was. Außerdem sollst du hier ja mal selbst König werden. Aber er, wie die Friesen nun mal sind, wenn einer sich was in den Kopf gesetzt hat, dann muß auch alles so ablaufen, da geht er über Leichen. Die und keine andere, sagt er, und hier stinkt es mir sowieso. Und das nimmt der Vater sogar hin und sagt nur, daß an der doch schon ganz andere dran sind und daß selbst das Geld aller Friesen nicht reichen würde, um zum König überhaupt ›Heil Günter‹ sagen zu dürfen. Geld spielt keine Rolle, sagt Siegfried, das verschaff' ich mir schon. Auch mit Geld nehmen die dich nicht, sagt der Vater im letzten Versuch. Na schön, sagt Siegfried, wenn es im Guten nicht geht, dann nehm' ich ihnen eben diese Kriemhild mit Gewalt und das Land und die Krone gleich noch mit dazu. Wenn mich einer schief anguckt, dann zieh' ich ihm hiermit eine rüber. Und hält sein Schwert hoch. Und dies Schwert übrigens, das weiß ich gar nicht, wo er das her hatte, das war jedenfalls eins von diesen Zauberschwertern, und das hatte auch einen Namen. Das war das Schwert Solingen. Ein ganz berühmtes Schwert, weil es überall durchging und auch bei Regen nicht naß wurde. Dann ist er noch so lange geblieben, bis seine Mutter ein paar auffällige Kleider fertig genäht hatte. Dann ist er abgehauen. Und zum Abschied sagte er nur, die werden mich kennenlernen. Na ja, das haben sie dann ja auch.«

Heino lehnte sich erschöpft zurück, griff nach seinem Mezza, schaute kurz auf die Kinder, war erstaunt, daß alle geblieben waren, und trank dann so lange, bis er rückwärts in den Sand glitt.

*

Dieser verdammte Pfeil. Seit Sigurd von ihm gesprochen hatte, konnte Baldur an nichts anderes mehr denken. Wie hatte es geschehen können, daß er ihn total vergessen hatte? Wo war der Pfeil geblieben? Er grübelte, wo und wann er ihn zuletzt gesehen hatte. Zuerst war klar, das war an dem Tag, an dem er den

Rauchabzug erfunden hatte, als dieser verdammte Kimber ins Haus getragen wurde. Aber danach? Nein. Er hatte den Pfeil nicht noch einmal gesehen.

Also, wo war er? Hatte am Ende irgend jemand diesen Pfeil absichtlich an sich genommen? Und wenn? Wer? Und mit welcher heimtückischen Absicht? Baldur hatte schnell begriffen, daß es im Augenblick nichts Wichtigeres gab, als zu erfahren, wo der Pfeil geblieben war. Also, ab nach Hause.

Doch wenn er gehofft hatte, er könnte in aller Ruhe, vor allem unauffällig, aber systematisch, das Haus durchsuchen – Pusteblume. Als ob es alle darauf abgesehen hatten, ihn zu ärgern: Iduna beflissen am Webstuhl, Thusnelda leidenschaftlich mit ihrem Stößel über den mit Gerstenkörnern gefüllten Mörser gebeugt, nur dieses Arschloch Bendix lag leidend mit geschlossenen Augen auf der langen Bank, die sich über die gesamte Seite der dem Eingang gegenüberliegenden (Nord-)Wand erstreckte.

Nun höre ich schon Leute, die einem jetzt ins Wort fallen, mein Gott, was ist denn schon dabei, so schwierig kann es doch nicht sein, ein germanisches Haus zu durchsuchen. Na schön, soll es etwas größer sein als nebbich eine gallische Hütte, aber doch bestimmt nicht größer als eine Durchschnittswohnung im sozialen Wohnungsbau. Vor allem, was hatten unsere Ahnen denn schon an Einrichtung? Besaßen die Germanen ein vom Opa geerbtes Vertiko? Nein. Was hätten sie da auch groß reinstellen sollen? Eine Zigarrenkiste mit Papiergeld aus der Inflationszeit, jetzt in lieblicher Harmonie mit Scheinen von nicht umgetauschter Ostmark aus dem Jahre 1990 etwa? Die Germanen kannten doch nicht mal Münzen, oder?[12]

[12] Der Verdacht ist angebracht; in der Tat hatte man in Bonarum keine Münzen, allerdings bereits von ihnen gehört. Daß irgendwelche fernen Völker Waren nicht mehr direkt tauschten (wie es normal, einfach und übersichtlich ist), sondern über einen Umweg mittels kleiner Scheiben aus Metall, war den Germanen unverständlich. Von sich aus wäre den Germanen vermutlich etwas so Umständliches nie eingefallen. Selbst den Tausch von Produkten hielten sie nur in Ausnahmefällen für notwendig. Denn meistens waren die Germanen zufrieden mit dem, was sie ernteten, jagten, fanden, eroberten oder herstellten. Nur selten kamen fremde, schwarzhaarige, sogenannte Kaufleute, aber die woll-

Hatten sie überhaupt – längst nicht alles kann hier erwähnt werden, doch soll immerhin angedeutet werden, was heutzutage von einem zivilisierten deutschen Haushalt verlangt wird – Kleiderschränke, Kacheltische, Bücher, Blumenvasen, Urlaubsdias (mit Projektoren), Radios, Nachttöpfe, Fernseher, Schallplatten, Steppdecken, Toaströster, Kaffeemaschinen, Couchgarnituren, Teppiche, Schaukelstühle, Raffgardinen, Rolloschränke, Fitneßtrainer, Schreibtische, Büstenhalter, Bettvorleger, Fernsehsessel, Bügelbretter, Küchenuhren, Fondueteller, Hängelampen usw., all dies Gerümpel eben, das wir erst dann wahrnehmen, wenn wir mal umziehen?

Nein, zugegeben, sie hatten nichts davon. Sie hatten nicht mal Stühle. Zumindest gehörten Stühle nicht zum üblichen Mobiliar. Immerhin gab es in einigen germanischen Häusern einen Stuhl, nie zwei oder gar für jeden Bewohner einen. Dieser eine war allein dem Hausherrn vorbehalten. In profanierter Weise finden sich noch heute, vorwiegend in den südlichen und westlichen Landesteilen Deutschlands, Spuren dieser Sitte. So gibt es in vielen Haushalten, entweder zentral vorm Fernsehgerät als Sessel oder als Stuhl unmittelbar vor jener Stelle des Eßtisches, auf welchen Muttern traditionell den Sonntagsbraten serviert, eine Sitzgelegenheit, auf die sich ausschließlich Vaddern niederlassen darf.

ten nicht das, was man selbst benötigte, sondern Dinge, die überflüssig waren, Bernstein etwa oder die hellen Haare germanischer Frauen. Keine Artikel des täglichen Bedarfs demnach, sondern Luxusprodukte für eine zahlungskräftige Oberschicht. Wer heute von alten Handelsstraßen hört, darf sich ohnehin nicht vorstellen, da wäre ständig Hochbetrieb gewesen und der damalige grenzüberschreitende Güterverkehr in irgendeiner Weise mit dem zu vergleichen, was wir heute darunter verstehen. Selbst in den Handelsmetropolen des Mittelmeerraums handelte man am Anfang nur mit wenigen Artikeln, so, als würde sich heute unser Import auf Champagner (s. Max Weber in »Die sozialen Gründe des Untergangs der antiken Kultur«), Kaschmirpullover und Gänseleberpastete beschränken. Die Wirklichkeit ist, wie wir täglich erfahren, anders. Ob wir jedoch unsere Ahnen beneiden sollten, weil sie – zumindest noch im April jenes Jahres, im Spätherbst sollte es in Bonarum schon ganz anders zugehen – die nie zu stillende Gier nach Produkten, die ebenso neu wie überflüssig sind, nicht kannten, sondern mit dem zufrieden waren, was sie kannten und besaßen, muß hier nicht erörtert werden.

Daß in Baldurs Haus ein Stuhl zum sonst kargen Mobiliar gehörte, ergibt sich aus seiner fortschrittlichen Haltung und müßte hier im Grunde nicht betont werden. Andererseits, da es nun schon mal erwähnt worden ist, soll nicht verschwiegen werden, daß Baldur Blauzahn an diesem Stuhl Seitenstützen, sogenannte Armlehnen, anbringen ließ, die er – wie so vieles – selbst entworfen hatte. Daß allein er berechtigt war, auf diesem Stuhl zu sitzen, ist klar; diese Vorschrift wurde sorgsam eingehalten, selbst in jenen Zeiten, in denen Baldur abwesend war, etwa beim Stammesthing, das sich häufig über Wochen hinzog.

Dennoch, wie vorher angedeutet, bot Baldurs Haus zahlreiche Verstecke. Anders als heute üblich, war schließlich mehr als die Hälfte der Grundfläche Tieren vorbehalten. Es dürfte wenig wahrscheinlich sein, daß sich heutige Mieter einer Sozialwohnung Ziegen, Rinder oder Schweine halten. Allein die geringe Wohnfläche würde den Tieren nicht in jedem Fall zuzumuten sein. Wer jedoch in einer luxuriösen Wohnung, in denen räumliche Probleme unbekannt sind – ob Villenetage oder pompöses Hochhaus –, derartige Tiere in vergleichbarer Anzahl halten möchte, dürfte ebenfalls auf Schwierigkeiten stoßen. Dort werden die Vermieter Wünschen dieser Art wahrscheinlich einigermaßen reserviert begegnen.

Nun mögen Kenner einwenden, daß die genannten Tiere in jenen Zeiten kleiner waren, als sie es heute sind, eine Kuh etwa 25 cm, ein Schwein ca. 20 cm. Ein solcher Einwand ist nun wirklich typisch deutsch, Korinthenkackerei, um das Kind beim Namen zu nennen. Als ob es für Baldur einfacher gewesen wäre, den Pfeil zu finden, weil die Tiere nicht so groß waren, wie sie es heute sind, wenn ihn jemand in der Gülle versteckt hätte.

Aber selbst der Teil des Hauses, der von der Familie Blauzahn genutzt wurde (und von – in der Regel ungeladenen – Gästen), war nicht so kahl, wie mancher es nach der vielleicht zu flüchtigen Beschreibung vermutet haben mag. Neben Herdstelle und Backofen – bei den Blauzahns in der Mitte des Wohntraktes, beim altmodischen Sigurd noch an der Außenwand – hatte Tussi eine lange Reihe von Gefäßen für Lebensmittel, Töpfe, Kübel, Schüsseln und Becher, aus Ton und aus Holz. Da gab es

Kummen mit Gerstenkörnern, mit Roggen und mit Hafer fürs Frühstück mit Milch und Honig. Noch mal Honig in einer Kruke aus friesischer Keramik, mit Deckel. Das war der Honig zum Kochen von Mezza. (Für ihren Mezza war Thusnelda übrigens weit über die Grenzen Bonarums hin berühmt; das geheime Rezept, vor allem die raffinierte Kräuterkombination, hat sie bis zu ihrem Tod nicht preisgegeben – nicht einmal ihren eigenen Töchtern, so daß hier bedauerlicherweise auf seinen Abdruck verzichtet werden muß.)[13] Bemerkenswert war Tussis Kochtopf aus Bronze, ein stolzes Familienerbstück. Der Topf soll bereits benutzt worden sein, als ihre Vorfahren noch in der finnischen Hauptstadt Sauuna beheimatet waren. Dann gab es noch zwei blanke Steine, um zwischen ihnen Fleisch möglichst schonend zu braten, mehrere Kellen und natürlich stapelweise Feuerholz.

Für die Felle zum Schlafen (und die Winterkleidung) nutzte Thusnelda den Raum unter der langen Bank; die anderen Kleidungsstücke – zugegeben, nicht viel, eine Hose zum Wechseln für Baldur und jeweils eine Kutte zum Wechseln für Iduna, Elske und für sich selbst – bewahrte sie neben Webstuhl und Spindel in einer Art Truhe auf, ebenfalls fertige Stoffe, ein paar Gürtel, Gürtelschnallen, Schuhe und Broschen.

Kurzum: Selbst wenn der mobile Besitz der Blauzahns hier nicht vollständig erwähnt werden kann, wird jeder zugeben: Es dürfte genug Plätze geben, wo jemand, der es wollte, Heinos

[13] Wer, nicht allein, um sich von der Lektüre zu entspannen, sondern vielleicht aus Anlaß eines längeren Besuches auswärtiger Freunde, ein bißchen Mezza (heute Met) selbst herstellen möchte, muß sich mit folgenen Hinweisen begnügen: Man nehme auf 1 kg Honig nicht mehr als 1,5 l Wasser. Beides wird – mit einigen Kräutern des, leider, eigenen Geschmacks – in einem Topf gemeinsam eine Weile gekocht; hin und wieder umrühren! Danach abkühlen lassen, dabei eine Tasse mit Met füllen, Hefe darin auflösen, mit dem Met zusammengießen, in ein verschließbares Gefäß füllen, und nun muß man sich lediglich so lange gedulden, bis der Gärungsprozeß beendet ist. Das kann einen Tag dauern, eine Woche oder noch länger. Doch sowie der Verschluß sich von selbst öffnet, ist der Met fertig und kann genossen werden. Er ist übrigens ebenfalls fertig, wenn sich der Verschluß nicht von selbst geöffnet hat, sondern das Gefäß explodiert ist. Nur ist dann meistens der Genuß etwas umständlich.

Pfeil verstecken konnte. Und das hatte ja tatsächlich jemand gewollt, wie sich in Kürze herausstellen wird.

Weil niemand merken durfte, was Baldur vorhatte, mußte er standhaft das Geschwätz dieses Kimbern ertragen, während er im Haus umherging, sich mal hier bückte, dann dort auf die Zehenspitzen stellte, als wollte er lediglich inspizieren, daß auch in den Ecken gründlich Staub gewischt worden war.

Und der Kimber redete, als befürchtete er, bei der ersten Atempause erwürgt zu werden. Baldur wollte sich gerade die Ställe vornehmen, als Bendix dann doch überraschend seine Suada mit einer Frage beendete: »Und aus allem, was ich soeben ausgeführt habe, ergibt sich doch für Sie, verehrter Herr Blauzahn, reichlich Anlaß zu überlegen, welch unermeßlichen Nutzen Sie durch einen längeren Aufenthalt meiner Wenigkeit ziehen könnten?« Er blickte Baldur erwartungsvoll an, doch der gähnte. Bendix schaute flüchtig zu Iduna, aber die konzentrierte sich anscheinend nur auf ihre Arbeit am Webstuhl.

Also machte er weiter: »Was meinen Sie, wieviel von dem, was ich schon weiß, Sie erst noch erfinden müßten? Was ich Ihnen alles zeigen könnte.«

»Tüdelkram.«

»Es geht ja nicht um die Dinge, die ich Ihnen zeigen könnte, um Materielles, um Betten also, Straßen, Läden, Werkzeuge, Wasserleitungen, Kanalisation und so was alles . . . Entscheidend dabei ist etwas anderes: der Vorsprung, der Ihnen dadurch zufällt, daß Sie im Grunde genommen die Zukunft kennen, daß Sie soviel mehr wissen als alle anderen, alles früher wissen und kennen, und das wird Sie in die Lage versetzen . . .«

Bendix hatte tatsächlich erreicht, daß Baldur plötzlich neugierig geworden war und sich neben Bendix aufbaute.

»Wird mich in welche Lage versetzen?« ermunterte ihn Baldur.

Doch jetzt zeigte sich, wie naiv Bendix in Wahrheit war. Nichts vom wahren Charakter seines erwünschten Schwiegervaters hatte er begriffen. So machte er einen folgenreichen strategischen Fehler. Anstatt zu sagen, was er von den Römern (und die von den Griechen) gelernt hatte, daß Wissen nämlich Macht bedeutet, antwortete er: »Natürlich sind die Vorteile nicht nur für Sie allein, alle hier im Dorf würden davon profitieren; für Ihre ganze Sippe könnte das von unglaublichem Vorteil sein . . .« Es entging ihm, daß Thusnelda mit dem Kopf schüttelte, und er setzte leidenschaftlich nach: »Sogar für den gesamten Stamm der Teutonen.«

Damit war der Fall für Baldur erledigt. »Die Teutonen können mich am Arsch lecken«, fertigte er Bendix knapp ab und machte sich wieder auf den Weg Richtung Stall.

Dieses scharfe Urteil wiederum verblüffte Tussi. Obwohl sie, so gut wie jede andere Teutonin, wußte, daß kein Teutone den anderen ausstehen konnte – ausgesprochen wurde so was doch nie. Jeder Germane wußte es, jeder dachte es, aber gesagt wurde stets das Gegenteil. Nicht nur bei feierlichen Anlässen, ob das nun eine Sonnenwendfeier war oder das Jahresthing, immer taten alle so, als wären Teutonen ein einiges Volk von Brüdern, allesamt in unverbrüchlicher Treue miteinander verschweißt, gemeinsam gegen den Rest der Welt.

Selbstverständlich war die Wirklichkeit anders, konnte gar nicht anders sein. Wie sollte Einigkeit denn wohl entstehen, zwischen Nachbarn, die sich ja gar nicht kennen konnten, weil undurchdringliche Wälder und Sümpfe sie voneinander trennten?

Allerdings, überlegte sich Thusnelda, war nach ihren eigenen Beobachtungen der Zustand zwischen jenen, die sich kannten, viel verheerender, eben weil sie sich so genau kannten. Häufig genug wurde ihr vorgeführt, wie Baldur mit seinem Vetter Gundolf Graumantel und dieser mit Baldur umging. Graumantels Dorf war Bonarum am nächsten gelegen, nur wenige Werst südlich, und nannte sich hochtrabend Bad Wotansberg. Wer das Verhältnis dieser beiden Vettern als unfreundlich oder feindselig bezeichnen würde, müßte sich vorwerfen lassen, die Wahrheit rücksichtslos zu schönen. Tatsächlich waren die Begegnungen zwischen diesen beiden von einer Mischung aus Haß und Verachtung geprägt. Noch schlimmer war jedoch, daß beide nicht selten versuchten, ihren Abscheu voreinander hinter geheuchelter Herzlichkeit zu verbergen, wobei jeder versuchte, den anderen zu übertrumpfen, was die dazugehörende Peinlichkeit betraf.

Doch, wie erwähnt, ausgesprochen wurde so was nie. Durch Baldurs ungehemmten Ausbruch war Thusnelda sogar nahe daran, sich zu diesem Punkt zu äußern, beschränkte sich jedoch, einsichtig genug, weil sie ohnehin nichts bewirken würde, auf drei scharfe: »Tss, tss, tss.«

Doch selbst das reichte Baldur aus, seine Frau mißtrauisch anzublicken. Daraufhin versuchte Iduna – das liebe Kind war schließlich erst achtzehn – den Vater mit Vernunft umzustimmen: »Er sagt, daß die Welt auf der anderen Seite der Schneeberge unheimlich viel fortschrittlicher ist, als wir es uns überhaupt nur träumen können. Da saust es einem in den Ohren, wenn man ihm nur zuhört. Die Leute gehen unter Säulen, manche bauen sich Villen in großen Gärten mit Springbrunnen darin . . .«

Bendix nickte bestätigend. »Die Welt verändert sich täglich. Jeder Tag bringt was Neues, mal in diesem Land, mal in einem anderen. Und Rom ist die Metropole der gesamten bewohnten Welt. Egal, wo etwas erfunden wird oder entdeckt wird, wo was gedacht wird oder getan wird, nach kurzer Zeit gelangt es nach Rom. Auch wenn ich nur Sklave war, gesehen habe ich alles und dadurch viel gelernt in Rom. Verglichen mit dem, was ich euch alles zeigen und beibringen könnte, ist beispielsweise der Schornstein eine Bagatelle, völlig bedeutungslos.«

Bendix hatte sich auf so rührende Weise von seiner Begeisterung hinreißen lassen, daß Thusnelda der ungebührliche Gedanke durch den Kopf schoß: Der Junge ist ja viel zu schade für meine Iduna. Fast noch in derselben Sekunde legte sie zärtlich einen Arm um die Schultern ihrer Tochter, als wollte sie sich für diesen Gedanken entschuldigen.

Baldur blieb unbeeindruckt: »Du hier nix beibringen, Sanella. Ich wissen selbst alles. Du wissen nix. Und auf Schornstein ich scheißen.«

Soviel geballte Starrköpfigkeit brachte Bendix aus dem Tritt: »Na schön. Dann habe ich mich eben in Ihnen getäuscht. Einen Moment lang hatte ich den Eindruck, Sie seien nicht so 'n sturer Germane wie die anderen. Immer nur das tun, was die Väter getan haben und deren Väter und so weiter und so weiter und so weiter . . .«

»Bis in alle Ewigkeit, Amen«, erklang es plötzlich von der Tür. Es war Sigurd, der in seiner gnadenlosen Heiterkeit in jedes Gespräch eingriff, ohne zu wissen, worüber gesprochen wurde. Doch ausnahmsweise machten diesmal nicht nur seine Worte Sinn, sondern auch der Zeitpunkt seines Auftritts hätte kaum günstiger gewählt sein können. Wer weiß, wie Baldur sonst auf den so unvermittelt kessen Bendix reagiert hätte.

Thusnelda bemühte sich, ihren Mann zu besänftigen: »Wir haben gerade von Gundolf Graumantel gesprochen. Vom schwarzen Barbaren.«

Baldur sah seine Frau an: »Was? Von Gundolf Graumantel gesprochen? Wir?«

Doch Iduna hatte ihre Mutter sofort verstanden. Sie versuchte Bendix möglichst arglos anzublicken. »Gundolf Graumantel ist ein Vetter von Papi. Und der ist so ein rückständiger Germane, wie du eben gesagt hast. Und dann trägt er immer nur schwarze Sachen. Im Winter ein schwarzes Fell und im Sommer schwarze Hose und schwarze Kutte.«

Thusnelda wußte, daß der Name Graumantel ein Köder war, in den sich Baldur Blauzahn immer verbiß. Auch jetzt nahm Baldur das Stichwort prompt auf: »Bei dem ist es noch so wie bei den Höhlenmalern und Keulenwerfern. Graumantel würde noch heute in der Höhle von seinem Opa leben, wenn er nicht damals bei der Geburt von seinem Sohn Goldemar so getobt und gebrüllt hätte, daß die Decke eingestürzt ist. Bei Gundolf Graumantel ist alles noch wie damals, als es noch keine Götter gab und die Riesen alles unter sich hatten.«

Lediglich, um wieder etwas höflicher zu sein, und nicht etwa, weil ihn dieser Vorzeitmensch wirklich interessierte, sagte Bendix: »Wie aufregend. Den muß ich unbedingt bald kennenlernen.«

Iduna wurde bleich, sie konnte kaum sprechen, so sehr erschreckte sie dieser Gedanke. »So was sagt man nicht mal im Spaß. Der schwarze Barbar ist ein durch und durch böser Mensch. Schon der bloße Gedanke an ihn verbreitet Angst und Schrecken.«

Selbst Sigurd, der sonst niemanden mit seiner Zuneigung verschonte, meinte, daß es besser sei, sich vor Graumantel in acht zu nehmen. »Man hat ihm allerdings noch nie etwas nachweisen können. Doch wahr ist, daß noch nie jemand, der nach Wotansberg ging, lebendig wiedergesehen worden ist.«

»Tot ebensowenig«, ergänzte Thusnelda. »Meine Tante Loki behauptet, daß er Menschenfleisch ißt.«

Sigurd schüttelte den Kopf: »Das sind nun wohl doch Märchen. Schließlich stammt Sieglinde – Sieglinde ist eine meiner Mägde«, erklärte er Bendix, »die jedenfalls stammt aus Wotansberg und hat da auch bis vor zwei Jahren gelebt, und sie hätte das bestimmt gemerkt. Aber niederträchtig ist er schon und leider oft ziemlich brutal. Eines Tages wird Gott ihn für seine vielen Sünden bestrafen.«

Erstaunlich, wie lange Baldur die anderen hatte reden lassen. Allerdings nutzte er das lebhafte Gespräch, um flink unter der langen Bank nach dem Pfeil zu suchen. Doch alles konnte er nicht unkommentiert lassen: »Dein Gott doch wohl nicht«, rief Baldur, »der sagt doch, wenn dich einer in die linke Arschbacke tritt, dann halt ihm auch die rechte hin.«

Sigurd, ärgerlich, weil ihm keine passende Bibelstelle einfiel, antwortete etwas lahm: »Manchmal redest du genauso ordinär wie dein Schwiegervater Heinrich der Brögler.«

*

Heino erwachte, nachdem die Sonne bereits eine Weile auf seinen ohnehin brummenden Kopf gebrannt hatte. Die Kinder waren längst getürmt. Er war allein. Vorwurfsvoll blinzelte er in die Sonne, als wäre sie daran schuld, daß ihn sein Kopf so unerträglich peinigte, und nicht der übermäßige Konsum von Mezzaforte.

Nachdem er verdrießlich feststellen mußte, daß irgend jemand, während er geschlafen hatte, seine Mezzavorräte völlig geleert hatte – daß er selbst so unmäßig getrunken haben könnte, hielt er für ausgeschlossen –, blieb ihm nichts anderes übrig, als sich zum Schutz vor der für einen Apriltag unmäßig stechenden Sonne seinen Wikingerhelm aufzusetzen. Nur der würde ihn sofort von seinen Kopfschmerzen befreien, glaubte Heino. Dieser Helm konnte, davon war Heino fest überzeugt, Wunder aller Art vollbringen. Als die Kinder kürzlich nach einer Quelle für Tarnkappen gefragt hatten, hatte er verschwiegen, daß sein Helm ebenfalls unsichtbar machen konnte wie eine handelsübliche Tarnkappe. Und hätte er zudem gewußt, daß man sich gerade in Baldurs Haus über die Familie Graumantel unterhielt, wäre er nicht überrascht gewesen, daß er plötzlich hinter sich »Heil Heino!« hörte, weil er dem Helm alle möglichen übersinnlichen Kräfte zutraute – Gedankenübertragungen ebenso wie das Herbeizitieren von Personen. Denn der Gruß kam von Goldemar Graumantel, Gundolfs jüngstem Sohn, der in diesem Augenblick Heinos Lichtung betreten hatte.

Heino tat so, als würde sich ein Graumantel alle naslang hierhertrauen, obwohl er zuletzt vor mehr als vier Jahren auf einen aus dieser gefährlichen Sippe getroffen war. »Dir auch Heil«, grüßte Heino verbindlich und setzte seinen Helm nachdenklich wieder ab.

»Gundolf Graumantel? Was willst du hier?«

»Ich bin nicht Gundolf Graumantel. Ich bin sein Sohn Goldemar.«

Heino beugte sich dicht vor Goldemars Kopf.

»Ich seh' schon. Ich hab' mich auch schon gewundert. Aber soviel anders wie der siehst du auch nicht aus. Damit mußt du eben leben. Hat dich dein Vater hergeschickt?«

Goldemar tat so, als würde er nicht einmal diese einfache Frage verstehen: »Wieso?«

»Mal ein bißchen schnüffeln und spionieren in Feindesland?«

»Wieso Feindesland? Baldur Blauzahn ist immerhin mein Onkel. Eigentlich wollte ich nur mal Heil sagen.«

Das konnte er haben. Heino wiederholte also: »Heil.«

»Heil«, antwortete Goldemar.

»Dein Vater hat dich also nicht etwa hergeschickt, um zu sehen, wie unsere Befestigungen in Schuß sind, die Schwerter geschliffen, die Gere kampfbereit, ausreichend Pfeile . . .?«

Goldemar wäre, hätte er einen anderen Vater gehabt, vermutlich ein aufrechter Germane geworden. Selbst der wenig sensible Heino spürte, wie peinlich es dem 18jährigen war, einen in Ehren ergrauten alten Mann anzulügen. Verlegen setzte sich Goldemar neben Heino auf die Erde und fing an, in seinem Rückensack zu kramen, den er abgenommen und sich zwischen die Beine gestellt hatte. Es muß im übrigen nachgetragen werden, daß, anders als Heino behauptet hatte, Goldemar seinem Vater kaum ähnelte. Vor allem was Körpergröße und Umfang anging. Würde jemand der Beschreibung[14] glauben, wie sie vom römischen Prätor überliefert worden ist, dann könnte man in Goldemar dessen Modell vermuten, denn außer ihm gab es zu dieser Zeit kaum noch jemanden in germanischen Landen, der so groß, rotblond und blauäugig war. Die römische Beschreibung paßte allein auf Goldemar, von seinen Augen mal abgesehen, die wohl originalblau waren, doch nie wild blickten, sondern mal treuherzig, noch häufiger aber verschlagen. Letzteres jedoch nicht, weil er wirklich gerissen war, sondern weil er seit seiner Geburt etwas schielte.

Obwohl Goldemar größer war als die normalen Germanen, überragte ihn sein Vater um mindestens zwei Köpfe, übertraf diesen an Umfang sogar um mehr als das Doppelte. So verbreitete der schwarze Gundolf bereits durch sein unappetitliches Volumen eine solche Bedrohlichkeit, daß jeder nach Möglichkeit vermied, neben ihm zu stehen oder gar zu sitzen. Maße für derartige Kapazitäten waren damals noch unbekannt; selbst heute müßte man sich mit Bruttoregistertonnen behelfen, als wäre Graumantel ein Dampfer. Und weil Graumantel seinen Spaß daran hatte, anderen Menschen Furcht und Angst einzujagen, und sich auf seine geistigen Mittel dabei nicht verlassen mochte (zu Recht), war er eines Tages darauf gekommen, Iduna hat das ja bereits erwähnt, nicht nur sein Winterfell, sondern ebenso Jacke und Hose für den Sommer rabenschwarz färben zu lassen. Bald nannte man ihn überall den schwarzen Barbaren.

Wie dieses seltsame Wort entstanden war, hatte sich Grau-

[14] Tacitus im Abschnitt IV (übersetzt von Manfred Fuhrmann): »Ich selbst schließe mich der Ansicht an, daß sich die Bevölkerung Germaniens niemals durch Heiraten mit Fremdstämmen vermischt hat und so ein reiner, nur sich selbst gleicher Menschenschlag von eigener Art geblieben ist. Daher ist auch die äußere Erscheinung trotz der großen Zahl von Menschen bei allen dieselbe: wild blickende blaue Augen, rötliches Haar und große Gestalten, die allerdings nur zum Angriff taugen.«

mantel nie erklären können. Dabei war es einfach so, daß Gundolf Graumantel unfähig war, normales hochteutonisch zu sprechen, sondern einen sonst nur in einem winzigen Gebiet südwestlich vom Rino üblichen (selbst dort nur vom einfachsten Volk) Dialekt verwendete, den man hier, wenn überhaupt, nur mühsam verstand. Für die meisten Germanen hörte sich, was Gundolf sagte, an wie Rhabarber ... Rhabarber ... Rhabarber. Daraus entwickelte sich das Wort Barbar.

Goldemar hatte endlich gefunden, was er in seinem Rückensack gesucht hatte, eine Wildschweinhaxe, schwarz geräuchert, nach Art der Graumantels. Heino betrachtete sie sehnsüchtig, versuchte vergeblich, sein Interesse zu verbergen. »Laß es sein, Gundolf ... Ich bin kein Verräter.«

»Ich bin Goldemar. Gundolf ist mein Vater.«

»Hör mal zu, Jüngelchen. Ich kenn' deinen Vater länger als du. Leider. Deshalb werde ich wohl auch wissen, wie er heißt.« Da fiel ihm wieder ein, was ihn beim Erscheinen Goldemars so irritiert hatte, daß er seinen Helm abgesetzt hatte: »Woran hast du mich eigentlich erkannt? An meiner Stimme?«

Goldemar blickte Heino verständnislos an und blieb stumm.

»Ich hatte ja meinen Wikingerhelm auf.«

Selbst diese Erklärung brachte Goldemar nicht weiter: »So groß ist der ja nun nicht, daß man vom Gesicht nichts mehr sieht.«

»Aber der macht doch unsichtbar, wußtest du das nicht?«

Goldemar blickte Heino eine Weile prüfend an, entschloß sich dazu, ihm nicht zu widersprechen. »Der von meinem Vater aber nicht.«

»Natürlich nicht. Von denen, die unsichtbar machen, gibt es überhaupt nur sechs auf der Welt oder elf. Nur die engsten Mitkämpfer von König Artus haben so einen gehabt. Hast du mal was von dem gehört?«

»Von wem?«

»Von wem was?«

Goldemar mußte sich zusammennehmen. »Du hast mich doch eben gefragt, ob ich von dem mal was gehört habe. Und da habe ich gefragt, von wem.«

Doch Heino war mit seinen Gedanken – logisch – bei der Wildschweinkeule. Deshalb hatte er den Faden des Gesprächs noch früher verloren als sonst und vermutete nun, daß Goldemar nicht mehr alle beisammenhabe. Also erkundigte er sich fürsorglich: »Tut dir deine Mami manchmal irgendwas ins Kompott? Vielleicht so rote Pilze mit weißen Punkten drauf?«

»Nein«, antwortete Goldemar nach bestem Wissen.

Heino hielt Goldemar seinen Helm hin: »Den hab' ich von Parzifal, den hat er mir zum Abschied geschenkt. Der macht unsichtbar.«

»Parzifal?«

»Den muß man nicht kennen. Das war so einer, der andauernd was gesucht hat.«

»Und was?«

»Diesen Gral.«

»Den was?«

»Das kann einem ganz schön auf den Schurz gehen, wenn einer andauernd nach so was sucht, und keiner weiß, was es ist.«

»Hauptsache, er hat ihn gefunden.«

Das war neu für Heino. »Er hat ihn gefunden? Das wußte ich ja gar nicht. Wann denn?«

»Vielleicht habe ich das nur falsch verstanden.«

»Solange ich mit dabei war, haben wir jedenfalls keine Spur von einem Gral gefunden.«

»Ach so. Ich dachte ... Wenn ich ehrlich sein soll, ich weiß nicht mal, wer das ist, dieser Gral.«

»Das weißt du nicht? Das weiß doch jeder.«

»Ich aber nicht. Nun sag schon, wer ist der Gral?«

»Nicht wer, sondern was. Der Gral, der ist etwa so groß wie ... oder so vielleicht, kann auch doppelt so groß sein. Das ist ja auch egal, jedenfalls ist der irgendwo versteckt ... ziemlich weit weg, kurz bevor das Meer nach unten geht und die Welt zu Ende ist. Und es ist so kalt da, daß, wenn du da mal pinkelst, da gleich 'ne Stange rauskommt, die du dann abbrechen mußt.«

»Ach so. Und weiter?«

»Das ist alles. Mehr hat Parzifal uns nie verraten. Das war geheim.«

»Na ja, dann will ich mal wieder los. Und sonst gibt's nichts Neues bei euch?«

»Du kannst deinem Vater sagen, er braucht sich keine Mühe zu geben. Aus mir wird er nichts rausholen.«

Goldemar erhob sich, dann, als ob er es vergessen hätte, reichte er Heino die geräucherte Haxe. »Die ist übrigens für dich. Von meiner Mami und nicht von Papi.«

Heino konnte es nicht glauben. »Für mich ganz allein? Hält dein Vater mich für einen bestechlichen Verräter?«

»Das hätte er mir bestimmt gesagt«, erwiderte Goldemar aufrichtig.

»Was hat er denn gesagt?«

»Nur: Eine Hand wäscht die andere. Und die Haxe ist wegen dem Mitleid. Weil ihr jetzt kein Fleisch mehr essen dürft.«

»Wir dürfen kein Fleisch mehr essen?«

»Hat er gesagt.«

»Sigurd ißt kein Fleisch mehr oder, sagen wir mal, kein Schweinefleisch. Der hat da einen neuen Gott, der heißt Krösus. Und der hat ihm verboten, Schweinefleisch zu essen.«

»Hängt das mit diesem Sanella zusammen, der bei euch Asyl gekriegt hat?«

»Erstens hat er bisher Asyl nur beantragt und nicht gekriegt. Das muß ja erst mal vors nächste Thing. Eigentlich wollten wir ihn ja opfern. Aber da hat Badwila gesagt, das geht nicht. Und zweitens: Er ist kein Sanella. Er ist einer von den letzten Kimbern, vielleicht sogar überhaupt der letzte. Er war nur lange in Rom. Als Sklave.«

»Aha. Immerhin. Wenn einer so lange bei den Sanellas gelebt hat, da hat er sicher viel mitgekriegt. Die sollen ja allerhand erfunden haben in letzter Zeit, hab' ich gehört, Sachen, die wir überhaupt nicht kennen. Die haben sogar Schwerter aus einem ganz neuen Metall.«

»Ich bin gegen diese vielen Erfindungen.«

»Aber er hat was erzählt?«

»Der plappert von morgens bis abends, wie ein Weib. Ich hör' da nicht so hin.«

»Wir haben da was von einem Zauberstein gehört, der den Rauch wegfrißt.«

»Das ist kein Zauberstein, das ist ein Schornstein.«

»Na ja, der Papi hat schon recht gehabt, als er zu meiner Mami gesagt hat, daß es völlig unsinnig sei, eine so schöne Haxe für dich zu opfern. Wenn es hier wirklich was wichtiges Neues gäbe, würdest du es sowieso gar nicht merken.«

»Ach nee. Und was würde dein Vater wohl sagen, wenn er erfährt, daß wir rausgefunden haben, daß die Gerste an den Stellen auf unserem Acker viel schneller wächst, wo die Kühe hingeschissen haben? Und nicht nur Gerste, Hirse genauso und Hafer, Roggen, Weizen, überhaupt alles.«

Heino wartete nicht mehr auf eine Antwort, sondern biß endlich in die saftige Haxe. So entging ihm, daß, kaum nachdem sich Goldemar wieder in die Büsche geschlagen hatte, Sigurd aufgetaucht war. Er blickte erst hoch, als sich der Vegetarier neben ihn setzte und fragte:

»Schwarz geräuchert?«

»Was? Ach so. Die Keule. Ja.«

»Dann habe ich mich ja wohl nicht getäuscht. Dann war das eben Goldemar Graumantel.«

Heino tat so, als wäre ihm die Keule aus dem Baum in den Schoß gefallen. »Goldemar Graumantel?«

»Was ist dabei? Warum willst du das nicht zugeben?«

»Was will ich nicht zugeben?«

»Daß du diese Keule von Graumantel bekommen hast.«

»Warum soll ich das nicht zugeben? Mir kann jeder eine Wildschweinkeule schenken. Das ist doch nicht verboten.«

»Natürlich nicht. Aber es wäre das erste Mal, daß Graumantel überhaupt was verschenkt, und dann gleich so eine schöne, große, schwarz geräucherte, saftige Wildschweinkeule.«

Heino wurde mißtrauisch. »Ich denke, dein Gott hat dir verboten, Schweinefleisch zu essen.«

»Normales Schweinefleisch schon, aber kein Wildschweinefleisch.«

»Wenn du dich da man nicht verhört hast, Sigurd. Schweinefleisch ist Schweinefleisch.«

»Mich interessiert eigentlich viel mehr, was du ihm dafür gegeben hast.«

»Was soll ich ihm denn geben? Alles, was ich habe, ist hier. Guck dich um, ob was fehlt. Da ist meine Fidula, mein Wikingerhelm, mein Schwert, meinen Bogen hat ja Baldur an sich genommen, da ist mein . . .«

»An deinem Schrott ist der schwarze Barbar gar nicht interessiert. Das weißt du selbst. Der will nur wissen, wann der Tag gekommen ist, an dem er sich unser schönes Dorf, die herrlichen Äcker und Weiden aneignen kann. Wir leben nun mal in einer schrecklichen Zeit, Heino, das weißt du. Nirgendwo ist richtiger Friede, alle Menschen bekämpfen sich . . .«

»Nun jammer man nicht so. Das ist nun immer so gewesen, seit die Menschen auf der Welt sind. Da hat immer einer versucht, den anderen die Rübe abzuhauen.«

»Das stimmt nicht. Das war früher anders. Das ist zwar schon eine Weile her. Aber es war anders, als überall noch der Garten Eden war.«

»Ein Garten? Überall?«

»Auf der ganzen Welt.«

»Das muß aber ein ziemlich großer Garten gewesen sein. Also nicht nur so einer, wie du ihn hinter deinem Haus hast, wo deine Rotwurzeln wachsen?«

»Ich hab' doch gesagt, es war überall Garten.«

Heino schüttelte den Kopf, da versagte seine Vorstellungskraft. »Auch in Westfinnland, wo die Menschen rote Haut haben und Gemüse schmöken und nicht essen? In der bajuwarischen Walachei, wo wir die letzten Hunnen geschlachtet haben?«

Sigurd biß, nicht ohne sehnsüchtig auf Heinos schwarz geräucherte Wildschweinhaxe zu blicken, resigniert und etwas widerwillig von einer Möhre ab und nickte. »Überall Garten, der Garten Eden. So hieß der.«

»Das wär aber was für dich gewesen, was, Sigurd? Da hättest du richtig prassen können. So viele Rotwurzeln, wie man sich nur denken kann, Wacholder und Mangold zum Schmöken.«

»Es gab gefleckte Hirschkühe und sogar Gold und Edelsteine.«

Heino, der die Keule schon fast zwischen seinen restlichen elf

Zähnen (immerhin, in dem Alter und nie regelmäßig gepflegt) hatte, blickte Sigurd mit geöffnetem Mund an: »Das lag da einfach alles so rum im Garten?«

»Genauso. Und an fast allen Bäumen und Sträuchern hingen Früchte, die wir gar nicht mehr kennen, Ananas, Kiwis und Bananen.«

»Was für alberne Namen.«

»Natürlich gab es beispielsweise auch Äpfel. Und Hasen, Wildschweine, Perlhühner, Bären, Wachteln, Nashörner, Elche und Wisente.«

»Also nicht nur Gemüse, auch Fleisch.«

»Aber das Wichtigste war, alle waren friedlich, und niemand mußte arbeiten.«

»Was heißt das, niemand arbeiten?«

»Das, was ich gesagt habe. Niemand.«

»Nicht mal Sklaven?«

»Damals gab es noch keine Sklaven, weil man sie nicht brauchte.«

»Dann sind die Wildschweine schon fertig gebraten rumgelaufen und die Häuser einfach so gewachsen wie Bäume?«

»Deine Witzchen machen auf mich keinen Eindruck.«

»Das sollen gar keine Witze sein«, beteuerte Heino, der so beeindruckt war, daß er sogar aufgehört hatte zu essen. »Im Gegenteil. Ich glaub', mir hätte das gut gefallen. Überhaupt keine Arbeit. Alles schon fertig.« Doch dann wurde er mißtrauisch, er deutete auf sein Schwert. »Und die? So Schwerter? Hingen die auch an den Bäumen?«

»Schwerter hat man damals auch nicht nötig gehabt, weil die Bären und Wölfe ganz friedlich waren.«

»Hast du schon mal was von Löwen gehört?«

»Die waren ebenfalls friedlich. Sogar die Menschen waren friedlich. Sie haben sich nie gestritten.«

»Auch die Hunnen, die Türkisen, die Gallier, die Chaoten, die Friesen oder die Ligurier, nicht mal gestritten, geschweige denn die Rübe runtergehauen?«

»Alle friedlich, weil sich nämlich alle geliebt haben.«

Heino blickte lange und nachdenklich auf den See. Vereint

mit einer sanften Brise, schienen die Strahlen einer warmen Nachmittagssonne mit dem See spielen zu wollen. Und der kräuselte sich, als wäre er eine Katze und würde gestreichelt. Hätte er zusätzlich geschnurrt, wäre Heino nicht überrascht gewesen. Sonst phantastischen Träumen nicht besonders zugeneigt, versuchte er sich vorzustellen, wie diese Gartenwelt wohl ausgesehen haben mochte, ganz sicher nicht so rüde wie die germanische Landschaft, bestimmt viel sanfter. »Wie viele Menschen haben denn da so gelebt, in diesem Garten Emil?«

»Eden«, korrigierte Sigurd kleinlaut, denn Heino hatte unbeabsichtigt einen neuralgischen Punkt getroffen.

»Von mir aus Eden. Also, wie viele?«

»Sicher weiß man von zwei Menschen, die da gelebt haben.«

Heino fühlte sich von Sigurd übers Ohr gehauen und fuhr ihn empört an: »Hast du zwei gesagt? Alles insgesamt zusammen zwei Menschen? Nicht mehr als wir beide? Zwei Menschen und dann so ein riesiger Garten? Voll mit allem, was man sich denken kann? Und dann wunderst du dich, daß die sich nie gestritten haben? Wie soll man sich da denn streiten? In so einem Garten würde ich das sogar mit einem wie Gundolf Graumantel aushalten, ohne Streit. Wahrscheinlich hat sogar jeder von den beiden gedacht, er wär ganz allein. Die werden gar nicht mitgekriegt haben, daß da noch einer im Garten rumläuft. Das wär ja auch schon ein komischer Zufall, wenn sie sich mal begegnet wären. Meinst du, ich hätte Siegfried mal irgendwann zufällig getroffen, wenn ich nicht extra hingeritten wäre zu ihm? Oder hast du in unserer Gegend schon mal einen mit einer roten Haut gesehen, aus Westfinnland?«

Sigurd wußte, daß es keinen Ausweg gab, dennoch blieb er, trotzig wie ein Kind, bei der Wahrheit und bekannte, allerdings mit zum Boden gesenktem Kopf: »Die haben sich nicht nur gesehen, sondern sogar gekannt, gut gekannt. Wenn ich das richtig verstanden habe, waren die ständig zusammen, haben sich die Händchen gehalten und sind über Wiesen und Blumen gehüpft, haben da mal einen Löwen gestreichelt, einen Apf . . . eine Birne vom Baum gepflückt, ihre Beine ins Wasser baumeln lassen . . . Was man eben macht als Mann und Frau.«

»Mann und Frau, mein lieber Ragnarök. Von wegen Beine ins Wasser hängen, die werden gebrögelt haben die ganze Zeit, was denn sonst? Aber zusammen waren die immer und hatten nie Krach?«

»Bis zum Schluß nicht«, antwortete Sigurd, nicht mehr ganz so aufrichtig. Deshalb hob er jetzt seinen Kopf und kontrollierte ängstlich den Himmel. Tatsächlich flog in überraschender Geschwindigkeit eine einsame dunkle Wolke direkt auf den See zu. »Fast bis zum Schluß, jedenfalls«, korrigierte er sich daraufhin schnell, aber wohl doch nicht schnell genug, denn weder verlangsamte sich die Wolke, noch änderte sie ihre Richtung.

Doch für Heino war der Fall erledigt, er nahm sich wieder seiner Haxe an und bewahrte damit gleichzeitig, ohne es zu ahnen, Sigurd davor, weiter über andere, mit dem Paradies zusammenhängende Probleme nachzudenken. Bei aller Schlichtheit und trotz seiner unerschütterlichen Überzeugung, daß, wenn schon sonst niemand, jedenfalls er, Sigurd, ein guter Mensch sei, hatte er dennoch gespürt, daß irgendwo vielleicht möglicherweise unter Umständen . . .? Könnte die Wahrscheinlichkeit bestehen, daß etwas dran sein mochte an Heinos Argumenten. Könnte? Nein, ausgeschlossen. Völlig ausgeschlossen? Schließlich hielt er es für sicherer, nicht weiter über diese Sache mit dem Paradies nachzudenken. Daß Mensch und Tier ständig liebevoll und friedlich miteinander umgehen konnten, muß ja nicht unbedingt an den Verhältnissen gelegen haben, an diesem unvorstellbaren Reichtum, daß einem einfach alles gehörte, wohin man auch immer ging, ja, was man nur sehen konnte, daß man nur zugreifen mußte, wenn man Durst oder Hunger hatte, alles lag griffbereit. Die Erde war mit Vorräten gesegnet, die ebenso vielfältig wie unerschöpflich waren. Selbst das Wetter war, nach allem, was er erfahren hatte, wie in einem nie endenden Frühling. Der einzige Mangel, der als solcher kaum empfunden worden sein dürfte, war der Mangel an Arbeit.

Sigurd mußte sich zwingen, darüber nicht nachzudenken; er wollte (und durfte) nicht daran zweifeln, daß Menschen von Natur aus gut waren. Egal, ob sie nun reich waren oder arm. Oder, was noch entscheidender sein dürfte, wenn die Menschen, seit sie aus dem Garten vertrieben worden waren, nun für ihr Brot arbeiten müßten, ob es nicht einige gäbe, die weniger schwitzend zu Brot kommen könnten, womöglich gar auf Kosten der ständig Arbeitenden. Ist ein Leben ohne Arbeit, ohne Leistungen also, überhaupt noch vorstellbar? Sigurd kapitulierte. In seinem Kopf schwirrte es, als hätte eine Wildsau einen Ameisenhaufen durchwühlt. Er mußte an anderes denken. Deshalb fragte er unvermittelt, aber doch unbewußt logisch, seine Überlegungen in den Alltag übertragend: »War diese riesige Haxe eigentlich für dich allein gedacht?«

Heino blickte hoch, ohne jedoch die Haxe wieder aus der Hand zu legen. »Wolltest du etwa abbeißen?«

»Ich habe mich nur gewundert, daß ausgerechnet Graumantel dir allein eine ganze Haxe schenkt, ohne irgendeine Gegenleistung.«

»Erstens kam die Haxe nicht von ihm, sondern von Orthilde, seiner Frau. Und zweitens, und das habe ich dir vorhin schon gesagt, du Körnerkacker, wenn du darauf anspielst, ich hätte ihm irgendein Geheimnis verraten, dann ist die Antwort: nein. Schon die Frage ist eine Verleumdung. Ich habe mit Goldemar hier ganz friedlich gesessen, und ich hab' ihm was von Parzifal erzählt, von meinem Helm, dann hab' ich ihm noch erklärt, was ein Gral ist und daß unsere Hirse da besser wächst, wo die Kühe hingeschissen haben. Das war's.«

Sigurd war entsetzt: »Das hast du ihm verraten?«

»Was?«

»Das mit den Kuhfladen!«

»Nun hör mal genau zu, Sigurd, verraten kann man nur ein Geheimnis. Und daß die Kühe scheißen, ist ja wohl kein Geheimnis, und daß da mehr wächst, erst recht nicht. Außerdem weiß ich das ja von dir.«

»Aber ich hätte es dir nicht sagen dürfen. Baldur hat extra gesagt, daß ich mit niemandem drüber reden soll.«

»Dann ist das ja wohl dein Problem.«

Sigurd hatte schon heiterere Tage erlebt.

*

Und Bendix hätte nicht aufstehen sollen. Der Versuchung, endlich mit seiner Angebeteten sprechen zu können, ohne daß jemand zuhörte, hätte er widerstehen müssen. Schließlich war die Wunde noch nicht verheilt gewesen, nun hatte sie wieder angefangen zu bluten.

Während Baldur wütend war, weil er absehen konnte, daß er den verfluchten Kimber noch ein paar Tage länge würde ertragen müssen, und Iduna sich vorwarf, Bendix zu diesem Ausflug vors Haus überredet zu haben, blieb Thusnelda merkwürdig gelassen. Ja, als Iduna entsetzt auf die Blutlache gedeutet hatte, die unter Bendix entstanden war, reagierte sie unerwartet heiter. Dabei hatte sich Tussi lediglich darüber gefreut, daß sie endlich eine Gelegenheit haben würde, mit Bendix zu besprechen, was sie seit Tagen bewegte. Iduna wurde zum Brunnen geschickt, um Wasser zu holen, während sie Baldur dazu bringen konnte, ebenfalls das Haus zu verlassen. Sie hatte ihn darum gebeten, bei Brunhilde Butter zum Einreiben der Wunde zu holen, weil ihre eigene aufgebraucht sei. (In Wahrheit hatte sie ihre Butter nur unter die lange Bank geschoben.) Thusnelda wußte, daß Baldur selten eine Gelegenheit ausließ (unauffällig, wie er irrtümlich annahm), mit Sigurds Magd Sieglinde zu schäkern. Normalerweise hätte sich Baldur sonst gewiß nicht bereit gefunden, einen so banalen Auftrag zu übernehmen.

Endlich hatte sie Bendix also allein für sich, wenngleich nur wenige Minuten, dann war Brunhilde ins Haus gestürzt. Doch damit hatte Tussi gerechnet. Gemeinsam hatten die zwei Frauen Bendix frisch gesalbt und verbunden. Nun saßen sie bei ihm und blickten ihn fast zärtlich an.

»Warum willst du eigentlich unbedingt bei uns bleiben?« begann Brunhilde. »Mein Bruder Baldur ist ja nun nicht gerade jemand, in dessen Nähe man freiwillig sein Leben verbringen will.«

»Aber doch nicht zu vergleichen mit Gundolf Graumantel«, korrigierte Thusnelda.

»Das natürlich nicht. Aber wenn ich mir einen neuen Wohnort suchen müßte, würde ich mir ein größeres Dorf wählen, am Rino vielleicht, wo Schiffe vorbeikommen, wo überhaupt etwas

Abwechslung ist, mehr Betrieb. Wo sogar Handelskarawanken durchziehen und man fremde Menschen kennenlernt, die einem erzählen, wie es auf der anderen Seite der Schneeberge aussieht und wo . . .«

»Woanders lebt keine Iduna«, unterbrach Tussi, etwas zu grob.

Doch Brunhilde revanchierte sich prompt, tat so, als wäre das ein völlig abwegiger Gedanke. Sie schaute verblüfft zuerst ihre Schwägerin an, dann Bendix. »Er und Iduna? Du willst wegen Iduna . . .?«

Tussi wartete nicht ab, ob Bendix ernsthafte Absichten gestehen würde. »Na schön, Hildchen«, räumte sie ein, »ich habe dich ein bißchen zu brutal unterbrochen, geb' ich gern zu, aber deshalb mußt du noch nicht gleich so maßlos übertreiben.«

Bendix vermittelte nicht den Eindruck, als habe man von ihm gesprochen, sondern schien nachzudenken. »Es gibt natürlich noch einen Grund dafür, daß ich gern hierbleiben würde«, begann er endlich. Und Thusnelda konnte den Eindruck nicht unterdrücken, alles, was er sagen würde, habe er sich vorher genau überlegt. »Ich werde nämlich verfolgt. Seit ich Rom verlassen habe. Zuerst habe ich gedacht, na schön, ich bin zwar kein gewöhnlicher Sklave gewesen wie irgendein Türkise oder gar ein Bimbo, ich bin nämlich in den Saepta verkauft worden, also da, wo die teuren Sklaven angeboten werden, warum, habe ich nie rausgefunden. Aber viele Sklaven von Cornelius, meinem Herrn, einem hohen Verwaltungsbeamten in Rom, sind viel teurer gewesen als ich. Deshalb hätte ich gedacht, na schön, ein paar Tage wird er nach mir suchen lassen. Aber daß er es so hartnäckig macht, daß sein Suchtrupp mich so lange verfolgen würde, nun schon seit mehr als sechs Monaten, das hätte ich nicht für möglich gehalten.«

»Bist du sicher, daß du dir das nicht nur einbildest?«

»Zweimal habe ich mich in letzter Sekunde retten können. Zuerst in Trapezunt. Das war allerdings bereits wenige Tage, nachdem ich ausgerissen war. Aber da war mir klargeworden, daß ich Palmen und Orangen vergessen und über die Schneeberge rüber mußte, was ich ursprünglich nicht geplant hatte. Erst recht nicht ausgerechnet im Winter. Aber geschafft habe ich es dann doch und war auf dieser Seite der Berge sicher, daß ich meine Verfolger endgültig abgeschüttelt hätte. Sogar Arbeit hatte ich gefunden, in Summus, wo die Römer eine Pulvermühle gebaut haben und Farben herstellen. Aber ich hatte mich getäuscht. Plötzlich, vor noch nicht mal drei Wochen, habe ich sie wiedergesehen. Und wenn ich nicht gerade zufällig so total vollgestaubt gewesen wäre, hätten sie mich bestimmt erkannt, bevor ich sie entdeckte. Und da bin ich natürlich gar nicht mehr zurück in mein Lager gegangen, sondern habe mich sofort seitwärts in den Wald geschlagen, so, wie ich war, am ganzen Körper mit Staub bedeckt.«

»Da könnte man also sagen, daß du dich aus dem Staube gemacht hast«, meinte Brunhilde lächelnd.

Bendix nickte. »Mir war klargeworden, daß ich belebte Routen und größere Ortschaften meiden mußte. Aber mitten im Wald kann man auch nicht lange leben, jedenfalls nicht, wenn man, so wie ich, in einer fortschrittlichen Zivilisation aufgewachsen ist. Ich wußte, daß ich mir irgendwo ein möglichst sicheres Plätzchen suchen mußte. Niemand kann sein Leben auf der Flucht verbringen. Irgendwo mußte ich zur Ruhe kommen. Und dafür schien mir nur ein Ort geeignet, der so abseits von allem liegt, daß ein Fremder, der mich sieht und es weitererzählen würde, nur dann auftaucht, wenn er sich verirrt hat. Allerdings habe ich mir gleichzeitig einen Ort vorgestellt, an dem ich meine Talente ausnutzen kann. Eines Tages wird selbst der halsstarrige Cornelius seine Suche nach mir aufgeben. Und dann möchte ich unter Menschen sein, die nicht gedankenlos in den Tag hineinleben, immer so weiter, wie ihre Väter und Großväter gelebt haben, sondern mit denen gemeinsam man Neues beginnen kann. Außerdem sollten sie so sein, daß ich vielleicht eines Tages sogar Freundschaft mit ihnen schließen kann, die mich so akzeptieren, wie ich bin. Am schönsten wäre es, wenn ich es schaffen könnte, so zu leben wie ein normaler Germane.«

Beide Frauen hatten Mühe, Tränen der Rührung zurückzuhalten. Doch Brunhilde mußte etwas sagen. »Und dieser Ort . . . ist . . . Bonarum?«

»Ja. Er hat alles, was ich mir erträumt hatte. Hier würde ich gern bleiben. Aber eben nicht nur, um mich nicht mehr nur verstecken zu müssen oder weil mir ... Iduna ... sondern wegen vieler anderer, die hier leben.«

Bendix wußte, wann man Zuhörern eine Pause gönnen mußte. Außerdem hatte er alles gesagt, was er sagen wollte, und dabei kaum richtig lügen müssen.

»Aber einer von uns, ausgerechnet mein Ehemann, will dich wieder fortjagen.«

»Notfalls mit Gewalt«, ergänzte Brunhilde.

Bendix blickte beide Frauen traurig an: »Wenn man bedenkt, daß mich eigentlich nur ein Pfeil, der mich in den Rücken getroffen hat, hierhergebracht hat. Sonst wäre ich bestimmt an Bonarum vorbeigelaufen.«

Brunhilde reagierte so, wie Bendix es gehofft hatte. »Ob er ein göttliches Zeichen war, dieser Pfeil?«

Thusnelda, die germanische Götter für männliche Phantasieprodukte hielt, nickte: »Das denke ich schon die ganze Zeit.«

»Und deshalb würde ich zu gern den Pfeil haben«, sagte Bendix.

»Hast du dir nicht überlegt, daß Baldur dich hier lassen müßte, wenn du den Pfeil hättest?« fragte Thusnelda.

Und ob er sich das überlegt hatte! Doch obwohl Bendix seine Jugend als Sklave und in Rom zugebracht hatte, fiel es ihm schwer, unaufrichtig zu sein, aber es war zu schaffen: »Ihr meint, wenn ich den Pfeil hätte, könnte ich beweisen, daß jemand aus Bonarum auf mich geschossen hat, versehentlich natürlich?«

Tussi nickte: »Also wegen des Pfeils mußt du dir keine Gedanken machen. Den haben wir.«

Bevor sich Bendix bedanken konnte, wurde das harmonische Trio von Iduna unterbrochen. Sie stellte die gefüllten Wasserkruken ab. »Geht es ihm wieder besser?« fragte sie besorgt und kam näher.

»Wir haben ihm gesagt, daß wir den Pfeil sichergestellt haben.«

»Das bedeutet, daß Bendix hierbleibt?« Iduna konnte ihr Glück kaum fassen.

»Natürlich. Außerdem hat er uns gerade von seiner grauenhaften Flucht berichtet und wie hartnäckig er noch immer von seinem Herrn verfolgt wird.

»Ein gewisser Cornelius, ein hoher Verwaltungsbeamter in Rom.«

Iduna blieb erschreckt stehen, wußte vor Verlegenheit nicht, wohin sie blicken sollte, entschied sich dann doch für Bendix. »Ein hoher Verwaltungsbeamter?« fragte sie.

Bendix war so sehr damit beschäftigt, an den Pfeil zu denken und an alles, was daraus für ihn folgte, daß er Idunas Irritation gar nicht bemerkte, sie nur selig anstrahlte. »Das habe ich dir doch alles vorhin schon erzählt.«

»Ja«, sagte Iduna betrübt und ging an ihren Webstuhl.

Selbst der Mutter entging der plötzliche Stimmungsumschwung ihrer Tochter.

DAS DRITTE KAPITEL

dürfte wesentlich einfacher zu lesen sein, als zu schreiben. Damit soll nicht das übliche Dilemma bejammert werden, welches jeden schreibenden Künstler zu einem Buchhalter degradiert, wenn er Zeit überspringen will (oder muß), aber die wichtigsten Entwicklungen vergangener Wochen, in diesem Fall zwischen dem zweiten und dem dritten Kapitel, doch so weit zu erwähnen hat, daß künftige Ereignisse vom Leser verstanden werden können. Die Schwierigkeit mit diesem Kapitel besteht darin, daß es an einem bestimmten frühen Donnerstagvormittag beginnt.

An diesem Vormittag nämlich kam es zu einem äußerst peinlichen Vorfall, dessen Folgen, zumindest von Baldur Blauzahn – der, wie man sich denken kann, nicht unwesentlich an ihm beteiligt war –, viele Wochen lang, eigentlich bis zur Wahl zum neuen Gauführer, leichtfertig unterschätzt worden sind.

Genaugenommen hatte alles bereits am Abend zuvor angefangen. Als Baldur nach Hause kam, war Thusnelda damit beschäftigt, Honig in kochendes Wasser einzurühren, also neuen Mezza und Mezzaforte anzusetzen. Sie befand sich allein im Haus. Die kleineren Kinder waren zum Baden an den See gegangen. Bendix Büsum, dessen Wunde gut verheilt und dessen formloser Asylantrag, wie erwartet, von Baldur inzwischen, allerdings zähneknirschend, genehmigt worden war, hatte Iduna endlich zu einem Spaziergang überreden können. Seit seinem ersten Gespräch mit ihr (auf dem Felsenstein vor der Haustür) war es ihm nämlich nie wieder geglückt, mit ihr allein zu sein. Zunächst hatte er diese Tatsache für einen mißlichen Zufall gehalten, doch eines Tages konnte er es nicht länger übersehen, daß Iduna absichtlich vermied, mit ihm allein zu sein.

Baldur hatte sich abwartend neben den Herd gestellt. Doch als Thusnelda sich bückte, um Kräuter aus einer Kumme zu nehmen, griff er flink sein an der Wand hängendes Trinkhorn. Als dann Thusnelda nach draußen ging, um Feuerholz zu holen, füllte Baldur sein Trinkhorn hastig mit dem noch heißen Mezza. »Was sind das denn für Methoden?« fragte sie empört, als sie Baldur beim Trinken erwischte.

»Ich muß das doch probieren«, erklärte er. »Du weißt doch selbst, daß man nach den neuen Vorschriften ein paar Sachen nicht mehr verwenden darf, weil es sonst eben kein rein germanischer Mezza mehr ist.«

»Und die würdest du rausschmecken?«

»Ich habe eben eine feine Zunge.«

»Was die Sauferei[15] angeht, doch nur bei den ersten Tropfen.

[15] Hier muß angemerkt werden, daß Tacitus ganz offensichtlich von nichts so beeindruckt worden ist wie von den Trinkgewohnheiten unserer Ahnen. Denn nicht nur, daß er sie, was er [illegible] der Schilderung anderer germanischer Eigenheiten nicht getan hat, gleich in drei unterschiedlichen Abschnitten erwähnt (XXII, XXIII und XXIV), hat er zu diesem Thema, was noch ungewöhnlicher ist, eigene Beobachtungen angestellt und ausführlich notiert. In anderen, bekannten Quellen (schriftliche Veröffentlichungen von Titus Livius und Cäsar, mündliche Berichte von Heinrich dem Brögler) kommen solche nämlich entweder gar nicht vor (Livius und Cäsar) oder, im Falle Heino, würden sie nicht erwähnt worden sein, weil sie diesem nicht als berichtenswert aufgefallen sein dürften. Heino hätte lediglich für erwähnenswert gehalten, wenn irgendein Volksstamm nicht unmäßig getrunken hätte. So schreibt Tacitus im Abschnitt XXII u. a.: ». . . diem noctemque continuare potando nulli probrum.« Null Problemo also, Tag und Nacht durchzuzechen. Anschließend heißt es noch, daß Streitigkeiten häufig seien, weil es sich um Betrunkene handele, und daß diese selten mit bloßen Schimpfreden enden, sondern sehr viel häufiger mit Totschlag und Blutvergießen. Gezecht wird dann aber ebenfalls bei der Aussöhnung mit Feinden, beim Abschluß von Hochzeiten, bei der Wahl von Stammeshäuptern, ja, selbst über Krieg und Frieden würde vielfach bei Gelagen beraten. Also eigentlich fast immer.
Im Abschnitt XXXIII rühmt Tacitus, daß die Germanen ihre Speisen »ohne feine Zubereitung« zu sich nehmen, daß sie »ohne Gewürze« ihren Hunger vertreiben, fährt dann aber fort: »adversus sitim non eadem temperantia.« Und unterläßt auch nicht, den zuständigen Militärs folgenden Ratschlag zu geben: »Wollte man ihnen, ihrer Trunksucht nachgebend, verschaffen, soviel sie wollen, so könnte man sie leichter durch ihr Laster als mit Waffen besiegen.« Daß die

Ich würde sowieso gern wissen, warum ihr das Zeug auch immer hörnerweise trinken müßt.«

»Weil wir dazu gezwungen werden. Weil die Hörner, egal, ob sie von Büffeln oder Wisenten sind, es nun mal so an sich haben. Oder kann ich was dafür, daß diese Tiere Hörner haben, die unten spitz sind? Also müssen wir sie auf einen Zug leer trinken, weil man sie nicht hinstellen kann.«

»Du könntest aus einem Becher trinken.«

»Milch trinkt man aus Bechern. Aber keinen Mezza. Was würden die anderen wohl sagen, wenn ausgerechnet ich aus einem Milchbecher Mezza trinken würde? Ein seltsames Vorbild für meine Mitgermanen.«

»Aber du bist doch der große Erfinder. Das kann doch nicht schwer sein, sich was einfallen zu lassen, damit man Trinkhörner genauso abstellen kann wie Becher.«

»Ich werde drüber nachdenken, aber nicht sofort. Im Moment gibt es nämlich Wichtigeres. Ich habe gerade Probleme mit einer umwälzenden Neuerung. Kannst du dir vorstellen, daß unsere Gerste da viel besser wächst, wo Kühe hinscheißen?«

»Selbstverständlich kann ich mir das vorstellen. Ich pflanz' schon lange unsere Rüben und Radieschen da, wo du am liebsten hinpinkelst.«

Baldur schaute seine Frau verdutzt an: »Das ist dir auch aufgefallen? Und ist dir denn nie die Idee gekommen, daß man das ökonomisch ausnutzen kann?«

»Schon, aber dann habe ich mir gedacht, daß ich nicht unbedingt bei allem, was wir essen, immer dran denken möchte, daß du da vorher draufgepinkelt hast. Radieschen esse ich ja sowieso nie.«

Generäle diesen intelligenten Vorschlag unbeachtet gelassen haben, wird durch die Geschichte belegt, doch damit gleichfalls, daß Generäle bereits damals nur ihren Waffen und Soldaten vertrauten, vorausgesetzt, sie waren des Lesens überhaupt mächtig.

Am eindrucksvollsten beschreibt Tacitus unsere Trunksucht allerdings im Abschnitt XXIV, obwohl er sie im Grunde gar nicht erwähnt, was ja nicht selten die – gerade Südländer kennzeichnende – Perfidie ausmacht. Da schreibt Tacitus in heuchlerischer Verwunderung.: »Das Würfelspiel betreiben sie seltsamerweise in voller Nüchternheit.«

»Bei einer Sache, die zum Segen für die ganze Menschheit werden kann, denkst du nur an dich?«

»Erstens möchte ich mal erleben, daß sich ein Baldur Blauzahn dafür entscheidet, daß er etwas der Allgemeinheit überläßt, wenn es zu Lasten seines eigenen Nutzens . . .«

Nur kurz ließ sie sich von ihrem Vater unterbrechen, der, ohne zu grüßen, ins Haus gekommen und schnurstracks an den Herd gegangen war, dann redete sie weiter: ». . . wenn es zu Lasten seines eigenen Nutzens geht. Und zweitens kannst du schließlich nicht auf sämtliche Rüben draufpinkeln.«

Genießerisch über den Mezzatopf gebeugt, fragte Heino: »Wer soll auf die Rüben draufpinkeln?«

»Ich denke über eine neue Erfindung nach«, erklärte Baldur.

»Schon wieder? Hast du nicht schon genug erfunden?«

»Was heißt das, genug?«

Heino trennte sich nur zögernd vom Duft am Herd.

»Ob du immer so weitermachen willst, heißt das. Noch was Neues, noch was anderes? Haben wir denn nicht alles, was wir brauchen? Geht es den Menschen denn nicht gut? Guck dich doch mal um. Da sind deine Sklaven, die machen die Arbeit, zu der du keine Lust hast; auf den Feldern wächst meistens genug zu essen, daß wir alle satt werden. Jeder hat ein Dach überm Kopf. Niemand muß mehr in Höhlen wohnen oder im Wald. Keiner muß hungern oder frieren. Wir haben Pferde, wenn wir mal irgendwohin müssen, was weiter weg ist. Deine Frau macht den besten Mezza der Welt, den besten Mezzaforte. Wir haben Feuer, wir haben Wasser. Was denn noch? Irgendwann muß man doch sagen: Jetzt reicht es.«

»Wir Germanen werden nie mit dem zufrieden sein, was wir haben«, erwiderte Baldur etwas steif und förmlich.

»Und ich sag' dir, daß es mit diesen Erfindungen eines Tages ein böses Ende nehmen wird. Leute wie du werden noch das Brögeln verbieten!«

»Du kannst doch gar nicht mehr brögeln, du alter Sack. Du quatschst doch nur drüber. Und warum sollten wir das verbieten?«

»Euch wird schon noch was einfallen. Vielleicht sagt ihr, daß man davon krank wird oder daß einem die Haare ausfallen oder die Zähne.«

Baldur wurde ärgerlich: »Nenn mir mal eine Erfindung, die das Leben nicht verbessert hat, eine einzige.«

Heino überlegte nicht lange: »Der Pflug.«

»Der Pflug? Der soll nix gebracht haben? Spinnst du? Bist du wirklich total bambam?«

»Hast du vergessen, daß früher die ganze Arbeit auf dem Feld mit der Hand gemacht werden mußte?«

»Eben nicht.«

»Also war das Leben früher leichter.«

»Was?«

»Manchmal fragt man sich wirklich, wie einer mit so einem Spatzengehirn wie du Dorfschnulze geworden ist.«

»Dann warte mal, bis einer mit so einem Spatzengehirn wie ich zum Gauführer gewählt wird.«

»Vielleicht muß man eben heutzutage besonders bekloppt sein, um an die höheren Posten ranzukommen«, räumte Heino ein. »Früher, als ...«

»Bleib beim Thema. Was war mit dem Pflug?«

»Kann Tussi den Pflug ziehen oder irgendeine andere Frau, die du kennst?«

»Natürlich nicht. So 'n Ding ist viel zu schwer. Den können nur Männer ziehen.«

»So ist es. Keine Frau kann einen Pflug ziehen. Also müssen wir Männer das tun. Aber früher, als man die Felder noch mit der Hand bearbeitet hat, wer hat denn da wohl auf dem Acker gearbeitet? Was denkst du?«

Baldur wurde nachdenklich. »Die Frauen?«

»Wer sonst?«

»Und was haben die Männer gemacht?«

»Alles mögliche. Mal gejagt, dann haben wir ein paar Tage lang nur gesoffen, gespielt. Oder wir haben uns Geschichten erzählt und gebrögelt natürlich. Auch mal ein paar Schlachten geschlagen und so. Aber wir haben nie gearbeitet!«

Baldur war noch nachdenklicher geworden. »Jedenfalls ist das jetzt auch nicht direkt eine Erfindung. Es ist nur, daß ich entdeckt habe, daß da, wo die Kühe hinscheißen, alles besser wächst. Und auch eben, wo Menschen hinmachen.«

»Hast du entdeckt? Wenn du meinst. Allerdings hab' ich das etwas anders gehört.« Heino merkte sofort, daß er sich verplappert hatte, also redete er gleich weiter. »Und was hast du nun vor, nachdem du das weißt?«

»Darüber denke ich ja gerade nach.«

»Was gibt es da lange nachzudenken. Da verteilst du eben die Scheiße übers Feld. Aus.«

Baldur war verblüfft, daß diese einfache Lösung seines Problems ausgerechnet von seinem Schwiegervater kam. »Und wie soll das vor sich gehen?«

»Du wirst doch wohl nicht erwarten, daß die Kühe da hinscheißen, wo du das willst, oder? Oder daß jeder von uns, wenn er mal muß, vorher zu dir kommt, und du zeigst ihm dann eine Stelle, wo er hinmachen soll? Warum baust du da nicht irgendwas, wo alle draufmüssen, wenn sie mal müssen? Vielleicht einfach einen Donarbalken, genauso, wie ihn sich Gundolf Graumantel gerade gebaut hat.«

Baldur zuckte zusammen: »Gundolf Graumantel? Der hat was gebaut? Einen Donarbalken?«

»Da müssen jetzt alle rauf, wenn sie mal müssen, und die Sklaven verteilen die ganze Scheiße dann über die Äcker.«

»Woher weiß du das?«

»Von Sieglinde. Die war doch Sonntag in Bad Wotansberg bei ihren Eltern. Und heute morgen hat sie mir das erzählt.«

So weit die Ereignisse des Abends, die zu dem eingangs erwähnten Vorfall führten. Das Stichwort lautete Sieglinde. Sieglinde hatte also etwas gesehen, was Graumantel Donarbalken nannte. Darauf ergaben sich für Baldur gleich zwei Fragen, die dringendst zu beantworten waren.

Erstens: Woher hatte Graumantel erfahren, daß man das Wachstum von Gemüse und Getreide auf diese Weise fördern konnte? Sollte Graumantel zur gleichen Zeit wie er oder, genauer, wie Sigurd auf das Phänomen gestoßen sein? Das wäre ja ein sonderbarer Zufall, wenn ausgerechnet Graumantel und Sigurd gleichzeitig diese bislang unbekannte Wirkung erkannt hätten.

Zweitens: Wie sah so ein Donarbalken aus? Baldur hatte sich alles hin und her überlegt, doch konnte er sich unter diesem Wort nichts vorstellen, was dem vermuteten Zweck entsprach. (Weil er das Ausmaß der Bigotterie seines Vetters unterschätzte. Ihm selbst wären beim Wort Donar bestenfalls noch andere Namen des Gottes wie Thor oder Wotan in den Sinn gekommen, doch wäre er nie darauf gekommen, den für Gewitter zuständigen Gott mit den profanen Geräuschen bei eigener Produktion zu verbinden.)

Nun hätte er einfach ganz offiziell zu Sieglinde gehen können, schließlich war sie nur eine Magd, obendrein keine eigene, sondern eine von Sigurds Mägden, obwohl sie von den Swastikas fast so behandelt wurde, als wäre sie deren Tochter. Aber dann würde das ganze Dorf wissen, daß Baldur Blauzahn, Dorfschnulze, Sippenvogt, vor allem jedoch der angesehenste Erfinder aller Teutonen, unfähig war, sich selbst einen Donarbalken zu konstruieren.

Oder sollte er sich selbst nach Bad Wotansberg aufmachen? Undenkbar. Ja, wenn Heinos Wikingerhelm tatsächlich unsichtbar machen würde, wie dieser glaubte. Aber der Helm war eben keine Tarnkappe. Man ließ den Alten nur aus Mitgefühl bei seinem Irrglauben. Obendrein kam es häufig genug zu vergnüglichen Situationen, etwa, wenn Heino, mit seinem Helm auf dem grauen Haupt, zwischen den badenden Jungfrauen Bonarums herumplanschte, weil er sicher war, sie würden ihn nicht sehen. Besonders seine Verrenkungen, wenn er versuchte, gewisse Körperpartien näher zu betrachten, gaben den Mädchen ausreichend Anlaß, den Kopf des vermeintlich Unsichtbaren in gespielter Ahnungslosigkeit unter Wasser zu tauchen, so daß Heino sich keuchend und prustend an Land retten mußte. Einmal wäre er dabei sogar fast ertrunken, begleitet vom Jubel der am Ufer stehenden Kinder.

Baldur fand nur einen Ausweg: Er mußte Sieglinde unauffällig und ohne Zeugen fragen können. Doch wie sollte er das anstellen? Heimlichkeiten waren in einem Dorf wie Bonarum so gut wie ausgeschlossen; zumindest würde es sehr schwer sein, ein Gespräch zwischen ihm und der langbeinigen Sieglinde vor den anderen zu verbergen.

Um so überraschender war für Baldur dann der Verlauf einer kurzen Begegnung am Brunnen. Er hatte sich unauffällig neben Sieglinde gestellt und ihr zugeraunt, ohne sie anzusehen, daß er sie dringend etwas fragen müsse, allerdings nicht hier zwischen allen Leuten. Daraufhin hatte ihm Sieglinde (nicht weniger unauffällig) eröffnet, sie würde hin und wieder, nachdem sie die Kühe gemolken habe, allein im Wald spazierengehen. Sie habe nur wenige Ellen neben dem Pfad zum heiligen Hain, noch vor den drei Eichen, einen weiteren Pfad entdeckt, den offenbar niemand kenne.

Die Einfalt des unschuldigen Mädchens rührte Baldur so sehr, daß er sich fest vornahm, ihr Vertrauen unter keinen Umständen zu mißbrauchen. So verlockend es auch sein mochte, mit der schönen Sieglinde allein im Wald zu sein, er würde sich mit ihr über den Donarbalken unterhalten und basta. Immerhin war sie gerade 18 Jahre alt geworden und ahnte wahrscheinlich noch nicht einmal, daß Männer nicht nur Kampf, Spiele, Jagd und Kriege lieben, sondern manchmal sogar noch leidenschaftlicher den Körper einer Frau begehren, besonders einen so aufregend proportionierten wie den Sieglindes.

Hinzu kam, daß es Sieglinde nicht vorbestimmt gewesen war, ihr Leben als Magd zu verbringen. Als sie geboren wurde, gehörte ihr Vater noch zu den reichsten Teutonen. Wäre er nicht, wie leider so viele Germanen, hemmungslos der Spielleidenschaft verfallen, der schönste und reichste Teutone wäre für Sieglinde nicht gut genug gewesen. Doch bei dem berüchtigten Thing vor elf Jahren, als Gauführer Woldemar seine drei römischen (!) Sklaven als Einsatz in einem Würfelspiel anbot, hatte Sieglindes Vater nicht nur seinen riesigen Besitz verloren, sondern ebenso seine persönlichen Freiheiten. Hätte sich Sigurd (dessen über fünf Ecken entfernter armer Vetter) nicht der damals knapp achtjährigen Sieglinde angenommen, wäre diese vermutlich sogar an durchreisende türkisische Bernsteinhändler verkauft worden.

Zunächst waren beide stumm nebeneinander hergegangen, doch als Bäume und Buschwerk dichter wurden, schob sich Sieglinde bereitwillig vor Baldur. Damit dieser nicht von Dornen oder Zweigen belästigt oder gar zerkratzt werde, hatte sie gesagt und Baldur dies als selbstverständliche Geste arglos akzeptiert. Da Sieglinde eine ungewöhnlich enge Kutte trug, gab es für ihn kaum mehr zu sehen als ihren schmalen Popo, den sie anmutig zu schwenken wußte.

Sieglinde war, wie es Baldur unterstellt hatte, tatsächlich noch nie von einem Mann berührt worden. Dennoch, in einer Hinsicht hatte Baldur sich geirrt: Sieglinde kannte sich sehr wohl aus; vermutlich war ihr theoretisches Wissen sogar umfangreicher als seins. Wenn sie in letzter Zeit so häufig ihre verarmten Eltern in Bad Wotansberg besuchte, dann weniger, um ihren Pflichten als Tochter nachzukommen – warum sollte sie, schließlich hatte der Vater seine Pflichten auch nicht gerade vorbildlich erfüllt –, sondern weil ihre liebste Freundin Gundula sich dort vor einem halben Jahr auf ein heimliches Verhältnis mit einem römischen Centurio eingelassen hatte, von dem sie ständig neue, immer erregende Details berichten konnte. Mittlerweile war Sieglinde so neugierig geworden, daß sie kaum den Tag erwarten konnte, an dem sie selbst ausprobieren durfte, wovon Gundula so leidenschaftlich schwärmte.

Nur bot Bonarum dazu wenig Möglichkeiten. Lager mit römischen Soldaten, von Offizieren ganz zu schweigen, waren zu weit entfernt. Die Knechte, die sie in Bonarum kannte, hielt sie für zu primitiv. Und Sigurd würde vermutlich nicht einmal auf die Idee kommen, daß er über einen Trüffel verfügte, wenn sie sich nackt neben ihn legte. Ganz abgesehen davon, daß Sigurd nicht gerade zu jener Sorte Mann gehörte, die ihren Vorstellungen entsprach.

So nach und nach hatte sie – im Geiste, versteht sich – jeden erwachsenen männlichen Bewohner Bonarums überprüft, ob er für diesen Zweck geeignet sein mochte, war indessen zu dem niederschmetternden Ergebnis gelangt, daß für ihre Brögelpremiere lediglich einer in Frage kam: Baldur Blauzahn. Ausgerechnet der. Und als Sippenvogt und Dorfschnulze für eine Magd wohl kaum verfügbar.

Dann kam dieser schicksalsträchtige 18. März, für Sieglinde ein Tag, der hoffnungsvoll begann, aber enttäuschend endete. Als sie erfuhr, daß ein fremder, herrlicher Jüngling verwundet ins Dorf getragen wurde, war sie sicher, daß Freyja, die Göttin für Liebe und Zärtlichkeit, endlich ihr sehnsüchtiges Flehen vernommen hatte. Sobald sie konnte, war sie in Baldurs Haus gerannt, um diesen wunderbaren, ihr zugedachten Fremden zu betrachten. Tatsächlich: Sein Äußeres war makellos, sein Körper so edel und ebenmäßig, wie sie es noch nie bei einem anderen gesehen hatte, der Kopf schmal, die Muscheln kräftig, dabei nicht so unförmig dick, als wären sie geschwollen. Kurzum, ein Prachtexemplar. Doch gleichzeitig war Sieglinde klargeworden, daß sie diesen Mann nicht wollte, ohne dafür, hätte sie jemand gefragt, einen einleuchtenden Grund nennen zu können. Sein Anblick berührte sie nicht, sie fühlte nichts, ganz sicher nichts, was selbst entfernt an Herzklopfen erinnerte, wie es ihr Gundula prophezeit hatte. Genausogut hätte an seiner Stelle ein Stein auf der Bank liegen können.

Sie war nahe daran, ihre Hoffnung zu begraben, zumindest ihre Jungfernschaft durch einen Mann zu verlieren, der ihr gefiel. Denn von einem künftigen Ehemann erwartete sie ohnehin nicht viel, wen immer ihre Eltern auch wählen würden. Selbst Magd war sie schließlich nur aus Mitleid geworden. In einer Familie geboren, der die Götter ihre Gunst entzogen hatten, obendrein nicht einmal bei dieser Familie lebend – um so eine bewarben sich nur Männer mit auffallenden Mängeln und groben Fehlern.

Bis sie gestern nichtsahnend zum Brunnen gegangen war und der einzige Mann Bonarums, der ihr gefiel (und für den ihre Mutter heimlich schwärmte!), sie dort unvermutet angesprochen hatte. Obwohl er sie lediglich etwas fragen wollte, was offenbar niemand erfahren sollte, hatte sie sich sofort entschlossen, diese Gelegenheit zu nutzen. Sie würde alles daransetzen, ihn zu verführen. Einfach würde es nicht werden, vermutete sie, doch hatte ihr Gundula so viele Kniffe beigebracht, römische und germanische, daß sie nicht hoffnungslos war.

Sie hatte sogar einen Umweg gewählt, damit er möglichst lange dem Anblick ihres Rückens ausgesetzt war. Auf der versteckten Lichtung, die sie so liebte, bleib sie stehen. »Hier?« fragte sie, neigte ihren Kopf ein bißchen und blickte Baldur aus halbgeschlossenen Augen sanft lächelnd an.

»Was hier?« Baldur hatte seinen Vorsatz bereits fast vergessen. Wenn sie sich jetzt hinsetzte, könnte er für nichts garantieren, dachte er. Doch da hatte sie schon das Tuch auf dem Waldboden ausgebreitet, das sie sich um die Schultern geworfen hatte, und sich nicht nur hingesetzt, sondern gelegt.

»Wir müssen ja nicht stehen, wenn Sie was mit mir besprechen wollen.« Sieglinde flüsterte fast und schloß ihre Augen. »Ist es nicht herrlich hier?«

»Und schön warm«, sagte Baldur, während er sich an den entgegengesetzten Rand von Sieglindes Tuch setzte.

»Dabei ist da hinten, wo Sie sitzen, gar keine Sonne.«

Baldur rutschte näher.

»Oder haben Sie Angst vor mir?« Sieglinde hob ihren Kopf ein bißchen und lächelte ihn treuherzig an. »Und wenn Ihnen zu warm wird, mich stört es nicht, wenn Sie etwas ablegen. Schließlich haben wir uns oft genug ganz ohne Kleider beim Baden gesehen.«

Baldur nickte, versuchte, gelassen zu bleiben. Das Kind (immerhin fast neunzehn) schien ja überhaupt nicht zu ahnen, in welche Gefahr es sich da brachte.

Als hätte Sieglinde seine Gedanken entziffert, setzte sie sich plötzlich halb auf, blickte ihn mahnend an: »Ich darf mich wohl darauf verlassen, daß Sie diese Gelegenheit nicht ausnutzen, Herr Baldur«, sagte sie streng, zog sich ihre Kutte über den Kopf, legte sich wieder hin, splitternackt und unschuldig.

»Wie kannst du so was auch nur von mir denken. Immerhin bist du ja fast wie eine Tochter meiner Schwester. Und von meinem Schwager«, konnte Baldur noch erwidern. Doch seine Stimme vibrierte bereits.

Während Baldur noch darüber nachdachte, wie er vorgehen sollte, um zu erreichen, was ihm bislang als unerreichbar erschienen war, wußte Sieglinde, daß sie das erste, vielleicht sogar letzte Hindernis vor ihrem Ziel genommen hatte.

Er beugte sich zu ihr. »Was meinst du eigentlich mit ausnutzen?« fragte er unschuldig, während sein linker Handrücken bereits wie zufällig an ihrem Busen ruhte, der noch knackiger war, als er es sich erhofft hatte.

»Aber Herr Baldur«, sagte sie vorwurfsvoll und legte sich auf die Seite, überließ ihm den Anblick ihres Rückens. Jetzt oder nie schaffe ich es, dachte Baldur, während Sieglinde triumphierend lächelte, stolz auf ihre Menschenkenntnis. Wie von ihr vorhergesehen, hatte dieser als gefühlloser Grobian verschriene Dorfschnulze ihr nicht sofort die Kutte vom Leib gerissen, nicht rabiat seinen Trüffel rausgeholt, um ihn brutal in ihre Muschi zu rammen. Nein, er streichelte sie zärtlich, sanft und ausdauernd, sogar zwischen den Schulterblättern, was Gundula gar nicht erwähnt hatte, aber herrlich prickelte. Erst nach einer Weile küßte er sie am Hals, noch viel später spürte sie seine Hand an ihrem Popo.

Sie wird überhaupt nicht ahnen, was ich vorhabe, überlegte Baldur, hoffte demütig, daß ihr Körper, wenn auch ungewollt, natürlich reagierte und sie nicht entsetzt aufspringen würde, wenn er jetzt seine Hand allmählich zwischen ihre Schenkel zu schieben versuchte, was weniger beschwerlich war, als er für möglich gehalten hatte, weil sie in ihrer vermeintlichen Treuherzigkeit die Oberschenkel nicht gerade besonders energisch aneinanderpreßte.

Endlich drehte sie sich zu ihm, blickte ihn halb selig, halb verängstigt an und fragte leise: »Was machen Sie da mit mir, Herr Baldur?«

»Laß nur . . .«, sagte er beruhigend. Und sie ließ ihn, gedachte noch einmal flüchtig, aber dankbar ihrer Freundin Gundula, dann dachte sie an überhaupt nichts mehr, hatte Baldur vergessen, so, wie sie vermutlich jeden Mann vergessen hätte, erwachte erst wieder, als sie aus dem Wald Geräusche hörte: Äste brachen, Laub raschelte, Zweige knisterten. Kein Zweifel, irgend jemand näherte sich. Sieglinde schaute sich teilnahmsvoll lächelnd diesen fremden Mann an, der sich schwitzend abrackerte, aber offenbar schwerhörig geworden war. Sie blickte in die Richtung, aus der die Geräusche kamen, und überlegte, wer wohl auf der Lichtung erscheinen würde. Doch da schien Baldur endlich, für ihn gleichwohl verfrüht, etwas gehört zu haben, denn er erstarrte, verschloß mit zitternder Hand Sieglindes Mund, hob, totenblaß geworden, seinen Kopf, als erwarte er seinen Henker.

Verzweifelte Blicke rundum ließen ihn schnell erkennen, daß kein Fluchtweg existierte. Lediglich der Pfad, auf dem sie gekommen waren, bot die einzige Lücke im sonst unpassierbaren Dickicht. Und dies Lücke wurde im selben Augenblick versperrt, ausgerechnet durch Heino, seinen Schwiegervater.

So überrumpelt, fiel Baldur nichts Besseres ein, als sich über Sieglinde zu werfen. Zumindest mit wem er da brögelte, sollte diesem verfluchten Kerl verborgen bleiben. Doch Heino, von dem unerwarteten Anblick ebenfalls überrascht, reagierte anders als befürchtet, obendrein schneller als erwartet. Er tat so, als hätte er das eifrige Pärchen, obwohl fast unmittelbar vor seiner Nase, gar nicht bemerkt, ging weiter, als wären sie Sträucher. Als Heino jedoch unvermittelt langsam ging, zudem auf Zehenspitzen, dämmerte Baldur, was los war. Heino hatte die Lichtung kaum verlassen, da flüsterte Sieglinde: »Was war das denn?«

»Überhaupt kein was. Das war mein Schwiegervater.«

»Daß das Heino war, hab' ich auch gesehen. Aber er hat so getan, als wäre das ganz normal, daß wir hier im Wald sind und . . . na, Sie wissen schon.« Noch während sie sprach, entzog sie sich geschickt Baldurs Trüffel, was dieser widerstandslos geschehen ließ, erhob sich, zog ihre Kutte über und glättete sie, so gut es ging.

»Heino ist eben aus einer anderen Generation«, versuchte Baldur dessen mysteriöses Verhalten zu bagatellisieren.

»Aus einer anderen Generation? Und für die ist das so, als würden wir hier Pufferlinge sammeln oder so was?«

»Im Mai wachsen keine Pufferlinge.«

»Sie wissen genau, was ich damit gemeint habe. Oder haben die früheren Generationen einfach immer so drauflosgebrögelt, wo, wann, wie oft und mit wem auch immer?«

»Wer zählt da schon immer so genau mit? Aber ich kann ihn ja mal fragen.«

»Ich kann mir nicht vorstellen, daß es früher so anders war. Meine Mami jedenfalls sagt immer, daß sich manche jungen Leute heutzutage Dinge rausnehmen, die zu ihrer Zeit ganz undenkbar gewesen wären. Da wurde, wenn überhaupt, höchstens einmal in der Woche gebrögelt, und nur mit dem Ehemann. Und solange man keinen Ehemann hatte, durfte man gar nicht brögeln.«

Erst jetzt schien Baldur bestürzt zu bemerken, daß sich Sieglinde bereits wieder angezogen hatte. »Wieso hast du deine Kutte . . .«, stotterte er besorgt, ». . . du kannst doch nicht mittendrin . . .«

Sieglinde blickte prüfend auf ihn hinunter, sagte aber nichts.

Baldur streckte begehrlich seine Arme nach ihr aus: »Sieglinde, bitte . . . ich war kurz vor . . . Wenn man das so plötzlich unterbricht, davon kann man . . .«

Von ihrer selbstbewußten Nüchternheit gereizt, wurde Baldur unvermittelt wütend. »Wirst du verdammte Ziege jetzt sofort deine Kutte wieder ausziehen und dich mit deinem Arsch neben mich bemühen!«

»Es war sicherlich dumm und naiv von mir, mich von Ihnen in den Wald locken zu lassen, Herr Baldur«, begann Sieglinde gelassen, »aber daß Sie mich, nach allem, was geschehen ist, nun auch noch beschimpfen, finde ich nicht in Ordnung.«

Was immer diesem Rüpel Baldur Blauzahn vorgeworfen werden kann – eine fast endlose Liste, die mit ungehobelter Rücksichtslosigkeit beginnt und bei primitiver Überheblichkeit endet –, er besaß Eigenschaften, die versöhnten. Sieglinde hatte einige davon gerade bestätigt bekommen, und eine weitere erwies sich jetzt: Baldur wußte, daß er verloren hatte, und fügte sich klaglos.

Auf eine Anmerkung mochte er jedoch nicht verzichten. Während er aufstand, seine Hose wieder anzog, sagte er: »Also gelockt habe ich dich ja nun nicht. Ich habe gesagt, daß ich dich etwas fragen wollte, unter vier Augen. Mehr nicht. Das mit dem Wald war deine Idee.«

Sieglinde hatte sich ihr Tuch genommen, schüttelte gleichmütig die Tannennadeln ab und legte es sich wieder um die Schultern. »Was wollen Sie eigentlich Ihrer Frau sagen? Heino wird das ja bestimmt rumquatschen.«

»Glaub' ich nicht. Weil er uns, genaugenommen, gar nicht gesehen hat. Weil er nämlich seinen Wikingerhelm aufhatte.«

»Das ist mir nicht entgangen. Ich weiß auch, daß der angeblich unsichtbar macht. Aber er macht doch nicht blind.«

»Darum geht es doch gar nicht.«

Baldur warf noch einen bedauernden Blick auf die Lichtung, dann machten sich beide auf den Heimweg. Diesmal ging Baldur vorneweg, allerdings nur ein kurzes Stück durch den dichten Wald, dann bog er in Richtung heiliger Hain ab, weil der Weg zum Dorf dort bequemer war. »Wichtig ist, daß Heino glaubt, sein Helm macht unsichtbar. Also glaubt er, daß wir ihn gar nicht gesehen haben.«

»Ob er uns gesehen hat, habe ich gefragt: ja oder nein?«

»Natürlich hat er das.« In diesem Augenblick stießen sie auf Sigurd. Noch so einer.

»Ich hab' schon eure Stimmen gehört. Was macht ihr denn hier im Wald?«

»Das geht dich zwar einen Scheißdreck an, aber ich sag' es trotzdem: Sieglinde wollte Pufferlinge suchen . . .«

»Im Mai wachsen doch noch keine Pufferlinge.«

»Sie hat ja auch keine gefunden.«

Mit dieser dämlichen Antwort schien sich Sigurd zufriedenzugeben, wandte sich an Baldur und fragte: »Und du?«

»Ich hab' auch keine gefunden.«

»Ich meine, was du im Wald machst?«

»Ich wollte in Ruhe darüber nachdenken, wer Graumantel die Sache mit den Kuhfladen verraten hat.« Das hatte schon mal gesessen; Baldur nahm sich vor, später mit sich zu Rate zu gehen, wie er am besten Licht in diese Angelegenheit bringen konnte, verzichtete darauf, sofort nachzusetzen, sondern fragte beiläufig: »Und du? Was machst du hier?«

Sigurd deutete auf seine Umhängetasche und die da raushängenden Kräuterbüschel. »Mir fehlen noch ein paar Sachen fürs Abendessen.«

Baldur verzog angeekelt sein Gesicht. »Guten Appetit.«

Sigurd nickte unentschlossen. Baldur fiel ein, daß er ja die Frage nach Graumantels Donarbalken vergessen hatte. »Ich geh' ins Dorf. Kommst du mit?« fragte er Sieglinde.

Bevor sich die beiden auf den Weg machen konnten, war sich Sigurd darüber klargeworden, daß die Sache mit den Pufferlingen eine Ausrede war. Schließlich war Sieglinde trotz allem eine Magd, durfte also nicht Pufferlinge sammeln gehen, wann ihr danach war, sondern wenn sie dazu beauftragt war. Aber Brunhilde hätte sie nie im Mai in den Wald geschickt, um Pufferlinge zu sammeln.

»Ich würde doch gern wissen, warum du wirklich in den Wald gegangen bist.«

Doch inzwischen hatte die pfiffige Sieglinde ausreichend Zeit gehabt, sich eine geschickte Ausrede einfallen zu lassen.

»Ich bin hinter Herrn Baldur hergelaufen, weil ich mit ihm was besprechen wollte. Ich sollte mir doch mal überlegen, ob ich nicht auch Ihren neuen Gott . . .«

Baldur wurde wütend: »Soll das heißen, daß dieses Körner und Rotwurzeln fressende Arschloch hier durch die Gegend rennt und die Leute verrückt macht mit seinem Krösus? Hat er dir auch gesagt, daß sein Gott immer hinter dir herrennt? Wo immer du hingehst, geht er auch hin. Wenn du denkst, du kannst mal irgendwo alleine hin – Sense. Sein Gott ist immer dabei. Auch wenn du mal ganz allein im Wald sein willst. Wie heißt das noch? Wo du hinmachst, da mach' ich auch hin . . . oder?«

Sigurd war pikiert, antwortete dennoch: »Wo du hingehst, da will auch ich hingehen. Und das bedeutet . . .«

»Daß du nie allein bist. Egal, wo du hingehst, mit wem du redest, was du gerade machen willst, der Kerl läuft dir immer zwischen den Beinen rum, paßt auf, erzählt es womöglich weiter.«

Kein Wunder, daß Sieglinde unruhig wurde. »Aber man sieht ihn doch bestimmt?«

»Du mußt nicht immer alles glauben, was Baldur erzählt. Der Gott ist ja nicht immer so direkt dabei.«

»Jetzt lügst du, Sigurd«, sagte Baldur energisch. »Du hast es eben gerade selbst gesagt. Wenn der überall da hingeht, wo ich auch gerade hingehe, dann ist er auch immer dabei.«

»Und wie macht er das?« wollte Sieglinde wissen. »Ich meine, wenn ich nun meine Mami besuche in Bad Wotansberg, und du bleibst hier oder gehst aufs Feld.«

Eine solche Gelegenheit ließ sich Baldur nicht entgehen. »Ich habe übrigens gehört, daß Graumantel einen Donarbalken gebaut hat, ich habe ja auch gerade einen konstruiert. Aber ich hoffe doch, daß meiner besser ist als der von Graumantel.«

»Der von Graumantel ist echt primitiv. Der hat einfach zwei Pfosten in die Erde gerammt, einen langen Balken quer darüber, dahinter eine Grube, und das ist alles. Da muß man sich dann draufsetzen.«

»Nun lenk nicht vom Thema ab.« Baldur, der Heuchler, tat so, als wäre nicht er es gewesen, der das neue Thema aufgebracht hatte. »Du hattest Sigurd gefragt, wie Gott an zwei Stellen gleichzeitig sein kann. Wenn es nur einer ist. Und vielleicht sogar nicht nur gleichzeitig hier und in Bad Wotansberg, sondern vielleicht sogar gleichzeitig in Rom und in Wormatia.«

»Gott muß nicht unbedingt immer persönlich dabeisein. Für solche Fälle hat er Engel«, erklärte Sigurd ungeduldig. »Das sind welche, die im Himmel wohnen und . . . jeder Mensch hat einen.«

Das interessierte Baldur. »Soll das heißen, daß alle Menschen, die hier leben, da oben im Himmel noch mal einen haben, der auf sie aufpaßt?«

»So ungefähr. Ja.«

Auch Sieglinde fand diese Vorstellung interessant, wollte aber Genaueres wissen. »Sind das Männer oder Frauen, diese Engel?«

Nun wurde Sigurd doch verlegen. »Mal so, mal so. Oder auch gar nichts von beiden.«

»Was heißt das, gar nichts?« insistierte Baldur.

»Das heißt, daß das weder Männer noch Frauen sind.«

»Sondern?«

»Nichts weiter.«

»Also sind die Engel schwül.«

Sigurd wurde ärgerlich. »Weder schwül noch kesbisch. Sie haben kein Geschlecht. Das ist alles.«

»Aber irgendwas müssen die doch zwischen den Beinen haben. Entweder oder.«

Fast ohne es zu merken, waren die drei am Rand des Dorfes angelangt, und der erste, der ihnen entgegenkam, war natürlich Heino. Allerdings trug er seinen Helm nicht mehr auf dem Kopf, sondern lediglich seine Fidula unterm Arm, war offenbar auf dem Wege zum Unterricht. Er blieb auch nicht stehen, grinste allerdings Baldur und Sieglinde geradezu unverschämt an, drehte sich sogar noch einmal nach ihnen um, nachdem er wortlos vorbeigegangen war.

»Was ist mit dem denn los?« wollte Sigurd wissen.

»Lenk nicht ab. Bleib bei deinen Engeln«, wies ihn Baldur zurecht.

»Sie haben Flügel.«

»Zwischen den Beinen?« mokierte sich Sieglinde.

»Nein. Auf dem Rücken.«

»Wie eine Ente?« fragte Baldur.

»Eher wie ein Adler«, erwiderte Sigurd mit Triumph in seiner Stimme.

Doch Sieglinde hatte sich bereits entschieden. Das war kein Gott für sie. »Also mich würde das total bambam machen, wenn ich da immer so jemanden mit Flügeln auf'm Rücken um mich rum hätte, der zuguckt, was ich mache.«

Sigurd blieb stehen und sah erst Sieglinde, dann Baldur mahnend an: »Wenn man was tut, was nicht jeder wissen darf... irgendwas, was gegen gute germanische Sitten verstößt, dann ist das natürlich peinlich. Aber ...«

»Also wenn ich heute gegen die guten germanischen Sitten verstoßen habe, dann ganz bestimmt anders, als du es dir vorstellst«[16], stellte Baldur energisch fest und drehte sich voller Stolz

[16] Die Behauptung des Tacitus, daß die germanischen Frauen in wohlbehüteter Sittsamkeit lebten, scheint ziemlich eindeutig auf Heino als Quelle hinzudeuten. Vor allem folgt aus den begleitenden Erklärungen überzeugend, daß eigene Beobachtungen dieses Urteil kaum begründet haben dürften. So heißt es beispielsweise wörtlich, daß die Frauen »... nicht durch lüsterne Schauspiele, nicht durch aufreizende Gelage verführt (werden). Heimliche Briefe sind den Männern ebenso unbekannt wie den Frauen.« Hätten sich die Germanen überhaupt Briefe geschrieben, dann wäre wohl mindestens einer erhalten geblieben. Ebenso ist es unvorstellbar, daß die Existenz der unterschiedlichsten, sogar seltensten Berufe in diversen Quellen erwähnt wird, sich jedoch nirgends ein Hinweis auf den Beruf des Postboten findet. Ähnliches gilt auch für die Schauspielerei. Tacitus beschreibt anschaulich zahlreiche gemeinschaftliche Vergnügungen, besonders eindrucksvoll die zahlreichen (und lange andauernden) Tänze (»nur knapp geschürzter«) junger Männer – doch nirgendwo erwähnt er germanisches Theater oder nur Schauspieler, von Regisseuren ganz zu schweigen.

auf seine geschickte Zurechtweisung zu Sieglinde um. Doch die schritt bereits befriedigt, aufrecht und selbstbewußt über den Dorfplatz.

*

Thusnelda empfing Baldur den Umständen nach erstaunlich gelassen, wie Baldur hinterher zugeben mußte. »Da bist du ja. Darf man fragen, wo sich der hohe Herr den ganzen Vormittag rumgetrieben hat?«

»Was ist denn das für ein Ton?«

»Kann es sein, daß du im Wald warst? Mit einer gewissen Sieglinde?«

»Was für eine Sieglinde?« fragte der Heuchler, der erstaunlich schnell zu seinem gewohnten Umgangston zurückgefunden hatte.

»Sieh dich vor, Baldur Blauzahn. Wenn ich rauskriege, daß du mit einer anderen Frau . . .«

»Du scheinst unsere germanischen Gesetze nicht zu kennen.«

»Mir ist egal, wie die Gesetze sind. Notfalls muß man sie ändern, und jetzt laß uns allein. Ich habe mit Iduna etwas zu besprechen. Unter Frauen.«

Baldur ging gern, war sogar dankbar, glimpflich davongekommen zu sein. Selbstverständlich hatte er sich zunächst erschrocken, weil er annehmen mußte, daß Heino wider Erwarten doch geplaudert hatte. Doch er begriff schnell, daß Thusnelda nichts wußte. Sie hatte ihm nur mal auf den Zahn fühlen wollen. Dennoch nahm er sich vor, bei seinem nächsten Ausflug mit Sieglinde sehr viel vorsichtiger zu sein. Nicht eine Sekunde zweifelte er daran, daß es zu einer Fortsetzung kommen würde. Er war sicher, Sieglinde erobert zu haben, und träumte von endlosen Stunden gemeinsamer Seligkeit, während das Objekt dieser Zuversicht damit beschäftigt war, erleichtert und heiter wie nie zuvor die Ziegen zu melken.

*

»Aber irgendwas stimmt da doch nicht. Das geht doch nun schon ein paar Wochen so. Der Junge kann einem ja fast schon leid tun.«

Thusnelda hatte sich schon einige Male vorgenommen, ihrer Tochter Iduna ins Gewissen zu reden. Nachdem Baldur zu ungewohnt früher Zeit im Wald verschwunden (den würde sie sich später zur Brust nehmen) und Bendix zum Brunnen gegangen war – mit den beiden Sklaven wollte er eine Wasserleitung projektieren, was immer das sein mochte –, durfte sie diese Gelegenheit nicht versäumen. Als Iduna am Abend zuvor endlich einmal einverstanden gewesen war, mit Bendix ein bißchen spazierenzugehen, hatte Thusnelda noch gehofft, daß diese deutlich spürbare, ihr aber unerklärliche Spannung zwischen den beiden jungen Leuten bei der Rückkehr ausgeräumt sein würde. Doch betrübt mußte sie erkennen, daß sich nichts verändert hatte. »Was ist los zwischen dir und Bendix?«

»Nichts, wirklich nichts, Mami.« Doch dementierte Idunas Gesichtsausdruck eindeutig ihre Worte. Es war klar zu erkennen, wie sehr sie sich zusammennehmen mußte, um die Tränen zurückzuhalten.

»Hat Bendix irgendwas getan, was sich nicht gehört?«

»Er hat mich überhaupt nicht berührt.«

»Wirfst du ihm das denn vor?«

»Aber Mami, wie kannst du so was auch nur denken.«

Thusnelda hütete sich, auf diese Frage zu antworten. »Dann weiß ich nicht weiter. Oder willst du abstreiten, daß du dich gleich am ersten Tag in ihn verliebt hast?«

Iduna senkte ihren Kopf jetzt so tief auf ihren Webstuhl, daß sie nur noch den Tritthebel sehen konnte.

»Und daß er sich in dich verliebt hat, kann dir ebenfalls nicht verborgen geblieben sein.«

»Nein«, gab Iduna zu. Und plötzlich fing sie doch an zu weinen. »Er verbirgt irgendwas vor uns. Vor uns allen.«

»Wie kommst du auf so was, Kindchen? Wenn er was zu verbergen hat, meinst du, ich hätte es nicht ebenso bemerkt? Oder sogar dein Vater?«

»Als wir damals auf dem Felsenstein gesessen haben, da hat er lange davon erzählt, wie das war, als Sklave in Rom. Überhaupt, wie das so ist mit den Sklaven da. Und von seinem Herrn hat er erzählt, daß der so reich ist und daß der Hunderte von Sklaven hat, und dann hat er eben auch gesagt, daß dieser Herr ein Centurio war.«

»Na und? Was ist dabei? Ob der Herr nun Centurio war oder sonstwas, das kann dir doch egal sein.«

»Aber am nächsten Tag, als er mit euch geredet hat, da hat er auf einmal behauptet, sein Herr wäre ein hoher Verwaltungsbeamter gewesen.«

»Und?«

»Ein Centurio ist ein Soldat und ein Verwaltungsbeamter ein Zivilist. Irgendwas verschweigt er mir also. Sonst würde er mich ja nicht anlügen. Uns alle anlügen.«

»Aber was sollte das sein? Meinst du, daß er vielleicht gar kein Sklave war? Daß er gar nicht einem Herrn weggelaufen ist, sondern seiner Frau? Daß er vielleicht verheiratet ist? Glaubst du das?«

»Das bestimmt nicht.« Iduna schüttelte energisch ihren schmalen Kopf.

»Also wenn Männer Frauen anlügen, das kannst du deiner Mutter glauben, dann hängt das meistens mit anderen Frauen zusammen.«

»Aber nicht bei Bendix. Der kennt sich mit Frauen viel weniger aus, als man auf den ersten Blick vermutet.«

»Aber du kennst dich aus, wie? Du hast ja schon so viele Erfahrungen.« Thusnelda mußte lächeln über so viel Naivität. »Außerdem, wenn einer verheiratet ist, heißt das noch lange nicht, daß er sich mit Frauen auskennt. Vielleicht hat Bendix ja zwei Herren gehabt. Erst den Centurio und dann einen hohen Verwaltungsbeamten ... Der erste kann ihn doch an den anderen verkauft haben. Verkauft hieß das doch?« Sie konnte sich naturgemäß unter diesem Wort nichts Rechtes vorstellen.

»Und beide haben denselben Namen? Beide heißen Cornelius?«

»Na schön. Das wäre seltsam. Aber ihr habt euch doch gestern unterhalten, ihr wart schließlich ganz allein am See, und ich hab' noch an euch gedacht, als ich mal kurz vor die Tür gegangen war – die Luft duftete, eine warme, sanfte Brise aus dem Süden, als ob der für das germanische Wetter verantwortliche Gott anderweitig beschäftigt wäre. Da hättest du ihn doch fragen können?«

Nachdem Iduna bei fast jedem Wort ihrer Mutter andächtig genickt hatte, wären ihr sicher aufs neue die Tränen gekommen, wenn Thusnelda nicht abrupt diese nüchterne Frage gestellt hätte. »Das hab' ich doch auch. Natürlich hab' ich ihn gefragt, sogar schon, bevor wir am See waren. Nicht so direkt natürlich; ich habe ihn gefragt, was dieser Cornelius eigentlich so getan hat den ganzen Tag über. Und da hat Bendix nur gelacht und gesagt, aber liebste Iduna . . .«

»Liebste Iduna hat er gesagt?« Thusnelda lächelte.

Iduna nickte verlegen. »Ja . . . Aber dann weiter: ›Das habe ich dir doch schon ein paarmal erzählt – Cornelius, mein Herr in Rom, war Procurator.‹ Procurator! Auf einmal war dieser Mensch, vor dem er angeblich geflohen ist und der ihn über die Schneeberge weg bis nach Summus verfolgt hat, noch mal was anderes. Erst Centurio, dann hoher Verwaltungsbeamter und jetzt auf einmal ein Procurator.«

Zunächst schluckte Iduna ein paarmal, aber dann geriet sie in Wut: »Dieser Kerl gibt sich ja nicht mal Mühe mit seinen Lügereien. Als wäre es ihm egal, ob ich ihm vertrauen kann oder nicht. Wenn er mich wirklich lieben würde und er hätte da in Rom wirklich irgendwas Schlimmes gemacht, dann würde er mir das doch sagen und nicht so . . .«

Iduna konnte nicht weitersprechen und Thusnelda nicht mehr fragen, was das denn nun wieder sei, ein Procurator, denn Iduna brach in so jämmerliche Weinkrämpfe aus, daß Thusnelda ihre Tochter nur noch zärtlich in den Arm nehmen konnte. Sie drückte Idunas Kopf fest an ihre Brust, streichelte sanft über die blonden Haare, traute sich erst nach einigen Minuten weiterzureden, nachdem für Iduna das Schlimmste vorüber zu sein schien. Sie heulte kaum noch, sondern schluchzte.

»Und weiter? Was hat er weiter gesagt?« wollte Thusnelda wissen. Doch Iduna hörte nicht zu.

»Bei so einem weiß man doch überhaupt nicht mehr, was nun wahr ist und was nicht. Wer einmal anfängt zu lügen, dem kann man nie wieder glauben. Das sagt Papi doch immer.«

»Ach der. Dem habe ich schon vorher nichts geglaubt.«

»Und trotzdem haben deine Eltern dich an ihn verkauft?«

»Die Auswahl war nicht besonders groß.«

»Wer waren denn die anderen?«

»Es gab keine anderen. Dein Vater war der einzige Bewerber.« Thusnelda mußte lächeln, als sie daran dachte. Viel war es nicht, doch hatte dieser winzige Triumph sie schon häufig getröstet: »Aber das hat er erst gemerkt, nachdem er die achtzehn Rinder und zwei Schweine meinem Vater übergeben hatte.«

Doch Iduna war mit ihren Gedanken längst wieder bei Bendix Büsum. »Glaubst du, er ist wirklich geflohen?«

»Wer?«

»Bendix, wer denn sonst?« Iduna blickte ihre Mutter verdutzt an.

»Ach so. Ja. Warum nicht? So was denkt man sich doch nicht aus.«

»Und daß er verfolgt wird?«

»Das klingt allerdings merkwürdig. Vor allem, wenn er behauptet, daß man ihn bis nach Germanien verfolgt hat und immer noch verfolgt. Andererseits, wenn es gelogen ist, was verspricht er sich von einer solchen Lüge? Das macht keinen Sinn. Was hat er denn noch gesagt bei eurem Spaziergang?«

»Dazu nichts mehr. Nur noch so Sachen, wie er sie sonst immer erzählt, daß er hier etwas bauen will, damit das Wasser ins Haus kommt, und wenn er ganz sicher sein kann, daß Cornelius ihn nicht mehr sucht – so ziemlich sicher ist er sich ja jetzt schon –, daß er dann hier ein Haus bauen will, wo man unten wohnen kann und auch oben ... so genau hab' ich das nicht verstanden. Daß die Römer sich nicht waschen wie wir, sondern mit irgendwas besprenkeln, was riecht, daß sie aber Türme bauen, in denen sie baden, mit gewärmtem Wasser. Was es da alles zu essen gibt ...«

»Ich wollte wissen, was er geantwortet hat, als du ihm das vorgeworfen hast, daß er über diesen Cornelius jedesmal was anderes sagt.«

Iduna blickte ihre Mutter verdutzt an. »Ihm direkt ins Gesicht? Sagen, daß er lügt? Hättest du das getan?«

»Wieso nicht? Na schön. Aber ihr wart doch ein paar Stunden unterwegs. Worüber habt ihr euch denn noch unterhalten?«

»Unterhalten? Gar nicht mehr. Jedenfalls habe ich nichts mehr gesagt, hätte ich auch gar nicht gekonnt. Nach der Sache mit dem Procurator hat er nur noch allein geredet.«

»Aber er muß doch gespürt haben, daß du dich verletzt gefühlt hast?« Iduna schüttelte stumm den Kopf. »Und hat er nicht versucht, also . . . dich mal in den Arm zu nehmen vielleicht oder sogar zu küssen oder so?«

»Nur oder so hat er gemacht, einmal in den Popo gekniffen. Mehr nicht. Zu den anderen Sachen, dazu ist er viel zu schüchtern.«

»Zu schüchtern? Wenn er dich in den Hintern kneift?«

Auf einmal verteidigte sie Bendix nachsichtig: »Aber Mami, das machen die Sanellas da unten alle so, wenn sie einer Frau andeuten wollen, daß sie ihnen gefällt, dann kneifen sie die in den Popo.«

»Da kann ich ja geradezu von Glück sagen, daß ich ihm nicht gefalle.«

»Stimmt gar nicht. Du gefällst ihm sogar sehr; hat er mir schon ein paarmal gesagt. Und wenn er dich noch nicht gekniffen hat, dann mußt du dir keine Gedanken machen. Vielleicht hat er dazu einfach noch keine Gelegenheit gehabt.«

Thusnelda nahm sich etwas Zeit, um über diese Problematik nachzudenken, kam aber zu keinem Schluß, seufzte nur einmal entzückt.

»Na schön. Und wie soll das nun weitergehen mit euch?« Thusnelda hatte ihre Frage kaum ausgesprochen, da bereute sie sie schon. Aber es war zu spät. Iduna weinte bereits wieder, allerdings nicht mehr so hemmungslos wie vorher, als könnte das Herz jeden Moment anfangen zu bluten, sondern leise und müde, aber beharrlich.

Daraufhin beschloß Thusnelda, das Geheimnis um den seltsamen jungen Mann aus Rom, den Kimber Bendix Büsum, den angeblich so hartnäckig verfolgten Sklaven, selbst zu lüften. Nur wußte sie noch nicht, wie sie das anstellen sollte.

*

Der, um den sich alles drehte, saß bei Heino und den Kindern am See und genoß dort ahnungslos und unbeschwert einen weiteren sommerlichen Tag im Mai. Hin und wieder warf er einen flachen Stein auf die glatte, nur selten blitzende Oberfläche des Wassers und zählte, ohne besonderen Ehrgeiz, wie häufig der Stein vom Wasser abprallte, bis er endgültig versank. Dabei dachte er immer wieder an den gestrigen Abend. Wohl war ihm nicht entgangen, daß Iduna immer schweigsamer geworden war, doch vermutete er, sie sei einfach zu beeindruckt von dem gewesen, was er über die zivilisatorischen Errungenschaften Roms berichten konnte. Hätte er die wahren Ursachen ihrer Verstimmung nur geahnt, wäre er sehr viel weniger heiter gewesen. Schon der Gedanke daran, daß herauskommen könnte, wie er wirklich in Rom gelebt hatte, was ihn in Wahrheit zur Flucht (und Cornelius zu dieser hartnäckigen Verfolgung) veranlaßt hatte, war entsetzlich. Aber er dachte natürlich nicht daran, überdies fühlte er sich von Tag zu Tag sicherer, weil er annahm, daß seine Verfolger endgültig aufgegeben hatten, nachdem er ihnen in den Farbmühlen von Summus entkommen war. Er warf ein Steinchen und konnte diesmal bis neun zählen. Stolz drehte er sich zu den Kindern. Aber die hatten seinen Rekord nicht bemerkt, sondern waren ungewöhnlich konzentriert beim Unterricht.

»Warum sagen eigentlich alle, daß Siegfried ein Held war?« wollte Elske gerade erfahren.

»Siegfried ein Held?« Heino platzte fast vor Empörung. »So was ist mir noch nie über die Lippen gekommen.«

»Weil er die zwölf Männer erschlagen hat etwa?«

»Aber alle in einer Nacht«, ergänzte ihr Bruder Heldmut mit Respekt, als wäre Elskes Frage damit ausreichend beantwortet.

Das wiederum reichte Vetter Walgari, bislang zu diesem Problem ohne eigene Meinung, um sofort seiner Cousine Elske beizustehen: »Aber nicht alle auf einmal, sondern nacheinander und von hinten.«

Elske nickte Zustimmung. »Eben, und dafür läßt der Gauführer doch normalerweise jeden töten, der so was macht.«

Heino schien überfragt, zumindest war er in tiefem Nachdenken versunken. So griff Bendix ein.

»Es kommt drauf an, wieviel man abmurkst. Wenn du nur ein, zwei oder drei Leute umbringst, meinetwegen sogar vier – dann bist du dran. Die genaue Zahl kenne ich nicht...«

Aber Heino wußte es auf einmal genau, behauptete er zumindest. »Ab zehn. Wenn du also zehn Leuten oder noch mehr den Hals durchsäbelst oder sie sonstwie tötest, dann bist du eben ein Held. Aber wenn du nur einem die Rübe runterhaust, weil du ihm vielleicht seine Gürtelspange klauen willst... und du wirst erwischt, dann wirst du an die heilige Eiche genagelt oder in die Ragnarök-Schlucht gestoßen, wie wir das damals mit dem Sultan gemacht haben...«

»Das war kein Sultan, Onkel Heino«, widersprach Elske, das wahrheitsliebende Kind, »das war ein Bajuware.«

»Aber er hatte sein Nachthemd um den Kopf gewickelt, wie die Sultane es immer machen.«

»Weil du ihm vorher eins über die Rübe gegeben hattest und er blutete.«

Heino war einverstanden, obwohl er sich nicht mehr daran erinnern konnte. »Nur eins hat mir nie gefallen: daß man die Leute einfach ins Moor stößt. Da bin ich dagegen, das ist zu langweilig. Im Moor sind sie immer gleich weg, und man sieht sie nie wieder.[17] Also was lernt euch das? Es ist besser, nicht nur einem die Rübe abzuhauen, sondern eben gleich mehreren. Da darf man nicht kleckern, da muß man klotzen.«

[17] Es ist sicher nicht überraschend, daß sich manche Zivilisationen soviel Mühe gegeben haben, ihre Verstorbenen zu konservieren. Da haben die Indios ihre teuren Toten über Feuer ausgetrocknet und in Körbe verschlossen, in Neu-Mexiko haben sie die Leichname in Lehm verpackt. Allerdings sind diese Versuche nie annähernd so aufwendig gewesen wie die der Ägypter, die insbesondere ihre Herrscher kunstvoll einbalsamierten und sie dann, mit üppiger Verpflegung und kostbarem Schmuck als Beilage, in bombastischen Gräbern bestatteten.
Es sollte uns jedoch sehr nachdenklich stimmen, daß sich keine der mit so unerhört aufwendigen und raffiniert ausgeklügelten Techniken behandelten Leichen auch nur annähernd so gut erhalten hat wie die manchmal in Baumsärgen im Moor versenkten, häufig jedoch achtlos hineingestoßenen Germanen. Heute wissen wir, daß die gedankenlose Schlichtheit unserer Ahnen, jedenfalls in dieser Hinsicht, jeder Zivilisation überlegen war.

Anscheinend ohne jeden Grund sprang Heino plötzlich hoch, schlug sich, begeistert hüpfend, abwechselnd auf die Oberschenkel und die Brust: »Habt ihr das gemerkt? Daß ich schon wieder einen Reimstab gedichtet habe? Einfach so.«

»Kleckern und klotzen?« fragte Heldmut unsicher.

»Ich weiß gar nicht, was das ist, ein Reimstab«, mußte Elske bekennen.

Da wollte selbst Walgari nicht zurückstehen. »Ich weiß es, ich weiß nur nicht, wie einer aussieht.«

»Ein Reimstab sieht überhaupt nicht aus«, begann Heino, »jedenfalls jetzt nicht mehr. Früher hat fast jeder einen zu Hause gehabt. Mein Opa, beispielsweise, der hat noch einen gehabt. Das war'n so Äste oder Zweige, und da hat mein Opa dann seine Gedichte draufgeschnitzt. Früher hatte eigentlich jeder einigermaßen gebildete Germane seinen Reimstab zu Hause. Und hat sich da dann selbst was gedichtet. Besonders eben was für 'n Winter, sozusagen auf Vorrat. Weil es da ja immer so früh dunkel wird. Und immerzu brögeln ist nun auch nicht der Schinken vom Schwein. Zu Hause brögeln, mein' ich. Und da waren die Reimstäbe, also die Gedichte, eben 'ne angenehme Abwechslung.«

»Und was ist ein Gedicht?« fragte Elske.

»Ein Gedicht sind Worte, die sich vorne reimen. Ganz vorn. Der erste Buchstabe. Wie eben. Nicht kleckern, sondern klotzen. Nur macht man das heute eben ohne die Zweige und Äste, macht man die Gedichte ganz ohne Stäbe, behält aber den Reimstab sozusagen im Kopf. Und ob ihr es glaubt oder nicht, ich war einer der berühmtesten Reimstäbler. Ich glaube sogar, daß alle bekannten Reimstäbe von mir sind.«

Bendix war verblüfft: »Du machst Reimstäbe?«

»Das sagt ja schon mein Name.«

»Heinrich der Brögler?«

»Vielleicht sieht man mir das heute nicht mehr so an, aber als ich jung war ... da nannte man mich noch überall ›Heiner der Reimer‹.«

Bendix wollte dem alten Mann einen Gefallen tun und gab vor, den Namen schon mal gehört zu haben. »Du bist Heiner der Reimer?«

Heino nickte geschmeichelt.

»Dann kenne ich sogar Reimstäbe von dir. Du weißt sicher, daß sie neuerdings Stabreime heißen.«

»Das ist typisch für diese Eunuchen, selbst welche dichten, das können sie nicht, also erfinden sie neue Namen für die gleichen Sachen, diese Arschlöcher. So was wie ›Haus und Hof‹ würde denen nicht einfallen . . .«

Heino sonnte sich in den bewundernden Blicken der Kinder.

»Haus und Hof hast du dir ausgedacht?«

»Nicht nur. Land und Leute – auch von mir. Feuer und Flamme. Alles von Opa Heino, genannt Heiner der Reimer. Hier und heute. Von mir. Nacht und Nebel. Roß und Reiter. Dick und dünn. Stock und Stein. Alles von mir. Sogar fix und fertig vertont hab' ich welche.

Er griff nach seiner Fidula.

»Wollt ihr mal welche hören?«

Bendix erbleichte, stand hastig auf und verschwand wortlos im Wald.

»Vielleicht später«, schlug Elske zaghaft vor. »Du hattest uns versprochen, endlich mal von Anfang an alles über die Niebelungen zu erzählen.«

»Das kann ich nicht an einem Tag. Da brauch' ich Monde.«

»Das mein' ich auch nicht. Aber mal von Anfang an. Alles der Reihe nach. Nicht mal hier was, dann da was. Bis jetzt hast du ja nur erzählt, daß Siegfried von zu Hause abgehauen ist. Dann das mit der Königin Brunhilde irgendwo auf so einer kalten Insel, aber da war er ja schon vorher lange in Wormatia gewesen.«

Und schon wieder fing Heino in der Mitte der Nibelungenabenteuer an: »In Wormatia hat sich Siegfried ein ganzes Jahr lang rumgetrieben, angeblich, ohne seine Kriemhild auch nur gesehen zu haben. Ein ganzes Jahr lang ist er den Wormatiern auf den Schurz gegangen. Allerdings war ich da auch nicht immer dabei. Und deshalb weiß ich manches nur so, wie dieser friesische Halunke es hinterher erzählt hat. Also, daß da andauernd alle möglichen Wettkämpfe veranstaltet wurden, Steinewerfen, Speerschleudern, Bogenschießen, Schwertstechen und so . . .

Aber dabei hat er natürlich gesiegt, immer – hat er gesagt. Und deshalb war er auch so beliebt – hat er gesagt.

Als ob sich einer beliebt macht, der andauernd gewinnt. Leute, die immer alles besser können ... zum Kotzen.

Aber so sind die Neiderländer eben. So waren sie immer, und so sind sie heute noch.«

»Eins versteh' ich nicht«, fing Heldmut an, »wenn ich Wormatier gewesen wäre, dann hätte ich ihn doch einfach aus der Stadt rausgejagt.«

»Das hätten die gern gemacht. Aber du mußt dir mal vorstellen, wie das alles so war, damals. Nachdem er von zu Hause weg war, hatte er sich ja den Schatz von den Nibelungen geklaut und war nun mit einem Haufen Wertsachen unterwegs. Und wie das so ist, unterwegs trifft er natürlich andere Halunken, Strolche und Tagediebe, die auch von zu Hause ausgerückt waren. Im Nu war eine ganze Horde versammelt.

Und wenn diese Nibelungenbande nun in so einen Ort reingeritten kam, alle schwerbewaffnet, krakeelend und ständig total besoffen ... Da kann man sich ja vorstellen, da hat eben jeder – und in Wormatia lebten ja auch keine Germanen –, die hatten eben Schiß. Und deshalb ... da konnten Siegfried und seine Halunken eben machen, was sie wollten. Aber das eine, wie gesagt, das habe ich ihm nie geglaubt. Das hab' ich ihm dann auch mal direkt ins Gesicht gesagt. Daß du ein ganzes Jahr wegen dieser dämlichen Pute in Wormatia geblieben bist, ohne sie irgendwann mal gesehen zu haben, hab' ich ihm gesagt, das muß du schon einem größeren Idioten erzählen als mir.«

»Ob man so einen findet?« wollte Heldmut wissen.

Heino antwortete strahlend: »Einfach wird das bestimmt nicht sein.«

»Hast du damit Kriemhild gemeint?« wollte Elske wissen.

»Kriemhild?«

»Die Frau, die er später geheiratet hat.«

»Was ist mit der?«

»Ob die das war, die er nicht gesehen haben will.«

»Ach so, ja. Die war das. Du kannst mir ja viel erzählen, Siegfried, hab' ich gesagt. Aber ein Mann, der eine Tarnkappe hat, der sieht sich die Dame schon mal an, die so schön sein soll. Nicht offiziell, natürlich, wenn die Sitten und Gebräuche das nicht erlauben. Aber heimlich bestimmt. Du bist doch ganz sicher mal abends in ihr Schlafzimmer gegangen, wenn sie sich auszieht, mal gucken, was hat die wohl für Muckis, und wie ist sie überhaupt so gebaut? Ist der Achilles auch schön stramm und nicht so fett? Ich hab' sogar gesagt, ich wette, du hast sogar mal zugesehen, wenn . . .«

Unversehens hörte Heino auf zu sprechen. Obwohl sonst wenig sensibel, hatte er den Eindruck, auf jenem besten Wege zu sein, der zu weit führt.

Doch Heldmuts Wißbegierde war geweckt; schließlich hatte ihn gerade kürzlich, was Heino nicht wissen konnte, Walgari in die Geheimnisse des Frappierens eingeweiht. »Wobei zugesehen . . .?«

Elske jedoch, die von diesen Genüssen noch nichts ahnte, konnte endlich loswerden, was ihr schon seit geraumer Zeit auf der Seele lag. »Ich finde viel schlimmer, daß Heino schon wieder Sachen ausläßt, die bestimmt interessant sind . . .«

Heldmut blieb störrisch: »Wobei er zugesehen hat, ist mindestens ebenso interessant wie das, was er deiner Meinung nach ausgelassen hat.«

Asgard, die selten den Mund aufmachte, wenn jemand dabei war, senkte verschämt ihren Kopf und wurde rot. Sie wußte genau, was Heldmut hören wollte, doch konnte sie ihn unmöglich dabei ansehen.

»Das lassen wir lieber«, erklärte Heino kategorisch, »davon kriegt man nur einen krummen Rücken und entzündete Augen.« Er drehte sich zu Elske und fragte: »Was habe ich ausgelassen?«

»Ziemlich viel, nehm' ich an. Du hast uns erzählt, daß Siegfried in Wormatia ist, aber auf einmal hat er da einen geklauten Schatz von den Nibelungen. Aber wo er ihn geklaut hat und wie, hast du nie erzählt. Auch nicht, daß Siegfried auf einmal eine Tarnkappe hat. Woher und wieso?«

Heino war fassungslos. So wichtige Details sollte er ausgelassen haben? »Das hab' ich bestimmt schon mal erzählt, nur warst du nicht dabei.«

Aber Heldmut kümmerte sich einen Dreck um Tarnkappe und Nibelungenschatz, sondern klebte wie besessen an seinem Thema. »Glaubst du, daß Siegfried die Kriemhild vielleicht heimlich gebrögelt hat?«

Das brachte Walgari dazu, an seinen didaktischen Fähigkeiten zu zweifeln, war er doch davon überzeugt gewesen, Heldmut alles das Frappieren Betreffende nicht nur gründlich demonstriert, sondern ebenfalls ausreichend erklärt (heute würden wir sagen, Theorie und Praxis vermittelt) zu haben: »Wenn man das alleine macht, heißt das nicht brögeln. Das hab' ich dir doch gesagt.«

»Aber wenn er im Schlafzimmer war, wie Heino das eben erzählt hat, dann brauchte sie das doch nicht alleine zu machen.«

»Aber sie wußte doch nicht, daß er da am Bett bei ihr stand. Er hatte doch seine Tarnkappe auf.«

»Aber sie müßte ihn gehört haben. Wenn ich mir vorstelle, daß ich zugucke, wenn sie sich da einen runterholt.«

Heino hatte die Schnauze voll. Er wurde wütend. »Erstens habe ich nicht gesagt, daß es so gewesen ist. Ich habe gesagt, daß ich Siegfried gesagt habe, daß es so gewesen sein müßte. Und drittens würde ich gern mal wissen, wie das kommt, daß ich euch erzählen kann, was ich will – immer fängt einer von euch damit an, vom Brögeln zu reden. Und zweitens heißt das bei Frauen nicht einen runterholen.«

»Ich verstehe kein Wort«, sagte Elske energisch, aber doch neugierig geworden.

Doch Heino hatte bereits zur Sonne geblickt. »Überstunden sind nicht vereinbart. Also Schluß für heute.«

*

Gleichzeitig mit der Kunde, daß Gauführer Woldemar (es wurde allmählich Zeit) verstorben sei, erhielt Baldur die erstaunliche Nachricht, daß die aufwendige Trauerfeier bereits stattgefunden hatte. Über sieben Tage und sieben Nächte sollte sie sich hingezogen haben. Mit einer tierischen Sauferei, mit Tänzen und Gesängen, kaum unterdrücktem Jubel, na klar, läßt sich ja denken, war vorherzusehen. Aber sie hatten ohne ihn gefeiert – er war ahnungslos zu Hause geblieben. Was mögen sich die anderen Sippenvögte wohl gedacht haben, überlegte Baldur, wenn gerade jener eine fehlte, der würdig war, Woldemars Nachfolge anzutreten und neuer Gauführer zu werden: Baldur Blauzahn? Wie konnte das geschehen? War das Zufall, oder hatte jemand vorsätzlich verhindert, daß Baldur rechtzeitig informiert werden konnte? Wieder mal Vetter Graumantel? Vielleicht hatte er den Boten abgefangen?

Und natürlich war Badwila ebenfalls nicht schuldlos. Also deshalb war sie vor zwei Wochen überraschend verschwunden. Aber woher hatte sie es gewußt? Hatte sie am Ende ihre seherischen Fähigkeiten mißbraucht?

Wie auch immer sie über den Tod Woldemars informiert worden war – sie hatte dieses bedeutende Ereignis vor ihm geheimgehalten. Das durfte er sich nicht gefallen lassen. Das Maß war voll. Zu lange hatte er sich mit Badwilas selbstherrlichen Entscheidungen abgefunden.

Wer weiß, zu was Baldur fähig gewesen wäre, wenn diese Neuigkeiten nicht mitten in das Fest geplatzt wären, das Baldur zur Einweihung seines Donarbalkens anberaumt hatte. So wurde seine Wut immerhin ein bißchen abgemildert.

Bewundernd standen die Einwohner des Dorfes vor diesem Symbol einer neuen Epoche. Selbst Sieglinde mußte zugeben, daß Baldurs Donarbalken wesentlich schicker und viel bequemer war als der von Gundolf Graumantel. Baldur hatte sich nämlich nicht damit begnügt, als Sitzfläche lediglich einen rüde entrindeten Baumstamm zu verwenden, sondern halbierte (ließ halbieren) den Baumstamm der Länge nach und erhielt so eine ebene Fläche, etwa eineinhalb Ellen tief. In Abständen von zwei Ellen hatten in Holzarbeiten geschickte Sklaven Löcher gehauen, für deren Durchmesser Modell zu sitzen er sich nicht zu schade gewesen war.

Daß sich Bendix die mokante Bemerkung »Die sind ja fast so wie in Rom« nicht verkneifen konnte, kam für Blauzahn nicht unverhofft. Irgendwas hatte dieser Klugscheißer in derartigen Situationen stets auf Lager. Dabei war es Bendix Absicht gewesen, mit diesem Hinweis Werk und Meister zu loben. Erst als er spürte, daß ihm dies mißlungen war, fügte er unsicher hinzu: »Allerdings hat man die Sitzbänke in Rom inzwischen in einem offenen Rechteck angeordnet, damit man sich dabei besser unterhalten kann.«

Erst nachdem ihm einfiel, daß seine neuen Freunde mit dem Begriff Rechteck nichts anfangen konnten, verließ er resigniert und einsam den Festplatz. Außer Iduna – und sie auch überaus unauffällig – blickte niemand hinter ihm her, weil die Kinder endlich das Zeichen erhalten hatten, den ersten Donarbalken Bonarums in Betrieb zu nehmen. War das ein Jubel!

*

Als Bendix an Badwilas Haus vorbeitrottete, war ihm, als hätte er aus dem Inneren ein Geräusch gehört. Beunruhigt blieb er stehen; schließlich feierten sämtliche Dorfbewohner das Donarbalkenfest, und Badwila war ... nein, sie war zurückgekehrt. Während sich Bendix nämlich noch einzureden versuchte, daß die Geräusche, von wem auch immer verursacht, sicherlich nicht von seinen Verfolgern stammen könnten, hörte er Badwilas gebieterische Stimme: »Bendix Büsum!« Erst danach erschien sie kurz an ihrer Eingangstür. »Ich muß mit dir reden.« Und schon war sie wieder im Haus verschwunden.

Selbstverständlich gehorchte Bendix umgehend. »Setz dich!« befahl sie. Bendix blickte sich suchend nach einer Sitzgelegenheit um, entschied sich dann für den kleinsten von mehreren Steinen. Kaum hatte er sich hingesetzt, erschreckte sie ihn mit einer Frage, die er in Bonarum nie erwartet hatte.

»Was weißt du über Demokratie?«

Er konnte sich nicht vorstellen, richtig gehört zu haben, und vergewisserte sich: »Über Demokratie?«

»Spreche ich zu schnell oder zu undeutlich? Und antworte nicht mit nein, aber.«

»Nein ...«, das Aber konnte er in letzter Sekunde runterschlucken. Etwas hilflos blickte er zu Badwila.

»Oder hörst du dieses Wort zum ersten Mal?«

Bendix hatte sich berappelt. »Nein, natürlich nicht. Ich hatte nur nicht damit gerechnet, es hier zu hören.«

»Du kannst beruhigt sein, es war auch für mich eine Überraschung. Jedenfalls hat der stellvertretende römische Provinzstatthalter Pintofex Pissus angeordnet, daß der Nachfolger unseres verstorbenen Gauführers durch ein demokratisches Ritual erfolgen soll, das sich Kür beziehungsweise Wahl nennt. Wie so eine Wahl abläuft, hat er uns zu erklären versucht, doch hatte ich den Eindruck, daß er sich selbst nicht genau auskannte.«

»Das überrascht mich nicht. Was die Römer da Demokratie nennen, ist nämlich in Wahrheit eine Parodie von Demokratie. Wörtlich übersetzt heißt das ja Volksherrschaft. Demos, Volk, und kratein, herrschen, und das haben sich ursprünglich die Rastheniker ausgedacht, die Altrastheniker – die Neurastheniker wären zu so was gar nicht mehr fähig. Man wollte damit verhindern, daß nur immer einer oder eine Familie . . .«

»Ich will nicht bis morgen früh hier sitzen. Ich will nicht wissen, wer was erfunden hat und warum, sondern wie das funktioniert. Pissus hat behauptet, es wäre ganz einfach. Jeder Germane hat eine Stimme, die gibt er dann irgendeinem anderen Germanen, und wer am Schluß die meisten gekriegt hat, ist der neue Gauführer.«

»Im Prinzip ist das auch richtig so. Aber . . .«

Dieses Aber zu erläutern dauerte bis zum folgenden Vormittag. Doch die Strapaze hatte sich gelohnt. Zumindest theoretisch existierte kein Hindernis mehr für die erste demokratische Wahl unter Teutonen.

Daß die folgende Praktizierung dem Ideal kaum entsprach, dürfte mit schuld daran sein, daß die anfängliche Begeisterung unter dem einfachen teutonischen Volk bald von einer Mischung aus Mißtrauen, Widerwillen und Verachtung ersetzt wurde. Diese Grundhaltung hat sich, wie wir wissen, bis heute erhalten.

DAS VIERTE KAPITEL

Nachdem Badwila Bendix endlich entlassen hatte, blieb er zunächst unschlüssig vor ihrem Haus stehen. Er mußte nachdenken. Für die Teutonen, davon war er fest überzeugt, würde sich durch diese Wahl unabsehbar viel ändern. Doch viel mehr beschäftigte ihn naturgemäß, welche Möglichkeiten sich ihm bieten würden. Irgendwas mußte für ihn dabei rausspringen, da war er sicher. Nur war seine Phantasie wie blockiert. Schließlich war er als einziger mit allen Tricks und Kniffen eines Wahlkampfes vertraut. Also müßte es doch möglich sein, diese Kenntnisse auszunutzen.

Vermutlich sollte er sich erst mal überlegen, was er denn eigentlich wollte. Selbst kandidieren? Also Verantwortung übernehmen in diesem bemoosten Gebiet? Mit nahezu fossilen Menschen besiedelt, um die sich jedes Antikenmuseum am Mittelmeer reißen würde? Dabei ahnten diese Menschen überhaupt nicht, wie archaisch sie noch lebten. Bendix war nicht einmal sicher, ob sie sich überhaupt vorstellen konnten, wie rückständig sie waren, wenn er ihnen schildern würde, wie total anders die Menschen jenseits der Alpen lebten. Und – ob es ihnen gefiel oder nicht – Bendix war klar, nach so einer demokratischen Wahl müßten sich genau diese alten Germanen mit dem zivilisatorischen Fortschritt messen, wie er in den Reichen um das Mittelmeer seit vielen Jahrhunderten selbstverständlich war. Nein, das würde er auf keinen Fall auf sich nehmen. Lebensmüde war er schließlich nicht, und warum Macht so sehr faszinierte, daß man ihr sein ganzes Leben unterordnete, hatte er ohnehin nie kapiert.

Wenn er so gründlich über alles nachdachte, dann nur deshalb, weil er, sollte er gewählt werden, sich wahrscheinlich vor Cornelius nicht mehr zu fürchten brauchen würde. Gegen einen germanischen Gauführer konnte vermutlich selbst ein in Rom so angesehener Mann wie Cornelius nichts ausrichten.

Was aber wollte er sonst noch erreichen? Seine Position in Bonarum stabilisieren? Ja. Als gleichberechtigter Bürger war er schließlich noch längst nicht anerkannt. Wohl wurde er nicht wie ein Sklave behandelt, aber doch ebenfalls nicht wie ein freier Germane. Das also wäre wichtig. Da er hierbleiben wollte, mußte er versuchen, Gleichberechtigung zu erreichen. Aber er wußte, daß in Wahrheit in seinem Hinterkopf ständig etwas ganz anderes wühlte, ein Traum, sein Traum. Vor vielen Jahren noch diffus, hatte er hier in Bonarum plötzlich Gestalt angenommen und sogar einen Namen erhalten. Der Traum hieß jetzt Iduna. Leider ließen sich indessen die Probleme, die mit einer Verwirklichung seines Traums verbunden waren, nicht dadurch lösen, daß er seine Kenntnisse von Wahlkämpfen – wie auch immer – ausnutzte. Oder einige vielleicht doch? Abgesehen von dem einen, das ihn am meisten bedrückte.

*

Badwilas Haus war das letzte im Dorf auf dem Wege zum See. Dort entdeckte Iduna Bendix, unmittelbar nachdem er aus dem Haus gekommen war. Thusnelda hatte einen Krug mit frischem Met gefüllt und Iduna gebeten, ihn Opa Heino an den See zu bringen. Sie mußte also an Bendix vorbei. Einen Moment überlegte sie, ob sie nicht einfach umkehren sollte. Aber diesen albernen Gedanken verwarf sie so schnell, wie er entstanden war.

Vielleicht würde er sie ja gar nicht bemerken. Bendix stand mit dem Rücken zu ihr und blickte merkwürdig konzentriert auf einen völlig leeren Platz. Nichts, was um ihn herum geschah, schien er zu bemerken. Als sie hinter ihm vorbeiging, wäre sie fast stehengeblieben, um zu erkunden, was ihn so fesselte. Irgendwas mußte da schließlich zu sehen sein, wenngleich sie nichts erkennen konnte. Doch die Furcht, wieder mit ihm allein zu sein, war größer als ihre Neugierde.

Erst als sie schon fast im Wald verschwunden war, merkwürdigerweise doch etwas enttäuscht, hörte sie ihn rufen:

»Iduna!«

Sie blieb stehen, drehte sich aber nicht um. Doch da war er bereits bei ihr.

»Habe ich dir irgendwas getan?« wollte er wissen.

»Nein, wieso?«

»Ich habe das Gefühl, daß du mir aus dem Wege gehst, seit neulich abend.«

»Warum sollte ich?« log Iduna, nicht besonders überzeugend.

»Das wollte ich ja gerade erfahren.«

»Ich muß runter zu meinem Opa.«

»Darf ich mitkommen?«

»Lieber nicht.«

Doch anstatt jetzt, wie jeder normale Mensch es getan hätte, den Weg zum See fortzusetzen, um dem unerwünschten Kerl klarzumachen, wie gering man ihn schätzte, blieb Iduna stehen. Weil, wissen wir ja, Iduna verliebt war, demnach in einem Zustand, der erheblich jenseits ist.

Wer sich jetzt ein nachsichtiges Lächeln gestatten möchte, sollte vorher darüber nachdenken, ob Teilnahme wirklich angebracht ist. Immerhin führte dieser anomale Zustand, der zahlreiche Symptome einer Krankheit zeigt, damals nur ausnahmsweise und dann eher zufällig zu einer Ehe.

Obwohl wir heute wissen, daß eine Seelenlage, die als Verliebtsein diagnostiziert wird, häufig flüchtig, in der Regel vergänglich ist, werden Befallene vom Staat genötigt (obendrein gefördert), während dieses krankhaften Zustands bei einem Angehörigen der Verwaltung im mittleren Dienstbereich, einem sogenannten Standesbeamten, einen Vertrag zu unterschreiben, der schwerwiegender und folgenreicher ist als wohl jeder andere Vertrag, der uns im Laufe eines Lebens vorgelegt wird. Selbst wenn wir uns beispielsweise ein mickriges Wochenendgrundstück neben einer Mülldeponie zulegen wollen, wird der Kauf der Parzelle erst rechtskräftig, nachdem ihn ein staatlich berufener Notar beglaubigt und besiegelt hat. Ein Vertrag jedoch, der zwei zeitweilig psychisch Kranke für den Rest des Lebens aneinanderkettet, wird beiläufig abgeschlossen, während die Vertragspartner betäubt sind.

Nein, niemand sollte mitleidig lächeln, weil sich Iduna idiotisch verhielt. Überdies hatte sie sich unvermittelt entschlossen, jetzt alles zur Sache zu bringen. Etwas unverständlich verhielt sich auch Bendix. Als wäre er dankbar, zumindest verbal abgewimmelt worden zu sein, nickte er zustimmend und sagte: »Ja, wahrscheinlich ist es besser so. Ich muß mich sowieso etwas ausruhen.«

Er hatte bereits kehrtgemacht, als er von Iduna zurückgepfiffen wurde: »Vorher würde ich gern wissen, warum du uns angelogen hast.«

»Angelogen?« Bendix war erstarrt stehengeblieben, nur zögernd wendete er sich Iduna zu. »Wie kommst du darauf? Ich soll euch angelogen haben?«

»Und wie. Und ganz besonders mich.«

»Wann soll ich dich angelogen haben?«

»Wann? Andauernd.«

Selbstverständlich konnte Bendix kein reines Gewissen haben. Aber gelogen? Wann sollte er gelogen haben? Und warum? Diesen Vorwurf konnte er sich nicht erklären. Gut, er hatte etwas verschwiegen, und das würde er weiterhin tun. Nie würde er über die Lippen bringen, was ihn schon so lange belastete, ganz besonders, nachdem er Iduna kennengelernt hatte. Trotzdem hatte er nie gelogen. Was wußte Iduna? Konnte sie überhaupt etwas wissen. Von wem sollte sie was erfahren haben? Von ihm ganz gewiß nicht.

»Jetzt fällt dir wohl nichts mehr ein, was?« Iduna blieb hartnäckig.

»Ich schwöre dir, daß ich dich nicht angelogen habe. Das würde ich nie tun, Iduna«, beteuerte er so selbstbewußt, daß Iduna unsicher wurde.

»Vielleicht ist dir das schon so in Fleisch und Blut übergegangen, daß du gar nicht mehr weißt, was wahr und was unwahr ist.«

»Aber warum sollte ich lügen?« fragte Bendix, jetzt doch etwas scheinheilig. Hätte er sie nur nicht gerufen. Ob er versuchen sollte, das Thema zu wechseln? Immerhin hatte er aufregende Neuigkeiten.

»Warum du lügst, weißt du besser als ich.«

»Ich weiß es wirklich nicht.«

»Und dein angeblicher ehemaliger Herr in Rom, dieser Cornelius?«

Bendix erschrak, versuchte jedoch, sich nichts anmerken zu lassen. »Was ist mit dem?«

»Das frage ich ja gerade dich. Mal erzählst du, er ist ein Prätor, dann behauptest du, daß er ein hoher Verwaltungsbeamter ist und ein paar Tage später auf einmal sogar General.«

Bendix fiel ein Stein vom Herzen, so laut, daß selbst Iduna es hätte hören müssen. Wenn Bendix gewußt hätte, wie er das anstellen sollte, hätte er sie am liebsten umarmt und geküßt. »Aber liebste Iduna, das war nicht gelogen. Der Mann, der mich in Rom gekauft hat, als ich noch nicht mal zehn Jahre alt war, ist im Laufe der Zeit alles gewesen, was ich gesagt habe, sogar noch mehr. Nur General war er nicht, das mußt du mißverstanden haben.«

»Hab' ich nicht«, warf Iduna selig ein.

»Dann muß ich mich ungenau ausgedrückt haben«, räumte Bendix sofort ein. »Cornelius selbst war nie General, aber sein Schwiegervater, der Vater von seiner Frau.«

»Und das kann ein einziger Mann alles werden in Rom?« fragte Iduna, bereits längst überzeugt.

»Wenn du wüßtest, was man in Rom alles werden kann. Überhaupt Rom. Weißt du beispielsweise, woran ich gerade gedacht habe, als ich da neben dem Haus von Badwila stand?«

»Du hast neben Badwilas Haus gestanden? Da hätte ich dich doch eigentlich sehen müssen.«

»Hättest du, allerdings. Aber vielleicht hast du ja geträumt. Von mir.

»Soweit kommt es noch. Wenn ich schon träume, dann doch nicht ausgerechnet von dir.«

»Vielleicht, weil du gespürt hast, daß ich da eben an dich gedacht habe und daß der Platz neben Badwilas Haus ideal für ein Haus sein würde, das ich bauen könnte.«

Bendix wollte selbstverständlich prüfen, ob Iduna mitbekam, was er da gerade angedeutet hatte. Dazu mußte er stehenbleiben – beide waren bereits seit geraumer Weile unterwegs zum See – und fast in die Knie gehen, denn Iduna war etwa zwei Köpfe kleiner als er. Doch Iduna tat so, als wäre die Idee, neben Badwila ein Haus zu bauen, eine Angelegenheit, die allein für Bendix interessant, für sie aber belanglos sei. Sie wirkte unbeeindruckt, was ihr, zugegeben, nicht leichtfiel.

»Allerdings würde ich nicht so ein Haus bauen, wie du es kennst. Ich würde da schon etwas völlig Neues hinstellen. Ein Haus, wie es hier, jenseits der Schneeberge, noch niemand gesehen hat. So ähnlich, wie sich Sanellas ein Haus bauen. Vielleicht nicht ganz so groß wie die besonders großen in Rom, aber immerhin. Unten eine Werkstatt, vielleicht eine Töpferei oder eine Weberei oder einen Laden für irgendwas oder eine Taverne. Man muß mal abwarten, wie sich hier alles in den nächsten Jahren entwickelt. Und darüber dann eine Wohnung mit einem Schlafzimmer, mit einem Kinderzimmer . . .«

Er wurde unterbrochen, weil Iduna, die zunächst nur gekichert hatte, plötzlich laut lachte. »Wie du das erzählst . . .«

Bendix war irritiert. »Wieso? Was ist daran so komisch?«

»Weil sich das eben angehört hat, als ob die Leute in Rom ein Haus über das andere bauen und nicht eins neben das andere. Du hast über gesagt, und über heißt obendrauf.«

»Das tun sie ja auch.«

Iduna blieb stehen, blickte Bendix ungläubig an. »Was tun sie?«

»Sie bauen eine Wohnung auf die andere drauf. Wo ihr das Dach habt, da bauen die noch eine Wohnung drauf – oder zwei oder drei, je nachdem.«

»Aber das geht doch gar nicht.«

»Ich werde euch das zeigen. Ich werde mein Haus bauen, zwei Stockwerke hoch . . . mit einem Laden und einer Werkstatt und . . .«

»Ach, Bendix. Jetzt fängst du schon wieder an, eine Lügengeschichte zu erzählen.«

Sie stellte die Kruke mit dem Mezza auf die Erde und legte ihre Arme um seinen Hals. Bendix wußte vor Verlegenheit nicht, wo er hinblicken sollte. »Das sind keine Lügengeschichten. Und das werde ich dir beweisen, wenn ich hier so ein Haus baue. Und zwar für uns beide.«

Iduna nahm die Kruke wieder an sich. »Du weißt ganz genau, daß mein Papi nie im Leben erlauben wird, daß du hier bei uns ein Haus baust. Weder für dich allein, erst recht nicht für uns beide. Nicht mal Sigurd würde zustimmen. Aber aus anderen Gründen. ›Wenn sich jeder ein eigenes Haus bauen würde, der sich das leisten kann‹, hat er neulich gesagt, ›dann gibt es bald keine germanischen Wälder mehr.‹«

Bendix blieb gelassen: »So was hört man neuerdings häufig; aber immer von Leuten, die schon ein Haus haben.« Und auf dem Rest des Weges berichtete er, was er von Badwila erfahren hatte, und erklärte ihr, daß er es deshalb nicht nur für möglich hielt, sich in Bonarum ein Haus zu bauen, sondern für wahrscheinlich, ja, eigentlich für ganz sicher.

*

Als Baldur von dem römischen Projekt erfahren hatte, wonach jeder Germane an der Wahl zum neuen Gauführer teilnehmen durfte, egal, wer und was er sei, war er fast ohnmächtig geworden. Doch allmählich hatte er sich wieder beruhigt, vor allem, nachdem er sich mit den Einzelheiten dieses Vorhabens vertraut gemacht hatte. So, wie Badwila es erklärte, mußte zunächst aus jedem Dorf ein Kandidat aufgestellt werden. Dieser sollte dann von Dorf zu Dorf reisen, um sich vorzustellen, damit dann aus diesen Dörfern ein gemeinsamer Kandidat aufgestellt werden konnte.

»Also, das kann ich mir schon mal schenken«, sagte er, als während des Abendessens über diese Neuigkeit gesprochen wurde. »Der Teutone, der mich nicht kennt, muß erst noch erfunden werden.«

»Ich glaube«, gab Bendix zu bedenken, »daß es nicht allein darum geht, sich bekannt zu machen. Man muß auch erklären, was man erhalten und was man verändern will, wenn man einmal Gauführer ist.«

»Halt du dich da gefälligst raus. Oder dürfen Asylanten etwa mitwählen?«

»Ich will überhaupt nicht mitwählen, ich wollte nur . . .«

»Klugscheißer. Außerdem, was heißt verändern?«

»Na ja, es soll ja wohl nicht alles ewig so bleiben, wie es ist.«

»Jetzt fängt er wieder mit seinem Schornstein an. Aber was nützt einem der beste Schornstein, wenn man kein Loch im Dach hat? Und das war eindeutig meine Idee.«

»Das bestreitet doch niemand«, sagte Bendix freundlich.

Thusnelda wollte ihren Mann jedoch nicht so leicht davonkommen lassen. »Denkst du denn, die Sanellas bauen sich Schornsteine ohne Loch im Dach?«

Baldur konnte nicht antworten, weil er sich gerade einen riesigen Hirsekloß in den Mund gestopft hatte, der ihm offensichtlich ein bißchen zu heiß war. Doch mochte er sich nicht entschließen, ihn wieder aus dem Mund zu polken.

Geschickt nutzte Iduna die vorübergehende Kampfunfähigkeit ihres Vaters. »Ich glaube, daß wir alle noch staunen werden, wenn sich Bendix sein eigenes Haus baut«, sagte sie fröhlich und entschied damit das Schicksal des Hirsekloßes, der dem prustenden Baldur aus dem Mund schoß.

»Immer noch besser, als wenn du ihn runtergeschluckt hättest, so heiß, wie er ist. Halbwegs vernünftige Menschen pusten auf ihre Klöße, wenn sie zu heiß sind, bevor sie sie so gierig in den Mund stecken«, beriet Thusnelda ihren Mann, während sie sich die Kloßbrocken, von denen sie getroffen worden war, gelassen mit dem Ärmel von der Stirn wischte.

»Wer baut sich wo ein Haus?« Baldur hatte eine Vorliebe für überflüssige Fragen.

»Bendix. Und am Dorfrand. Ein schöner Platz, neben dem Haus von Badwila. Er hat ihn Iduna schon gezeigt.«

»Das glaube ich sofort, daß er ihn Iduna gezeigt hat.«

»Den Platz«, wiederholte Thusnelda warnend.

Jetzt versuchte es Baldur mit Ironie, für die er jedoch nicht sonderlich begabt war. »Schade, daß wir sein Haus leider nie zu sehen bekommen werden.«

»Warum nicht? Bendix ist fest entschlossen, sich eins zu bauen«, widersprach Thusnelda.

»Von mir aus kann er sich Häuser bauen, soviel er will. Aber nicht in meinem Dorf.«

»Zwei Etagen hoch will er es bauen, mindestens zwei«, erklärte Iduna nach einem zärtlichen Blick auf Bendix.

»Zwei was?«

Da Thusnelda bereits informiert war, konnte sie antworten. »Bendix baut sich unten ein Haus, so ähnlich, wie wir es immer machen. Aber da drüber dann alles noch einmal. Und das nennt man dann Etage.«

Baldur war erleichtert. Die wollten ihn nur auf den Arm nehmen. Doch sie sollten merken, daß er Spaß verstehen konnte. Er schüttelte sich aus vor Lachen. »Ach so. Ein Haus und dann auf ein Haus noch eins obendrauf, richtig?«

»Wenn es sein muß, auch darauf noch mal eins. Also drei insgesamt, drei Etagen«, antwortete Bendix ernsthaft.

»Jammerschade, daß wir so was nie zu sehen bekommen. Oder nur für ein paar Tage. Wenn nämlich ein bißchen Wind kommt, wenn Nikus, der Windgott, einmal puh! macht, fällt alles zusammen.«

»Vielleicht auch nicht«, sagte Thusnelda.

»Selbst wenn es ein paar Monde hält, wie will er da raufkommen, in die oberen . . .?«

»Etagen«, ergänzte Iduna hilfreich.

»Da mußt du aber einen ziemlich langen Anlauf nehmen, wenn du da raufspringen willst«, sagte Baldur grinsend zu Bendix und lehnte sich satt und zufrieden zurück.

»Wieso springen? In das Haus kommt natürlich eine Treppe.« Bendix fiel ein, daß niemand wußte, was eine Treppe ist. Während er noch überlegte, ob er sie beschreiben könnte, ohne sie aufzuzeichnen, haute Baldur plötzlich auf den Tisch.

»Schluß mit dem Unsinn! Ich will nichts mehr davon hören. Als Dorfschnulze werde ich dir hier in Bonarum keinen Bau genehmigen und als Gauführer in keinem teutonischen Dorf.«

»Noch bist du kein Gauführer, du bist ja noch nicht mal Kandidat von Bonarum«, sagte Thusnelda hinterhältig.

»Was heißt kein Kandidat von Bonarum?«

»Hat Sigurd dir nicht erzählt, daß er sich vielleicht auch

darum bewerben will, hier Kandidat zu werden? Badwila meinte, das sei eine gute Idee.«

Doch Baldur verstand gar nicht, was das bedeuten sollte. »Der ist ja wohl total übergeschnappt. Der muß doch erst mal abwarten, ob ich es werden will oder nicht.«

»Wenn ich das Ganze richtig verstanden habe, ist die Idee von so einer Wahl ja gerade, daß sich mehrere bewerben können. Wer auch immer will.« Thusnelda blickte Bendix fragend an, der zustimmend nickte.

Baldur war erschüttert: »Auch dann, wenn ich mich persönlich bereit erkläre, die Verantwortung zu übernehmen?«

»Frag Bendix, der kennt sich damit aus«, schlug Iduna vor.

»So weit kommt es noch.«

»Wenn Bendix dich beraten würde, dann hättest du die besten Aussichten, unser neuer Gauführer zu werden.«

»Bendix kann beraten, wen er will. Mich jedenfalls nicht. Auf eine Beratung von dem da scheiß' ich.«

Bendix schien kaum verärgert zu sein: »Wäre es Ihnen wirklich egal, wenn ich andere Kandidaten berate?«

»Ich wäre dir sogar noch dankbar, Bimbo!«

*

Heino blickte enttäuscht über den See. Wieder einmal hatte er die Badezeit verpaßt. Gedankenverloren griff er nach einigen Mangoldblättern, um sich eine Rauchrolle zu drehen, als Sigurd auftauchte und sich neben ihn setzte.

»Wenn du dir auch eine drehen willst, bedien dich.«

»Ja, gern«, sagte Sigurd und nahm sich die restlichen Blätter.

»Eine, hatte ich gesagt«, mahnte Heino.

»Ja, natürlich. Die anderen Blätter wollte ich mit nach Hause nehmen.«

»Ach so. Das konnte ich ja nicht wissen«, erwiderte Heino gutmütig.

Noch während sich Sigurd den Mangold in seine Tasche stopfte, kam er zur Sache: »Was würdest du sagen, wenn ich mich auch als Kandidat bewerbe?«

Heino zupfte einen kleinen Ast aus dem Feuer, das neben ihm

brannte. »Ich will mit diesem ganzen neumodischen Quatsch nichts zu tun haben, den die Sanellas sich da ausgedacht haben.«

»Aber ich will natürlich nur Gauführer werden, damit es meinen Mitgermanen besser geht. Nicht wegen persönlicher Vorteile.«

Heino blickte ihn einen Moment nachdenklich an. »Auf die Idee wäre ich auch nie gekommen.«

»Sachen, von denen alle was haben. Saubere Luft, gesundes Essen. Für mich will ich gar nichts. Wenn ich Gauführer werden sollte, würde ich beispielsweise dafür sorgen, daß niemand mehr in den See pinkelt.«

»Meinst du da irgend jemand Bestimmten?«

»Nein, wieso, kennst du einen, der das macht?«

»Da müßte ich erst drüber nachdenken. Ich sitz' ja hier fast immer. Aber, beispielsweise, wenn die so baden, auch die Weiber ... ob die da nun reinpinkeln in den See oder nicht, das merkt man ja nicht. Da müßte man ja schon ganz dicht rangehen.«

Sigurd hatte seine Rolle fertig, schaffte es allerdings nicht, sie in Brand zu setzen, blickte Heino an, hoffend, daß der ihm helfen würde. Doch Heino tat so, als hätte er nichts bemerkt.

»Ich hab' übrigens noch mal in diesem Buch gelesen, das mir dieser Missionar geschenkt hat, wegen der Engel. Und es sieht so aus, als ob es männliche Engel geben würde und weibliche.«

»Siehst du«, sagte Heino, als hätte er diese Ansicht schon immer vertreten.

»Da war doch die Stadt, die Gott zerstören wollte, Sodom. Zwei Städte sogar, die andere hieß Gomorrha.«

»Als ich noch bei den Wikingern war, haben wir Hunderte von Städten zerstört, aber den Namen weiß ich von keiner einzigen.«

»Jedenfalls kamen am Abend davor zwei Engel und wollten rein nach Sodom. Aber das war wohl schon dunkel, und die beiden waren so müde, daß sie erst mal schlafen wollten, auf der Straße. Aber gleich beim ersten Haus saß ein gewisser Lot vor seiner Tür ...«

»Das ist wirklich merkwürdig, hast du schon mal einen Germanen gesehen, der abends vor seinem Haus sitzt? Ich glaube, das machen die immer so, in fremden Gegenden. Hab' ich dir schon mal erzählt, daß in Westfinnland, wo die Leute mit der roten Haut leben, die sitzen nämlich auch immer bei sich vor der Tür, nicht nur abends, manchmal den ganzen Tag, und die haben sich dafür extra Stühle gebaut, auf denen schaukeln sie dann.«

»Hast du nicht erzählt, daß die gar keine Häuser haben, daß die in Zelten wohnen?«

»Na und? Dann sitzen sie also vor diesen Zelten und schaukeln und schmöken.«

»Ist ja auch nicht so wichtig. Also da war eben dieser eine, der hieß Lot und . . .«

Sigurd schien heute das Glück nicht auf seiner Seite zu haben, denn Heino unterbrach ihn schon wieder.

»Lot? Bist du sicher, daß das der ganze Name ist? Ich habe mal eine Frau getroffen, die hieß Lotte.«

»Und?«

»Nichts. Es kann natürlich sein, daß ihr Mann Lot hieß und seine Frau eben Lotte, damit man Frauen und Männer besser auseinanderhalten kann. Weißt du zufällig, wie die Frau von diesem Lot hieß?«

»Im Moment fällt es mir nicht ein. Aber bestimmt nicht Lotte. Ist das so wichtig?«

»Woher soll ich das wissen? Ich kenn' die Geschichte doch gar nicht.«

»Wenn du mich ständig unterbrichst, krieg' ich sie nie zu Ende.«

»Bis jetzt hast du ja noch nicht mal angefangen. Da kommen also zwei Engel abends in dieser fremden Stadt an, die am nächsten Tag vernichtet werden soll. Und weiter?«

»Also wie er die sieht, man konnte ja von außen nicht erkennen, daß das Engel waren, und die waren todmüde und . . .«

»Und kein Zimmer mehr frei, wo sie übernachten konnten«, fuhr Heino fort. »Alle Herbergen waren überfüllt.«

Sigurd stutzte. »Habe ich dir die Geschichte etwa doch schon erzählt?«

»Nein. Aber das ist bei allen deinen Geschichten so. Wann

immer Leute unterwegs sind und irgendwo ankommen, sind alle halbwegs brauchbaren Schlafplätze belegt.«

»Also gut. Aber diese beiden haben gar kein Dach überm Kopf gesucht, die wollten auf der Straße schlafen. Lot mußte die erst stundenlang überreden, damit sie zu ihm ins Haus kamen, um zu übernachten. Aber irgendwelche Nachbarn hatten das mitgekriegt, daß da Fremde gekommen waren. Und die hatten kein gutes Gefühl dabei . . .«

»Natürlich nicht, wenn man weiß, daß jemand vorhat, am nächsten Tag die Stadt runterzubrennen. Da darf man ja wohl mißtrauisch werden, wenn da plötzlich Leute ankommen, die niemand kennt. Vermutlich waren das ja die beiden, die das Feuer legen sollten.«

»Und Schwefel. Gott hatte da nicht nur Feuer vorgesehen, um Sodom zu vernichten, auch Schwefel. Außerdem sollte da niemand einfach so mal ein Haus anzünden und dann gemütlich warten, ob das Feuer auch auf die anderen Häuser übergreift. Gott hat das Feuer und den Schwefel von oben runterregnen lassen.«

Heino war beeindruckt. »Mein lieber Schulli, verwöhnen tut dein Gott seine Leute ja nicht gerade.«

»Du vergißt, daß in Sodom und in Gomorrha lauter Sünder gelebt haben.«

»Ach, komm, Sigurd. So 'n bißchen was verstehst doch sogar du vom Leben. Sünden. Mit den Sünden ist das doch so eine Sache. Das kann man doch meistens so oder so sehen. Da ist bei einem Volk Pflicht, was bei einem anderen dann Sünde ist. Man muß doch nicht immer alles so ernst nehmen. Na gut, wenn wo was nicht erlaubt ist, und die machen das trotzdem, da kommt man schon mal hin, als Gott, und steckt da ein Haus an oder auch zwei . . . von mir aus sogar auf die Gefahr hin, daß der ganze Ort abbrennt. Aber alles von oben runterkippen, so 'n richtigen Flächenbrand legen und obendrein noch mit Chemikalien. Was meinst du, Sigurd, wenn das alle machen würden?«

»Vielleicht hast du recht. Aber das ist auch nur der Anfang von der Geschichte. Erst nachdem die beiden Engel bei Lot im Haus waren, ging es richtig los. Das mit den beiden Fremden hatte sich natürlich im Nu rumgesprochen, und auf einmal waren da Hunderte vor dem Haus versammelt und haben gerufen, daß Lot die beiden Kerle mal vor die Tür läßt, damit sie sehen können, was das für Leute sind.«

»Das ist ja auch das mindeste, was man verlangen kann.«

»Lot ist dann vor die Tür gegangen, hat sie aber sofort wieder hinter sich zugemacht und denen gesagt: ›Hört mal zu, Leute, ich habe zwei hübsche Töchter, noch nicht entlarvt, total unberührt, echte Jungfrauen also, und die könnt ihr haben und mit ihnen machen, was ihr wollt, aber dann müßt ihr die beiden verschonen.‹ Und . . .«

»Moment mal. Hab' ich das jetzt richtig mitgekriegt? Der wollte lieber den Leuten seine Töchter für eine Massenbrögelei . . . als . . . hat der gewußt, daß das Engel waren?«

»Glaub' ich schon.«

»Und männliche Engel, nicht etwa zwei unheimlich geile Weiber?«

»Männliche.«

»Soll ich dir sagen, was ich von der Sache halte?«

»Nein. Erst wenn ich alles erzählt habe.«

»Ach so, das geht weiter?«

»Natürlich. Als Lot die beiden Fremden nicht rausgerückt hat, wollten die Leute das Haus stürmen. Da hat Gott eingegriffen und hat irgendwas gemacht, daß die nichts mehr erkennen konnten, und so ist niemandem was passiert. Und gleich am nächsten Morgen hat Gott zu Lot gesagt, vermutlich als Belohnung, nehm' ich an, weil er die beiden Engel beschützt hat, daß Lot nicht mit verbrennen soll wie die anderen, sondern daß er schleunigst mit seiner Frau . . .«

»Lotte . . .« Diese Unterbrechung konnte sich Heino nicht verkneifen. Doch Sigurd redete unbekümmert weiter: » . . . und den beiden Töchtern Sodom verlassen und irgendwohin gehen sollte, weit weg, wo ich aber den Namen vergessen habe. Aber, hat er noch gesagt, niemand darf sich, wenn sie mal raus sind aus der Stadt, umdrehen. Sie sollen auf keinen Fall nach hinten gucken, immer nur nach vorn.«

»Da kann ich mir schon denken, was passiert.«

»So?«

»Die haben sich doch umgedreht.«

»Nur die Frau von Lot.« Sigurd machte eine kurze Pause, doch diesmal blieb Heino stumm. »Nur die Frau von Lot, und da hat Gott sie verzaubert, hat eine Salzsäule aus ihr gemacht.«

Sigurd blickte Heino erwartungsvoll an. Doch Heino schien kaum beeindruckt. »Was sagst du dazu, Heino?«

»Was soll ich dazu sagen? So sind die Weiber nun mal. Wenn du denen sagst, daß sie irgendwas nicht tun sollen, dann tun sie's gerade. Nur, daß er sie in eine Salzsäule verzaubert. So was habe ich noch nie gehört. In einen Frosch, habe ich mal gehört, oder in eine Schwarzalbe oder in einen großen Vogel.«

»Lot ist jedenfalls mit seinen beiden Töchtern weitermarschiert.«

»Und hat seine Frau da stehenlassen?«

»Die war doch zu einer Salzsäule geworden.«

»Trotzdem hätte er sie mitnehmen können.«

»Darüber kann man streiten. Lot hat es jedenfalls nicht getan. Und als sie nun eine Weile marschiert sind, da ist noch was passiert, und das wird dir besonders gut gefallen. Der Lot wollte erst in eine andere Stadt, hat aber dann Angst gehabt, daß da auch irgendwas passiert. Vielleicht ist es besser, wenn wir erst mal eine Weile warten, was so passiert, hat er gesagt und ist mit seinen Töchtern auf einen Berg geklettert, wo 'ne schöne Höhle war, und hat gesagt, hier bleiben wir jetzt. Und nach einer gewissen Zeit hat die eine Tochter zu ihrer Schwester gesagt, wer weiß, wie lange Papi noch hierbleiben wird. Das kann Jahre dauern, und wahrscheinlich sind wir dann zu alt und kriegen nie im Leben mehr einen Mann. Komisch, darüber habe ich auch gerade nachgedacht, hat die Schwester geantwortet. Und da sagt die ältere: ›Ich habe mich jedenfalls entschlossen, den Alten heute abend betrunken zu machen, und in der Nacht werde ich mich dann zu ihm legen.‹

›Und weiter?‹ hat die jüngere Schwester gefragt.

›Na, was wohl?‹ sagt die.

›Und du meinst, du kriegst ihn dazu?‹

›Unser Papi ist auch nur ein Mann, und wenn man da die richtigen Stellen berührt . . .‹

Und das hat sie dann auch gemacht, und am nächsten Morgen war die jüngere Schwester natürlich schon ganz zappelig und wollte genau wissen, wie es denn so war, ob es überhaupt geklappt hat. Und als die ältere Schwester ihr alles genau berichtet hat, was sie gemacht hatte und wie's war und so, hat die gesagt: ›Also, wenn das so einfach ist und auch noch Spaß macht, dann mach' ich das heute abend genauso.‹ Und prompt waren beide schwanger.«

Heino konnte sich nicht vorstellen, daß er alles richtig verstanden hatte, und wollte sich vorsorglich vergewissern: »Die haben ihren Vater so besoffen gemacht, dann vermutlich ein bißchen an seinem Trüffel rumgespielt, bis der alte Mann so scharf war, daß er sie brögelt. Und dann haben sie Kinder gekriegt von ihrem eigenen Vater?«

Wortlos bestätigte Sigurd Heinos Zusammenfassung.

Daraufhin verfiel Heino in langes Grübeln.

»Vielleicht ist an deinem Krösus doch was dran, nicht so weltfremd, wie ich immer gedacht habe. Stehen da noch mehr solche Schweinereien in dieser Fibel?«

»Bibel«, verbesserte Sigurd milde, »ja, das Buch ist voll mit solchen Geschichten, allerdings habe ich noch längst nicht alle gelesen.«

»So was solltest du beim Wahlthing erzählen. Du wirst dich wundern, wie viele dich dann wählen. Und taufen lassen die sich obendrein.«

»Aber das hat doch mit der Wahl gar nichts zu tun. Nein, wenn ich will, daß die Leute mir die Stimme geben und nicht Baldur, dann muß ich denen sagen, was ich hier alles besser machen will als Baldur.«

»Das ist doch Rintintin. Das kapiert keine Sau. Entweder erzählst du den Leuten solche Sauereien, oder . . . sagen wir mal, du erzählst denen, daß Baldur neulich im Wald deine Magd Sieglinde gebrögelt hat.«

Sigurd blickte Heino fassungslos an: »Baldur hat meine Sieglinde gebrögelt? Im Wald?«

Heino überlegte, ob er Sigurd tatsächlich sagen sollte, was er wußte, entschied sich jedoch dagegen. »Das habe ich mir nur ausgedacht. Als Beispiel. Damit du kapierst, was ich meine.«

Doch so schnell ließ Sigurd sich nicht besänftigen. »Sollte Baldur das wirklich gemacht haben. Dann ... dann ...«

»Was dann?«

»Dann werde ich das allen sagen, und kein anständiger Germane wird Baldur seine Stimme geben.«

»Aber alle anderen. Und die sind in der Überzahl.«

Jetzt mußte Sigurd nachdenken.

»Es sei denn«, fuhr Heino fort, »es sei denn, die Weiber dürfen genauso wählen wie die Männer. Das weiß man ja noch nicht. Den Sanellas ist doch alles zuzutrauen.«

*

Noch etwas verlegener als üblich, fast so, als hätte er sich verlaufen, betrat Sigurd Baldurs Haus und grüßte erst, nachdem er sich vergewissert hatte, daß Thusnelda allein im Hause war: »Heil Tussi.«

Allzuviel Vorfreude auf einen Plausch mit ihrem Schwager war Thusnelda nicht anzumerken. Seit zwei Stunden quälte sie sich bereits, um mit einem schweren Stößel Roggenkörner in einem steinernen Mörser zu Mehl zu zerdrücken. Eine Schinderei, die niemanden vergnüglich stimmte. Dennoch blieb Thusnelda höflich; ohne aufzublicken, sagte sie: »Setz dich doch.«

»Danke«, antwortete Sigurd, der sich allerdings längst hingesetzt hatte. »Kann ich dir irgendwie helfen?«

Nun hob Thusnelda doch den Kopf, die Frage war überraschend gekommen. »Zum Beispiel?«

»Ich weiß nicht«, sagte Sigurd eingeschüchtert. Schließlich hatte er das nur so hingesagt und nicht einmal damit gerechnet, daß Thusnelda überhaupt antworten würde. Aber das klang ja nun so, als hätte Thusnelda wirklich Arbeit für ihn.

»Kannst du Korn mahlen?«

Sigurd blieb sitzen. »Gemacht habe ich es noch nie. Ich esse die Körner ja immer so.« Vorsorglich grabschte er sich eine Handvoll aus seiner Umhängetasche und stopfte sich den Mund voll.

»Ißt du nie Brot?«

»Doch schon. Aber das macht ja Brunhilde alles.«

»Willst du es nicht mal versuchen?« Thusnelda legte doch tatsächlich den Stößel aus der Hand und schob ihm den Mörser hin.

»Also, versucht habe ich es schon«, erwiderte Sigurd hastig, »leider ist mir dabei der Mörser zerbrochen.« Allmählich wurde ihm die Situation doch etwas riskant; also erhob er sich und machte ein paar Schritte auf die Tür zu.

Thusnelda zog den Mörser wieder auf den alten Platz und lächelte. »Was wolltest du wirklich, Sigurd?«

Nachdem er sah, daß Thusnelda weiterarbeitete, blieb Sigurd stehen. »Eigentlich nichts Besonders. Ich kam nur gerade vorbei, und da dachte ich . . . Na ja, ich wollte eigentlich nur mal hören, ob du von der Sache was gehört hast.«

»Von welcher Sache?«

»Eigentlich gar keine richtige Sache. Vielleicht habe ich da auch was falsch verstanden. Ich glaube auch nicht, daß da wirklich was dran ist. Nur, wenn sich das vielleicht eines Tages so rumspricht, im Dorf etwa, ob das nicht vielleicht nachteilig ist für Baldurs Aussichten, Wahlkandidat zu werden?«

»Ich habe zwar keine Ahnung, wovon du redest, Sigurd Swastika. Aber wenn deine Frau nicht gelogen hat, dann kandidierst du doch ebenfalls . . .«

Sigurd lächelte verlegen. »Vielleicht wird ja mal einer Gauführer, der nicht nur an seinen eigenen Vorteil denkt.«

»Sondern?«

»An das Wohl aller Germanen. Daß wir endlich in Frieden leben können und . . .«

An dieser Stelle unterbrach ihn Thusnelda bereits. »Gibt es denn irgendwo Krieg?«

»Nicht direkt, jedenfalls weiß ich nichts davon. Aber was meinst du, wie immer geredet wird, beim letzten Thing beispielsweise, daß wir die Römer endlich aus unserem Land rausjagen müßten, und dann an der Grenze zu den Gebirgsliguriern soll es unruhig sein und so . . .«

Thusnelda zeigte wenig Lust, auf diesem Punkt zu beharren. »Na schön, jedenfalls willst du ebenfalls kandidieren, gegen Baldur.«

»Also so direkt gegen Baldur . . .?«

»Die Arbeit hier ist anstrengend genug, Sigurd. Mach sie mir nicht noch schwerer. Du sollst mir nur erklären, was ich nicht verstehe: warum du dir wegen der Wahlaussichten deines Schwagers Baldur Sorgen machst. Je mehr Ärger er kriegt, desto besser ist es doch für dich, nicht wahr? Trotzdem willst du ihn warnen. Warum?«

»So direkt warnen nun nicht gerade. Ich wollte eigentlich nur mal hören, ob da was dran ist an der Sache mit Baldur und Sieglinde.«

»An welcher Sache?«

»Du weißt also von nichts?« Sigurd biß von einer Rotrübe ab. Besonders wohl fühlte er sich nicht gerade. Vielleicht war es doch etwas übereilt gewesen, hierherzukommen. Schließlich hatte Heino nur angedeutet, nichts wirklich ausgesprochen.

Thusnelda ließ den Stößel fallen, ging zu Sigurd und blieb dicht vor ihm stehen: »Würdest du mir jetzt bitte mal genau sagen, was los ist? Was diese Frage bedeuten soll? Wolltest du etwa behaupten, daß zwischen meinem Mann und deiner Magd Sieglinde eine Beziehung besteht, wie sie nicht bestehen sollte?«[18]

[18] Da Monogamie heutzutage kaum noch anzutreffen ist, viele, besonders jugendliche Leser sich nicht einmal unter dem Begriff etwas vorstellen können, dürfte es ihnen schwerfallen, Thusneldas Skepsis zu verstehen. Ihnen sei das Studium einiger Zitate (XVIII. und XIX. Abschnitt) das Tacitus eindringlich ans Herz gelegt. Nachdem er den vorhergehenden Abschnitt, in dem er das Gewand germanischer Frauen beschrieben hat, mit der Bemerkung abschloß, daß nicht nur Unter- und Oberarm nackt seien, sondern ebenfalls der anschließende Teil der Brust frei bleibt, beginnt er den folgenden Abschnitt mit dem Hinweis, daß die Germanen gleichwohl auf strenge Ehezucht halten. Wörtlich heißt es da: »Quamquam severa illic matrimonia, nec ullam morum partem magis laudaveris.« Und er fährt fort (nach der deutschen Übersetzung): »Denn sie sind fast die einzigen unter den Barbaren, die sich mit *einer* Gattin begnügen; sehr wenige machen hiervon eine Ausnahme, nicht aus Sinnlichkeit, sondern weil sie wegen ihres Adels mehrfach um Eheverbindungen angegangen werden.« Mit anderen Worten: Wenn überhaupt, dann mußte ein Germane dazu gezwungen werden, sich auf eine »Beziehung« mit einer zweiten Frau einzulassen.

Sigurd begann seinen Rückzug, doch viel Platz hatte er nicht mehr, denn er stand bereits fast an der Wand. »Also da hast du mich total falsch verstanden, Tussi. Ich wollte wissen, ob du vielleicht so was gehört hast. Weiter nichts. Ich selbst weiß überhaupt nichts.«

»Und wie kommst du darauf?«

»Weil, wenn da was dran wäre, und Baldur würde wirklich Sieglinde brögeln, dann, dachte ich, sollte er sich überlegen, ob er da nicht einen Fehler macht, weil ihm das bei den Wahlen . . .«

»Wie du darauf kommst, habe ich gefragt. Hat dir das jemand erzählt?«

»Wenn das jemand erzählt hätte, brauchte ich dich ja nicht zu fragen. Wahrscheinlich habe ich da auch was ganz falsch verstanden.« Sigurd sehnte sich nach Flucht, blickte an Thusnelda vorbei zur Tür.

»Und wer hat das gesagt, was du falsch verstanden hast?«

Sigurd antwortete nicht. Thusnelda war nicht überrascht. »Du willst mir also nicht sagen, wer derartige Gerüchte in Umlauf bringt?«

Sigurd schüttelte stumm und verzweifelt den Kopf.

»Also, angenommen mal«, fuhr Thusnelda fort, »es wäre wirklich so, wie du sagst, wieso kann ihm das schaden? Kennst du

»Überaus selten«, heißt es dann später im folgenden Abschnitt, »ist trotz der so zahlreichen Bevölkerung ein Ehebruch. Die Strafe folgt auf der Stelle und ist dem Manne überlassen: er schneidet der Ehebrecherin das Haar ab, jagt sie nackt vor den Augen der Verwandten aus dem Hause und treibt sie mit Rutenstreichen durch das ganze Dorf. Denn für Preisgabe der Keuschheit gibt es keine Nachsicht: nicht Schönheit, nicht Jugend, nicht Reichtum verschaffen einer solchen Frau wieder einen Mann.«

Einige Kommentatoren haben darauf aufmerksam gemacht, daß als Ehebruch nur angesehen wurde, wenn ihn die Ehefrau beging; daß ein germanischer Mann dagegen anstellten konnte, was er wollte, seine Frau betrügen, wann, wie oft und mit wem auch immer. Obwohl dieser Hinweis sachlich richtig ist, sollte deshalb das moralische Urteil über unsere Vorfahren, wie Tacitus es gefällt hat, im Wert nicht herabgewürdigt werden. Dem einen oder anderen mag dieses Verfahren, lediglich bei Frauen auf Ehebruch zu erkennen und diese dann (vom Mann) bestrafen zu lassen, unvollkommen erscheinen. Aber es war doch immerhin etwas. Besser als gar nichts.

einen einzigen germanischen Mann, der was dabei findet, wenn einer seine Magd brögelt?«

»Meine Magd«, korrigierte Sigurd.

»Jede Magd.«

Sigurd brauchte Zeit, um zu verstehen, dann nickte er erleichtert. »Die Männer natürlich nicht. Aber Heino sagt, angenommen, die Frauen dürften auch wählen, dann würde das Baldur bestimmt in Schwulitäten bringen.«

Also ihr Vater hatte die Sache aufgebracht. Na gut. Das hatte sie bereits vermutet. Ob ihr Baldur wirklich mit Sieglinde etwas angefangen hatte, würde sie rechtzeitig herausfinden, das eilte nicht. Viel interessanter war der Gedanke, daß Frauen ebenfalls wählen könnten. So was hatte Thusnelda nie für möglich gehalten. Doch wenn sie bedachte, was sie in den wenigen Wochen bereits von Bendix über die Sanellas erfahren hatte, war bei denen tatsächlich nichts ausgeschlossen. Versonnen kehrte sie an ihren Arbeitsplatz zurück, bemerkte gar nicht mehr, daß Sigurd, sie ständig demoralisiert anstarrend, rückwärts aus dem Haus stolperte.

Thusnelda nahm sich vor, so bald wie möglich Badwila aufzusuchen.

*

Zuerst mochte es sich zufällig so ergeben haben, bald war es jedoch zu einer ständigen Gewohnheit geworden: Jeden Tag nach dem mittäglichen Essen, wenn die meisten Männer ihr Schläfchen machten, trafen sich einige Frauen Bonarums am Donarbalken. Bendix, der davon keine Ahnung hatte, wollte deshalb sofort umkehren, als er sich zu einer für ihn ungewohnten Zeit dorthin begab und nicht nur seine Iduna dort sitzen sah, sondern außer ihr noch Thusnelda, Brunhilde, Elske, Asgard und Sieglinde.

Doch Thusnelda ließ ihn nicht fort. »Wenn wir ein Stückchen rutschen«, schlug sie vor, »ist Platz genug für dich.«

»So schmal, wie er ist«, ergänzte Brunhilde, während sie bereits auf den frei gewordenen Platz neben sich deutete.

»So dringend ist es nicht. Ich komm' später wieder.«

»Wir sitzen doch hier nur so rum und tratschen.«

»Dann ist es ihm erst recht peinlich«, meinte Iduna, die ihren Bendix mittlerweile ein bißchen kennengelernt hatte.

»Dann komm einfach her und setz dich hin, ohne was zu machen, einfach so«, forderte Brunhilde.

Bendix zögerte.

Erst als Thusnelda sagte: »Wir brauchen deinen Rat«, kam er näher und setzte sich abseits auf einen Baumstumpf.

»Es geht um die Wahl. Es kann nämlich sein, daß wir Frauen ebenfalls mitwählen dürfen. Badwila versucht das gerade herauszufinden.«

»Also in Rom wählen nur die Männer«, erklärte Bendix. »Es kann allerdings sein, daß früher bei den Rasthenikern Frauen mitwählen durften. Ich habe da so was gehört, ganz sicher dürfen sie es bei den Neoralgikern.«

»Na bitte. Ausgeschlossen ist es also nicht.«

»Vielleicht wollen die römischen Frauen gar nicht wählen«, gab Sieglinde zu bedenken. »Ich kann mir gut vorstellen, daß man als Frau mehr erreichen kann, wenn man nicht selbst die Verantwortung für alles hat, sondern die Männer im Glauben läßt, sie würden alles entscheiden. Aber natürlich können wir Frauen . . .« Leider vollendete sie ihren Gedanken nicht, denn sie hatte gespürt, wie nachdenklich Thusnelda sie plötzlich anblickte. Sieglinde lächelte: »Na ja, ich stell' mir das nur so vor, ich selbst habe ja noch gar keinen Mann.«

Thusnelda ließ die Angelegenheit auf sich beruhen. Vorerst. Sie blickte wieder auf Bendix. »Ich hatte gerade erzählt, daß mein Baldur von einer Beratung durch dich nichts wissen will.«

»Er hat ja sogar gesagt, daß er dankbar wäre, wenn ich jemand anderen beraten würde.«

»Würdest du denn auch einen wie Gundolf Graumantel beraten, den schwarzen Barbaren?« Seit ihr Vater das Angebot ihres Bendix ausgeschlagen hatte, quälte Iduna der Gedanke, daß Bendix diesem gefährlichen Konkurrenten helfen könnte, sei es nur, um ihrem Vater zu beweisen, wie wertvoll seine Kenntnisse waren und wie gefährlich es war, sie in den Wind zu schlagen.

»Natürlich würde er das nicht tun«, sagte Brunhilde.

»Ich wäre da nicht so sicher«, widersprach Thusnelda nachdenklich.

»Ich finde, wir sollten erst mal hören, ob seine Ratschläge überhaupt so bedeutend sind. Vielleicht weiß er ja nur Sachen, die ganz selbstverständlich sind«, meinte Sieglinde und kümmerte sich nicht weiter darum, daß die anderen Frauen sie betreten anblickten.

»Das müßt ihr schon entscheiden«, erwiderte Bendix, nicht im geringsten gekränkt.

Thusnelda nickte erleichtert. »Also gut: Was würdest du jemandem raten, der gewählt werden will. Als erstes.«

»Das ist nicht so einfach. Es gibt so viele Dinge, die zu bedenken sind. Allerdings ist eine Sache sozusagen fundamental. Und da unterlaufen Anfängern die meisten Fehler. Gerade Kandidaten von halbwegs brauchbarer Intelligenz geben sich hier Blößen und fallen am häufigsten auf die Nase. Wahrscheinlich, gerade weil sie etwas gescheiter sind als die anderen. Sie vergessen die simple Tatsache, daß es ganz einfach darum geht, möglichst viele Wähler dazu zu bringen, ihnen ihre Stimme zu geben.«

Sieglinde seufzte. »Ich habe es doch geahnt. Banalitäten.«

Nun wurde selbst Iduna ärgerlich. »Willst du ihn nicht erst mal zu Ende anhören?«

Bendix lächelte selbstsicher. »Jede Stimme ist gleich viel wert, die von Sieglinde soviel wie die von . . .« Er blickte die Frauen der Reihe nach an, nannte aber keinen Namen. »Also, was sich viele, die gewählt werden wollen, so was aber noch nie gemacht haben, nicht richtig überlegen, ist folgendes: Nehmen wir mal tausend Germanen, nur um irgendeine Zahl zu sagen. Jeder hat eine Stimme, und der Kandidat möchte möglichst viele von denen haben. Wie viele von diesen tausend Germanen, denkst du, sind intelligent?«

»Richtig intelligent?« Thusnelda blickte nachdenklich zu Brunhilde rüber. »Was meinst du? Von tausend? Hundert?«

»Hundert«, lachte Brunhilde, »höchstens zwanzig, wenn nicht nur fünf. Die restlichen sind absolute Dummköpfe.«

Thusnelda nickte. »Ja, wahrscheinlich hast du recht.«

»Nehmen wir fünfzig«, schlug Bendix vor. »Ich glaube auch,

daß die Zahl zu hoch gegriffen ist. Aber es ist egal. Mehr sind es auf keinen Fall. In Rom waren es jedenfalls nie mehr, auch nicht bei den Rasthenikern, die dieses demokratische System ja noch am ehrlichsten praktiziert haben. Wenn aber nur fünfzig von tausend intelligent sind, folgt daraus, daß neunhundertfünfzig dumm sind.«

»Komplette Idioten«, verdeutlichte Sieglinde, die jetzt sehr viel interessierter zuhörte.

»Und wenn du diesen neunhundertfünfzig Dummköpfen oder Idioten was erzählst, was es da alles an Problemen gibt und wie du sie lösen möchtest, was kapieren die davon?«

»Nichts, natürlich«, antwortete Iduna, froh, endlich etwas beitragen zu können.

»Und jetzt rechnet mal. Da haben wir fünfzig Germanen, die verstehen, was man will. Von denen wieder weiß mindestens die Hälfte sowieso Bescheid. Denen erzählst du also nichts Neues. Nur die restlichen fünfundzwanzig lernen etwas dazu, wenn du ihnen was erklärst, vielleicht, weil sie vorher keine Lust hatten, über solche Sachen selbst nachzudenken, oder aus irgendeinem anderen Grund. Ist auch egal. Nun aber, nachdem du ihnen was erklärt hast, denken sie also darüber nach, ob es sinnvoll ist, vielleicht hier bei Bonarum eine Brücke über den Rino zu bauen oder die Äcker gerechter zu verteilen oder eine Steuer einzuführen, damit man im Dorf Sachen bauen kann, die allen zugute kommen, oder was auch immer. Das sind also fünfzig Kluge gegen neunhundertfünfzig Tölpel und Einfaltspinsel. Jetzt wird gewählt, und du möchtest, daß die Leute dir ihre Stimme geben. Jeder hat, wie gesagt, eine Stimme, und jede Stimme ist gleich viel wert, die von den Idioten und die von den Klugen. Also bei welcher Gruppe holst du die Stimmen – wenn es allein auf die Anzahl ankommt?«

»Bei den Idioten natürlich!« Fast alle Frauen antworteten gleichzeitig; selbst die Kinder hatten Bendix verstanden.

»Seht ihr? Aber da die sowieso nichts von dem verstehen würden, was du erreichen möchtest, nützt es überhaupt nichts, wenn du versuchst, es ihnen zu erklären. Also mußt du denen was ganz anderes erzählen, irgendwas, was sie verstehen oder wo sie glauben, daß sie es verstehen.«

»Und was?« wollte Brunhilde wissen.

Bendix lächelte: »Das wäre dann der nächste Schritt, und der ist komplizierter. Da fängt dann die eigentliche Arbeit erst an, das, was die Sanellas Wahlkampf nennen. Und da kommt es nicht darauf an, was du den Leuten erzählst, sondern wie du das erzählst. Und abgesehen davon, muß man natürlich auch andere Sachen machen. Doch das würde jetzt zu weit führen.

Jedenfalls muß man sich das erst mal einhämmern, was ich gerade erklärt habe und was man nie vergessen darf: Die Dummköpfe sind weit in der Überzahl. Von denen wirst du gewählt. Und da, wo man bisher demokratisch gewählt hat, wissen das auch alle.«

»Die Dummköpfe, die wählen?«

»Die natürlich nicht. Aber die, die gewählt werden.«

Selbst Sieglinde war beeindruckt. »Es klingt alles so einfach und logisch. Und ist dabei wunderschön raffiniert und niederträchtig.«

»Und so entsteht Zivilisation?« fragte Iduna leicht verstört.

»Nur so«, bestätigte Bendix vergnügt.

*

Obwohl die Einwohner Bonarums fühlten, daß selbst in ihrem abgelegenen Dorf ein Wind aufkam, der historische Veränderungen mit sich führte, änderte sich ihr Alltag kaum. Noch seufzte die Brise kaum spürbar an den Lehmwänden der Häuser vorüber, fächelte über den Dorfplatz mit seinem Ziehbrunnen, strich durch die Getreidehalme auf den Äckern. Ein Lüftchen, kaum mehr als ein Hauch; niemand hätte dieses sanfte Durchpusten als das erkennen können, was es war: Vorbote eines heranziehenden Tornados.

Die vorgesehene Neuerung, den Gauführer mit der Stimmenmehrheit der freien Germanen zu wählen, wurde wohl manchmal in den abendlichen Gesprächen erwähnt, war jedoch für die meisten eher nebensächlich. Viele von ihnen hatten nicht einmal den gerade verstorbenen Gauführer Woldemar jemals zu sehen bekommen, seinen Einfluß nie wahrgenommen. Nun würde man einen neuen erhalten, na und? Die Art und Weise, wie man diesen wählen würde, entschied schließlich nicht darüber, ob die Kühe und Ziegen viel Milch gaben oder wenig. Ob die Ernte reichlich sein würde oder karg, hing vornehmlich vom Wetter ab, also von den Göttern, nicht vom Gauführer.

Obwohl es ihnen also ziemlich schnuppe war, welche Person ihre Obrigkeit verkörperte, würden sie dennoch folgsam an dessen Wahl teilnehmen, sobald man sie dazu aufforderte. Gehorsamkeit hatten sie sich, als Germanen, schließlich mit der Muttermilch ins Blut genuckelt.

Diese Lethargie, das erkannte Bendix schnell, war andererseits ein idealer Nährboden für einen ausgekochten Wahlkämpfer. Solchen Wählern konnte man alles einflüstern; sie waren beliebig um den Finger zu wickeln. Er war sicher, daß der Kandidat, der sich seiner Betreuung anvertraute, der neue Gauführer sein würde, wenn . . .

Wenn dieses verdammte Dilemma nicht wäre, daß sein Erfolg identisch war mit seiner eigenen Gefährdung. Je erfolgreicher er sein würde, desto bedrohlicher wäre seine eigene Lage. Schließlich stand ja fest, daß die römische Besatzungsmacht den gesamten Wahlprozeß nicht nur beobachten, sondern kontrollieren würde. Selbst wenn ein Kandidat lediglich mit geschickt gewählten Themen auftrat, sei es Ankurbelung der Wirtschaft, ob in Produktion oder Handel, Ausbau der Infrastruktur, vielleicht in der Höhe von Bonarum eine Brücke über den Rino, verbunden mit einer Handelsstraße durch jetzt noch unzugänglichen Wald, Bau von Herbergen für Reisende – alles das würde sofort die Aufmerksamkeit der Römer auf seinen Zufluchtsort lenken, den sich Bendix schließlich deshalb ausgesucht hatte, weil Bonarum so fern von allem Weltgeschehen war.

Fast wäre es so, als würde er Cornelius eine Nachricht zukommen lassen: Hallo, wenn du mich noch suchst, ich bin hier.

Wenn Bendix ehrlich mit sich selbst war, mußte er sich eingestehen, daß es nur eine Lösung gab, die es ihm gestattete, wirksam am Wahlkampf teilzunehmen, sich aber gleichzeitig nicht selbst zu gefährden: Er durfte keinen Kandidaten aus Bonarum unterstützen. Hieß demnach die Lösung aller Probleme Gundolf Graumantel?

Immerhin hatte die allgemeine Unruhe bewirkt, daß Heino während der letzten Unterrichtsstunden nicht dazu gekommen war, in seinem Bericht kontinuierlich fortzufahren – ach, was heißt bei Heino schon kontinuierlich? Gemeint ist: zu erzählen, was er damals vorhatte zu erzählen, ehe er sich total verhedderte, als die Kinder anfingen, darüber zu diskutieren, ob Kriemhild sich nun selbst ... also, ob sie frappiert hatte oder nicht.

Tatsächlich hatten die Kinder jedoch wissen wollen, wie Siegfried an den berühmten Schatz der Nibelungen rangekommen war. (Damit niemand sein bislang gewonnenes Urteil über Heinos Erzählkunst revidieren muß, sei indessen erwähnt, daß Heino erst dann den vorher verlorenen Faden wiederaufnehmen konnte, nachdem die Kinder ihm auf die Sprünge geholfen hatten, indem sie ihre Frage wiederholten.)

Allerdings fiel es Heino schwer, einen Grund für diese Frage zu entdecken, weil die unumstößliche Antwort auf der Hand lag. »Wie Siegfried an den Nibelungenschatz gekommen ist? Geklaut hat er ihn natürlich. Was sonst?«

»Einen solchen Berg aus Gold und Edelsteinen – einfach geklaut?« Heldmut äußerte seine Zweifel.

»Woher soll Vermögen denn sonst kommen? Gold wächst ja nicht auf Bäumen, und Edelsteine liegen nicht einfach auf der Erde rum. Also muß man das immer jemandem wegnehmen.«

»Also, ich find' das irgendwie schade«, meinte Elske. »Ich hab' immer gedacht, Siegfried wäre der größte Held, den es je gab, Vorbild für alle Germanen. Und dann klaut der.«

Doch allein Elske schien Siegfrieds Geschäftsgebaren verwerflich zu finden. Die übrigen Kinder des Dorfes neigten eher dazu, Siegfried zu entschuldigen, und hielten sich an Heinos Erkenntnis, nach der andere, vor allem redliche Wege zu echtem Wohlstand unbekannt sind.

Zum erstenmal seit Monaten waren die Jugendlichen Bonarums übrigens fast vollzählig am See versammelt, elf von vierzehn. Die mühseligsten Arbeitswochen des Jahres hatten sie schließlich hinter sich – die Äcker waren gepflügt, die Samen unter der Erde. Selbstverständlich mußte täglich Heu geschnitten werden, die Geburt einiger Kälber war zu erwarten – Arbeit für Kinder gab es reichlich und immer. Doch offenbar hatte die Sonne, die an diesem Tage bereits wärmte, obwohl sie erst ein paar Stunden vom wolkenlosen Himmel schien, viele Eltern dazu bewogen, ihren Kindern ein paar unbeschwerte Stunden zu gönnen. Und was konnte es an diesem herrlichen Frühsommertag für sie Schöneres geben, als bei Heino zu sitzen, auf den blinkenden See zu blicken und den aufregenden Abenteuern ihres Idols Siegfried zu lauschen?

Daß dieser den sagenhaften Schatz der Nibelungen nicht irgendwo gefunden oder von seinen Eltern geerbt, sondern geraubt hatte, verminderte also ihre Verehrung überhaupt nicht – von Elske, wie erwähnt, abgesehen.

Heldmut erklärte dann auch: »Also, ich finde das ganz in Ordnung. Wieso sollen immer die Leute, die reich sind, auch reich bleiben und die, die arm sind, immer arm? Hin und wieder muß mal einer kommen und das durcheinanderbringen. Alles richtig aufmischen.«

»Für mich ist Siegfried gerade deshalb Vorbild, weil er sich diesen Schatz selbst besorgt hat«, unterstützte Walgari seinen Vetter, und fast alle anderen Kinder nickten beifällig.

Doch so schnell ließ Elske sich nicht unterkriegen. Nach einem flüchtigen Seitenblick auf Heino war ihr klar, daß der keine Anstalten machen würde, in die Debatte einzugreifen – Heino blickte versonnen lächelnd auf den See, schien nicht einmal zuzuhören. Also blieb es ihr überlassen, Anstand und Moral zu verteidigen, und zwar mit deutlich erhobener Stimme, um Heino aus seinen Träumen zu reißen: »Kommt es nicht auch darauf an, wie er den Schatz geklaut hat? Soviel Gold und Edelsteine kann man doch niemandem einfach aus der Tasche ziehen.«

Heino hatte nicht geträumt, sondern seinen Ärger nur gespeichert, jetzt bullerte er los: »Und ob es darauf ankommt! Ihr verblödeten Schweinebeißer! Meint ihr, ich würde das überhaupt erwähnen, wenn er den Schatz einem aus der Tasche gezogen hätte, von mir aus auch unterm Schaffell weggezogen? Aber das hat er eben nicht. Weil er auch als Strolch ein räudiger Rattenschwanz war.

Zufällig habe ich zwei Mitwisser kennengelernt, der eine hieß Rauxel, der andere Castrop, zwei Kimbern also, wie die Namen schon sagen. Und die gehören zu den Leuten, die später den Schatz wieder in den Berg zurückgeschleppt haben, nachdem Siegfried sich den unter den Nagel gerissen hatte. Das waren hundert Wagenladungen voll mit rotem Gold und blitzenden Edelsteinen. Ihr habt ja schon mal Wagen gesehen, nehm' ich an. Mit Pferden davor, weil Menschen die nicht ziehen können. Und davon hundert. Das mal zum Thema: einen Nibelungenschatz aus der Tasche ziehen. Wie hat er es also gemacht? Genauso, wie man das von so einem niederträchtigen und hinterhältigen Mutterbrögler erwartet.«

Heino hatte es noch nie in seinem Leben für nötig gehalten, Rücksicht auf die Ansichten anderer Menschen zu nehmen. Da machte er bei Kindern keine Ausnahme, obwohl sie ihn jetzt wütend anblickten; aus den Augen einiger Kinder funkelte sogar blanker Haß. Doch Heino blieb entspannt und gütig.

»Im einzelnen war das nämlich so: Ich hab' ja erzählt, daß er nie zu Hause war, sondern wie behämmert ständig durch die Gegend geritten ist. Schon als Kind. Und später auch mal weiter weg, in die angrenzenden Länder. Und weil das bei ihm zu Hause alles so flach war, wollte er nun irgendwann mal dahin, wo Berge sind. Und das hat ihm da so gut gefallen, daß er immer öfter in Gegenden ritt mit Bergen in der Nähe. Und bei so einer Gelegenheit hat er eines Tages dann zufällig einen riesigen Menschenauflauf vor so einem Berg gesehen. Und da ist dieser Stinkbolzen natürlich gleich hingeritten, vielleicht, daß es da Freimezza gibt oder vielleicht sogar eine schöne Klopperei.

Als er dann nahe dran war, sah er vor dem Berg zwei echte Könige und so an die zehn Söhne von Königen, Landesfürsten, Gauführer und so . . . alles erste Sahne. Und natürlich so die Dienstboten und Leibwächter von denen und beispielsweise zwölf Riesen.

Und dann sah er vor dem Berg einen etwas kleineren Berg rumfunkeln, und das war eben der Schatz.

Und einer von den edlen Herren war ein gewisser Nibelung, Vornamen habe ich vergessen. Ich glaube, Alfons hieß der, aber das ist ja nicht so wichtig. Und der wollte diesen Schatz, den er von seinem Vater geerbt hatte, ich glaub', der war gerade gestorben, nun unter seinen Freunden aufteilen. Warum, weiß man nicht, hat man auch nie rausfinden können.

Jedenfalls, als die nun so davor rumstanden und überlegten, wie sie das teilen sollten, möglichst gleichmäßig und gerecht, in genau dem Moment kommt unser Held Siegfried so langsam bei langsam näher getrabt.

Und nun haben Nibelung und seine Freunde einen tödlichen Fehler gemacht. Weil Siegfried so protzig angezogen war und so 'nen edlen Gaul unterm Arsch hatte, haben die gedacht, Siegfried wäre einer von ihnen – ehrlich, vertrauenswürdig und so. Und haben sich dann höflich vorgestellt mit Rang und Namen, und Siegfried hat auch gesagt, daß sein Vater König ist, aber vorsichtshalber nicht, daß er nur König von den Neiderlanden ist. Und dann hat Nibelung Siegfried erklärt, an was die da rumknobeln, daß sie diesen Schatz von seinem Vater ehrlich aufteilen wollten. Und daß es schwieriger ist, als sie gedacht haben, weil das eben so ein riesiger Haufen Gold ist und Edelsteine. Und ob er das nicht für sie tun könne, als Unparteiischer, und zur Belohnung würde er, Nibelung, ihm sein einmaliges Schwert schenken, das unter dem Namen Solingen schon damals berühmt war.

Auf so eine Gelegenheit hatte dieser Spitzbube natürlich nur gelauert. So eine Chance läßt sich so einer nicht entgehen. Zuerst hat er natürlich so getan, als würde er alles ordentlich machen, hat alles in zwölf gleich große Haufen geteilt – hier noch eine Krone weg und da eine hin, hier noch einen Beutel Diamanten, da eine goldene Schüssel mit Armreifen. Dabei wollte er die Sache nur so lange hinauszögern, bis es einigermaßen dunkel geworden war.

Als es dann schon so dämmerte, hat er gesagt: ›Endlich geschafft, hier sind die zwölf Haufen.‹ Nibelung sieht sich das an und überreicht Siegfried dankbar das Schwert Solingen. Und jetzt nimmt Siegfried das Schwert in beide Hände und schwingt das so ein paarmal durch die Luft, als wollte er mal ausprobieren, ob es auch schön pfeift, und während er noch so fuchtelt mit dem Ding, hat er Nibelung mit einem Hieb die Rübe abgesäbelt. Und dann gar nicht erst so getan, als ob das eben Pech war, und vielleicht sich entschuldigt bei den anderen, nein, er hat sofort alle anderen, die in der Nähe waren, und anschließend noch die zwölf Riesen und später alle, die da überhaupt versammelt waren, hingemetzelt. So sagt euer Held eben danke schön.

Viel später hat Siegfried mir mal erzählt, insgesamt wären es genau siebenhundert Männer gewesen, die er in dieser Nacht geschlachtet hat. Aber der konnte ja kaum bis sieben zählen.

Also mehr als fünfzig sind das bestimmt nicht gewesen. Aber das ist ja auch schon was. Wie er das im einzelnen geschafft hat, weiß man nicht. Ich nehm' mal an, die meisten bei Nacht und von hinten. Zeugen waren ja keine mehr am Leben. Nur eben die Berge von den Toten hat man gesehen.

Als alles so ziemlich vorbei war und der Morgen schon so 'n bißchen dämmerte und Siegfried sich endlich ein Stündchen aufs Ohr legen wollte, kam noch ein Nachzügler angetrottet, eigentlich Nibelungs oberster Leibwächter, das war der berüchtigte Zwerg Alberich, der mit der Tarnkappe. Wo der die ganze Zeit war, weiß ich nicht, aber er hatte den Lärm gehört und wollte nun eigentlich seinen Herrn rächen.

Aber dann sah er natürlich, was los war und wen Siegfried da schon alles niedergemäht hatte. Da kam der natürlich erst mal ins Grübeln, und wie er noch so hin und her überlegt, was mach' ich denn jetzt am besten und so, da reißt ihm Siegfried blitzschnell dem seine Tarnkappe von der Schulter. So 'ne richtige Kappe war's ja eigentlich auch nicht, mehr so 'ne Art Mantel. Aber alle haben immer Kappe dazu gesagt.

Na ja, da brauchte Alberich nun nicht mehr lange zu überlegen, soll ich mich mit Siegfried nun anlegen oder nicht. Mit dem Tarnmantel hätte er ja noch 'ne Chance gehabt, aber jetzt, so ganz ohne, das war ihm doch zu riskant.

Und da hat diese Schranze Alberich das getan, was leider die meisten Germanen bei solchen Gelegenheiten tun: Er hat sich vor Siegfried in den Staub geschmissen, hat ihm die schmutzigen Füße abgeleckt und bei Wotan und Bökel vom Berge ewige Treue geschworen.

Und Siegfried? Nicht, daß er den jetzt auch noch gemeuchelt hätte – auf einen mehr oder weniger wäre es zwar nicht mehr drauf angekommen –, aber sogar einer Schafsnase wie ihm war inzwischen aufgegangen, daß er alle die wertvollen Kostbarkeiten nicht einfach draußen vorm Berg offen rumliegen lassen konnte. Der Schatz mußte wieder zurück in den Berg, und dafür brauchte er Leute.

Und da könnt ihr euch denken, daß Siegfried froh war, als da überraschend doch noch einer ganz zufällig das Massaker überlebt hatte. Und dazu noch – das war ihm ja wohl am wichtigsten – einer, der sich auskannte. Mit so Bewachungsproblemen und überhaupt. Einer mit Sachkenntnissen und der obendrein mit Leuten umgehen konnte, auch wenn der nun eigentlich ein Todfeind von ihm war. Aber Sachkenntnisse sind schließlich wichtiger, als wenn einer nie einer Fliege was zu Leide getan hat und schon immer auf deiner Seite war, aber eben von nichts 'ne Ahnung hat und auch sonst doof ist. Da mußte Siegfried nicht lange überlegen, sondern hat, noch vorm Frühstück, diesen charakterlosen Zwerg Alberich als Oberhüter vom Nibelungenschatz vereidigt.«

Heino legte eine kleine Pause ein, ließ sich seinen Mezzakrug reichen und leerte ihn gluckernd in einem Zug. Die Kinder blieben stumm, blickten Heino erwartungsvoll an. Heino schaute jedes Kind einzeln an und verkündete dann stolz: »Aber das macht uns Germanen eben kein Volk der Welt nach. Da war nun dieser germanische Riesenzwerg, eben noch Oberleibwächter und Schatzmeister von Nibelung, aber nun, ein paar Stunden später, genauso unterwürfig, treu und zuverlässig im Dienst von dem seinen Mörder.

Alberich hat dann übrigens auch fehlerlos und wirksam alles erledigt, schnell Leute zusammengetrommelt, die den Schatz wieder in den Berg schleppen mußten. Vier Monate hat das gedauert, wie gesagt. Und zwei von denen waren eben die Kimbern, die mir das dann sehr viel später alles erzählt haben, Rauxel und Castrop.«

Einige Minuten schwiegen die Kinder beeindruckt, einige schienen etwas nachdenklicher geworden zu sein. Einerseits war es sicherlich nicht besonders edel, dem großzügigen und ja offenbar unbewaffneten Nibelung ohne jede Warnung die Birne vom Rumpf zu trennen – andererseits einer allein gegen mindestens fünfzig, das war immerhin auch nicht zu verachten.

Lediglich Elske fiel wieder aus der Reihe: »Haben die beiden Kimbern gesagt, wo der Berg war mit dem Schatz?«

»Aber klar haben die das gesagt. Danach hatte ich die ja als erstes gefragt.«

»Und dann?« fragte Heldmut etwas vage.

»Was wohl? Ich bin sofort hingeritten.«

»Und?«

»Nichts und. Der Berg war leer. Siegfried, dieser friesische Stinkbolzen, hatte den Schatz inzwischen woanders versteckt. Den suchen die ja heute noch.«

»Also ich hätte versucht rauszufinden, wo er den versteckt hat«, ließ sich der neunmalkluge Walgari vernehmen.

»Du bist ein richtiger kleiner Schlaukopf. Was meinst du, aus welchem Grund ich bei diesem Halunken Siegfried überhaupt angeheuert habe? Nur, weil ich rauskriegen wollte, wo er den Schatz versteckt hat. So habe ich ja überhaupt die ganzen Raubzüge mitgemacht bis zu den bajuwarischen Hunnen, sogar noch weiter, als Siegfried schon längst tot war.«

»Und hast du rausgekriegt, wo der Schatz war?«

Heino schaute Asgard lange an, voller Mitleid, erst dann antwortete er: »Meinst du, wenn ich den gefunden hätte, oder auch nur Teile davon, dann würde ich hier in diesem Scheißnest rumsitzen und so was wie euch unterrichten?«

»Wo denn sonst?« fragte Elske erschrocken.

Um diese Frage zu beantworten, mußte Heino nicht eine Sekunde lang nachdenken: »In Rom natürlich.«

*

»Rom, immer wieder Rom. Wenn es da so schön ist, warum bist du denn überhaupt hergekommen?« Wäre Iduna in der Lage gewesen, ein Tagebuch zu führen, dem sie ihre Gedanken (seit Tagen ziemlich wirrer Natur) anvertraute – niemand hätte von diesem gereizten Ausbruch überrascht sein können. Doch für jemanden, dem es nicht vergönnt ist, Gedanken lesen zu können – und Bendix war so einer –, mußte Idunas Quengelei unerklärlich bleiben. Bendix hatte, wie jeder andere ebenfalls, doch annehmen dürfen, daß dieses Gewitter vor ein paar Tagen die aufgeladene Atmosphäre zwischen ihnen gereinigt hätte. Iduna war verbittert gewesen und irritiert, weil sie geglaubt hatte, Bendix habe sie angelogen. Na gut. Da darf man mißgelaunt sein. Doch das hatte sich schließlich als Mißverständnis entpuppt, und dennoch fing sie, aus heiterem Himmel, ohne jeden Grund und Anlaß, jetzt wieder damit an, ihm Vorwürfe zu machen. Bendix blickte Iduna ratlos an.

Ob alle Frauen von Natur aus so sind wie Iduna, überlegte Bendix, unbeständig und launenhaft? Als er noch in Rom lebte, hatte er so was häufig gehört. Doch konnte er es sich nie erklären. Frauen waren fremd und voller Rätsel, das schon, aber sie besaßen doch einen Verstand und müßten erklären können, was sie erzürnte. »Du bist einfach hysterisch, wie alle Frauen!« Diese Behauptung hatte er einmal während einer Auseinandersetzung zwischen Cornelius und Agrippina aufgeschnappt. Bis jetzt hatte er sich nichts Rechtes unter diesem Begriff vorstellen können. Sollte Cornelius etwa diese flatterhafte Verfassung gemeint haben, die Gemütszustände von einer Minute zur nächsten ohne jede erkennbare Ursache, gelenkig wie Wetter im April, ins Entgegengesetzte verändert, von der Sonne zum Regen, von der Flaute zum Sturm?

Letzten Endes war Bendix jedoch ein praktischer Mensch. Also beruhigte er sich mit dem Vorsatz, darüber irgendwann mal nachzudenken, später, nicht jetzt. Im Augenblick kam es darauf an, Iduna wieder aufzuheitern. Schlechte Laune und gespannte Stimmungen waren Bendix unerträglich.

»Ich dachte, das wüßtest du«, erwiderte er also geduldig.

»Was soll ich wissen?« gab Iduna spitz zurück, als ob sie ihre Frage vergessen hatte.

»Weshalb ich aus Rom geflüchtet bin.«

»Natürlich weiß ich das. Das hast du mir ja oft genug erzählt.«

Bendix kurbelte seinen Verstand an und ließ ihn rotieren. Enthielt Idunas vorwurfsvolle Frage, warum er jemals Rom verlassen habe, noch eine zweite Bedeutung, die ihm entgangen war? Doch grübelte er vergeblich; wenn ja, dann blieb sie ihm verborgen. »Aber . . .«, begann er nach seiner Denkpause. Doch das war's dann schon. Mehr fiel ihm nicht ein. Aber Iduna hatte mehr auch gar nicht erwartet.

Bendix konnte nicht ahnen – dazu war er zu jung und zu unerfahren –, daß Iduna selbst am meisten unter dieser entwürdigenden Disharmonie litt; am liebsten hätte sie sich eine runtergehauen, weil sie die Schuld daran sich selbst geben mußte. Mußte? Wirklich? Ich allein soll daran schuld sein, wenn sich da aufs neue so ein unbehagliches Gefühl verbreitet? So eindeutig war die Angelegenheit nun doch nicht.

Sie versuchte, der Ursache ihres Unmuts genauer nachzugehen: Nachdem Bendix ihr von dem mutmaßlichen Bauplatz vorgeschwärmt hatte und davon, wie das Haus aussehen würde, das er für sie, für sich und für ihre gemeinsamen Kinder bauen wollte, hatte sie sich so frisch und fidel gefühlt wie vielleicht noch nie in ihrem Leben, unbeschwert und hoffnungsvoll.

Selbstverständlich hatte sie ihrer Mutter sofort ausführlich berichtet. Auch wenn Bendix es nicht direkt ausgesprochen hatte, konnte niemand mehr daran zweifeln, daß er sie heiraten wollte. Thusnelda war zufrieden gewesen, hatte ihrer Tochter gesagt, daß sie ihren Segen habe, und dann hatte sie sich mit ihr in eine Ecke setzt und erzählt, was nun alles auf sie zukommen würde und wie sie sich zu verhalten habe. Zunächst würde Bendix ihr sagen, daß er ohne sie nicht mehr leben könne, würde einige körperliche Zärtlichkeiten anstreben, vermutlich versuchen, sie zu streicheln, zunächst am Hals vielleicht, an den Schultern, am Rücken, und danach oder gleichzeitig würde er versuchen, sie zu küssen. Das Küssen sollte sie jedoch verwehren, zumindest die ersten drei, vier Male. Dann könnte sie es gestatten. Wenn er sich jedoch dadurch ermutigt fühlen sollte, ihren Busen zu streicheln, vielleicht sogar ihren Po, schließlich die Oberschenkel, um endlich das Ziel aller männlichen Begierden zu erreichen, die Muschi, dann müßte sich Iduna wehren. Vielleicht könnte man ihm erlauben – auch das erst nach wochenlangen vergeblichen Anstrengungen –, alle erwähnten

Körperteile zu berühren, doch nie auf der bloßen Haut. Höchstens oberhalb der Kutte. Dann könne sie ja stets so tun, als würde sie es gar nicht bemerken. Auf keinen Fall dürfe sie zulassen – egal, wie sehr Iduna selbst danach verlangte –, daß Bendix mit seiner Hand auf die nackte Haut der Brust, die Innenseite der Oberschenkel oder gar an die Muschi gelange.

Insbesondere ein Satz ihrer Mama hatte es Iduna angetan, und sie würde ihn wahrscheinlich ihr Leben lang nicht vergessen, obwohl sie selbst am folgenden Tag noch nicht sicher war, ihn verstanden zu haben: »Vor allem eins, mein Kind, darfst du nie vergessen: Jungfräulichkeit ist kein ausreichendes Bekleidungsstück.«

Im übrigen hatte Iduna ihrer Mutter den Spaß nicht verderben wollen, sie also brav neugierig, wenn es sich machen ließ, sogar aus erstaunt aufgerissenen Augen angeblickt, obwohl ihr das meiste von dem, was ihr Mama da anvertraute, so neu nun doch nicht war. Selbst in einem Dorf wie Bonarum erfuhr ein junges Mädchen so manches früher, als es vergeßliche Eltern vermuteten.

Doch bewirkte dieser aufklärerische Vortrag, daß Iduna nun noch ungeduldiger darauf wartete, unsittliche Angriffe durch Bendix gekränkt abwehren zu dürfen. Aber die ließen auf sich warten; wann und wo auch immer sie sich mit dem jungen Kimbern allein fand – er tat absolut nichts, dessen sie sich hätte erwehren können. Statt dessen nutzte er jede Gelegenheit, um ihr von dem herrlichen Leben in Rom vorzuschwärmen. Kein Stichwort ließ er aus, und sei es noch so weit hergeholt. Wie gerade eben, als sie ihn zum Abendessen abholte. Er hatte unten am See, an einer romantischen Einbuchtung, abseits von Heino, angeln wollen, aber nichts gefangen. Das reichte ihm, um ihr zu verkünden, daß in den meisten römischen Häusern gar kein Herd stünde.

Und obwohl sie das verblüffte, hatte sie sich jegliches »Isnichwahrachwirklich« verkniffen, was ihn nicht hinderte, nach einem kurzen Durchatmen unverdrossen weiterzuplappern.

»Brot muß sich auch nicht jeder selbst backen, das kann man nämlich kaufen. Was kaufen bedeutet, habe ich dir ja schon erklärt. Da gehen die einfach zu einem Backer. Und das Mehl stellen die Backer auch nicht so beschwerlich her, wie es deine Mutter tut und was ja eine Quälerei ist, mit Mörser und Stößel – die römischen Backer besitzen Mühlsteine und Esel, die die drehen. Der Backer steht nur daneben und guckt zu.

Und wenn sie warm essen wollen, gehen sie in eine Taverne. Da bestellt man dann bei einem Hospes, was man will und was zu trinken, und da sitzen sie dann gemütlich, manchmal bis tief in die Nacht, essen, trinken und quatschen. Ach so, Tavernen. Das sind so Räume im Erdgeschoß, aber zur Straße hin offen und mit vielen Tischen, an denen man mit vielen sitzt, weil es nämlich für jeden Stühle gibt und nicht nur für das Familienoberhaupt, wie bei euch.

Allerdings gehen nur die armen Leute in diese Tavernen, weil reiche Leute ihre eigenen Köche haben. Wir hatten beispielsweise zwölf Köche. Jeder von ihnen war auf was Bestimmtes spezialisiert. Der eine konnte besonders gut Merlane kochen, ein anderer Ferkelrücken auf Holzkohle braten, wieder ein anderer war Experte für Wildschweinkopf, zwei haben sich nur um Vorspeisen gekümmert, also Pizza mit Obst, gefüllte Oliven, Salat, Austern ... Aber du kannst dir unter diesen Sachen ja doch nichts vorstellen, noch nicht.«

Er legte eine Pause ein, blickte sie so innig an, daß Iduna, schon glaubte: jetzt, endlich! Doch dann verpatzte er alles wieder. »Aber mach dir keine Sorgen, Iduna, eines Tages werden wir hier genauso leben können, mit all diesen Delikatessen. Und wir werden Früchte anbauen, die so saftig und süß sind, wie du es dir gar nicht vorstellen kannst. Und Hummer. Das ist auch so was. Die könnte man bestimmt in unserem See züchten. Und nach dem Nachtisch gibt es Süßigkeiten – das kannst du dir gar nicht vorstellen.« Er schloß die Augen, träumte nicht von Iduna, sondern von Honigkuchen. Dann blickte er sie wieder liebevoll an, sagte mit einer Stimme, die zu »Ich liebe dich« gepaßt hätte: »Und ganz zuletzt viele Sorten Nüsse.«

Da war sie, wie bereits erwähnt, ausgerastet.

Bendix war so eingeschüchtert, daß er jetzt lieber stumm neben ihr her marschierte.

Weil jedoch beide mit ihren Gedanken noch bei diesem so unerquicklichen Zwischenspiel waren, bemerkten sie überhaupt nicht, daß sie schon eine Weile verfolgt wurden. Und es waren nicht etwa harmlose Wanderer, die hinter ihnen hergingen auf dem festgetrampelten Weg, es mußten Leute sein, die nicht gesehen werden wollten, denn sie quälten sich abseits des Weges durch dichten Mischwald.

Plötzlich fuhr Iduna zusammen, blieb stehen und lauschte. »Hast du nichts gehört?«

Bendix hob seinen Kopf und horchte. Doch die Verfolger rührten sich offenbar ebenfalls nicht. Weder Schritte noch das Knistern trockener Äste war zu hören. Aber auf einmal wurde er blaß, jetzt hatte er doch was vernommen, eindeutig sogar. Irgend jemand im dichten Unterholz atmete schwer, keuchte fast. Bendix deutete Iduna stumm die Richtung an, während er überlegte, wer ihnen da wohl nachstellte. Hunnen? Oder sollten seine römischen Verfolger immer noch nicht aufgegeben und tatsächlich seine so sorgsam verwischte Spur gefunden haben?

Was nun? Weit war es nicht mehr bis zum Dorf. Wenn die Verfolger sie ebensowenig sehen können wie sie die Verfolger, würde man einen kleinen Vorsprung erlaufen. Iduna und er könnten die Dorfgrenze unversehrt erreichen, es sei denn, die Verfolger wären mit Bogen oder Wurfspeeren ausgerüstet. Widerstandslos wollte er sich auf keinen Fall ergeben, sterben indessen ebensowenig.

Er machte Iduna ein Zeichen, ging zuerst behutsam auf Zehenspitzen, blieb stehen, horchte. Es schien zu glücken. Doch Iduna zögerte noch; ihr war das alles nicht geheuer, sie fürchtete sich allerdings nicht annähernd so sehr wie Bendix. Der war bereits auf dem Wege, doch gerade als er zum Spurt ansetzte, hörte er Idunas Schrei: »Bendix! Hilfe!«

Sofort blieb er stehen, drehte sich um und sah, daß zwei fremde Männer Iduna ergriffen hatten. Einer, vielleicht doppelt so alt wie sein Kumpan, auffallend schwarz gekleidet, stand hinter Iduna und hielt ihr Mund und Augen zu, während der jüngere ihren rechten Arm umklammerte und Bendix angrinste, auf eine ziemlich idiotische Weise, wie Bendix trotz der angespannten Situation zu erkennen glaubte. Nun mußte Bendix nicht mehr darüber nachdenken, ob er kämpfen sollte oder nicht, mit erhobenen Fäusten rannte er zurück. »Loslassen! Laßt sofort das Mädchen los!«

Zufällig stolperte er über einen kräftigen, knüppelähnlichen Ast. Er nahm ihn an sich, rannte weiter. Der Ältere schien erst jetzt den wie einen gereizten Bullen antrabenden Bendix zu entdecken. Niemand weiß, ob es zu einem tödlichen Kampf gekommen wäre, wenn nicht im selben Moment ein wildes Rudel vom See her anpreschender Kinder sich grölend und kreischend angekündigt hätte.

Gundolf Graumantel (denn kein anderer hatte den beiden aufgelauert) hob kühl abwehrend den freien Arm. »Laß es sein, Junge, du rennst in dein Unglück.«

Als Iduna die Stimme hörte, drehte sie sich entgeistert um. »Onkel Gundolf?«

Der schwarzgekleidete Mann ließ Iduna los, lächelte sie an und fragte heuchlerisch: »Wir haben euch doch hoffentlich nicht erschreckt?«

Das also war der schwarze Barbar, vor dem sich jeder Teutone fürchtete. Bendix war ein bißchen enttäuscht. Baldur Blauzahns Vetter (oder dessen Bruder? So genau konnte sich Bendix daran im Moment nicht erinnern) hatte er sich gruseliger vorgestellt. Sein rötlichbrauner Bart mochte eine Nuance brauner sein als Baldurs, war aber sorgfältiger gepflegt, und das Blau seiner Augen war weniger durchsichtig. Doch sonst mußte Bendix nach Unterschieden zwischen den Vettern suchen. Bendix glaubte jetzt sicher zu sein: Es waren Vettern. Obwohl sie einander ähnlicher sahen, als es bei Brüdern üblich ist; wahrscheinlich hätten sie sogar als Zwillinge durchgehen können, wenn sie es darauf angelegt hätten. Man müßte beide mal nebeneinander sehen.

Und diesen Baldur-Doppelgänger hatte Iduna als gigantisches Untier geschildert, Sigurd gar als Kannibalen? Schön, soviel glaubte Bendix bereits erkannt zu haben: Gundolf Graumantel trat herrisch auf, wo Baldur das durch Rüpeligkeit vorzutäuschen suchte, Graumantels Selbstsicherheit schien fest in ihm verankert, während Baldur diese, für jedermann deutlich erkennbar, nur spielte.

Doch von der schwarzen Kleidung einmal abgesehen, wirkte er viel harmloser, als Bendix es erwartet hatte. Zumindest auf den ersten Blick; für den zweiten hatte Bendix in dieser Situation keine Zeit. Zuerst mußte er sich vergewissern, ob Iduna sich beruhigt hatte. Schließlich fürchtete sie sich vor niemandem so sehr wie vor diesen Verwandten aus Bad Wotansberg. Iduna hatte sich ängstlich mit ihrem Rücken dicht an Bendix gedrängt, als würde er sie schützen können.

Graumantel nickte befriedigt. »Das hatte ich mir doch gedacht.« Was er sich gedacht hatte, blieb offen. Dann bedachte er Bendix mit einem prüfenden Blick: »Und du bist ein Sohn von Sigurd?«

Bendix gelang es nicht, sofort zu reden, weil ein ungewohnter Schauer das Blut in seinen Adern zu erhitzen schien, nachdem er Idunas Körper spürte, eng an seinen gepreßt. Doch als Iduna an seiner Stelle antworten wollte, unterbrach er sie erschreckt. Sie brachte gerade noch raus: »Hast du noch gar nichts von ihm gehört? Das ist doch Ben . . .«

»Ich bin nur auf der Durchreise«, sagte Bendix schnell und legte seine Hände fest auf ihre Schultern. Iduna drehte sich um und schaute ihn verständnislos an.

Selbstverständlich wußte Graumantel, wen er vor sich hatte, tat indessen so, als hätte er eine befriedigende Antwort erhalten.

»Keine Angst, ich will sie dir ja nicht wegnehmen«, sagte er noch, lächelte freilich schon nicht mehr so arglos wie vorher. Und als er diese Bemerkung – vielleicht etwas leichtfertig – mit dem Hinweis krönte: »Was hätte ich denn davon, dir Iduna wegzunehmen?«, gab er Bendix ausreichend Stoff, über diesen merkwürdigen Trost nachzudenken. Ihm Iduna wegnehmen. Was sollte das bedeuten?

Bereits am selben Abend sollte Bendix diese Frage beantwortet bekommen. Da mußte er erkennen, daß Gundolf Graumantel ein Interesse daran haben konnte, Iduna Blauzahn in seiner Abhängigkeit zu wissen. Und wenn er wirklich so brutal wäre, wie es ihm unterstellt wurde, dann könnte Gundolf Graumantel auch gefährlich werden.

Vorerst jedoch war Bendix erleichtert. Allerdings konnte er auch nicht sehen (weil Iduna ja noch immer mit dem Rücken zu ihm stand, wenngleich nicht mehr so hauteng), wie interessiert sie inzwischen Goldemar Graumantel betrachtete, Gundolfs Sohn.

Für Gundolf Graumantel schien Bendix endgültig Luft zu sein, er kümmerte sich nur noch um Iduna: »Du bist ja eine richtige Frau geworden. Und wunderschön. Das hätte ich deinem Vater nicht zugetraut, ist ja wohl auch eher das Verdienst von deiner Mutter.«

Iduna rührte sich noch immer nicht.

»Habt ihr euch eigentlich schon mal gesehen?« fragte Graumantel unversehens seinen Sohn Goldemar. Bendix glaubte zu erkennen, daß Goldemar errötete. Doch mußte er sich irren, denn schüchtern hatte dieser jugendliche Bulle bisher nicht gerade gewirkt, obwohl er bislang stumm geblieben war.

»Vielleicht. Aber erinnern kann ich mich nicht daran«, sagte Goldemar und streckte Iduna seine rechte Hand hin: »Ich bin Goldemar, ich nehme an, so eine Art Vetter von dir.«

Iduna drehte sich zu Bendix, als müsse sie ihn um Erlaubnis fragen, bevor sie Goldemars Hand ergriff. »Heil«, sagte sie dann nur, mit kaum merklichem Zittern in der Stimme.

»Aber jetzt wollen wir deinen Vater nicht länger warten lassen«, verkündete Graumantel.

»Weiß er denn, daß ihr kommt?« fragte Iduna verblüfft und zugleich besorgt.

»Wir wollten ihn überraschen«, meinte Goldemar etwas zaghaft.

»Da wird er sich aber sehr freuen«, sagte Bendix so ohne jede Andeutung von Ironie, daß Graumantel ihn nachdenklich und mißtrauisch anblickte. Ich hatte es geahnt, dachte er, vor dem Kerl muß man sich in acht nehmen. Der ist noch gefährlicher, als ich vermutet hatte.

*

Zum ersten Mal seit elfeinhalb Jahren hatte Heino an diesem ereignisreichen Tag einen Spaziergang ohne seinen Stock gemacht, einmal um den See herum. Das waren immerhin, nach heutigen Maßen, 5,4 km. Nach einer Stunde und vierzehn

Minuten hatte er es geschafft, war stramm marschiert; eine respektable Leistung für einen schlachten- und intrigenerfahrenen Veteranen von unsicherem Alter. Vermutlich ebenfalls zum ersten Mal seit elfeinhalb Jahren hatte er das Bedürfnis verspürt, nachzudenken. Obwohl er diese kontemplative Extravaganz ergebnislos beendete, fühlte er sich pudelwohl. Dabei hatte ihn ein Blick auf seine Uhr (ein Geschenk seines Schwiegersohns) davon unterrichtet, daß er – nur widerwillig den Leser strapazierend, muß es gesagt werden, weil jede andere Zeitangabe erlogen wäre – zum ersten Mal seit elfeinhalb Jahren zu spät zu der für alle Germanen wichtigsten Mahlzeit erscheinen würde, zum Abendessen.[19]

Um so erstaunlicher war sein Verhalten vor Baldurs Haus. Obwohl ihm zum Schlafen ein eigenes Häuschen großzügig übereignet worden war, genauer gesagt, eine ovale Reisighütte, identisch mit jenem Gebäudetyp, der als menschliche Wohnstätte zuletzt in der Steinzeit benutzt worden war, nahm Heino die Mahlzeiten selbstverständlich im Hause seiner engsten Verwandten ein. Vor Baldurs Haus nämlich blieb Heino stehen, trotz Verspätung und obwohl niemand so taub sein konnte, daß er den beispiellosen Lärm aus dem Hause hätte überhören können. Bereits an gewöhnlichen Abenden waren alle übrigen Dorfbewohner eingeladen, an Baldurs Tafel teilzunehmen, jedenfalls akustisch. Dieser ganz normale Krach war jedoch nichts, verglichen mit dem Getöse, das heute durch den geradezu bizarren Besuch entstand.

Allerdings war Heinos Zögern verständlich, weil vor dem Haus ein zweirädriger Wagen mit einem noch eingespannten Pferd stand – und fast die vollständige Einwohnerschaft. Heino ging prüfend um das Pferd herum, betrachtete es so, als hätte er noch nie ein Pferd gesehen.

»Ein germanisches Pferd«, erklärte er, als er Sieglinde ent-

[19] Tacitus, Annalen I
John Coles, Archaeology by Experiment, London 1973
J. Hoops, Waldbäume und Kulturpflanzen im germanischen Altertum, Straßburg 1905

deckte, die gerade näher kam. »Und mit dem Wagen ist auch nicht viel los.«

»Und wem gehört das?« fragte Sieglinde, »ich komm' nämlich gerade vom Acker.«

Heino zog seine Schultern hoch. »Woher soll ich das wissen? Mir sagt doch keiner was. Es sind jedenfalls keine Hunnen. Die haben andere Pferde. Und Wagen kennen die gar nicht.«

Sieglinde schaute Heino einen Moment prüfend an: »Haben Sie nicht behauptet, daß es gar keine Hunnen mehr gibt, weil Sie alle getötet haben?«

Heino nickte nachsichtig. »Na bitte. Noch ein Grund mehr, daß es keine Hunnen sind.«

»Gundolf Graumantel und sein Sohn sind drin«, erklärte Baldurs Sklave Pilsudsky.

Diese verblüffende Information mußte Heino erst verarbeiten; er benötigte einige Minuten, bis er sich so weit erholt hatte, um das Haus betreten zu können.

Doch niemand nahm sonderlich Notiz von ihm. Immerhin rutschte seine Tochter ein Stückchen auf der langen Bank, damit Heino Platz hatte.

Graumantel blickte gerade bewundernd auf seinen Vetter Baldur, weil dieser aus einer voluminösen Kruke, ohne abzusetzen, offenbar schon ungewöhnlich lange trank.

Wenn Heino nicht gekommen wäre, hätte Baldur wahrscheinlich den Wein vollständig ausgetrunken. Doch Heino riß Baldur die Kruke aus den Händen, weil er glaubte, seine Langmut sei jetzt ausreichend strapaziert worden, also unmittelbar nachdem er sich hingesetzt hatte.

»Nun reicht es aber. Du bist doch nicht der einzige hier, der Durst hat.« Durch seine Gier entging ihm Baldurs triumphales Grinsen. Sonst hätte er gewußt, daß es sich kaum noch lohnte, die Kruke anzusetzen. Obwohl Heino seinen Kopf fast waagerecht nach hinten legte, gelang es ihm nicht, mehr als einige Tropfen herauszunuckeln. Heino knallte den Krug auf den Tisch, sagte aber nichts, blickte seinen Schwiegersohn nur drohend an. Dann wandte er sich an Graumantel: »Du hättest ruhig die ganze Amorphe mitbringen können.«

»Die was?« fragte Graumantel.

»Du weißt auch wieder gar nichts. Da trinkst du römischen Vino, aber wie die das nennen, wo der drin aufbewahrt wird, das sind ligurische Dörfer für dich.«

»Er meint Amphoren«, erklärte Goldemar seinem Vater.

»Ach so. Aber es ist kein römischer Wein. Deshalb habe ich ihn ja mitgebracht. Diesen Wein hat Theoderich Topfer gebraut.«

»Wein wird nicht gebraut, der wird gekeltert«, verbesserte Heino und rekelte sich befriedigt, weil er sich so schnell rächen konnte.

Doch Graumantel überging Heinos Belehrung. »Ich wollte euch nur mal zeigen, wie sanellisiert dieser Topfer schon ist. Vor ein paar Jahren hat er sich römische Weinpflanzen besorgt, sie dann angepflanzt, und nun hat er einen ganzen Acker voll mit Wein. Obendrein noch an einem Berg, wo man sonst nichts anderes anpflanzen könnte.«

»Und? Was bedeutet das?«

Iduna löste sich von einem Spiegel, den Goldemar ihr mitgebracht hatte und in den sie ununterbrochen hineingesehen hatte, und hielt ihn ergriffen ihrem Opa hin. »Hast du so was schon mal gesehen, Opa? Einen Speckul? Ist das nicht wahnsinnig?«

»Wenn auch bei uns Glas wachsen würde, hätte ich so was mit links erfunden«, verkündete Baldur leicht beleidigt.

Doch Heino wollte nichts erklärt haben. Außerdem hatte er schon mehr Spiegel in seinem Leben gesehen als alle anderen am Tisch. Nein, er wollte wissen, was passiert war, daß Graumantel, zum ersten Mal seit – nein, nicht elfeinhalb –, seit siebzehn Jahren Bonarum besuchte, und zwar offiziell mit Pferd und Wagen, und nicht etwa heimlich im Dunkeln angeschlichen gekommen war.

Die Tatsache, daß Graumantel den Wagen (und das Pferd) offenbar vorher irgendwo im Wald versteckt gehalten hatte, war Heino in diesem Moment noch unbekannt. Diese Tatsache wertete Bendix übrigens später als ein weiteres Indiz dafür, daß Graumantel ursprünglich keineswegs in friedlicher Absicht gekommen war, sondern weil er Iduna entführen wollte. Mit ihr als Geisel hatte er gehofft, Bendix in seine Gewalt zu bekommen.

Allerdings wurden die wirklichen Hintergründe dieses später fast als historisch gewerteten Besuchs niemals aufgeklärt, sie gerieten wenige Jahre später obendrein in Vergessenheit.

Gerade als sich Heino nach dem Grund für den unüblichen Besuch erkundigen wollte, kam ihm Graumantel zuvor: »Na Alter, das kommt dir doch bestimmt merkwürdig vor, mich hier zu sehen?«

Da es sich Heino angewöhnt hatte, Unterstellungen jeglicher Art erst einmal abzustreiten, antwortete er sofort, daß er keinen Anlaß habe, über Graumantels Besuch erstaunt zu sein. »Du hast irgendeine schurkische Gemeinheit vor. Und darüber soll ich mich wundern?«

Graumantel lachte etwas hölzern. »Ich scheine bei dir ja keinen besonders guten Ruf zu haben.«

»Bei mir ist gut. Ich kenne keinen einzigen Teutonen, der dich nicht für einen der übelsten Schurken hält, der je von einer germanischen Mutter geboren worden ist.«

Graumantel nahm Heinos Zurechtweisung gleichmütig lächelnd hin.

»Graumantel ist wegen des Wahlkampfes gekommen, Papa. Er möchte sich mit Baldur verbünden.« Mit diesem Hinweis versuchte Thusnelda das Gespräch zu versachlichen.

Doch Heino blieb uneinsichtig. »Dieser Spitzbube will sich mit uns verbünden?«

»Mit mir«, korrigierte Baldur.

»Es gibt bei diesem Wahlkampf nämlich ein kleines Problem«, begann Graumantel. »Und das . . .«

». . . bist du«, beendete Heino Graumantels Satz etwas anders, als es dieser vorgehabt haben dürfte. Bevor ihm jedoch weitere Beleidigungen einfielen, entwaffnete ihn Graumantel, indem er seinen Sohn Goldemar aufforderte, er solle doch mal nachsehen, ob die Amphore (nein, er sagte sogar Amorphe) mit dem Wein nicht doch auf dem Wagen sei. Und die Kruke möge er gleich mitnehmen.

Dann wendete er sich nachgerade liebevoll Heino zu: »Lieber Heinrich, willst du dir nicht erst mal meine Überlegungen anhören? Dein Schwiegersohn Baldur will doch genauso Gauführer werden wie ich. Das ist ja gestattet. Aber wir beide sind nicht die einzigen. Und da gibt es ein paar Kandidaten, die, wie ich meine, im Vorteil sind, weil sie, manche schon seit vielen Jahren, ganz enge Kontakte zu den Sanellas haben, allen voran dieser Theoderich Topfer, der wahrscheinlich nicht mal echter Teutone ist, sondern aus Obersachsen stammt.«

»Niedersachsen«, verbesserte Heino, ließ Graumantel jedoch weiterreden.

»Egal. Jedenfalls ziehen die uns die Kutte über die Ohren, wenn uns nicht rechtzeitig irgendeine Gegenmaßnahme einfällt. Die Sanellas haben diese sogenannten demokratischen Wahlen immerhin schon x-mal durchgezogen. Also haben sie damit nicht nur Erfahrungen, sie werden bestimmt mit der Zeit einen Haufen Tricks und Kniffe gelernt haben.

Aber wir müssen so was zum ersten Mal machen, sind blutige Anfänger, haben keine Ahnung, verstehen im Grunde nicht mal die Wörter richtig. Ich schwöre dir, Heinrich, wir können uns drehen und wenden, wie wir wollen, uns werden Fehler unterlaufen, notgedrungen, ohne daß wir es merken. Aber die, die sich mit diesen Römern beraten können, buttern uns ein und unter.«

»Müssen wir denn alles genauso machen wie die Sanellas? Mich können die jedenfalls am Arsch lecken.«

»Mich doch genauso, Heino. Das mußt sogar du zugeben.« Da Goldemar in diesem Augenblick mit der nachgefüllten Kruke Wein kam und sie vor Heino hinstellte, blieb es Heino erspart, diesem Kerl zustimmen zu müssen. Doch lange Übung ermöglichte es Heino, Graumantel weiter aufmerksam zuzuhören, während er trank.

»Ich habe keine Ahnung, was Leute wie Topfer noch alles anstellen. Aber was ihm schon alles eingefallen ist, reicht mir. Beispielsweise verspricht er, allen Teutonen Ableger von diesen Weinpflanzen zu schenken, wenn er Gauführer wird. Er will eine Brücke über den Rino bauen, damit die Karawanken mit den Bernstein- und Pelzhändlern hier bei uns durchreisen und nicht mehr bei den verfluchten Ostfalen. Er will sogar, daß wir Germanen Werkstätten einrichten und lauter Sachen herstellen, die es bei uns nicht gibt. Und das Schärfste von allem: Er will, daß nicht länger jeder von uns soviel Korn anbaut, wie er selbst braucht, so viele Schweine oder Rinder züchtet, damit er satt wird, und auch nicht nur genug Brot für seine Familie bäckt oder Mezza kocht – Topfer will, daß möglichst jeder Germane von nun an nur eine Sache macht, also vielleicht nur Mezza kocht oder nur Schwerter schmiedet oder nur Schweine züchtet oder nur Bänke baut und so. Von allem aber viel mehr, als er selbst benötigt oder verbrauchen kann, und daß er dann mit dem, was er zuviel hergestellt hat, auf einen Markt fährt und sich da die Sachen besorgt, die er eben braucht, aber nicht mehr selbst macht.

Und bestimmt sind da sogar Sachen dabei, die keiner von uns überhaupt braucht, die wir Germanen vielleicht nicht mal kennen. Beispielsweise solche Speckuls, wie ich Iduna einen mitgebracht habe.

Aber es kommt noch besser: Auf diesem Markt soll nicht etwa getauscht werden, wie wir das ja auch manchmal machen, seit Hunderten von Jahren, sondern er will runde Scheiben aus Gold oder Silber einführen, mit einem Bild von ihm drauf natürlich, und diese Scheiben werden dann irgendwie . . .«

»Münzen«, erklärte Heino, nachdem er erschöpft die Kruke abgesetzt und sie grinsend zu Baldur rübergeschoben hatte.

Graumantel nickte. »Wenn nur die Hälfte von dem stimmt, was wir so von unseren Leuten hören, die am Limes Dienst tun, dann . . .«

»Am Limes Dienst tun?« Überrascht schauten alle auf Bendix, der den ganzen Abend kein Wort rausgebracht hatte. Bendix hatte sich bereits vor dem Essen in eine Ecke des Hauses verkrochen. Schließlich war er wenig daran interessiert, daß seine Existenz außerhalb Bonarums bekannt wurde, glaubte ja zudem, daß Graumantel keine Ahnung habe, daß er als Sklave in Rom aufgewachsen, von dort geflohen war und bis vor ein paar Wochen noch verfolgt wurde. Doch Graumantels letzte Bemerkung hatte ihn aufgeschreckt und seine Vorsicht vergessen lassen. »Was heißt das: eure Leute, die am Limes Dienst tun?«

»Was soll das schon heißen? Ich meine unsere germanischen Landsleute, die bei den Truppen der Sanellas sind.«

»Alles Faulpelze. Die lungern da immer nur rum und nennen das Wacheschieben.« Da der Krug leer war, konnte Heino seinen Flachs dazugeben. »Dabei sind das Soldaten, aber zum Kämpfen kommen die doch kaum noch.«

»Gegen wen sollten die denn kämpfen?«

»Gegen uns natürlich. Bis vor ein paar Jahren haben wir doch jeden Herbst nach der Ernte erst mal irgendwo einen Angriff auf den Limes gestartet, haben versucht, ihn zu stürmen.«

»Und wenn Sie das heute wieder machen würden, würden die Bewacher vom Limes sich denn wehren?«

Die Männer blickten sich ratlos an. Sollte dieser junge Kimber etwa vermuten, daß sie ruhig in ihren Dörfern säßen, wenn es möglich wäre, den Limes zu überwinden, weil die Wachsoldaten sich nicht wehrten?

Bendix fuhr fort: »Aber wenn sie den Limes mit dem Schwert in der Hand verteidigen, das bedeutet doch dann, daß Germanen gegen Germanen kämpfen?«

Sowenig eine solche Situation Bendix in den Kopf gehen wollte, sowenig verstanden die übrigen Männer am Tisch, was daran so merkwürdig sein sollte.

Graumantel versuchte es Bendix geduldig zu erklären: »Wenn die sich nun mal entschlossen haben, in die römische Armee einzutreten, warum auch immer – vielleicht, weil sie vierte oder fünfte Söhne sind und nicht genug Acker geerbt haben oder mal ein paar schlechte Ernten hintereinander hatten, vielleicht auch nur, weil sie ein ruhiges Leben haben wollten . . .«

»Und ein geregeltes Einkommen«, fügte Heino hinzu.

»Aber die würden gegen ihre Landsleute kämpfen, wenn es denn zu einem Angriff käme?« Bendix verstand es noch immer nicht.

»Selbstverständlich«, sagte Baldur energisch. »Das haben sie ja auch oft genug schon getan. Nicht direkt hier bei uns am Rino, aber weiter unten, in Richtung auf die Schneeberge, hat es erst im vorigen Herbst schwere Kämpfe gegeben. Zwei Wachttürme sind sogar total zerstört worden.«

»Aber auch da auf beiden Seiten Germanen?«

»Natürlich. Wenn einige von uns nun mal in deren Dienste

eingetreten sind? Was würden wohl andere Völker von uns Germanen denken, wenn man sich auf unser Wort, ja auf unseren Eid nicht mehr verlassen könnte? Also nein, Bendix, man merkt schon, daß du in Rom groß geworden bist. Wir Germanen sind weltberühmt für unsere Treue. Wenn wir einmal jemandem die Treue geschworen haben, dann bleiben wir dabei.«

»Dann kämpfen Germanen gegen Germanen?«

»So lange, bis sie vielleicht durch irgendein Vorkommnis vom alten Eid entbunden werden. Wenn sie vielleicht einem König ewige Treue geschworen haben, und der wird nun abgesetzt, und es kommt ein neuer, dann ist es eigentlich üblich, daß sie dem neuen König einen neuen Eid schwören.«

»Und dann sind sie dem treu?«

»Bis in den Tod.« Fast wie im Chor hatten Baldur, Heino und Gundolf gemeinsam geantwortet.

Bendix überlegte einen Moment. »Angenommen, ich würde jetzt . . . Wieviel Männer leben hier in Bonarum? Zwanzig, dreißig? Sagen wir mal, dreißig. Und jetzt sag' ich: alle dreißig am Brunnen versammeln, auf dem Dorfplatz. Und dann lasse ich jeden Fünften vortreten und sage zu den anderen: Ihr seid jetzt alle meine Gefangenen. Und zu denen, die vorgetreten sind, sage ich: Ihr nehmt jetzt alle eure Waffen und bewacht ab sofort die anderen. Wenn jemand von denen türmen will, könnt ihr die töten. Was würde dann passieren?«

Baldur, Heino und Gundolf, selbst Goldemar blickten sich an, als hätten sie es mit einem Bekloppten zu tun.

Thusnelda mußte sie mahnen: »Bendix hat euch was gefragt.«

Baldur schaute seine Frau an: »Aber was war das für eine dämliche Frage? Wenn man jedem Fünften befiehlt, er soll auf die anderen aufpassen, und es sind Germanen, dann passen die selbstverständlich auf – vorausgesetzt, du entlohnst sie angemessen.«

Graumantel schien nicht ganz damit einverstanden. »Ich glaube, man muß ihnen auch klarmachen, daß sie auf der Seite der sicheren Sieger sind.«

Die anderen nickten.

»Aber«, fuhr Graumantel fort, »hat nicht irgend jemand eben

behauptet, daß der junge Mann da in Rom aufgewachsen ist?«

Bendix erbleichte. Vergeblich hatte er gehofft, daß Graumantel Baldurs beiläufige Erwähnung seiner römischen Vergangenheit überhört hätte. Und jetzt spürte er dessen Blick fast belustigt auf sich. Und er begann zu ahnen, daß Graumantel nur seinetwegen nach Bonarum gekommen war, und ebenso, daß dieser Mensch keine Rücksicht kannte, notfalls über Leichen gehen würde, um zu erreichen, was zu erreichen er sich vorgenommen hatte.

Iduna hatte bislang nur mit mäßigem Interesse die Debatte verfolgt. Jetzt glaubte sie sich angesprochen.

»Bendix ist Kimber und hat seit seiner frühesten Jugend in Rom gelebt. Erst im vorigen Herbst . . .«

In letzter Sekunde griff Thusnelda ein. Sie hatte bereits vorher Bendix angesehen, wie sehr ihn Graumantels Frage erschreckt hatte. Dann hatte sie sich rasch zusammengereimt, weshalb Bendix sich fürchtete. »Ich glaube«, sagte sie schnell, »daß sich für Bendix doch zu viele unangenehme Erinnerungen mit seinen Jahren in Rom verknüpfen. Ich nehme nicht an, daß er sich ausgerechnet jetzt gern darüber unterhalten will.«

Iduna verstand nicht, wieso ihre Mutter solchen Unsinn reden konnte. Schließlich mußte sie wissen, daß Bendix in seinen römischen Erinnerungen geradezu schwelgte. Vermutlich hätte sie sich sogar dazu hinreißen lassen, ihrer eigenen Mutter zu widersprechen, was ihr als Tochter ordentlicher Germanen selbstverständlich nicht gestattet war.

Doch Bendix bewahrte sie vor diesem Vergehen. Nachdem er Thusnelda erleichtert einen Dankesblick geschenkt hatte, sagte er: »Frau Blauzahn hat recht. Ich möchte wirklich nicht mehr darüber reden. Die Zeiten sind ein für allemal vorbei. Und ich bin froh, wenn ich nicht mehr an die schrecklichen Jahre erinnert werde.«

Ungewollt verhinderte Heino, daß – trotz des von Bendix deutlich geäußerten Widerwillens – über dessen Vergangenheit gesprochen wurde.

»Sind denn hier alle total bambam?« polterte er los. »Sind wir

Germanen oder was? Oder gefällt euch das nicht mehr? Und wollt auf einmal alle werden wie Sanellas? Ist denn keiner mehr da, der für die alte Ordnung eintritt? Hunderte von Jahren haben wir zufrieden gelebt. Wir haben unsere Götter, auch wenn wir mit denen manchmal . . .«, er unterbrach sich, blickte prüfend unters Dach (kürzlich hatte er Wotan – scherzhaft – als Arschloch bezeichnet, sofort hatte es in seiner unmittelbaren Nähe geblitzt und gedonnert, und fast wäre ihm ein gewaltiger Ast auf den Kopf gefallen), ». . . nein, eigentlich fast immer zufrieden sind. Wir haben ordentliche Gesetze und haben wesentlich bessere Sitten als alle anderen Völker auf der Welt.

Und nun ist euch das alles nicht mehr gut genug? Jetzt wollt ihr sogar diese widerwärtige Feilscherei einführen von diesem Pack auf der anderen Seite der Schneeberge, wo jeder versucht, den anderen übers Ohr zu hauen? Wo dann ein paar Oberspitzbuben in Gold baden, weil sie es verstanden haben, alles so einzurichten, daß sich andere für sie zu Tode schuften müssen.

Wenn ihr so leben wollt, dann laßt doch gleich die Sanellas zu uns kommen. Sie haben ja nur einen kleinen Teil unseres Vaterlandes erobern können. Reißen wir den Limes ab und sagen: bitte schön, liebe Sanellas, wir wollen von jetzt an so leben wie ihr. Unsere Väter und Vorväter haben zwar ihr Blut geopfert, damit ihr verdammten Sanellas den heiligen germanischen Boden nicht besudelt. Aber wir Söhne scheißen auf unsere Ahnen. Wir haben gehört, wie herrlich verkommen das Leben in Rom ist. Und genauso verkommen wollen wir jetzt auch leben.«

DAS FÜNFTE KAPITEL

Bis zu dem für die meisten Einwohner Bonarums noch lange rätselhaft gebliebenen Besuch Gundolf Graumantels hatte sich Heino wohl hin und wieder mit der Idee befaßt, sie aber immer als Ulk betrachtet und nie ernsthaft erwogen, sie zu verwirklichen. Doch nach allem, was er sich an diesem Abend in Baldurs Haus hatte anhören müssen, wußte er, daß ihm nichts anderes übrigbleiben würde. Er mußte antreten. Obwohl er seinen Schwiegersohn Baldur nie sonderlich geachtet hatte – von dem hinterhältigen Strolch Gundolf Graumantel ganz zu schweigen –, hätte Heino bis zu diesem denkwürdigen Abend seinen Wikingerhelm und eine Monatsration Mezzaforte zusätzlich gewettet, daß sich keiner von beiden jemals bereit finden könnte, das Erbe der Väter zu verleugnen, um – aus selbstsüchtigen Gründen – zum Gauführer gewählt zu werden. Und wenn schon Männer wie Blauzahn und Graumantel mit den geheiligten germanischen Traditionen Schindluder treiben wollten, war zu befürchten, daß andere erst recht ebenso handeln würden. Ungeduldig hatte er auf die Rückkehr Badwilas gewartet, und als er endlich nach vier Tagen am frühen Morgen Rauch aus ihrem Reetdach aufsteigen sah, hatte er keine Sekunde gezögert und sie aufgesucht, obwohl er es sonst immer vorzog, einen Bogen um ihr Haus zu machen.

»Es ist wegen dieser Kür, die die verdammten sanellischen Honigpupser angeordnet haben«, begann er zaghaft. Ungewohnt schüchtern war er neben der Tür stehengeblieben, erwartete allerdings, daß Badwila ihn auffordern würde, Platz zu nehmen. Zunächst hatte er Mühe gehabt, Badwila überhaupt zu erkennen. Es war, wie immer bei ihr, ziemlich dunkel. Das offene Feuer am Herdplatz, über dem fast ständig ein Kessel hing – für die Zaubertränke, die sie da täglich braute, meinte Heino –, war meist die einzige Lichtquelle, selbst diese jedoch durch die Dämpfe aus dem Kessel meistens eingenebelt. Ihre Tür hielt Badwila stets geschlossen. Nicht einmal ein Windauge hatte sie haben wollen. Baldur hatte angeboten, ihr eins einzubauen, unmittelbar nachdem er es erfunden hatte. Doch anstatt sich zu bedanken, hatte sie getan, als wäre das eine Zumutung (»Damit mir sämtliche Dorfbewohner bei den geheimen Ritualen zusehen, dann könnte ich ja gleich auf den Dorfplatz gehen!«), und empört abgelehnt.

Und als sich nach mehreren feuchtkalten Spätherbsttagen mal einige Wandbalken leicht verzogen hatten, so daß aus mehreren Ritzchen Tageslicht in ihre Hütte drang, rief sie alarmiert nach Baldurs Sklaven. Bei strömendem Regen mußten die zum Rino runter und Lehm holen.

»Was ist mit der Kür?« fragte Badwila streng.

»Ich hab' das nicht so richtig verstanden. Ich weiß nur, es soll nicht mehr so gemacht werden wie früher. Daß die paar, die eben was werden wollen, sich irgendwo im Wald treffen . . .«

»Nicht irgendwo«, unterbrach ihn Badwila. »Im heiligen Hain.«[20]

»Sei doch nicht immer so kleinlich. Jedenfalls im Wald und wo genug Platz ist. Und dann kloppen sie aufeinander los, bis einer übrig ist. Und der ist dann Gauführer oder was auch immer, und das ist auch normal, weil er ja der Stärkste ist.«

»Zumindest ist er der beste Klopper. Aber was ist, wenn euer auf diese Weise gewählte Anführer eine wichtige Entscheidung treffen muß?«

»Du meinst, so als Richter? Falls sich mal einer bei einer Schlacht im Wald versteckt hat oder so was?«

20 Tacitus begründet die Wahl des germanischen Versammlungsorts ziemlich einleuchtend so: »Ceterum nec cohibere parietibus deos neque in ullam humani oris speciem assimulare ex magnitudine caelestium arbitrantur: lucos ac nemora consecrant deorumque nominibus appellant secretum illud, quoad sola reverentia vident.«

»Ich meine, wenn es um die Entscheidung geht, ob überhaupt eine Schlacht angebracht ist und dann wie, wo und wann sie geschlagen werden soll. Oder ob überhaupt Krieg geführt oder Frieden geschlossen werden soll, falls Krieg ist. Was dann?«

»Also entschuldige mal, Badwila, so eine . . . Frage hätte ich von einer wie dir nicht erwartet. Gerade im Krieg, da ist es doch gut, wenn man einen als Anführer hat, der zuschlagen kann. Und das kannst du mir glauben, wer bei der großen Führerklopperei als letzter übrigbleibt, der hat Saft im Gerippe. Das ist ein Bulle. Der hat Muscheln und Mut.«

»Und wie ist es mit seinem Grips?«

»Wozu braucht ein Anführer Grips? In einer Schlacht muß er flink sein und kernig draufhauen können. Der Feind muß geschlachtet werden. Deshalb heißt das ja Schlacht.«

»Hast du alter bornierter Hinkelsack dir mal überlegt, ob uns die Römer nicht vielleicht deshalb fast immer besiegt haben, weil sie ihre Könige eben nicht durch eine Massenprügelei im Wald auswählen?«

Heino blickte aus seinen noch so jungen, blauen Augen treuherzig auf Badwila. »Glaubst du?«

»Es ist immerhin möglich. Aber um so was zu besprechen, bist du ja wohl nicht zu mir gekommen, oder?«

»Nein, eigentlich nicht. Die Sache ist nämlich so: Sigurd hat sich ja nun auch als Kannibale aufstellen lassen und . . .«

»Als Kandidat. Kannibalen sind Leute, die Menschen fressen.«

»Ach so. Das würde Sigurd natürlich nie machen. Der ißt ja überhaupt kein Fleisch mehr, egal, was für welches. Aber wenn schon Sigurd Kandidat ist . . . wenn der also so was werden kann, wieso nicht ich?«

Badwila schien über Heinos Absicht nachzudenken. Ihr war bereits vor einigen Tagen der Verdacht gekommen, daß sie sich geirrt hatte, als sie die Anordnung Roms, den Gauführer von allen Stammesangehörigen wählen zu lassen, ziemlich gelassen hingenommen hatte, als einen Befehl unter vielen anderen. Allmählich kapierte sie, daß dieser Vorgang unvorstellbare Folgen haben konnte.

So gut sie sich in den öffentlichen und geheimen Vorgängen der Germanen auskannte, bei Göttern wie Dämonen – Kontakte mit Römern hatte sie nach Möglichkeit vermieden. Die Lebensweise dieser Menschen war ihr fremd, ihre Selbstgewißheit, allein den Sinn des Daseins erkannt zu haben, ekelhaft. Nach ihrem Verständnis wurde diese Überzeugung bereits von diesem nervtötenden Gerede vom sogenannten Fortschritt dementiert. Als ob der Sinn des Lebens darin bestände, etwas nur deshalb zu bejubeln, weil es (angeblich obendrein) neu war.

Und damit wurde sie nun fast täglich konfrontiert. Badwila war gewohnt, alles, was geschehen mochte, vorher richtig beurteilen und einordnen zu können. Da sie intelligent war und obendrein ihre Pappenheimer oft besser kannte als diese sich selbst, konnte sie meist auf Vorzeichen und Losorakel verzichten oder doch, wenn öffentliche Prophezeiungen von ihr verlangt wurden, diese lediglich als einschüchternde Darbietungen zelebrieren, ohne daß sie sich um die Resultate wirklich kümmerte. Aber die Vorstellung, daß durch Umstände, die sie nicht einschätzen konnte, vielleicht sogar ein durchtriebener Windbeutel wie Heinrich der Brögler – ein Windbeutel war er nämlich, pfiffig ebenfalls, auch wenn die Dorfbewohner ihn unterschätzten – zum Gauführer gekürt würde, stimmte sie mehr als nachdenklich.

»Du als Kandidat? Warum nicht? Was ich so aus Ländern gehört habe, wo das Volk seine Könige schon länger selbst wählt, da haben die größten Idioten die besten Aussichten.«

Heino hatte schon vor vielen Jahren erkannt, wieviel bequemer und oft sogar reizvoller das Leben sein konnte, wenn man den Trottel spielte. Also nickte er erfreut. »Na bitte. Dann habe ich doch sehr gute Hospizien.«

»Freu dich nicht zu früh, Heino. Du wirst es nicht glauben, aber es gibt noch größere Idioten als dich.«

Das ließ Heino nicht auf sich sitzen. »Das wollen wir erst mal in aller Ruhe abwarten.«

In diesem Augenblick betrat Sigurd das Haus, grüßte korrekt »Heil Badwila«, übersah Heino und wollte gerade anfangen, Badwila sein Herz auszuschütten.

»Wie hast du das nun wieder gemacht?« fragte Heino Badwila voller Bewunderung.

Damit hatte er selbst Badwila überrumpelt. »Was gemacht?«

»Du hast doch eben gerade behauptet, daß es noch größere Idioten gibt als mich. Und kaum hast du das ausgesprochen, ist er schon da.«

Sigurd schien durch diese Erklärung befriedigt zu sein. »Ich hab' dich eben gar nicht gesehen, Heino. Aber ich wollte sowieso mit dir reden. Warst du neulich mit dabei, als Graumantel bei Baldur war?«

»Wo soll ich denn sonst gewesen sein? Das war doch beim Abendessen.«

»Also wenn das stimmt, was Brunhilde mir gerade erzählt hat . . .«

Badwilas Geduld war erschöpft. »Ihr beide könnt euch unterhalten, über was ihr wollt und solange ihr es wollt, aber das muß doch nicht gerade hier bei mir sein.«

»Aber um das, was da alles ans Tageslicht gekommen ist, solltest gerade du dich kümmern«, forderte Sigurd streng. Und Heino, von dessen unerwartet forschem Ton ermutigt, traute sich, nun ebenfalls seine Ansicht zu äußern.

»Da hat Sigurd nun mal ausnahmsweise recht. Du hättest die mal hören sollen! Wenn es nach denen geht, dann wird hier bald alles so gemacht wie bei den Sanellas. Dann heißt das ›gute Nacht, Germania‹. Als ob wir Germanen überhaupt nichts zu bieten hätten.

Auf einmal ist bei uns alles Scheiße. Und nur was die Sanellas machen, ist richtig. Da wird nicht mehr gegessen, was da eben so wächst und schon immer gewachsen ist, da müssen neue Sachen auf den Tisch, neues Gemüse, neues Obst, neue Getränke. Da wohnen die in Häusern, wo nicht einfach eine Tür ist, wie bei uns, wo man reingeht, sondern vorher noch mal ein Dach mit Säulen. Nur Dach. Nichts weiter. Ohne jeden Zweck. Und einfach so reingehen kannst du auch nicht, weil die meisten da alles verriegelt haben und Schlösser an den Türen, daß man von draußen gar nicht aufmachen kann. Und da darfst du auch nicht nach den Leuten rufen, die du besuchen willst, da muß man klopfen, und auch das nicht mit der Faust vielleicht, sondern da haben sie extra Klopfer aus Bronze an der Tür dran und dann noch Griffe, aber wofür die sind, hab' ich vergessen. Und auf der Rückseite vom Haus haben die noch mal Dächer auf Säulen. Dabei regnet es da fast nie. Und drumherum alles voll mit buntem Unkraut, und das pflanzen sie extra an und nennen das Blumen.

Und die Fußböden, das hatte Bendix ja schon erzählt, nicht einfach so Lehm wie bei uns oder auch mal Holzbohlen. Sogar auf den Fußböden haben die Bilder, wie unsere Höhlenmaler welche gemacht haben. Aber nicht einfach nur so mit ein paar farbigen Pflanzen hingeschmiert – die sind aus kleinen Steinen zusammengesetzt. Das mußt du dir mal vorstellen.«

»Mosaiken heißen die«, ergänzte Sigurd stolz.

»Irgend so was, ja. Stell dir das schon mal vor, hier in deinem gemütlichen Haus, wo der Boden schön warm ist, und da sollen auf einmal Pferde und Kühe aus kleinen Steinen hingefitzelt werden. Das muß einem doch unheimlich auf den Schurz gehen, wenn man bei jedem Schritt denken muß, worauf tret' ich denn jetzt wohl. Bei dir wär's ja noch nicht so schlimm, Badwila, da würde man das nicht so sehen können, weil es ja immer ziemlich dunkel ist. Aber in den normalen Häusern, wo man alles erkennen kann, muß das doch gräßlich sein.

Seit ich alle diese Geschichten von den Sanellas gehört habe – die die übrigens sogar aufschreiben lassen von Leuten, die nichts anderes machen, als so was aufzuschreiben –, also seitdem muß ich immer an meinen Vater denken. Wie der gesagt hat zu mir, ›Heinrich‹, hat er gesagt, ›was du auch immer tust und machst und wo du auch immer bist auf der Welt, eins darfst du nie vergessen: daß du Germane bist. Denn du bist nichts, dein Volk ist alles.‹ Das hab' ich damals nicht so ernst genommen, weil ich gedacht habe, was brabbelt der Alte eigentlich für 'nen Scheiß? Natürlich bin ich Germane. Was denn sonst?«

Nach diesem emphatisch vorgetragenen Bekenntnis drehte sich Heino zu Sigurd und verkündete: »Und deshalb habe ich mich entschlossen, Gauführer zu werden.«

Wenn Heino geglaubt hatte, er würde Sigurd mit dieser Proklamation beeindrucken, so hatte er sich getäuscht. Sigurd war eben doch ein Ziegenkötelkacker, ohne Gespür für Größe. Wenn der dem Mantel der Geschichte begegnet wäre, hätte er ihn genommen, um sich damit in kalten Winternächten zuzudecken.

»Ich dachte immer, du hättest deinen Vater gar nicht gekannt?« sagte Sigurd spitz.

»Muß man Leute immer kennen, um zu wissen, was sie gesagt haben?«

»Eigentlich schon . . .«

Badwila seufzte resigniert und ging an ihre Kräuter zurück. Als Heino sie überfallen hatte, war sie nämlich gerade dabei gewesen, Bürzelkraut, Kuhfladen, Eppich, Ziegenkötel und Kamille sorgfältig im richtigen Verhältnis zusammenzustellen. Bereits am Tage ihrer Abreise war sie wieder einmal von dieser gräßlichen Migräne heimgesucht worden, die ihr seit ein paar Jahren zusetzte. Dann hatte sie (aus Pflichtbewußtsein) den Fehler begangen, ihre Reise nicht nur überhaupt anzutreten, sondern sie sogar fortzusetzen. So war sie pünktlich zu der von Pintofex Pissus angeordneten Versammlung eingetroffen, hatte sich jedoch nach zwei Tagen unnützer Warterei wieder auf den Heimweg gemacht. Bis dahin waren von den 34 als Wahlbeobachter berufenen Persönlichkeiten (darunter nur drei Frauen) gerade erst 14 (unter ihnen die drei Frauen) erschienen.[21]

Pintofex Pissus hatte Badwila verständnisvoll (er war nämlich selbst für Migräne anfällig) ziehen lassen, gleichzeitig jedoch veranlaßt, daß ein Treffen aller Kandidaten der südwestteutonischen Sippen vorsorglich in Bonarum stattfinden sollte.

Als das Wasser kochte, warf Badwila ihr Heilsortiment in den Kessel, beugte sich über den Dampf und zog sich ein abgetragenes Bärenfell über den Kopf.

21 Für die typisch germanische Unpünktlichkeit, die Tacitus ebenfalls mit Verwunderung registrierte (Abschnitt XI), macht er die Ungebundenheit unserer Ahnen verantwortlich, ihren Freiheitsdrang: »Illud ex libertate vitium, quod non simul nec ut iussi conveniunt, sed et alter et tertius dies cunctatione coeuntium absumitur.« Zwei oder drei Tage also gehen meistens verloren, weil sie sich nie alle gleichzeitig zum vereinbarten Termin (meist Neu- oder Vollmond) am vereinbarten Treffpunkt einfinden.

Sigurd und Heino waren so leidenschaftlich in ihre Debatte verstrickt, daß sie davon nichts bemerkt hatten und jetzt nicht einmal den bestialischen Gestank wahrnahmen, der sich schnell im Raum ausbreitete.

»Und was ist mit deinem Jesus? Hast du den persönlich kennengelernt?« fragte Heino süffisant.

»Der war doch tot, als ich geboren wurde.«

»Mein Vater auch.«

»Schon viele, viele Jahre.«

»Mein Vater auch.«

»Dein Vater ist viele Jahre vor deiner Geburt gestorben?«

»Im Moment reden wir über deinen Jesus. Jedenfalls weißt du, was der gesagt hat.«

»Du kannst doch das, was Jesus gesagt hat, nicht mit dem vergleichen, was dein Vater gesagt ... haben soll.«

»Da hast du ausnahmsweise mal recht. Mein Vater hat bessere Sprüche drauf gehabt als dein Jesus. ›Der Herr hat gegeben, der Herr hat genommen.‹ – ›Liebe deinen Nächsten wie dich selbst.‹ – ›Den Seinen gibt's der Herr im Schlaf.‹ Solchen sinnlosen Quatsch hätte mein Vater nie und nimmer von sich gegeben.«

»Sondern?« fragte Sigurd leichtfertig.

»Die kann ich so schnell gar nicht alle aufzählen. ›Meine Ehre heißt Treue‹, beispielsweise, oder ›Gelobt sei, was hart macht!‹. So was ist von meinem Vater. Das sind Sprüche, die Germanen verstehen. Damit können sie was anfangen. ›Das Volk soll leben, auch wenn wir sterben müssen.‹ Aber nicht so Ratschläge, daß man einem auch die linke Arschbacke hinhalten soll, wenn er einem in die rechte getreten hat.«

Wäre es in Badwilas Haus heller gewesen, hätte Heino bemerkt, daß Sigurd nicht nur zornig wurde, weil sich Heino wieder einmal über seine Religion lustig machte, sondern zugleich in tiefes Nachdenken versank.

Dann entging Heino sogar, daß ihm niemand mehr zuhören konnte, weil Sigurd wortlos aus dem Haus gegangen war und Badwila ihren mit dem Fell abgedeckten Kopf noch immer über den fauchenden Kessel hielt.

»Ich war ja schließlich mal da bei denen da unten. Und alle, die da auf der anderen Seite von den Schneebergen leben, sind zu jeder Gemeinheit fähig. Nicht nur die Sanellas. Alle. Auch die Gallier und die Türkisen, die Rastheniker, die Sultane – alles Halunken. Und woher kommt das? Weil sie im Luxus schwelgen. Wenn die Milch und Honig haben wollen, müssen die sich nicht mal bücken. Nur den Mund aufmachen, und dann läuft alles von selbst rein.

Für Arbeit haben die gar kein Wort in ihrer Sprache. Das kennen sie überhaupt nicht. Alles Faulpelze. Baden tun sie einmal im Jahr und dann noch in Häusern mit schmutzigem Wasser, Hauptsache, es ist warm. Meistens lungern die auf den Straßen rum, klauen Besuchern die Wertsachen und denken darüber nach, wie sie ihre Mitmenschen bescheißen können. Jeder hat innen in seiner Jacke lauter Sachen – wahrscheinlich alles geklaut –, die er dann irgendwelchen ahnungslosen Fremden anzudrehen versucht. Und dann sind die meisten noch schwül.«

Vermutlich hätte er noch stundenlang weitergeredet, wäre Elske nicht gekommen und hätte ihn ermahnt, endlich den Unterricht fortzusetzen.

*

Obwohl Sigurd Badwila sehr nachdenklich verlassen hatte, entging ihm nicht, daß neben ihrem Haus Bendix stand und in den Anblick eines vollkommen leeren Platzes vertieft war. Sieglinde schien ähnlich angezogen worden zu sein. Denn sie stand ein paar Schritte hinter Bendix und versuchte zu ergründen, was es für Bendix auf dieser wilden, vor vielen Jahren versehentlich gerodeten Fläche wohl so Interessantes zu betrachten gab.

Eine Fügung Gottes, dachte Sigurd im ersten Moment, entschuldigte sich innerlich allerdings sofort für diese Entgleisung. Denn das, worüber er sich seit einigen Minuten Gedanken machte, war doch zu profan (und eigennützig), um Gott dafür in Anspruch zu nehmen. Dennoch blieb die Tatsache bestehen, daß Bendix der einzige Mensch weit und breit war, mit dem er sich beraten konnte.

Er ging auf Bendix zu, hielt es indessen nicht für ratsam,

gleich mit der Tür ins Haus zu fallen und ihn zu fragen, ob man mit so einfältig derben Sprüchen, wie er sie eben von Heino gehört hatte, wirklich Wählerstimmen erobern könne. Also begann er, selbstverständlich nachdem er Bendix begrüßt und damit geweckt hatte, mit der einfachen Frage: »Stimmt das, was Sieglinde mir erzählt hat?«

»Woher soll ich das wissen?«

»Na hör mal, du warst doch dabei. Um dich ist es doch überhaupt gegangen.« Er drehte sich zu Sieglinde. »Stimmt das nicht?«

Doch Sieglinde strahlte Bendix an, als hätte sie Sigurds Frage gar nicht gehört.

Bendix, der eben noch das hier in Kürze stehende Haus für sich und Iduna bereits ziemlich vollständig vor sich gesehen hatte, mit Atrium und ersten germanischen Skulpturen, schien von der Wirklichkeit, wie er sie jetzt erblickte, weit weniger begeistert.

»Sie hatten mich gefragt, ob es stimmt, was Sieglinde Ihnen erzählt hat. Was soll ich darauf antworten, wenn Sie verschweigen, was Ihnen Sieglinde erzählt hat?«

Sigurd lächelte entschuldigend. »Ach so. Ja, das habe ich wohl vergessen. Aber im Moment geht mir so unendlich viel im Kopf rum.«

Sigurd ahnte, daß er vermutlich auf viele Menschen etwas schusselig wirkte, war sich aber nie ganz sicher, wann und wodurch. So versuchte er immer wieder, sich mit festen Überzeugungen dem zu stellen, was er für die Realitäten des Lebens hielt. Mit der bei vielen Germanen anzutreffenden Neigung, wenig zu wissen, zu allem aber ein Urteil zu haben, war Sigurd besonders großzügig gesegnet. Vielleicht hatte er diese Eigenschaft noch von irgendeinem seiner Vorfahren geerbt. Sigurd stammte nämlich aus einer sehr vornehmen Familie. Daß allerdings einer seiner Vorfahren ein König gewesen war (Sigurd hatte so was selbst übrigens nie behauptet, allerdings ebenfalls nie dementiert), ist nicht verbürgt, jedoch hatte die Familie Swastika mit Sicherheit vier Gauführer gestellt. Das war allerdings noch in der alten Heimat, vor dem langen Marsch. Doch hat man bei den Swastikas, selbst nachdem man total verarmt war, immer auf gute Manieren, edle Gesinnung, Ordnung und Sauberkeit gehalten.[22]

Diese Einstellung hatte Sigurds Charakter geformt. Der Eindruck von Weltfremdheit, den er bei den biederen Bauern verbreitete, entsprang jedoch eher seiner bereits erwähnten Unsicherheit, die ihm selbst freilich bislang entgangen war. Tat-

[22] Bei allem Respekt vor so viel Rechtschaffenheit fällt indessen auf, daß jeglicher Hinweis auf eine im Grunde zu den erwähnten Eigenschaften gehörende Götterfurcht fehlt. Die häufig geäußerte Annahme, daß es wegen dieses vererbten Defizits sehr viel einfacher war, Sigurd zum Christentum zu bekehren als andere Germanen, dürfte damit nachhaltig gestützt werden. Bekanntlich haben sich die Germanen noch dann ihrer Götterwelt anvertraut, als diese (wie die römische) total abgewirtschaftet hatte. Als der bis heute in vielen Perlen deutscher Poesie gefeierte deutsche Apostel Bonifatius (dessen Nachname Kiesewetter taucht erst viele hundert Jahre später erstmals urkundlich auf, ist demnach nicht verbürgt, beruht womöglich, wie Prof. Prof. Dr. Walter Jens, M. A., M. C., M. P., M. S., vermutet, auf einem Lesefehler. Gleichwohl versagt sich der angesehene Rhetoriker jedweden Hinweis auf ein Schriftstück, das einen Lesefehler schließlich erst ermöglichen dürfte), um die Bekehrung der Germanen voranzubringen, vor brutalen Gewaltmaßnahmen nicht zurückschreckte und beispielsweise die Donareiche bei Fulda einfach fällen ließ, waren Baldur und seine Freunde bereits viele hundert Jahre tot, nur zwanzig Jahre später wurde Karl der Große geboren und ein Jahr nach ihm Herzog Widukind, der sein Leben der Bekämpfung des Christentums widmete. Vermutlich taten sich die Missionare mit den Germanen so unerwartet schwer, weil sie unseren vorbildlichen Charakter zuwenig berücksichtigten. Sie glaubten, es würde reichen, wenn sie versuchten, das einfache Volk zu bekehren. Tatsächlich gab es nur den einen Weg, der später dann auch beschritten wurde: Man mußte den König bekehren (oder durch politisches Kalkül zwingen), Christ zu werden. Danach ging alles wie von selbst, weil die Germanen schon immer treu waren. Hatte sich der König bzw. jede andere Art von Obrigkeit entschlossen, Christ zu werden, folgten die Untertanen, ohne zu murren, und wurden ebenso Christen. (Oder in späteren Jahrhunderten, was immer gerade gefragt war.)
Sich darüber zu erregen, daß Herren und Gefolgschaft nach ihrer Christianisierung ihre alten Sitten und Gebräuche beibehielten, die von nun an als heidnisch bezeichnet wurden, ist schwer zu verstehen. Schließlich gelingt es uns noch heute kaum, Menschen, die sich Christen nennen, allein daran zu erkennen, daß sie durch die von ihrer Religion geforderte Nächstenliebe besonders auffallen oder durch regelmäßigen Besuch ihrer Gotteshäuser – es sei denn, man begnügt sich damit, einen einmaligen Kirchenbesuch pro Jahr im Dezember als regelmäßig zu bezeichnen.

sächlich hielt er sich für den einzig wirklich fortschrittlichen Germanen, zumindest auf geistigem Gebiet. Die vielen Erfindungen seines Schwagers akzeptierte er als praktische Verbesserungen des alltäglichen Lebens, bewundert hat er sie nie, weder Schornstein, Nußknacker, Stuhllehne, Armbanduhr noch Donarbalken oder Kamm.

Oberflächliche Naturen hielten Sigurd für dumm, aber das war er nicht. (Man wird bald erleben, daß Sigurd gerade in materieller Hinsicht, sofern sich diese mit seinem vorwiegend christlichen Ethos in Einklang bringen ließ – was übrigens ohne Schwierigkeiten möglich war –, notfalls mit sanfter Gewalt, zu erstaunlichen Leistungen fähig war.)

Auf wirklich sicherem Fundament ruhte indessen seine Liebe zur Natur. Einzige Einschränkung: Wie bedeutend ist Liebe?

»Also«, erklärte Sigurd, »Sieglinde hat mir erzählt, daß Gundolf Graumantel Iduna fast in seine Gewalt gebracht hätte, nur um dich zu zwingen, ihm zu verraten, was du alles darüber weißt, wie man Wahlen gewinnt.«

Nach einem scheuen, entschuldigenden Blick zu Sieglinde widersprach Bendix: »Nein, so direkt will ich das nicht behaupten. Richtig ist, daß er den Eindruck erweckt hat, er würde ziemlich weit gehen, um mich dazu zu bringen, das, was ich weiß, ihm zu berichten.«

»Er hätte demnach Iduna nicht entführt, wenn ihn die Kinder nicht zufällig dabei gestört hätten?« fragte Sieglinde mit einer gewissen Überheblichkeit im Tonfall.

Die stand ihr nicht zu, fand Bendix, deshalb wies er sie ziemlich streng zurecht: »Man muß sich damit abfinden, daß es ein paar Dinge gibt, die man nicht weiß.«

»Das ist richtig«, unterstützte Sigurd Bendix eifrig. »Man weiß beispielsweise, daß unser Herr Jesus um den See Genezareth herumgegangen ist. Aber man weiß nicht, wie, ob links oder rechts rum.«

»Wieso herumgegangen?« mokierte sich Sieglinde. Offenbar war sie durch nichts und niemanden einzuschüchtern. »Ich denke, er konnte übers Wasser gehen. Dann hätte er doch nicht rumzugehen brauchen.«

»Aber wenn er einen Spaziergang beabsichtigte?« Sigurd rügte Sieglinde sanft, bevor er sich wieder Bendix zuwendete. »Möchtest du vielleicht eine Rotrübe? Oder wollen wir eine schmöken? Ich hab' noch viel Mangold in der Tasche.« Er schien selbst nicht genau zu wissen, ob er nun lieber essen oder rauchen wollte.

»Haben Sie schon mal versucht, Rotrüben zu rauchen?«

Sigurd schien über diese von Sieglinde als Kompromiß angebotene Variante nachzudenken, konnte sich dennoch nicht entschließen, entnahm statt dessen seiner Umhängetasche ein paar Körner und überprüfte den Stand der Sonne. »Vielleicht gehen wir zum Donarbalken. Um diese Zeit werden wir da am wenigsten gestört.«

Bendix willigte ein, und Sieglinde folgte den beiden unaufgefordert, so daß Sigurd sie nach ein paar Schritten fragte, ob sie nichts zu tun habe. Doch Sieglinde schüttelte den Kopf und verwies Sigurd darauf, daß schließlich sie dieses Informationsgespräch mit Bendix erst angeregt hatte, und sagte zu Bendix: »Ich fand das nämlich ganz toll, was du da neulich gesagt hast.«

»Ich sage immer tolle Sachen«, erwiderte Bendix, noch immer etwas muffig.

Sieglinde versuchte ihn von unten anzusehen, wie sie es bei Iduna beobachtet hatte. Doch das glückte ihr nicht besonders. Sie war nun mal einen Kopf größer als Iduna, somit fast so groß wie Bendix, gab es also sofort wieder auf. »Kann sein. Ich bin ja nicht immer dabei. Als Magd kann man nicht immer das machen, was man gern möchte.«

»Aber du bist irgendwie eine besondere Art von Magd«, erwiderte Bendix, blickte jedoch nicht sie an, sondern Sigurd. Falls Sigurd zugehört hatte, schien er die Ansicht zu teilen, denn ohne etwas zu berichtigen, setzte er sich zwischen zwei Löcher auf den Donarbalken. Bendix nahm neben ihm Platz; Sieglinde hockte sich vor beiden auf die Erde, zog die Beine an und verschränkte die Arme vor ihren Knien, achtete jedoch darauf, daß ihr Rock die Beine nicht vollständig verdeckte.

Sigurd begann beiläufig: »Was hältst du eigentlich überhaupt davon, daß ich beim Wahlkampf mitmache?«

Bendix antwortete ausweichend. »So ist das Ganze ja gedacht, daß sich mehrere um ein Amt bewerben, damit die Leute sich den aussuchen können, der sich ihrer Meinung nach am besten als Anführer eignet.«

Sigurd blickte Sieglinde triumphierend an, als hätte Bendix ihn bestätigt. »Sieglinde hat nämlich behauptet, daß du gesagt haben sollst, das Volk sei viel zu dämlich, um richtig beurteilen zu können, wer sich am besten für seine Interessen einsetzt.«

»So habe ich mich zwar nicht ausgedrückt. Doch inhaltlich ist das nicht ganz falsch.«

»Nicht ganz falsch?« Sigurd blickte Bendix so lange unbeweglich, ja, völlig erstarrt an, daß sich Bendix schon sorgte: Gleich kippt er um und fällt in die Scheiße.

Sieglinde wollte nicht warten, bis sich Sigurd, ihr Herr, gefangen haben mochte. »Aber dann könnten die Kandidaten ja auch um das Amt würfeln. Ich meine, wenn die sowieso nicht wissen, warum sie den einen wählen, den oder die anderen aber nicht.«

Bendix war beeindruckt. Sieglinde mußte über das, was er vor ein paar Tagen den Frauen erklärt hatte, gründlich nachgedacht haben.

»Das ist gar nicht so dumm, was du sagst. Da ist viel dran. Und wenn man nur daran denkt, wie wird einer Anführer, Häuptling oder König, dann könnte man, anstatt zu wählen, tatsächlich genausogut würfeln.«

Sigurd war empört: »Es soll Gauführer werden, wer vielleicht dreimal hintereinander eine Sechs würfelt?«

»Oder viermal hintereinander eine Fünf«, bestätigte Sieglinde zufrieden.

»Das finde ich . . . Ich kann gar nicht sagen, wie ich das finde. Auf alle Fälle total unmoralisch. Hätte man gewürfelt, wäre Hermann niemals König der Cherusker geworden, und ob ein anderer die Römer im Teutoburger Wald besiegt hätte, ist doch sehr zweifelhaft, und dann hätten die Römer vermutlich das ganze Germanien besetzt.«

»Also erstens ist es ja nicht ausgeschlossen, daß Hermann beim Würfeln gewonnen hätte. Allerdings gebe ich gern zu, daß es ein Zufall gewesen wäre. Aber zweitens: Wie viele Schlachten haben wir Germanen gegen die Römer schon geschlagen, und wie viele davon haben wir gewonnen?«

Sigurd dachte nach, aber so schnell fiel ihm kein weiterer germanischer Sieg ein. »Trotzdem, es ist und bleibt unmoralisch.«

»Vergessen Sie mal einen Moment, ob Moral in diesem Zusammenhang überhaupt eine Rolle spielt oder nicht. Von mir aus können wir darüber später noch sprechen. Aber wenn Sie genau zugehört hätten, was ich vorhin Sieglinde geantwortet habe, dann wäre Ihnen eine Einschränkung nicht entgangen. Ich hatte gesagt, man könnte würfeln, wenn es nur darauf ankäme, wie einer Gauführer werden kann. Tatsächlich jedoch bin ich davon überzeugt, daß man kein Volk dazu bringen wird, um seinen König zu würfeln.

Ein Volk muß nämlich davon überzeugt sein, daß es in freier und eigener Entscheidung demjenigen seine Stimme gegeben hat, den es für den Fähigsten hält. Schließlich wird dieser König oder Gauführer oder was auch immer, wenn er an der Macht ist, ständig irgend etwas anordnen, irgendwas entscheiden müssen ... was auch immer. Und dann muß das Volk davon überzeugt sein, daß richtig ist, was die Obrigkeit entschieden oder angeordnet hat, schon weil es sich die Obrigkeit ja selbst ausgewählt hat.

Hätte man den König ausgewürfelt, und der sagt nun meinetwegen: Vom nächsten Herbst an muß jeder Germane den zehnten Teil seiner Ernte beim Sippenvogt abgeben, damit unsere Alten und Kranken nicht mehr einfach in den Wald gejagt werden, sondern im Dorf bleiben können. Wie ich unsere Germanen kenne, sagen die dann doch: ›Nur weil dieses Arschloch drei Sechsen hintereinander gewürfelt hat, soll ich den zehnten Teil meiner Ernte abliefern? Der Kerl hat doch wohl eine Eiche am Baum. Der kann mich mal!‹ Und niemand ...«

Sigurd hatte sich eine Weile zurückhalten können, doch wenn er nicht platzen wollte, mußte er Bendix jetzt ins Wort fallen. Empört sagte er: »Ich weiß nicht, wie das bei euch Kimbern war, aber wir Teutonen jagen keine Alten und Kranken in den Wald.«

»Ist ja gut. Das war doch nur ein Beispiel. Genauso hätte ich sagen können, der Gauführer befiehlt, daß am nächsten Donarstag der Rino bei Bad Wotansberg in breiter Front überschritten wird, um das Land der langen Barden zu erobern. Oder daß niemand mehr an einem Freitag Fisch essen darf. Oder er verbietet das Schmöken, weil eine Druse behauptet, das wäre ungesund. So was meine ich.«

Sieglinde kicherte, aber Sigurd war in tiefes Grübeln verfallen, begnügte sich mit dem nebensächlichen Einwand, daß Schmöken nicht ungesund, sondern geradezu gesund sei, verstummte aber danach.

»Wenn ich alles richtig verstehe, kommt es also nicht allein darauf an, wie man Gauführer wird, sondern daß man auf solch eine Art und Weise Gauführer wird, daß die Untergebenen später widerspruchslos gehorchen.«

Sigurd war so verblüfft, daß er seine Magd Sieglinde lange mit offenem Mund anstarrte, bis er sich mit der Bemerkung erhob: »Ich glaube, ich muß mir das alles noch mal gründlich durch den Kopf gehen lassen. Ich werde dich später alles fragen, was ich dich eigentlich jetzt fragen wollte.« Und verließ den neuen dörflichen Treffpunkt.

Bendix war indessen kaum weniger beeindruckt. Er schaute Sieglinde an, als hätte er sie vorher noch nie gesehen. Und ihm kamen sehr merkwürdige Gedanken. Sieglinde wirkte auf ihn, als hätte man sie gerade von der Wäscheleine geholt, nach Wind duftend und nach Wiese und Sonne, alles so appetitlich, daß er sich fast vorstellen konnte, geeignete Körperteile über Holzkohle zu brutzeln. Allerdings würde die Mahlzeit nur dann Spaß machen, wenn er sie mit ihr gemeinsam genießen könnte. Bereits deshalb schloß sich eine Verwirklichung seiner kulinarischen Träumerei aus, so daß etwaige ethische Skrupel nicht mehr berücksichtigt werden mußten.

Doch war es sicherlich nicht unvorstellbar, daß Bendix zwischen einigen weiblichen Dorfbewohnern eine gewisse Irritation ausgelöst hätte, wäre nicht zu aller Glück in diesem Augenblick am Rande der Donarbalkenlichtung Iduna aufgetaucht. Vermutlich hätte sie jeglichen Zweifel an der Weisheit ihrer germanischen Götter und Geister für den Rest ihres Lebens aus ihren Gedanken verbannt, wenn sie geahnt hätte, wie wichtig es für sie (und für Bendix) war, gerade in diesem Moment an diesem Ort zu erscheinen.

»Ich such' dich schon die ganze Zeit. Papi will mit dir reden«, sagte sie erleichtert, noch während sie auf ihn zuging. Sieglinde erhob sich heiter, nickte Iduna freundlich zu, bedankte sich bei Bendix, weil wieder einmal alles so anregend und aufschlußreich gewesen war. Dann verschwand sie mit ihrer hellen Kutte zwischen dem frischen Grün der Bäume und Sträucher.

DAS SECHSTE KAPITEL

Nach den ersten Aufregungen in Verbindung mit der vorgesehenen Wahl hatten die Bewohner von Bonarum (und der anderen umliegenden Dörfer) allmählich zu ihrem normalen Alltag zurückgefunden. Die heiße Phase des Wahlkampfes hatte noch nicht eingesetzt, hätte gar nicht beginnen können, weil wichtige Bedingungen bislang unbekannt geblieben waren.

So wußte niemand, wie die Stimmen überhaupt gezählt werden sollen. Von Bendix hatte man erfahren, daß sich seinerzeit alle Rastheniker, die wählen wollten, am Hang des Berges versammelten, auf dem die Burg für deren Götter stand, direkt neben dem Marktplatz. Ein günstiges Plätzchen also, weil er für jeden sozusagen auf dem Weg lag. Bevor gewählt wurde, hielt erst mal jeder Bewerber eine Rede, und wenn die beendet waren, wurde abgestimmt, durch ein einfaches Handzeichen. Woanders sollten einfach Stöckchen benutzt worden sein, kurze für nein, lange für ja. Aber das war nicht der einzige Grund dafür, daß man warten mußte. So war es Badwila bislang nicht gelungen, herauszufinden, ob Frauen nun wählen dürfen oder nicht.

Die erwähnte Rückkehr zum normalen Alltag bedeutete indessen nicht, daß alles wieder so war wie vorher. Dabei hatte man in Bonarum noch nicht einmal von der einschneidendsten Neuigkeit erfahren: Bevor sich Blauzahn, Graumantel, Topfer und Genossen darüber verständigen konnten, ob man überhaupt eine Brücke über den Rino bauen sollte, hatten römische Bernsteinhändler[23] bereits mit deren Bau begonnen, und zwar fast

[23] Die bis in dieses Jahrhundert hinein als gesichert geltende Erkenntnis, daß der in Rom so sehr geschätzte Bernstein – kunstvolle Schnitzereien sind in vie-

genau in der Mitte zwischen Bonarum und Bad Wotansberg. Für diese Stelle hatten sie sich aus technischen Gründen entschieden, weil sich dort eine Furt befand, die selbst Fußgängern ermöglichte, gemächlich den Fluß zu überqueren. Obwohl zwei Knechte Sigurds die Bauarbeiten beobachtet hatten, berichteten sie lediglich, daß die Römer auf ihrer Seite des Flusses offenbar einen neuen Wachtturm bauen wollten. Sie hatten noch nie in ihrem Leben eine Brücke gesehen. So blieb ihre Information unbeachtet, weil es auf einen Wachtturm mehr oder weniger nicht ankam.

Obwohl die vielen Ungewißheiten die Wahlkandidaten zur Untätigkeit zwangen, hatte sich deren Leben doch verändert. Denn bei allem, was sie nun taten, überlegten sie, ob es ihnen später Stimmen bringen würde oder nicht. Daß sie in ihrer erbarmenswerten Naivität die Bedeutung ihrer Handlungen in dieser Hinsicht gar nicht beurteilen konnten, ahnte schließlich noch keiner von ihnen. Lediglich ein Kandidat lebte, wie er vorher gelebt hatte: Heinrich der Brögler.

Für ihn hatte sich nichts geändert – mit einer Ausnahme: die Zusammensetzung seiner Schüler. Da war etwas Seltsames geschehen: Gundolf Graumantel hatte Heino überreden können, seinen Sohn Goldemar am Unterricht teilnehmen zu lassen. In Bad Wotansberg war jede Form allgemeiner Wissensvermittlung verpönt. Bisher hatte niemand schulähnlichen Unterricht für die Kinder entbehrt. Doch nach den Ereignissen der letzten Monate war Graumantel unsicher geworden. »Es liegt was in der Luft«, hatte er seiner Frau Loki nach seiner Rückkehr aus Bonarum offenbart, »irgendwas wird sich gräßlich verändern.«

len Museen zu bewundern – fast ausschließlich von der Ostsee (baltic amber) stammte, obwohl bereits Plinius darauf hinwies (Plinius, N. H. XXXVII), daß es auch Nordseebernstein gäbe, kann nach den verdienstvollen Arbeiten von Prof. Rafael von Uslar so nicht mehr hingenommen werden. U. verweist auf neueste Arbeiten von Naturwissenschaftlern, die ergeben haben, daß sich Bernstein aus dem gesamten Fundgebiet, also von der Ostküste Englands über die Nordsee und die Ostsee bis hin an den Dnjepr bei Kiew, spektroskopisch nicht unterscheiden läßt. So dürfte es sich bei der bislang als besserer Wanderpfad eingestuften Route Genua–Mailand–Augsburg–Bonn–Rotterdam in Wahrheit um eine der damals bedeutendsten Bernsteinstraßen gehandelt haben.

Loki hatte vor Schreck zunächst gar nicht antworten können, weil Graumantel mindestens drei Jahre lang überhaupt nicht mehr mit ihr gesprochen hatte, von den üblichen barschen Befehlen einmal abgesehen. Selbst nachdem sie sich einigermaßen berappelt hatte, hatte sie dem Plan, Goldemar in Bonarum unterrichten zu lassen, mit einem kargen »Ja« zugestimmt, obwohl sie davon überzeugt war, daß Gundolf Graumantel bestimmt nicht an das Wohl seines Sohnes dachte. Ihr Verdacht wurde auch sofort bestätigt, als ihr Mann beiläufig sagte: »Außerdem kann es ja nichts schaden, wenn Goldemar bei dieser Gelegenheit mal ein bißchen Augen und Ohren aufsperrt.«

Obwohl Heino unbeirrt dabei blieb, daß Graumantel der übelste lebende Teutone war, hatte er dessen Sohn erlaubt, am Unterricht teilzunehmen. Möglicherweise hatte er gerade deshalb zugestimmt, weil Graumantel eine so niederträchtige Kreatur war, und um so zu verhindern, daß Goldemar zu einem ähnlichen Monstrum heranwachsen würde. Heino war, trotz seiner blutigen Heldentaten, im Kern seines Herzens sanft, gutmütig und hilfsbereit. Daß Goldemar schon 22 Jahre zählte, war ebenfalls kein Hinderungsgrund, denn fast täglich gesellten sich Erwachsene zu dem Kreis der Kinder am See. So war Bendix mindestens einmal in der Woche Gasthörer, Sigurd kam häufig, Baldur sowieso. Neuerdings nahm sogar Iduna manchmal wieder am Unterricht teil, was Heino viel mehr irritierte, weil Frauen schließlich im Haushalt und auf den Feldern ausreichend zu tun hatten.

Vielleicht war Idunas Anwesenheit an diesem Vormittag die Ursache dafür, daß ihre jüngere Schwester Elske hartnäckig darauf bestand, Heino möge in seinem Bericht dem kontinuierlichen Ablauf der Ereignisse vorgreifen und von der bislang nur beiläufig erwähnten Doppelhochzeit berichten: Günter mit Brunhilde und Siegfried mit Kriemhild. In den letzten Wochen war Iduna nämlich jedesmal, wenn das Wort Hochzeit fiel, schamrot geworden oder wütend oder beides.

Heino hatte nichts dagegen. »Das ist auch wichtig. Auch wenn man das damals noch nicht so übersehen konnte, aber heute weiß man, daß mit diesen beiden Hochzeiten im Grunde ja alles angefangen hat. Wenn Günter nicht diese Eismeerziege Brunhilde geheiratet hätte, würde heute kein Mensch mehr was von den Nibelungen wissen. Dann hätte Siegfried seine Kriemhild nicht gekriegt, und es gäbe keine Ursache für diese wunderbaren Verbrechen, die uns Germanen ja so leicht keiner nachmacht. Ohne diese herrlichen Grausamkeiten wären wir Germanen ein Volk wie jedes andere und würden nicht so beneidet werden von den anderen Völkern. Und wie gesagt, wenn es diese beiden Hochzeiten nicht gegeben hätte, dann ...«

Ausgerechnet Goldemar nutzte Heinos Atem- und Schluckpause: »Eins verstehe ich nicht. Da heiratet Günter seine Brunhilde, und Günters Schwester heiratet Siegfried. Da hatte doch jeder, was er wollte. Ich kann mir vorstellen, daß es Ärger gibt, wenn vielleicht Günter Kriemhilde geliebt hätte und Siegfried ...«

»Aber das war doch seine Schwester«, erklärte Elske.

Goldemar versuchte seine Verlegenheit zu unterdrücken, vor allem bemühte er sich, Iduna nicht anzusehen (obwohl diese das gar nicht bemerkt hätte, weil sie ihren glühendrot gewordenen Kopf tief in den Sand neigte). »Ich wollte ja nur sagen, daß ich es verstehen könnte, wenn es zu Mord und Totschlag kommt, weil ein anderer die Frau heiratet, die man selbst liebt. Aber so ...«

»Nun hör mal genau zu, mein Junge«, begann Heino, nachdem er sich das alles kopfschüttelnd angehört hatte, »an so was, was du da für 'nen ungemolkenen Käse sprichst, merkt man, daß dir dein Vater nicht mal aus Versehen irgendwas beigebracht hat, was eben Kultur und Bildung heißt. Aber davon weiß der ja selber nichts. Und ich kann hier nicht alles wiederholen, was wir dieses Jahr schon durchgesprochen haben. Hast du den Namen Siegfried schon mal gehört?«

»Der edelste germanische Held aller Zeiten«, antwortete Goldemar brav.

Heino nickte. »Sagt dein Papi, weil er den bewundert. Aber ein Mann, der noch ein bißchen was weiß von Ehre und solchen Sachen, der sagt: Siegfried war ein charakterloser Erzspitzbube, eine Schande für die Menschheit. Und wenn andere Germanen was anderes sagen, dann bedeutet das nur, daß sie ebensolche Halunken sind oder sein möchten. Aber bleiben wir bei der Hochzeit. Wie ist Günter an Brunhilde rangekommen? Wer weiß das noch?«

Während sich alle Kinder brav meldeten, fing Elske gleich an zu erzählen: »Also Brunhilde war irgendwo da oben Königin, und wer sie heiraten wollte, mußte sie besiegen. Günter war der erste, der das geschafft hat, aber nur, weil Siegfried ihm geholfen hat mit seiner Tarnkappe, die ihm gleichzeitig zwölfmal soviel Kraft verschaffte. Günter war . . .«

»Das reicht. Nur eins hatte Günter sich nicht richtig überlegt: Was passiert, wenn er sich von diesem friesischen Karnickel in so einer Sache helfen läßt? Oder vielleicht hat er auch gar nicht drüber nachdenken können, weil der so geil auf die Brunhilde war? Denn wenn ein Mann richtig geil ist, dann vergißt er alles um sich herum. Aber nachdem alles vorbei war, konnte dieser friesische Karnickelfresser mit Günter ja nun machen, was er wollte. Siegfried mußte seine Wünsche nur äußern, und Günter mußte parieren. Und dann ging's ja auch gleich los: Siegfried verlangte, daß Günter ihm seine Schwester Kriemhild zur Frau gibt. Das muß man sich mal vorstellen, die Schwester vom größten König und Siegfried, der Sohn von einem besseren Großbauern, von einem friesischen noch dazu! Und ich glaube, daß Günter ziemlich bald ahnte, was er sich da eingebrockt hatte.

Wegen seiner Schwester, dieser Kriemhild, da machte er sich keine Sorgen. Die war gleich einverstanden. Wie die Weiber so sind, die hat nur gesehen, daß da so 'n blondes, blauäugiges Großmaul mit dicken Muscheln war, und hat ja gesagt, von mir aus heirate ich den. Aber Brunhilde war natürlich stocksauer, daß sie nun so einen Verwandten kriegen sollte, und fragt Günter, was er sich dabei denkt, einen zugelaufenen friesischen Rumtreiber sozusagen mit ihr auf eine Stufe zu stellen, auch noch am selben Tag heiraten, daß von nun an die Könige nicht mehr unter sich waren. Nun konnte Günter ihr ja schlecht erklären, daß er gar keine Wahl gehabt hatte. Denn wenn Siegfried Brunhilde sagen würde, daß gar nicht Günter sie besiegt hatte, sondern er, na ja, dann wär eben die Kacke am Dampfen gewesen.

Also versuchte Günter sie zu besänftigen, daß Siegfried eben ein toller Mann wäre und sein bester Freund und edel und anständig und so ’nen Scheiß eben, vor allem tapfer und von königlicher Gesinnung. Na ja, da hat sie nichts mehr gesagt, aber hat sich gedacht: Na warte, Bürschchen, du wirst dich noch wundern.

Zuerst ging alles so, wie es sein soll, ich meine mit der Hochzeit und so. Da wurde stundenlang gesoffen und gefressen, und irgendwann verdrückten sich die beiden Pärchen. Kriemhild ist den ganzen nächsten Tag nicht aus dem Bett rausgekommen, so hat Siegfried die gebrögelt. Aber, jetzt haltet euch fest, Kinder: Brunhilde war am nächsten Morgen noch Jungfrau. Nach der Hochzeitsnacht. Das hat’s ja noch nie gegeben.«

»Wie ist das denn möglich?« fragte Elske erstaunt.

»Also vorkommen kann so was schon mal«, sagte Iduna hastig, genierte sich aber sofort und zählte wieder die Ameisen vor ihren Füßen.

»Nach der Hochzeitsnacht?« wollte Goldemar wissen, er schien am meisten an der Aufklärung interessiert zu sein.

Heino bewies, daß er über ein erhebliches Talent zu dramatischer (obwohl keines zu kontinuierlicher) Erzählweise verfügte. Er schob die Pointe nach hinten: »Gewußt hat das damals ja noch niemand, außer Günter und Brunhilde natürlich. Nur das verkniffene Gesicht von Günter ist uns am nächsten Tag allen aufgefallen. Brunhilde dagegen war fröhlich wie vorher noch nie.

Monate, vielleicht sogar Jahre später – ich glaub’ sogar, das war erst kurz bevor wir Siegfried gemeuchelt haben –, da hat Siegfried uns mal so in kleinem vertrautem Kreis . . . nur mein Freund Hagen aus Tromsö war dabei und ich. Wir hatten alle ganz schön einen in der Milch. Da hat Siegfried uns erzählt, was passiert ist in der Hochzeitsnacht mit Günter.

Also, der kommt mit seiner Brunhilde in sein Schlafzimmer, reißt sich die Klamotten vom Leibe, kann man ja verstehen. Aber als er hochguckt, sieht er: Brunhilde steht einfach rum, hat noch alles an.

Er steht also da – sein Trüffel natürlich auch, steil in die Luft gereckt. ›Was ist mit dir?‹ fragt er. Und da fängt sie wieder an mit der alten Lure: ›Wieso darf einer wie Siegfried deine königliche Schwester heiraten? Weiß er was von dir?‹ Als ob sie was geahnt hätte. Aber Günter will jetzt endlich ran an die Muschi. ›Wie kommst du auf so was‹, sagt er, ›außerdem können wir morgen darüber reden. Jetzt wird gebrögelt, wie es deine Pflicht ist, Weib. Jetzt wirst du entlarvt.‹ Doch sie guckt ihn nur an, bindet aber in aller Ruhe schon mal ihren Gürtel ab. Also geht Günter fröhlich zu ihr hin, will schon mal die Möpse grabschen, da packt sie ihn plötzlich, fesselt ihn mit dem Gürtel und hängt ihn an einen Haken unter die Decke.«

Heino machte eine Pause und genoß erst mal die Verblüffung seiner Zuhörer und feuchtete seine ausgetrocknete Kehle mit einem rabiaten Schluck Mezza an. »Aber während er noch so da unter der Decke strampelt, zieht sie sich gemütlich aus, legt sich nackend ins Bett und zeigt ihm alles, was sie hat, tut aber so, als wäre er Luft. Nach einer Weile sagt sie dann zu ihm: ›So wirst du jetzt jede Nacht aufgehängt, bis du mir sagst, was da los ist mit Siegfried und dir.‹ Am nächsten Morgen hat sie ihn dann wieder abgehängt, der arme Kerl hatte natürlich keine Minute geschlafen, nur zugeguckt, wie sich dies herrliche Weib da unter ihm rumgewälzt hat.

Und dann ist Günter gleich zu Siegfried gelaufen und hat ihm das alles erzählt. Siegfried hat dann gesagt: ›Da hilft nur eins, du mußt sie brögeln!‹ – ›Das weiß ich selbst‹, hat Günter gesagt, ›aber wie denn? Du weißt doch, was die für Muscheln hat.‹ Und Siegfried, dieser Heuchler, hat natürlich schon geahnt, was Günter für einen Plan hatte, aber läßt sich nichts anmerken, tut mitleidig und sagt: ›Das ist wahr. Da hab' ich im Moment nicht dran gedacht.‹ Er wollte natürlich, daß Günter ihm das vorschlägt. Ihr könnt euch sicher schon denken, an was Siegfried gedacht hat.«

Elske grinste: »Daß die das genauso machen wie damals bei den Wettkämpfen auf der Vulkaninsel.«

Heino nickte zufrieden: »Genau das hat Günter dann auch vorgeschlagen. Er wollte Siegfried mit ins Schlafzimmer nehmen, mit seiner Tarnkappe auf, also eben unsichtbar, und dann sollte er Brunhilde festhalten, während er sie in aller Ruhe brögelt.«

Goldemar war empört: »Und das hat Siegfried getan?«

»Er hat sogar noch viel mehr gemacht. Zuerst hat sich Siegfried, dieses friesische Brechmittel, da noch heuchlerisch geziert und gesagt: ›Aber das geht doch nicht. Das ist doch deine Frau, eine große Königin, und so das erstemal brögeln ist ja auch was Besonderes. Wenn man schon ein paar Jahre verheiratet ist, dann kommt es ja nicht mehr so drauf an und so. Aber natürlich, wenn du drauf bestehst, und ich bin ja nun nicht nur dein bester Freund, sogar dein Schwager. Also gut, ich halt' sie fest.‹

Aber er hat sie eben nicht nur festgehalten. Er hat sie auch gebrögelt, bevor Günter seinen Trüffel freigelegt hatte.«

»War Günter da nicht sauer?« fragte Walgari naiv.

»Der hat das doch gar nicht mitgekriegt. Wenn Brunhilde Siegfried nicht sehen konnte, konnte Günter das erst recht nicht. Ich sag' euch, mit so 'ner Tarnkappe macht das Leben viel mehr Spaß.«

»Hast du denn auch schon mal heimlich gebrögelt? Mit deinem Wikingerhelm?« fragte Iduna, ohne an Anmut einzubüßen.

Heino wurde verlegen: »Einmal habe ich das versucht, mitten in der Nacht. Aber das war's dann auch. Ein Helm ist keine Kappe.«

Trotz eindringlicher Bitten der Kinder war er nicht bereit, weitere Einzelheiten preiszugeben. Tatsächlich wäre eine wertvolle Freundschaft bei jener Gelegenheit fast zerstört worden. Als Opfer des von ihm erwähnten Versuchs hatte er sich nämlich ausgerechnet die Frau seines besten Freundes Hagen aus Tromsö gewählt. Doch gerade als er sich über sie beugte, fiel ihm sein Helm vom Kopf. Möglicherweise hätte er es gar nicht sofort bemerkt, wenn Hagen und dessen Frau nicht in brüllendes Gelächter ausgebrochen wären. Da der Helm ja nicht wirklich unsichtbar machte, hatte Hagen seinen Freund Heino bereits entdeckt, als dieser sich – nur mit dem Helm bekleidet – anschlich. Hagen hatte schnell geschaltet: Seine Frau überließ ihren Schlafplatz einer vierschrötigen Marketenderin aus dem übel beleumundeten Fischerviertel von Tromsö.

*

»Politik«, belehrte Bendix Sigurd, »ist eine Angelegenheit für Schlauköpfe. Da muß man erhabene Fragen stellen, aber die ordinären meinen. Und Sie sind kein Schlaukopf, Sigurd.«

Die beiden saßen einträchtig vor dessen Haus auf einem an einer Seite abgeflachten Baumstamm. Sigurd hatte Bendix zu einer Suppe ins Haus geladen. Bevor Bendix zugab, hungrig zu sein, hatte er sich mit glaubhaft gespielter Neugier (in Wahrheit natürlich aus Furcht und Vorsicht) danach erkundigt, was für eine Suppe es denn sei. Nachdem ihm Sigurd stolz eröffnet hatte, daß er schon seit Wochen dabei sei, den Speisezettel der Familie Swastika modernen gesundheitlichen Forderungen anzupassen, und heute eine von ihm noch nicht erprobte Zusammenstellung aus Spörgel[24], Leindotter und Knöterich (zu gleichen Teilen) dran sei, hatte Bendix freundlich, aber entschieden abgelehnt. Allerdings mußte er sich bereit finden, Sigurds Sorgen anzuhören. Doch sagte sich Bendix, daß er dem Gespräch beim Essen im Hause wohl ebensowenig entgangen wäre. Dann lieber vorm Haus und ohne Suppe.

Sigurd war nicht beleidigt, als Bendix ihm eröffnet hatte, er sei kein Schlaukopf, schien allerdings etwas betrübt. So versuchte Bendix ihn zu trösten: »Das soll nicht heißen, daß ich Sie für dumm halte, Herr Sigurd. So habe ich das nicht gemeint.

[24] Wird von einigen bekannten Gourmets (allerdings vornehmlich von solchen, die sich selbst dazu ernannt haben, weil sie schreibend davon leben) häufig mit Spargel verwechselt. Dabei unterscheidet sich der Spörgel vom Spargel nicht nur durch den ersten Vokal und das Aussehen, sondern ebenfalls durch den Geschmack so eindeutig, daß weniger geschulten Essern sofort auffällt, ob sie Spargel oder Spörgel zu sich nehmen. Der Spörgel (lat. Spergula) gehört zur Gattung der Nelken, besitzt quirlständige schmale Blätter mit weißen Blüten und wächst heute vor allem unter der Bezeichnung Spergula arvensis (Ackerspark) als Futterpflanze auf Feldern; die Samen ergeben ein ausgezeichnetes Vogelfutter (Trulla).

Vielleicht sind Sie in Ihrer Art sogar weise. Aber das ist was anderes als schlau sein. Und mit Weisheit kommen Sie in der Politik nicht weit. Die ist da nicht gefragt. Genausowenig wie Vernunft. Beides hat in der Politik nichts verloren.«

»Ich weiß gar nicht, was Politik eigentlich bedeutet«, gestand Sigurd aufrichtig.

»In dem Augenblick, in dem Sie sich zur Wahl stellen, machen Sie Politik. Alles, was damit zusammenhängt. Und vor allem später dann, wenn Sie Gauführer geworden sein sollten. Und unter Schlaukopf verstehe ich . . .«

»Also das weiß ich. Das will ich auch nicht sein. Am Ende noch so einer wie vielleicht mein Schwager oder dieser gräßliche Graumantel, eigentlich alle, von denen ich bisher weiß, daß sie kandidieren.«

»Das meine ich«, stimmte Bendix zu. »Sie sind wirklich anders als die.«

»Und genau deshalb habe ich mich ja geradezu verpflichtet gefühlt zu kandidieren. Gerade weil die anderen so sind, wie du gesagt hast, Bendix. Es muß doch mindestens einer dasein, dem es nicht darum geht, ob unsere Schwerter nun ein- oder beidseitig geschliffen werden, ob wir eine Brücke über den Rino brauchen, ob wir Handwerker ansiedeln sollen – beispielsweise haben wir keinen brauchbaren Töpfer unter unseren Sklaven.«

»Ob wir Germanen überhaupt Sklaven[25] haben sollten«, schlug Bendix vor.

[25] Alle jene Leser, die bislang nicht wußten, daß unsere germanischen Vorfahren ebenfalls Sklaven besaßen, und deshalb heute vielleicht Scham empfinden, dürfen sich damit trösten, daß wir bereits damals fremde Arbeiter ganz offensichtlich besser behandelten, als es etwa die Römer taten. Fast könnte man resümieren: Unsere Sklaven hatten es gut. Tacitus vermerkte (im Abschnitt XXV) ganz erstaunt: »Daß man einen Sklaven prügelt, fesselt und mit Zwangsarbeit bestraft, ist selten; oft schlägt man ihn tot, nicht um strenge Zucht zu wahren, sondern in der Hitze des Zorns, wie einen Widersacher . . .« Also in allen Ehren. Freilich glaubte Tacitus sein verstecktes Lob sofort mit dem Hinweis einschränken zu müssen, daß die Tötung von Sklaven straffrei bliebe. Dabei war die Erkenntnis, daß man nicht alles haben kann, bereits lange vor seinen Lebzeiten weit verbreitet.

Aber das verstand Sigurd nicht. »Wie meinst du das, keine Sklaven? Und wer soll die Arbeit machen?«

»Ich hab' das nur so gesagt.«

Sigurd lachte etwas blechern. »Du immer mit diesen Witzen. Aber du hast sicher verstanden, was ich meine.«

»Aber klar. Ihnen geht es um das Moralische.«

Sigurd nickte heftig. »Besser hätte ich es selbst nicht ausdrücken können. Wenn ich ehrlich bin, aber das bleibt bitte unter uns . . .« Sigurd beugte sich zu Bendix und flüsterte in dessen Ohr: »Ich habe mich nur deshalb dazu entschieden, Gauführer zu werden, weil ich Christ bin. Du weißt, was das bedeutet.«

»So ein bißchen kenne ich mich ja auch aus in der Bibel. Ich habe mich mit vielen Christen unterhalten, bevor sie in die Arena gingen.«

»In die Arena? Was ist das denn?«

»So 'ne Art heiliger Hain, nur ohne Eichen, aber mit Sitzplätzen.«

»Und was haben die Christen da gemacht?«

»Mit Löwen gekämpft. Erst wurden die Christen in die Arena getrieben, danach die Löwen.«

»Und dann?«

»Na ja. Die Leute haben gejubelt.«

»Und die Christen?«

»Die weniger.« Bendix nahm an, daß Sigurd sich vorstellen konnte, was aus seinen Glaubensbrüdern in der Arena geworden war, und versuchte ihn zu beruhigen: »Erstens ist das ja nun schon lange vorbei. Und zweitens: Haben Sie in dieser Gegend in letzter Zeit mal Löwen gesehen?«

»Wir haben ja kaum noch Wildschweine«, mußte Sigurd einräumen und war mit seinen Gedanken bereits wieder beim Thema: »Aber als Christ lebt man eben nach ausgeprägten moralischen Grundsätzen.«

»Und die haben in der Politik nichts verloren.«

Sigurd starrte Bendix verblüfft an. »Wie meinst du das?«

»Es geht nur eins von beiden. Entweder oder. Entweder Moral oder Politik. Wer politisch tätig sein will, muß sich damit abfinden, daß moralische Grundsätze dabei keine Rolle spielen. Man kann nicht gleichzeitig Gauführer werden wollen und Heiliger. In der Politik muß ein Mensch immer wieder Dinge tun, die seinem Seelenheil abträglich sind. Was meinen Sie, wie oft Sie irgendwas tun müßten, was politisch richtig, moralisch aber abscheulich ist. Wenn etwas moralisch bewunderungswürdig ist, sagt das überhaupt nichts darüber aus, ob es politisch richtig oder falsch ist. In der Politik geht es um die Logik von Tatsachen, wenn Sie verstehen, was ich meine.«

»Ich glaube schon«, sagte Sigurd verzweifelt. »Und woran liegt das?«

»Ganz einfach daran, daß die Menschen nicht gut sind, jedenfalls nicht alle. Mein früherer Herr in Rom, Cornelius, hat immer gesagt . . .«

»Den bist du ja wohl endgültig los, oder glaubst du, der verfolgt dich immer noch?«

»Nein. Vermutlich wohl nicht mehr. Außerdem würde er mich hier nicht finden. Nicht mal, wenn die Wirtschaft hier auf Trab gebracht werden sollte. Da wurde neulich schon mal drüber gesprochen. Nein, da müßte ihm schon jemand verraten, daß ich hier bin.«

»Ich wollte dich nicht unterbrechen. Entschuldige. Du wolltest gerade erzählen, was dein früherer Herr, dieser Cornelius, immer gesagt hat.«

»Daß man die Anzahl der Menschen, die wirklich gut sind, an den Beinen einer Fliege abzählen könnte, hat er immer gesagt.«

»Wie viele Beine haben Fliegen denn?« fragte Sigurd spontan, wartete die Antwort jedoch gar nicht erst ab. »Nicht sehr viele, nehme ich an.« Bendix nickte. »Aber ich glaube es nicht. Ich glaube, daß die meisten Menschen im Grunde ihres Herzens gut sind.«

»Selbst wenn das stimmte, es würde nicht reichen. Sehen Sie sich nur mal die Kandidaten an. Das haben Sie ja eben selbst gesagt. Die würden doch bedenkenlos vor keiner Gemeinheit zurückschrecken, wenn sie glaubten, sie hätten einen Vorteil davon.«

»Mein Schwager? Ja. Leider, muß ich sagen. Und so einer wie Graumantel geht ja jetzt schon über Leichen.«

»Sehen Sie. Da ist das Problem, Herr Sigurd, leider. Viele Ihrer Gegner sind böse. Also müssen Sie in der Politik der Bosheit der anderen – und die gibt es immer – zuvorkommen. Aber das geht oft genug nicht anders, als daß Sie selbst bösartig handeln.«

An dieser Stelle des Gesprächs erschienen Thusnelda und Brunhilde in der Tür.

»Also die neue Suppe hat jedenfalls besser geschmeckt als die von gestern, geringfügig besser. Ich habe dir aber erst gar keine warmgestellt, sondern sie gleich weggeschüttet.«

Mit dem Hinweis »So was kannst du nicht mal deinen Sklaven anbieten. Sonst legen die Feuer an dein Haus«, beschrieb Thusnelda ihren kulinarischen Eindruck.

Obwohl nicht einmal Sigurd die Suppe vom Tag zuvor untergebracht hatte, nahm er dies niederschmetternde Resultat gleichmütig hin.

»Ich rede mit Bendix gerade über Politik«, sagte er, noch immer erschüttert.

»Ich muß auch mal was mit dir besprechen, Bendix«, erklärte Thusnelda. »Allerdings hat es nichts mit Politik zu tun. Jedenfalls nicht direkt.«

»Iduna?« fragte Brunhilde neugierig.

»Bendix war gerade dabei, mir zu erklären, warum ich mich lieber nicht bewerben soll«, jammerte Sigurd.

»Das soll heißen, wir stören«, erklärte Thusnelda, die sich ohnehin weder in dieser Gesellschaft noch mit Brunhilde über Probleme unterhalten wollte, die vornehmlich ihre Tochter und Bendix betrafen.

»Wir können das gern morgen oder übermorgen ausführlicher besprechen«, bot Bendix an.

»Aber möglichst bald. Allerdings will ich erst noch mal alleine drüber nachdenken, weil ich es noch nicht so richtig verstanden habe. Und selbstverständlich bin ich jederzeit bereit, auch dir mal einen Gefallen zu tun.«

»Dazu kann es schneller kommen, als Sie denken. Mir geht da schon seit Tagen was im Kopf rum.«

Was Bendix da im Kopf herumging, schien niemanden sonderlich zu interessieren, zumindest fragte keiner nach.

Brunhilde versuchte ihren Mann aufzuheitern. Sie setzte sich neben ihn und legte ihren Arm um seine Schultern. »Also ich fände es schade, wenn du nicht kandidieren würdest.«

»Ich habe nur gesagt, daß er zu gut ist für diese Aufgabe«, erklärte Bendix.

»Aber ich war so froh, daß er mal was um die Ohren hatte, mal was, was ihn länger beschäftigen würde. Sonst kommt er täglich mit irgendwelchen Spinnereien nach Hause.«

Sigurd schüttelte sich ärgerlich den Arm seiner Frau von der Schulter: »Du tust gerade so, als wäre ich wie Baldur. Wenn einer hier im Dorf jeden Tag was Neues ausbrütet, dann doch er.«

Thusnelda nahm das Stichwort auf: »Gestern hat er was für unsere Haselnüsse erfunden. Aber das ist ganz praktisch. Wie oft hab' ich mich schon geärgert, daß die meisten Nüsse immer zu Brei werden, wenn man die Schale knackt.«

»Weil du immer zu große Steine nimmst. Ich habe einen ziemlich kleinen, extra zum Knacken für Haselnüsse.«

»Aber dann mußt du fünfmal draufhauen, bis die Schale kaputt ist.«

»Und was hat Baldur erfunden?« erkundigte sich Bendix, mehr aus Höflichkeit als aus Neugierde, während er sich erhob, weil er an Klatsch wenig interessiert war und glaubte, sich endlich unauffällig verdrücken zu können.

»Im Grunde gar nicht viel. Wir haben im Stall doch noch altes Werkzeug von Ambroß, von unserem Schmied. Und davon hat er eine Zange genommen und die nur etwas verbogen und auf einer Seite einen kleinen Zapfen drangemacht. Und jetzt geht die Zange nicht mehr ganz zu, sondern nur noch so weit, daß die Schale von der Haselnuß zerbricht, der Kern aber heil bleibt.«

Bendix setzte sich wieder. Er hatte sofort kapiert, daß Baldur diesmal etwas erfunden hatte, was seines Wissens sogar in Rom unbekannt war. Obwohl er in Rom Haselnüsse noch nie gesehen hatte, aßen die Römer doch zahllose Arten anderer Nüsse, vor allem viele Mandeln. Und oft genug war er Zeuge gewesen, wenn der Nachspeisenkoch fluchte, weil er Schwierigkeiten hatte, die Mandeln unversehrt aus der Schale zu brechen.

»Diese Zange würde ich mir gern mal ansehen«, sagte Bendix.

»Wenn Baldur mal nicht zu Hause ist, dann zeig' ich sie dir«, versprach Thusnelda.

»Hat er die etwa versteckt?« fragte Brunhilde.

»Ach was. Aber mit Bendix will er nicht mehr über seine Erfindungen sprechen.«

Brunhilde lächelte: »Das wird er aber müssen, wenn Bendix bald sein Schwiegersohn ist.«

»Das kann sich noch eine Weile hinziehen. Baldur will dreißig Rinder für Iduna haben«, sagte Thusnelda.

»Das ist sie auch wert«, meinte Sigurd.

Da sprang Brunhilde wütend auf und pflanzte sich wie ein römischer Legionär vor ihrem Mann hin: »Dreißig Rinder für Iduna? Und ich war dir nur lächerliche zwanzig wert?«

»Aber Schätzchen«, erwiderte Sigurd betroffen. »Das ist doch schon Jahre her. Seitdem ist alles teurer geworden. Heute würdest du vierzig Rinder kosten oder doch mindestens fünfunddreißig.«

Brunhilde blickte ihren Mann noch eine Weile mißtrauisch an, schien aber besänftigt. »Bleiben wir bei vierzig.«

*

Während die Kinder nach dem Unterricht aufsprangen und johlend ins Dorf rasten, als würde sie dort Aufregendes erwarten, blieben die beiden erwachsenen Zuhörer, Iduna und Goldemar, noch sitzen. Ihnen schien es hier am See zu gefallen. Erst Heinos freundliche Aufforderung, schleunigst ihren Arsch zu lüften und endlich abzuhauen, veranlaßte sie, den Heimweg anzutreten.

»Wie lange brauchst du eigentlich bis nach Hause?« fragte Iduna, nachdem sie eine Weile schweigend nebeneinander hergegangen waren.

»Nicht lange, höchstens zwei bis drei Stunden. Wenn ich mich nicht verlaufe. Meistens geht es ja mitten durch den Wald. Aber vielleicht wird es bald besser, wenn die Brücke fertig ist und die neue Handelsstraße hier vorbeigeht . . .«

Iduna blieb stehen. »Was für eine Brücke? Was für eine Straße?«

»Über den Rino. Weißt du das denn nicht? Daß die Sanellas eine Brücke bauen?«

»Ich hab' nichts davon gehört.«

Goldemar lächelte auf sie runter. »Vielleicht hast du was anderes im Kopf?«

Iduna zog ihre Stirn kraus und machte sich wieder auf den Weg. »Was meinst du damit?«

»Das weiß doch nun jeder, daß du bald heiraten wirst. Den Kimbern. Seinen Namen habe ich vergessen.«

»Bendix Büsum. Allerdings nennt Heino ihn nur noch Bendix Nohau.«

»Nohau? Das klingt ja noch komischer als Büsum.«

»Heino sagt, als er in Westfinnland war, das ist da, wo die Menschen alle eine rote Haut haben und vor ihren Zelten rumschaukeln und schmöken, da wäre also einer, der alles weiß. Überhaupt alles. Und damit man ihn erkennt, hat er lange bunte Federn von einem Riesenvogel um seinen Kopf gebunden. Und dieser Mann heißt Nohau. Und zu dem gehen dann alle von seinem Stamm, wenn sie was wissen wollen. Und auch Heino – wenn er was wissen wollte, hat er erzählt, dann haben die gesagt, da mußt du Nohau fragen. Der weiß alles.«

»Und der Kimber weiß auch soviel?«

»O ja, bestimmt. Vor allem, weil er ja in Rom groß geworden ist. Da hat er viel mitgekriegt. Bendix sagt, so, wie wir hier leben, haben die Leute da unten vor vielleicht tausend Jahren gelebt.«

»Mir hat er übrigens sehr gut gefallen, dieser . . . Nohau. Ich glaube, wenn er in Bad Wotansberg leben würde, hätte ich endlich einen Freund.«

»Hast du jetzt denn keinen?«

»Nein. Höchstens meine beiden Brüder. Aber mit denen verstehe ich mich nicht so gut.«

»Weil die jünger sind als du?«

Goldemar zögerte etwas mit seiner Antwort. »Nein. Aber die sind eher so wie Papi. Also ganz anders als ich.«

»Ist der eigentlich wirklich so . . .« Sie beendete die Frage nicht, denn ihr war plötzlich aufgegangen, welche Folgen das, was Goldemar ihr gerade eröffnet hatte, für ihren Bendix haben würde. »Nein ... O Wotan! Hast du eben gesagt, daß mit der Brücke vielleicht die Handelsstraße bei uns vorbeigeht?«

»Es wäre vermutlich der kürzeste Weg nach Colonia.«

»Werden solche Handelsstraßen von vielen Fremden benutzt, auch von Sanellas?«

»Genau weiß ich das nicht. Aber ich glaube schon. Fürchtest du dich denn vor Sanellas?«

»Nein, ich nicht. Ich hab' ja auch erst einmal einen von nahem gesehen. Ich habe Angst wegen Bendix.«

»Was hat der damit zu tun?«

»Der ist doch geflohen aus Rom. Er war da Sklave bei einem gewissen Cornelius, einem sehr reichen Mann. Der hat mehrere Häuser und allein zwölf Köche. Und der hat seine Leute hinter Bendix hergeschickt, damit die ihn wieder einfangen.«

»Aber die werden ihn doch nicht ewig verfolgen.«

»Als er im Frühjahr in den Farbmühlen der Sanellas in Summus gearbeitet hat, hat er sie gesehen. Deshalb hat er sich ja bei uns versteckt. Und es darf auch keiner wissen, daß er hier ist. Aber wenn die ganzen Handelskarawanken hier durchziehen, dann ... Jedenfalls hat er Angst davor, daß sie ihn entdecken und daß er dann wieder als Sklave arbeiten muß.«

»Und woandershin flüchten will er sicherlich auch nicht, jedenfalls jetzt nicht mehr?« erkundigte sich Goldemar teilnehmend, kaum hoffend, daß Iduna mit Ja antworten würde.

»Er will ein zweistöckiges Haus für uns bauen, und unsere Kinder sollen lesen und schreiben lernen.«

Sosehr Goldemar seinen Kopf auch quälte, es wollte ihm nichts mehr einfallen, um das Gespräch fortzusetzen. Alles, was er hätte sagen können, mußte er für sich behalten. So war er fast erleichtert, als Iduna sich von ihm verabschiedete.

»Ich glaube, ich gehe ab hier allein weiter. Wenn uns jemand aus dem Dorf sieht ... Dann kannst du dir wohl denken, was los ist.«

Goldemar mußte lachen. »Ich stelle mir gerade vor, was mein Papi wohl tun würde, wenn er uns hier sehen würde. Der behauptet nämlich immer, daß dein Vater unser Todfeind wäre. Und nun gehe ich hier mit seiner Tochter. Ich glaube, der würde mir sämtliche Knochen im Leibe zerbrechen, mindestens.«

Iduna blieb stehen. »Bis morgen«, sagte sie.

»Ich freue mich schon darauf«, sagte Goldemar.

»Ich auch«, sagte Iduna spontan, wandte sich hastig ab und biß sich gleich darauf wütend auf die Lippen, drehte sich auch nicht mehr um, als sie hörte, was Goldemar ihr hinterherrief:

»Und bestell dem Kimbern einen schönen Gruß, und wenn ich ihm irgendwie helfen kann, damit dieser Cornelius ihn nicht findet, dann soll er es mich wissen lassen!«

*

Thusnelda wollte das Thema wechseln. »Baldur hat übrigens schon wieder was Neues in Arbeit. Aus diesem zerbrochenen Hirschgeweih schnitzt er was für die Haare.«

»Ach so, nur Schmuck«, meinte Brunhilde enttäuscht.

»Eben nicht. Er sagt, daß man sich die Haare damit gründlicher ordnen kann, jedenfalls besser als mit den Fingern. Und sie sehen dann auch sauberer aus. Dies Ding ist nur sehr schwierig zu schneiden. Er versucht immer so lange Dochte zu machen, fast so wie Tannennadeln und möglichst eng aneinander. Und da bricht natürlich andauernd einer ab. Er ist ja schon seit Wochen dabei.«

»Deshalb sieht man ihn so selten.«

»Zuerst wollte er sich nur die Zeit vertreiben, bis der Wahlkampf anfängt, aber jetzt macht er mich ganz verrückt damit. Jeden Tag muß ich die Schnipsel aufsammeln.«

Iduna erschien am Dorfrand. Und obwohl sie verstimmt war, weil sie noch immer vergeblich auf die erste Umarmung wartete, ging sie sofort auf Bendix zu, nachdem sie ihn vor Sigurds Haus erspäht hatte.

»Ich muß dir was sagen. Aber es ist eine schlimme Nachricht. Die Sanellas bauen eine Brücke über den Rino. Sie sind schon fast fertig. Und vielleicht geht die Handelsstraße dann genau hier durch.«

»Woher weißt du das?«

»Das hat Goldemar gesagt«, antwortete sie, ärgerte sich allerdings gleichzeitig über ihre Sorglosigkeit, mit der ihr automatisch immer die Wahrheit rausrutschte. Es war ein Verhängnis.

Sie erhielt auch prompt die Quittung, von ihrer Mutter: »Goldemar? Graumantels Sohn ist für dich Goldemar?«

»Der darf doch bei uns am Unterricht teilnehmen.«

Thusnelda blickte ihre Tochter nachdenklich und besorgt an – genau wie alle anderen, außer Bendix. Dem schien, daß dies bißchen Vertrautheit nur für Idunas Unbefangenheit sprach.

Jetzt stichelte sogar Brunhilde: »Und was hast du da zu suchen? Du bist doch seit Jahren nicht mehr beim Unterricht gewesen?«

Bendix spürte, wie verlegen Iduna wurde. »Gibt es jetzt nichts Wichtigeres, als sich darüber zu unterhalten, ob Iduna zu Goldemar Goldemar sagt oder weshalb sie am Unterricht teilnimmt? Wenn die Information stimmt, und ich sehe keinen Grund, warum der junge Graumantel lügen sollte, dann heißt das, wir müssen uns sofort darauf vorbereiten. Jetzt ist jede Minute kostbar. Wenn ich allein daran denke, welchen Vorsprung Graumantel möglicherweise bereits hat.«

Sigurd war sofort auf Bendix Seite: »Genau. Bendix hat recht. Wir dürfen keine Zeit verlieren.« Dann stolperte er über seinen eigenen Elan und blickte Bendix aus unschuldigen Augen an: »Aber wieso Vorsprung? Was meinst du denn damit?«

»Wenn die Brücke fertig ist und die reisenden Kaufleute kommen durch Bonarum, dann wird sich in ganz kurzer Zeit unser ganzes Leben verändern.«

»Wieso?« wollte Brunhilde wissen.

»Um mit dem Einfachsten anzufangen: Sie müssen übernachten.«

Thusnelda nickte: »Eben. Und das macht nur wieder Arbeit für uns Frauen.«

»Sicher, aber es ist ja nicht umsonst. Ihr laßt euch ja Sesterzien dafür geben.«

»Fürs Übernachten? Fürs Schlafen?« fragte Sigurd verständnislos, selbst Thusnelda wurde ironisch: »Dann könnte man sich ja sogar fürs Essen Sesterzien geben lassen.«

»Das tut man auch, überall in der zivilisierten Welt.«

Das war ja unfaßbar: »Man läßt sich Gastfreundschaft bezahlen und nennt das Zivilisation?« fragte Thusnelda.

»Im Grunde bedeutet Zivilisation nichts anderes, als daß man sich alles bezahlen läßt und für alles bezahlen muß. Zivilisation sind Sesterzien, und Sesterzien sind Zivilisation. Im Grunde zwei Wörter für dieselbe Sache.«

Während die Dorfleute sich noch abmühten, diese seltsamen Neuigkeiten zu verstehen, war Bendix zu Sigurd gegangen und hatte ihm leise zu verstehen gegeben, daß er sich dringend und so schnell wie möglich mit ihm unter vier Augen unterhalten müsse.

*

Daß Baldur während der vergangenen Wochen so besessen an neuen Erfindungen arbeitete, lag sicherlich daran, daß irgendwas in ihm – was viele schöpferisch tätige Menschen kennen und bezeugen können – überraschend gärte. Da brachen Knospen auf, entfalteten sich und reiften zu kostbaren Blüten, ohne daß der Betroffene ahnte, wer gesät haben mochte. Wenngleich der eine oder andere Künstler zu wissen glaubt, wie zumindest er für sich eine fruchtbare Phase auslösen kann (faule Äpfel in der Schublade, Füße in einer Schüssel mit kaltem Wasser, sich unter Palmen ans Ufer einer Seychelleninsel setzen, gehören zu den bekannteren kokainfreien Antriebsmethoden), scheint das Rätsel bis heute ungelöst.

In Baldurs Fall drängt sich hingegen die Ursache seines hemmungslosen Schöpfungsdrangs geradezu auf.

Obwohl das früher geschilderte Informationsgespräch im Wald zwischen Sieglinde und Baldur mit unterschiedlichen Resultaten geendet hatte – Sieglinde hatte befriedigt feststellen dürfen, daß der erwartete Genuß, der bis dahin auf theoretischen Hinweisen basierte, durch die praktische Übung weit übertroffen wurde, während Baldur einen schmerzhaften Brögelstau erleiden mußte –, hatte Baldur diesen Vorgang für sich als unerwarteten Erfolg gebucht, eine fulminante Bestätigung seiner Unwiderstehlichkeit. Immerhin, so glaubte er, war es ihm gelungen, ein Mädchen zu brögeln, das zu erobern er, bei allen Vorzügen, die er besaß, bis dahin für nahezu unmöglich gehalten hatte. Und er war der erste gewesen; er, Baldur Blauzahn, hatte die hinreißend appetitliche Sieglinde entlarvt. Daß sein Trüffel seinen eigentlichen Zweck nicht zur Vollendung bringen konnte, lag einmal daran, daß dieser Vollidiot Heino brutal interveniert hatte, und zum anderen, daß Sieglinde, bei aller Intelligenz, auf erotischem Gebiet noch ahnungslos war, ahnungslos sein mußte. Dachte Baldur.

Seitdem drängte es ihn natürlich, nachzuholen, was ihm beim ersten Versuch versagt geblieben war. Es schien ihm ganz selbstverständlich zu sein, daß er lediglich auf eine passende Gelegenheit zu warten brauchte; die Angelegenheit mußte fortgesetzt werden, so, als hätte man eine Arbeit angefangen, die irgendwann zu Ende gebracht werden mußte. Schließlich nützt der beste Wagen nichts, solange die Räder fehlen.

In Wahrheit dachte Baldur nicht nur an ein einfaches Nachholspiel – unter dem Druck im Trüffel hatte er höchstens eine Stunde gelitten, ihn danach (fast) vergessen. Baldur hatte sich vielmehr dazu entschlossen, Sieglinde zu seiner ständigen Beziehung zu erheben. Seine einzige Sorge bestand darin, sie könnte übermütig werden. Immerhin würde ihr das Leben bestimmt nicht noch einmal die Chance bieten, einen Mann wie ihn zu erobern – Erfinder, Sippenvogt, Dorfschnulze und bald sogar Gauführer.

Dafür mußte er als erstes sorgen, nahm er sich vor: ihr klarzumachen, daß der Abstand zwischen ihm, einem Mann von Stand in hoher Position, und ihr, einer Magd, unüberbrückbar bleiben würde, solange die intime Beziehung auch bestehen mochte. Ja, ihre Dankbarkeit sollte selbst danach noch anhalten.

Um so verblüffter war er, als seine ersten Versuche fehlschlugen, Sieglinde ins Gebüsch zu locken oder in seine abgelegene Vorratshütte zu zerren. Bei den ersten fünf, sechs Fehlversuchen entschuldigte er sie noch, sie sei einfach zu naiv, um seine jeweiligen Andeutungen zu verstehen, obwohl er sich bei der Hütte ziemlich eindeutig verhalten hatte.

Als er jedoch – vor etwa vierzehn Tagen – eine Gelegenheit fand, mit ihr zu sprechen (die Dorfgemeinschaft war zu einem Badefest am See ausgerückt), mußte er einsehen, daß dieses undankbare Geschöpf jegliche Wiederholung schlicht ablehnte.

»Hat es dir denn keinen Spaß gemacht?« hatte er sie gefragt.

»O doch, sogar sehr viel. Es war herrlich. Es war sogar schöner als alles, was ich bis dahin erlebt hatte.«

»Aber das zweite Mal wird es noch schöner.«

»Das denke ich auch, obwohl ich mir gar nicht vorstellen kann, daß so was möglich ist.«

»Dann machen wir es doch gleich. Ich bin extra deinetwegen nicht mit zum See gegangen.«

»Das wäre nicht nötig gewesen, Herr Baldur.«

»Nun komm schon, wir können sogar zu mir ins Haus. Ich habe ein neues Fell zum Schlafen, das ist herrlich weich, weicher geht's nicht. Obendrein könnte ich dir ein paar von meinen Erfindungen zeigen, an denen ich gerade arbeite.«

»Und wenn dann jemand früher zurückkommt?«

Na also, dachte Baldur, eigentlich will sie schon, sie fürchtet sich nur, entdeckt zu werden. »Es kommt niemand zurück. Ich kenne die Badegewohnheiten meiner Familie«, versicherte er ihr treuherzig, obwohl er ebenfalls nicht ganz sorglos war. Doch die berühmte germanische Geilheit war der Vorsicht überlegen.

»Und Bendix?«

»Na gut, dann gehen wir eben wieder in den Wald. Dein Plätzchen von neulich war ja auch nicht zu verachten.«

»Verstehen Sie mich denn nicht? Ich will so was überhaupt nicht mehr machen.«

»Du willst auf etwas verzichten, was dir so viel Spaß gemacht hat?«

»Ich habe Sie für feinfühliger gehalten, Herr Baldur.«

»Nun laß doch endlich dieses dumme Herr Baldur.«

»Soll ich Sie mit Sippenvogt anreden?«

»Nachdem man mit jemandem gebrögelt hat, sind Formalitäten überflüssig. Da fühlt man sich auf eine wundersame Weise miteinander vertraut.«

»Ja wirklich? Also ich empfinde das ganz anders. Sie sind mir fast fremder als vorher.«

Baldur wurde mürrisch. »Mit diesem dämlichen Gequatsche verplempern wir unsere ganze Zeit.«

»Ich muß ohnehin noch die Ziegen melken.«

»Das hat Zeit.«

»Würden Sie das auch sagen, wenn es Ihre Ziegen wären?«

»Selbstverständlich.«

»Das nehme ich Ihnen nicht ab.«

»Vergiß die Scheißziegen und komm endlich mit in den Wald.« Er blickte auf die markante Ausbeulung seiner Hose in Trüffelhöhe. »Faß da mal hin, dann weißt du, was los ist.«

Da sie offenbar nicht verstanden hatte, was er – vielleicht zuwenig eindeutig – vorgeschlagen hatte, wollte er ihre Hand ergreifen, damit sie sich davon überzeugen konnte, daß er ihr nichts vormachte. Seltsamerweise sträubte sie sich.

»Herr Blauzahn, Ihr Nikolaus kann so hart sein wie Solingen, Siegfrieds Schwert, und Sie genauso scharf, wenn ich das nächste Mal brögel, dann mit einem Mann, den ich heiraten möchte, heiraten kann oder schon geheiratet habe. Schreiben Sie sich hinter Ihre Ohren, daß ich nie wieder mit Ihnen brögeln werde, Herr Blauzahn, unter gar keinen Umständen.«

Für einen Moment war Baldur sprachlos, dann blaffte er sie an: »Was erlaubst du nichtsnutzige Ratte dir eigentlich? Was meinst du, wenn ich Sigurd mal flüstere, wie du . . .«

Da hatte Sieglinde sich nur gereckt und ihn überlegen angegrinst: »Von mir aus. Wenn Sie wollen, komme ich sogar mit und bestätige alles, was Sie ihm zuflüstern.«

Baldur hatte sich schnell berappelt, sich aber gleichzeitig eingestehen müssen, daß er bei Sieglinde endgültig verschissen hatte. Plötzlich war er unendlich traurig und hoffnungslos. Ihm war so elend zumute, daß er fast geheult hätte. Seine schönen Träume; er konnte sie in der Donargrube versenken.

Dennoch bewies er in diesem Moment der Niederlage eine ganz ungermanische Größe und entschuldigte sich. »Tut mir leid, daß ich eben ausgerastet bin. Es tut mir überhaupt alles leid.«

Sieglinde war bereit zu verzeihen. »Wir können ja Freunde werden.«

Das hatte Baldur den Rest gegeben. Stumm hatte er sich von Sieglinde abgewendet und war nach Hause gegangen, um es nach dieser Episode nur noch zu verlassen, um sich zum Donarbalken zu begeben.

Aber, wie gesagt, anschließend hatte die schöpferischste Phase seines Lebens eingesetzt. In wenigen Wochen erfand er nicht nur Nußknacker und Kamm, sondern einen Keramiktopf mit Löchern, nach heutigem Verständnis also ein Sieb, ein Vordach für den Platz vorm Hauseingang und einen neuartigen Gürtelverschluß, dessen Mechanik allerdings die Zeit nicht überdauerte.

Darüber hinaus entwickelte er bereits etwas, das beim kommenden wirtschaftlichen Aufschwung eine bedeutende Rolle spielen sollte, jetzt freilich noch nicht beschrieben wird. Alles zu seiner Zeit.

*

Bendix hatte versucht, jedenfalls in groben Zügen, Sigurd damit vertraut zu machen, was wirtschaftliches Handeln sei. Dabei interessierte ihn natürlich nur am Rande, ob Sigurd bereit war, seine törichten Ansichten, die aus der Dämmerung der Menschheitsgeschichte stammten, abzulegen und sich dem Neuen zu öffnen, das Handel und Wandel mit sich bringen würden, ob dieser wollte oder nicht. Bendix hatte glaubhaftere Motive, nämlich egoistische. Doch Sigurd war bereits von Bendix' sparsamen Andeutungen entsetzt.

»Und das soll ich machen? Statt Politik? Das ist ja noch viel übler als Politik.«

»Aber überhaupt nicht, Sigurd. Im Gegenteil. In der Politik müssen Sie Idioten einreden, daß Sie von einer Sache, von der Sie nichts verstehen, eine bestimmte Meinung haben. Jeder, der geschickt ist, den Leuten nach dem Mund reden kann und verlogen genug ist, lenkt den Pöbel dahin, wohin er ihn haben will. Ein Politiker versucht ständig, seine Gegner über den Tisch zu ziehen. Aber . . .«

»Seine Gegner schon. Aber nicht seine Freunde«, unterbrach ihn Sigurd.

»Was für Freunde? Ein Politiker hat keine Freunde. Er tut nur so. Und die Freunde tun auch nur so. Sie nennen sich Freunde, solange sie sich gegenseitig brauchen. Nein, Politiker haben nur Gegner. Natürlich versucht man bei den Geschäften auch schon mal, den anderen übers Ohr zu hauen. Aber das ist ganz anders als in der Politik. Angenommen, Sie wollen ein Geschäft machen. Was könnten Sie beispielsweise verkaufen? Was könnten Sie herstellen?«

Sigurd dachte angestrengt nach. Doch ihm fiel nichts ein.

»Haben Sie in letzter Zeit irgendwas übrig gehabt? Zuviel geerntet?«

»Also seitdem wir das mit der Kuhscheiße machen, werden wir bestimmt zuviel Getreide ernten. Allerdings, in den letzten Wochen haben wir sehr viel Milch wegschütten müssen.«

»Na also, Sie könnten also Milch verkaufen. Aber nun überlegen Sie mal: Der Mensch, der Milch von Ihnen kaufen könnte, der weiß natürlich, wie Milch sein muß, wie sie aussehen und wie sie schmecken muß. Der kennt Milch. Dem können Sie also nicht irgendwas vormachen. Dem können Sie nicht Wasser aus dem See anbieten und sagen, das sei Milch; der würde sogar merken, wenn Sie etwas Wasser in die Milch reinschütten würden, oder?«

»Natürlich, so doof ist ja nun keiner, daß er das nicht merken würde . . .«

»Und mit dem Getreide würde es genauso sein. Ob Sie das nun als Körner anbieten oder vielleicht schon gemahlen oder sogar als Brot gebacken. Jeder weiß, wie Brot sein muß. Bei Geschäften können die Leute also beurteilen, um was es geht. In der Politik nicht. Sie können natürlich immer noch bescheißen. Nur, es ist nicht so einfach. Aber damit kommen wir dann schon auf die Feinheiten bei Geschäften. Darüber können wir später immer noch reden. Erst mal bleiben wir bei dem Grundsätzlichen. Geschäfte kann man nur machen, wenn man geschickt ist, ständig die Augen offenhält, um zu sehen, wem kann ich was mit Gewinn verkaufen oder wo kann ich was günstiger kaufen als woanders. Man muß flink sein und hellwach. Man stellt was her, man kauft was, und man verkauft was, ob man es nun gekauft hat oder selbst hergestellt.«

»Und an wen soll ich die Milch verkaufen? Meine Schwägerin Tussi hat sogar neulich eine Kumme voll im Stall vergessen und das erst nach Tagen gemerkt. Die haben also noch mehr Milch als wir.«

»Da müssen Sie sich eben umsehen, wo Milch knapp ist.«

Das war alles ein bißchen zu schnell für Sigurd. Er war noch immer bei Tussis vergessener Milch: »Tussis Milch war übrigens ganz fest geworden. Die mußte man essen. Das hat aber eigentlich gar nicht schlecht geschmeckt.«

»Na bitte. Darüber könnten Sie schon mal nachdenken.«

»Worüber?«

»Ob man die Milch nicht absichtlich mal stehenläßt und sie dann als ein völlig neues Produkt auf den Markt bringt.«

»Schlecht gewordene Milch?«

»Sie haben eben doch selbst gesagt, daß sie geschmeckt hat.«

»Ja, vielleicht. Aber trotzdem. Es bleibt schlecht gewordene Milch. Dafür kann man sich doch keine Sesterzien geben lassen. Ich könnte das alles gar nicht.«

»Weshalb rede ich dann mit Ihnen, Herr Sigurd?«

»Ich weiß nicht. Vielleicht einfach, weil du ein guter Mensch bist und mir einen Gefallen tun willst.«

Bendix überging diese Beleidigung. »Herr Sigurd. Haben Sie sich schon mal überlegt, was passiert, wenn die Brücke über den Rino fertig sein wird? Ist Ihnen klar, daß es dann aus sein wird mit der Idylle Bonarum? Daß dann vielleicht von einem Tag auf den anderen aus einem versteckten Dorf mitten im Wald ein Ort wird, durch den täglich Fremde ziehen? Fremde, deren Taschen ausgebeult sind von Sesterzien? Haben Sie überhaupt schon mal Sesterzien gesehen, aus Silber oder aus Gold?«

Sigurd mußte passen. »Nein, aber ansehen würde ich mir die schon ganz gern mal.«

»Vor allem welche haben, auch wenn Sie sich das jetzt noch nicht vorstellen können. Aber der Appetit kommt beim Essen. Wenn Sie erst sehen, was man mit diesen Dingern machen kann, wenn man welche hat.«

»Ich bin zufrieden mit dem, was ich jetzt habe.«

»Weil Sie nichts anderes kennen, Herr Sigurd. Aber es muß ja gar nicht unbedingt für Sie selbst sein. Sie sind ein genügsamer Mensch. Aber denken Sie mal an Ihre Frau.«

»Was hat Brunhilde damit zu tun?«

»Jeden Tag trägt sie das gleiche Kleid, wahrscheinlich sogar dasselbe. Immer dieselbe Farbe. Was meinen Sie, was es auf der andern Seite der Schneeberge für Kleider gibt, aus welchen Stoffen, in leuchtenden Farben, Rot, Gelb, Blau, Grün, gesäumt mit Stickereien aus Brokat.«

»Meine Brunhilde will so was ganz bestimmt nicht. Sie ist wie ich, zufrieden mit dem, was sie hat.«

»Kann sein. Bis Thusnelda so ein Kleid trägt, vielleicht eine Tunika mit Stola um die Schultern geworfen. Abwarten.«

Doch Sigurd blieb störrisch, es war zum Verzweifeln. Bendix dachte einen Moment nach; er hatte schon immer Schwierigkeiten mit Menschen, die sich für anspruchslos und bescheiden hielten, dabei aber nur einfältig waren und den winzigen Teil des Horizonts, den sie erblickten, für den ganzen hielten. Er versuchte es mit einem neuen Ansatz: »Vielleicht beneide ich Sie ja auch nur um Ihre Demut. Ich, beispielsweise, benötige dringend Sesterzien. Wenn ich könnte, würde ich jedes Geschäft machen, das mir zugänglich ist. Allerdings hängt bei mir das Glück meines Lebens davon ab.«

Sigurd war entsetzt. »Von Sesterzien? Das Glück des Lebens?«

»Das klingt etwas profan, vielleicht. So direkt das Glück meine ich auch nicht. Sie wissen es ja sicher ebenfalls, alle im Dorf wissen es, daß Iduna und ich gern heiraten möchten.«

»Das ist nicht mal mir entgangen«, lächelte Sigurd stolz, wurde aber sofort wieder ernst. »Und ich habe gehört, daß mein Schwager Baldur die üblichen Brautgaben verlangt. Das hat mich empört. Was denkt der, woher du zwanzig Rinder hernehmen sollst?«

»Dreißig«, korrigierte Bendix.

»Noch schlimmer. Dann hätte er dich gar nicht erst als Flüchtling aufnehmen dürfen, wenn er so was von dir verlangt. Das weiß man ja vorher, daß Flüchtlinge ihren Besitz zurücklassen müssen, falls sie überhaupt welchen hatten.«

»Nun hatte ich gedacht, wenn sich die wirtschaftlichen Möglichkeiten in nächster Zeit so erheblich erweitern, daß ich mir dann mit irgendeiner Art Handel so viele Sesterzien verdienen kann, daß ich mir die dreißig Rinder damit kaufen kann, daß dann . . .«

Sigurd fiel aus allen Wolken: »Rinder kriegt man auch für Sesterzien?«

»Ich hab' doch gesagt, alles, einschließlich Unschuld und Charakter.«

Bendix machte eine kurze Pause, bevor er weiterredete, denn Sigurd schien seinen Verstand eingeschaltet zu haben. Man hörte fast, wie er surrte.

»Ich habe neulich schon mal Baldur gegenüber eine Andeutung gemacht, daß ich hier vielleicht einen kleinen Laden eröffne oder eine Taverne. Aber der hört gar nicht erst zu. Ich bin ja leider kein Teutone, erst recht keiner aus der Sippe Blauzahn. Vor allem, ich habe überhaupt keinen Grundbesitz.«

»Also hinter meinem Acker ist noch viel Platz. Allerdings muß da natürlich erst gerodet werden. Oder soll ich mal mit Baldur reden?«

»Das ist sehr freundlich. Aber es gibt eine andere Möglichkeit, wie Sie mir helfen könnten.«

Sigurd holte eine Rotwurzel aus seiner Umhängetasche, sagte jedoch nichts. Er wollte nichts riskieren, am Ende gar zustimmen, wo er noch gar nicht wußte, was dieser Kimber von ihm wollte.

»Was halten Sie davon, wenn wir beide gemeinsam Geschäfte machen und uns den Gewinn teilen. Jeder die Hälfte. Nur: Wir behalten es für uns. Nach außen hin sind Sie derjenige, welcher.«

Merkwürdigerweise funktionierte Sigurds Gehirn plötzlich rasant: »Aber würde das in der Praxis nicht bedeuten, daß ich die ganze Arbeit machen muß, während du gemütlich in der Sonne liegst?«

»Sie vergessen, daß ich weiß, wie man Geschäfte macht.«

»Vielleicht muß man da gar nicht soviel wissen. Ich könnte es ja einfach mal so versuchen. Vielleicht mit der Milch, die man essen kann.«

»Na klar. Versuchen Sie's. Von dem, was Sie damit verdienen, brauchen Sie mir nichts abzugeben.«

Sigurd blickte Bendix mißtrauisch an, vermutete irgendeine Falle, konnte aber keine entdecken. »Aber?«

»Kein aber. Ich schenke Ihnen die Eßmilch. Aber mit was würden Sie sonst noch Geschäfte machen? Wie und wo? Oder was würden Sie machen, wenn Graumantel plötzlich auch Milch zum Essen verkauft oder Ihr Schwager?«

Bendix strahlte Sigurd zuversichtlich an. Sigurd überschlug Vor- und Nachteile des Angebots. Das dauerte seine Zeit. »Und wer garantiert mir, daß du wirklich soviel weißt? Nachher mache ich da lauter Kummen Beißmilch, und niemand kauft sie.«

»Die Milch habe ich Ihnen geschenkt, das ist also Ihr Problem, Sigurd.«

»Dann sag mir noch ein paar andere Dinge, für die ich Sesterzien bekomme.«

»Wir, Sigurd. Wir. Nicht Sie allein.«

»Also wir. Schlag mal was vor.«

Bendix streckte seine Hand aus. »Sobald Sie einverstanden sind, daß wir alles gemeinsam machen.«

Sigurd erkannte, daß er so von Bendix nichts mehr erfahren würde. Er ergriff also Bendix' Hand. »Abgemacht. Wir machen das gemeinsam.«

»Halbe-halbe«, vergewisserte sich Bendix.

Sigurd nickte. »Also, was hätten wir denn noch, außer der Milch?«

»Können wir das nicht später besprechen? Ich würde jetzt lieber schnell zu Iduna laufen, um ihr zu sagen, daß sie nun nicht mehr allzulange warten muß.«

»Sag mir jedenfalls vorher ein paar Sachen.«

»Guck mal in deine Umhängetasche. Was hast du da alles drin?«

Zunächst war Sigurd zusammengezuckt, als Bendix ihn so unvermittelt duzte, aber dann überwog die Neugierde.

»Da brauche ich nicht nachzusehen, das weiß ich so. Körner, Rotwurzeln und Mangold zum Schmöken. Habe ich dir eigentlich schon erzählt, daß ich die Blätter jetzt immer vorher trockne und daß sie dann viel besser brennen? Ich hab' sogar schon überlegt, ob ich sie vielleicht vorher noch eine Weile in Honig lege.«

Bendix stemmte seine Hände in die Hüften und blickte Sigurd triumphierend an. »Mann, Sigurd, mit solchen Sachen kann das gesamte Dorf reich werden.«

Bevor Sigurd etwas sagen konnte, war Bendix bereits auf und davon. So blieb ihm nichts anderes übrig, als mit offenem Mund hinter Bendix herzusehen.

*

Als Sigurd ins Haus kam, waren seine Frau und Sieglinde gerade damit beschäftigt, den oberen Trennstab des Webstuhls wieder am rechten Stützbalken zu befestigen. Irgend jemand hatte den Ast abgebrochen, auf dem er ruhte. Zuerst hatte Brunhilde befürchtet, daß sich die Kettfäden, von denen jeweils acht an einen Stein geknotet waren, verheddert hätten. Doch als der Trennstab wieder an seinem Platz lag, hingen alle Fäden sauber und stramm. Die Frauen waren erleichtert, somit für die Anteilnahme an Sigurds Problemen gewappnet. Daß Sigurd Probleme mit ins Haus geschleppt hatte, sah man ihm sofort an.

»Ich glaube, ich habe eben einen großen Fehler gemacht«, begann Sigurd, bevor Brunhilde sich danach erkundigen konnte, welche Sorgen ihn drückten.

»Ach, Sigurd«, tröstete ihn Brunhilde, »meine Mami hat immer gesagt, wenn man selbst merkt, daß man einen Fehler gemacht hat, dann ist es fast so, als hätte man ihn gar nicht gemacht. Willst du mit mir drüber sprechen?«

»Nein, ich darf nicht. Bendix hat gesagt, daß es unter uns bleiben soll.«

Sieglinde war am Webstuhl stehengeblieben und tat so, als würde sie eine für die seitliche Trennung der Kettfäden vorgesehene Schnur neu flechten müssen.

»Was soll unter euch bleiben?« fragte Brunhilde.

»Bendix hat vorgeschlagen, weil es ja nun vielleicht einen wirtschaftlichen Umbruch und auch einen Aufschwung geben wird, daß wir gemeinsam Geschäfte machen.«

»Du und Bendix? Er zusammen mit dir?« Brunhilde war begeistert.

»Er sagt mir, was ich tun soll, und dann teilen wir uns den Gewinn. Jeder die Hälfte.«

Brunhildes Begeisterung war hin. »Und das hast du abgelehnt?«

»Nein, eben nicht.«

»Nicht. Aber du hast doch gesagt, du hast einen schweren Fehler gemacht. Was für einen Fehler hast du denn gemacht?«

»Ich habe zugesagt«, gestand Sigurd kleinlaut und traute sich zum ersten Mal, seit er das Haus betreten hatte, seinen Kopf zu heben und seine Frau anzublicken.

Brunhilde hatte noch immer nicht verstanden, was ihr Mann wollte. »Du hast also zugesagt. Klar. Was sonst?« Trotz ihrer guten Laune begann sie ungeduldig zu werden. »Ich möchte aber endlich mal erklärt haben, welchen großen Fehler du gemacht hast.«

»Das habe ich doch gerade gesagt. Ich habe zugestimmt.«

»Das soll ein Fehler gewesen sein? Daß Bendix ausgerechnet mit dir zusammenarbeiten will?«

»Will er ja gerade nicht. Arbeiten soll ich alleine. Er sagt, daß Baldur das gar nicht erfahren darf, daß er da mit drinsteckt. Er will mir eben nur sagen, was ich arbeiten soll. Aber dann muß ich ihm die Hälfte vom Gewinn abgeben. Das heißt, er kriegt, ohne selbst zu arbeiten, genauso viele Sesterzien wie ich.«

»Und was ist das für eine Arbeit?«

»Das hat er mir noch nicht verraten. Das will er mir ja erst sagen, wenn es soweit ist.«

»Na bitte.«

»Was meinst du mit na bitte?«

»Sigurd, also angenommen, es kommt wirklich alles so, wie Bendix sagt, was würdest du denn machen, wenn Bendix dir nichts sagen würde?«

»Woher soll ich das wissen?« fragte Sigurd mürrisch. Von seiner Ehefrau hätte er mehr Verständnis erwartet. »Was würdest du denn vorschlagen?«

»Nichts. Weil ich auch nicht weiß, was man kaufen, herstellen und verkaufen soll und wie man das macht. Von uns hier im Dorf, von der ganzen Sippe weiß das niemand. Wir kennen so was doch gar nicht. Wir haben jetzt überhaupt zum ersten Mal davon gehört, daß die Menschen, die auf der anderen Seite der Schneeberge leben, ihre Sachen nicht einfach nur so tauschen, sondern eben kaufen und verkaufen. Mit kleinen Scheiben aus Gold und Silber. Weit und breit gibt es nur einen einzigen, der Bescheid weiß.«

»Bendix Büsum«, bestätigte Sigurd.

Brunhilde nickte: »Bendix Nohau. Das bedeutet, daß du ohne ihn wahrscheinlich nicht eine einzige Sesterzie verdienen würdest. Vielleicht in ein paar Jahren, wenn wir gelernt haben, wie das alles läuft, was man machen muß, was nicht. Dann sieht das ganz anders aus. Dann muß man weitersehen. Aber erst mal, bis alles richtig angelaufen ist, da kannst du von Glück sagen, Sigurd Swastika, daß Bendix von allen, die hier leben, ausgerechnet dir das angeboten hat und keinem anderen.«

»So groß ist die Auswahl ja nicht«, sagte Sieglinde, die sich, für sie ungewohnt, bislang nicht eingemischt hatte.

Sigurd nickte, ohne zu sagen, was Sieglinde damit sagen wollte. »Also soll ich mich darüber freuen?«

»Aber sicher.«

Nun fiel ihm ein, daß er noch mehr zu bieten hatte: »Übrigens, das hätte ich fast vergessen, was ich mit der Milch verdiene, darf ich für mich bchalten.«

Brunhilde stutzte. »Mit welcher Milch?«

»Die Tussi neulich schlecht geworden ist und die man beißen kann.«

Brunhilde betrachtete ihren Mann liebevoll. »Das ist aber sehr großmütig von ihm. Er gestattet dir, schlecht gewordene Milch zu verkaufen. Toll.«

Sigurd strahlte. Allerdings nicht lange, dann wurde er mißtrauisch. »Du glaubst wohl nicht, daß man die verkaufen kann?«

»Ich habe da so meine Zweifel. Jedenfalls würde ich für so was keine einzige Sesterzie opfern, falls ich welche hätte.«

»Haben Sie die Milch probiert?« fragte Sieglinde. »Die schmeckt nämlich gar nicht schlecht. Etwas säuerlich. Ich habe mir noch einen Klacks Honig drauf getan, und das war sehr erfrischend. Ich kann mir gut vorstellen, wenn diese Händler hier durchkommen, müde von ihrer Reise, daß sie so was sehr gern essen.«

Brunhilde konnte es sich nicht vorstellen. »Besonders im Winter.«

»Im Winter hätten wir gar nicht genug Milch übrig.«

Brunhilde hatte schon gar nicht mehr zugehört. Beim Stichwort Winter war ihr etwas eingefallen: »Wenn es kalt ist, könnte man denen aber vielleicht heißen Mezza verkaufen?«

Sigurd wurde immer zuversichtlicher. »Ganz bestimmt. Und vielleicht eine warme Hirsesuppe.«

»Aber das Rezept für den guten Mezza hat doch Ihre Schwägerin«, mahnte Sieglinde.

»Für die Milch, die man essen kann, auch«, erwiderte Brunhilde, nicht unbedingt logisch.

»Vielleicht wird uns ja irgendwas einfallen, damit es keinen Streit gibt. Das kann ja ohnehin noch lange dauern, bis die ersten Karawanken hier durchkommen«, meinte Sigurd.

»Falls sie wirklich kommen, nachdem die Brücke fertig ist«, erkläre Brunhilde, »dann kann es schon morgen soweit sein.«

Sieglinde stimmte zu: »Ich war gestern bei meinen Eltern. Die Brücke ist fast fertig. Die Kinder laufen schon andauernd drüber. Allerdings ist sie nicht sehr breit. Aber meine Mutter hat gesagt, daß die Sanellas auch ganz schmale Wagen haben.«

Brunhilde hatte schon nicht mehr zugehört. Sie warf noch einen Blick auf den Webstuhl. »Ich glaube, wir schaffen das Stück heute doch nicht mehr. Schade, da haben wir das Wasser zum Filzen fertig, aber schaffen dies kleine Stückchen nicht mehr. Und wer weiß, wie lange das Wetter noch so schön bleibt. Badwila meinte, daß bald Regen kommt. Aber ich muß das alles mit Tussi besprechen.«

»Ich glaube, ich komm' mit. Denn irgendeiner muß es ja Baldur sagen, was sich hier alles abspielen wird. In letzter Zeit kümmert der sich ja um gar nichts mehr. Weißt du eigentlich, was mit ihm los ist?«

»Wieso soll ich das wissen? Frag doch mal Sieglinde«, erwiderte Brunhilde und blickte Sieglinde liebenswürdig an.

Doch Sieglinde machte sich nichts aus Anspielungen: »Ich dachte, Baldur wäre Ihr Bruder, nicht meiner.«

*

Brunhilde hatte sich mit ihrer Schwägerin Tussi gleich in den hinteren Teil des Hauses zurückgezogen. Noch war ihr nichts eingefallen, was sie Tussi zum Tausch gegen das Mezzarezept bieten konnte. Doch war sie zuversichtlich, sich auch ohne materielle Gegenleistung mit ihr einigen zu können. Schließlich war es ihre Idee gewesen, heißen Mezza ökonomisch gewinnbringend zu nutzen.

Sigurds Hoffnung dagegen, Baldur mit seiner neuesten Nachricht über den Brückenbau zu beeindrucken, war vereitelt worden. Baldur hatte es bereits erfahren, vom wem auch immer. Selbst als er Baldur vortragen wollte, wie man sich seiner Ansicht nach im Dorf darauf vorbereiten sollte, auf moderne Weise Geschäfte zu machen, war er über den ersten Satz nicht hinausgekommen.

»Das ist doch alles Rintintin«, unterbrach ihn Baldur. »Wir sind doch schon auf dem neuesten Stand. Wie war das früher, wenn irgendein Fremder zu uns ins Dorf geraten ist, mit irgendwelchen Sachen, die man gebrauchen konnte, was hätte dein Opa mit ihm gemacht?«

Sigurd überlegte einen Moment, ob Baldur versuchte, ihm eine Falle zu stellen, antwortete also vorsichtig: »Wahrscheinlich hätte er sich überlegt, was er dagegen eintauschen kann.«

»Dein Opa vielleicht wirklich, der angebliche König. Der hat ja auch noch mit Steinäxten Büffel gejagt. Mein Opa hätte dem Kerl jedenfalls sofort die Rübe abgehauen.«

Während Sigurd die Verunglimpfung seines Großvaters noch gelassen hingenommen hatte – dergleichen war er gewohnt –, hatte ihn der zweite Satz empört: »Du kannst doch nicht einfach einen Menschen umbringen, nur weil du vielleicht eine Kufe Rosinen haben willst oder eine Bütte Olivenöl.«

»Warum nicht?«

»Weil ein Menschenleben doch wohl wertvoller ist als eine Kufe Rosinen, sogar wertvoller als zwei.«

»Wieder Rintintin. Ballaballa.« Baldur pflanzte sich vor Sigurd auf und blickte ihn streng an: »Du kannst nicht denken, Sigurd Swastika, das ist dein Problem. Und wenn du doch denkst, dann nur von hier bis zur Wand. Vielleicht hängt das mit deinem neuen Gott zusammen oder mit dieser Körnerfresserei. Vielleicht glaubst du manchmal wirklich, daß du nur das Beste für die Menschheit tust. Nur kommt immer genau das Gegenteil dabei heraus.«

Sigurd atmete tief, um für seine Entrüstung ausreichend Luft zu haben. Aber Baldur war noch nicht zu Ende.

»Halt die Schnauze, wenn der Sippenvogt redet. Also, deiner

Meinung nach soll man irgendeinem herumstreunenden Halunken, egal, ob Friese, Türkise oder Hunne, nicht die Rübe abhauen dürfen?«

»Überhaupt niemandem!«

»Das wird ja immer schöner. Überhaupt niemandem. Wenn das nun alle so machen würden, wenn keiner mehr jemanden töten darf und wenn es dann vielleicht sogar soweit kommt, daß Badwila immer mehr Krankheiten heilen kann und niemand mehr stirbt, wenn niemand mehr verhungert, weil es sich auf der ganzen Welt herumgesprochen hat, daß sich die Ernte verdreifacht, wenn man die Äcker mit Scheiße tünkt – was meinst du, wie es auf der Welt aussehen würde?«

»Was meinst du denn?« fragte Sigurd argwöhnisch.

»Dann würde es auf der ganzen Welt nur so wimmeln von lauter Menschen. Sie würden sich gegenseitig tottreten. Selbst wenn sie doch irgendwann sterben, aber vielleicht erst nach hundert Jahren oder zweihundert, dann reicht das schon. Wir haben doch jetzt schon genug Menschen auf der Welt. Und es werden auch so immer mehr. Ich habe drei Kinder und mach' sicherlich noch mal drei. Du hast vier Kinder und machst auch noch mal drei. Dann sind aus vieren schon mal zehn oder elf geworden. Und dann werden aus sieben vielleicht zwanzig. Und so geht das immer weiter.

Aber unsere schönen Bären sind jetzt schon ausgestorben. Wie geräucherter Bären-Achilles schmeckt, wissen nur noch die Götter. Hirsche hat man seit Jahren keine mehr gesehen. Wenn das so weitergeht, Sigurd, dann wird es eines Tages nicht mal mehr Bisons und Wildschweine geben. Und warum? Weil es viel zu viele Menschen auf der Welt gibt. Die wollen nämlich alle Fleisch essen und nicht nur Körner wie du und Rotwurzeln.«

Sigurd blieb standhaft. »Trotzdem bringt man niemanden um, weil die Rosinen alle sind. Wenn ich mal was haben will, was bei uns nicht auf den Bäumen wächst oder sonstwo oder im Wald herumläuft, dann schneide ich Brunhilde nur die Haare ab, weil die Römer ja ganz wild auf germanische Haare sind. Und dann warte ich, bis ein Römer vorbeikommt.«

». . . der zufällig Rosinen dabeihat«, ergänzte Thusnelda, mit Brunhilde aus ihrer Ecke kommend.

»Wenn ich gerade Rosinen brauche, schon.«

»Wenn *ich* welche brauche«, verbesserte Brunhilde entschlossen, »es sind ja meine Haare.«

»Entschuldige bitte, ich hatte ganz vergessen, daß du da bist.«

»Das habe ich bereits bemerkt.«

Doch Sigurd war wie vernagelt, wenn er sich, wie jetzt durch Baldur, herausgefordert fühlte, die Welt zu verbessern. Da nahm er harmlose Sticheleien seiner geliebten Frau gar nicht wahr. »Jedenfalls schlage ich niemanden tot, schon weil das neuerdings auch gar nicht mehr nötig ist. Weil von nun an alles durch die moderne Handelswirtschaft geregelt wird, durch Sesterzien. Das wird schon überall auf der Welt so gemacht. Nur nicht bei uns.«

»Was verstehst du Arschloch denn von Sesterzien?« knurrte Baldur.

»Mehr als du. Ihr lacht ja immer über meinen neuen Gott. Aber in solchen Sachen weiß er Bescheid. Sesterzien hat es schon gegeben, als Jesus noch wie ein normaler Mensch unter uns weilte. Da gab es nämlich einen, der hieß Judas, und der hat für eine Sesterzie . . .«

Baldur lachte. »Dein neuer Gott? Dann muß ich dich bis jetzt immer falsch verstanden haben. War das nicht dein Gott, der immer sagt: Mein Reich ist nicht von dieser Welt?«

»Und? Das ist es ja auch.«

»Aber wenn es um Geld geht, scheint sich dein neuer Gott hier auf der Erde besser auszukennen als du.«

In diesem Punkt ließ Sigurd keinen Zweifel zu. »Auf alle Fälle weiß er, wie man Geschäfte macht.«

»Na schön, er weiß es«, mischte sich Thusnelda ein. »Aber er hat doch bestimmt was dagegen, daß man handelt, daß man versucht, andere Leute über den Tisch zu ziehen?«

»Wie kommst du denn darauf?« fragte Sigurd verblüfft.

»Nach dem, was ich so bisher von ihm gehört habe . . . da paßt das irgendwie nicht zu ihm.«

»Was soll da nicht passen? Das paßt sehr gut. Im Gegenteil, dem gefällt das sogar. Das steht schon ziemlich weit vorn in der Bibel. Das gehört mit zu der Geschichte von Sodom. Davon habe ich euch ja schon ein paarmal erzählt.«

»Ist das nicht der Ort, wo alle durcheinanderbrögeln, sogar mit der eigenen Familie und mit Tieren und so weiter?« wollte Baldur wissen. »Heino war ja ganz begeistert. Er war kurz davor, ebenfalls Christ zu werden. Nur das Ende der Geschichte hat ihn dann davon abgehalten.«

»Und was hat dieser Schweinkram mit Geschäften zu tun?« insistierte Thusnelda.

»Also, bevor alles losging, besuchte Gott einen gewissen Abraham. Gott spricht ja nicht mit jedem. Der sucht sich immer höchstens einen aus. Und diesmal eben diesen Abraham. Der hat da gewohnt in Sodom. Und Gott teilt ihm also mit, daß er sich entschlossen habe, den gesamten Ort zu vernichten, weil da eben so unheimlich gesündigt wird in Sodom. Und den Nachbarort bei dieser Gelegenheit gleich mit, der hieß Gomorrha. Einschließlich der Einwohner von Sodom natürlich.«

»Und Gonorrha«, sagte Thusnelda, die aufmerksam zugehört hatte.

»Gomorrha. Mit m in der Mitte. Gonorrha gibt es auch, aber so nennen die Sanellas Schnupfen. Also, Gott sagt zu Abraham: ›Sodom und Gomorrha werden vernichtet mit allen Einwohnern, weil sie alle Sünder sind.‹ Aber da sagt Abraham zu Gott: ›Ich glaube nicht, daß alle Sünder sind.‹ Und Gott sagt: ›Du nicht, das stimmt, und deine Frau auch nicht. Aber alle anderen.‹ – ›Das kann ich mir nicht vorstellen‹, sagt Abraham zu Gott, ›daß wir beide die einzigen sein sollen. Es gibt bestimmt mehr. Was würdest du beispielsweise sagen, wenn ich noch mehr anständige Menschen auftreibe, sagen wir mal fünfzig. Wenn also fünfzig gerechte Menschen hier in Sodom leben würden? Willst du die mit den Sündern umbringen?‹ Und dann hat Abraham dem lieben Gott noch so ’n bißchen Honig in den Bart geschmiert. Der war ja Jude, dieser Abraham. Daß Gott doch eben so unheimlich gerecht ist. Von den Juden wird er ja auch so genannt, Gott, der Gerechte, sagen die immer. Und da hat Gott sich die Sache einen Moment überlegt und hat gesagt: ›Na schön. Wenn es fünfzig Gerechte gibt in Sodom, dann will ich euch noch mal mit einem blauen Auge davonkommen lassen.‹ Und was sagt Abraham da?«

Thusnelda blickte Sigurd befremdet an. »Fragst du mich? Ich hab' diese Bibel noch nicht mal von außen gesehen.«

»Selbst wenn du drinnen reingeguckt hättest, wär's ja nicht anders. Seit wann können Frauen lesen?« mokierte sich Baldur.

Am liebsten hätte Thusnelda ihm eine geknallt, doch dieser Mistkerl hätte bestimmt zurückgeschlagen. So begnügte sie sich mit dem Hinweis, daß Badwila nicht nur lesen, sondern auch schreiben könne. »Und eines Tages werden Frauen genauso lesen lernen wie Männer. Sogar germanische Frauen.«

Brunhilde war ebenso wütend wie ihre Schwägerin, wußte aber, daß es wenig Sinn hatte, die Angelegenheit zu vertiefen, ganz sicher nicht in Anwesenheit ihres Bruders. Also beantwortete sie die Frage ihres Mannes: »Ich weiß nicht, was Abraham gesagt hat, aber jeder anständige Germane hätte gesagt, dann wollen wir mal sehen, wie wir die fünfzig anständigen Leute zusammentrommeln.«

»Notfalls mit Gewalt«, ergänzte Baldur. »Das ist ja auch die einzig mögliche Antwort.«

Sigurd strahlte: »Abraham hat aber was anderes gesagt. Er hatte sich überlegt, wenn Gott so schnell zustimmt, dann ist da noch mehr drin. Also hat er angefangen, mit Gott zu handeln, und sagt ihm: ›Vielleicht ist fünfzig ja doch ein bißchen zu hoch gegriffen, es möchten vielleicht fünf weniger als fünfzig Gerechte in der Stadt sein.‹ Und Gott sagt auch sofort: ›In Ordnung, fünfundvierzig würden mir reichen.‹ Aber wenn ihr glaubt, Abraham wäre nun zufrieden. Überhaupt nicht. Der macht weiter: ›Vielleicht sind es auch keine fünfundvierzig, sondern nur vierzig‹, sagt er. Jetzt hat Gott doch einen Moment überlegt, aber dann hat er zugestimmt: ›Schön, weil du es bist: vierzig. Aber das ist mein letztes Wort.‹ – ›Also bei dreißig würdest du ablehnen?‹ fragt Abraham, als ob er sich nur vergewissern wollte.«

»Also, wenn ich Gott gewesen wäre, dann hätte ich ihm jetzt eine auf die Nuß gegeben«, sagte Thusnelda.

»So was tut Gott nicht. Gott hat ihn nur warnend angeblickt und dann gesagt: ›Also dreißig.‹ Aber Abraham war noch immer nicht zufrieden, hat sich gedacht, wenn er bei dreißig zustimmt, dann sind auch zwanzig drin. Und Gott läßt sich doch tatsächlich auf zwanzig ein.«

Baldur drängte: »Nun mach das nicht so spannend. Wann hat dein Abraham zugeschlagen?«

Sigurd schaute seinen Schwager verstimmt an: »Bei zehn. Auf zehn hat er ihn runtergehandelt.«

»Nicht schlecht«, meinte Thusnelda beeindruckt.

Baldur detonierte: »Nicht schlecht? Aus deinem Mund? Eine germanische Frau, obendrein meine, findet es nicht schlecht, wenn ein Gott sich benimmt wie ein türkisischer Bärenfellhändler? Sind wir denn keine Germanen mehr? Hat euch dieses artfremde Larifari der letzten Wochen denn den Rest von Ehre und Anstand aus dem Gehirn gepustet? Von uns wird niemand über den Tisch gezogen! Wenn wir schon nicht mehr tauschen dürfen, wenn sich von nun an alles um diese Sesterzien drehen soll, dann doch bitte mit aufrechtem Gang, mit klarem Blick . . .«

»Aus unseren treuen Augen«, flüsterte Thusnelda ihrer Schwägerin zu.

Fast wäre Baldur handgreiflich geworden. »Was gibt es da zu flüstern, Weib?«

»Ich habe Brunhilde nur gefragt, ob die beiden Orte nicht trotzdem zerstört worden sind.«

Baldur schaute seine Frau mißtrauisch an, aber er hatte ihr Flüstern tatsächlich nicht verstanden.

Sigurd, der nichts oder doch nicht viel mitgekriegt hatte, beantwortete Tussis Frage: »Das schon. Aber nur, weil Abraham nicht mal zehn anständige Menschen zusammengekriegt hat. Ich glaub' sogar keinen einzigen, außer der eigenen Frau. Aber hätte er die gefunden, dann hätte das Geschäft geklappt. Von fünfzig auf zehn. Und ohne daß Gott irgendwie ärgerlich geworden ist dabei. Im Gegenteil, ich hab' sogar den Eindruck, dieses Handeln hätte ihm Spaß gemacht.«

Baldur war verbittert.

»Und so einen nennst du Gott und glaubst auch noch dran?«

Da ihm offenbar entfallen war, daß er sich in seinem eigenen Haus befand, sich in Sigurds wähnte, drehte er sich brüsk ab, schritt zur Tür und verließ das Haus. Allerdings drehte er sich noch einmal um und spuckte Sigurd geschickt auf dessen neue Schuhe.[26]

*

Schon von weitem sah er sie.

Bendix hatte Iduna zu Hause gesucht, sie dort jedoch nicht angetroffen. In einem, wenn er sich nicht täuschte, leicht verstimmten Tonfall, so, als müßte er das eigentlich wissen, hatte ihm Thusnelda mitgeteilt, daß Iduna neuerdings doch fast jeden Tag zum Unterricht ginge. (Oder galt der vorwurfsvolle Ton Iduna?)

Unten am See war sie gleichfalls nicht. Bendix überlegte, wo Iduna sonst noch sein könnte. So viele Möglichkeiten waren schließlich in der Umgebung des Dorfes nicht vorhanden, es sei denn, man wollte sich verstecken. Wollte sie etwa nicht gesehen werden? Und wenn, warum nicht? Zunächst war er ziellos ein Stückchen am See entlanggegangen, bis ihm auffiel, daß er die gleiche Strecke ging wie damals, als er das erste Mal mit ihr allein gewesen war. Vor Ewigkeiten, wie ihm jetzt schien. Doch dann hatte er sich entschlossen, die Suche aufzugeben und ins Dorf zurückzukehren; allerdings wollte er auf dem Rückweg noch einen kleinen Umweg riskieren, am heiligen Hain vorbei. Vielleicht suchte Iduna göttlichen Rat? Bei jungen Mädchen konnte man nie wissen, was sie wirklich beschäftigte, woran sie gerade dachten oder glaubten. Bei Iduna war er besonders unsicher. Nach außen hin wirkte sie sanft und scheu, gleichzeitig

[26] Sigurds Schuhe waren nicht grundsätzlich neu, sondern lediglich neu für ihn. Sie waren ein überraschendes Geschenk von Gundolf Graumantel, überbracht von dessen Sohn Goldemar. Vorher hatten sie einem gallischen Heereslieferanten (für burgundischen Wein) gehört, der sie angeblich Graumantel als Entgelt für einen mehrtägigen Aufenthalt in dessen Haus freiwillig überlassen hatte. Der Gedanke, daß die dicken Blutflecken an beiden Schuhen auch andere Deutungen für den Besitzwechsel zuließen, kam Sigurd nicht. Er hatte sich lediglich überlegt, zu welchen Gegenleistungen ihn Graumantel mit diesem üppigen Geschenk verpflichten könnte. Da ihm jedoch nichts einfiel, blieb ihm der Stolz, der erste Germane zu sein, der Schuhe trug, die sich selbst in Gallien nur die Häuptlinge leisten konnten. Sie hießen übrigens bei den Römern solea gallica – bei uns dann, allerdings sehr viel später, nur noch Galoschen.

jedoch, aber er hätte es durch nichts belegen können, beschlich ihn häufig das Gefühl, als würde sie genau diesen Eindruck erwecken wollen, als ob alles vorbedacht sei.

Dann erblickte er Iduna an dem kleinen, versteckten Wasserfall am Ende der schmalen Bucht.

Sie hockte auf einer umgestürzten Buche am Rand eines lockeren Waldstücks, in dem Föhren, Eichen, Birken, Ulmen, Linden und Eschen durcheinanderstanden, indessen kaum Eichen wie im Wald zur anderen Seite des Dorfes. Sie schien zu träumen. Es sah aus, als hielte sie eine Blume in der Hand, von der sie ein Blütenblatt nach dem anderen abriß. Da sie ihn noch nicht entdeckt hatte, blieb Bendix einen Moment stehen, als wäre es unrecht, sie in diesem Augenblick zu stören. Wieder einmal war er davon überrascht, daß sie so gar nicht aussah, wie er sich germanische Frauen einmal vorgestellt hatte. Nirgendwo war sie grob, wie gebrannter Lehm etwa, eher zerbrechlich, als wäre sie eine ägyptische Vase.

Als die Blume in ihrer Hand keine Blätter mehr besaß, blickte Iduna hoch und schien zunächst gar nicht glauben zu wollen, daß es Bendix war, den sie da am Seeufer erblickte. Doch als er lächelte, sprang sie auf und rannte auf ihn zu, als hätte sie monatelang auf diesen Augenblick gewartet.

Bendix war selig, daß er ihr gerade jetzt berichten konnte, wie günstig sich die Dinge entwickelten und er nun fest davon überzeugt war, sehr bald über die erforderlichen dreißig Rinder verfügen zu können.

»Bist du auch sicher, daß du es nicht bereuen wirst?« forderte sie ihn glückstrahlend heraus, nachdem sie sich in seinen Arm gehängt hatte.

»Was soll ich bereuen?«

»Du weißt ganz genau, was ich meine.«

Bendix tat überfordert: »Ich habe keine Ahnung.«

»Einer wie du, der die ganze Welt kennt, sein halbes Leben in Rom verbracht hat.«

»Als Sklave.«

»Rom bleibt Rom.«

»So eine große Stadt hat auch viele Schattenseiten. Davon

habe ich einige . . .« Er brachte den Satz nicht zu Ende. Doch Iduna schien nicht gespürt zu haben, wie sehr ihn seine Erinnerungen in diesem Augenblick beschwerten.

»Und dann heiratest du eine wie mich, die noch nicht mal das Ende von diesem Wald gesehen hat? Nicht mal die Schneeberge hinter dem Wald, geschweige denn das Land hinter den Schneebergen. Eine Frau, die nichts weiß von der Welt.«

Die Wolken in Bendix' Gedanken waren schon weitergezogen. Jetzt lächelte er. »Das ist ja gerade das Schöne dabei.«

Iduna schaute ihn mißtrauisch an: »Wie meinst du das denn?«

»Kannst du dir nicht vorstellen, wie befriedigend es sein muß, jemandem, mit dem man gemeinsam leben wird, so viel Neues zeigen, so viel beibringen zu können? Diesem Menschen, den man . . .« Bendix zögerte. Iduna, die ahnte, vor welchem Wort er sich fürchtete, blickte hilfreich zur Seite, damit Bendix das Hindernis leichter überwinden könnte, was ihm auch glückte. ». . . den man liebt«, fuhr er also fort. »Daß man den an die Hand nimmt und nun fast jeden Tag mit etwas anderem überraschen kann? Ihm alles erklären kann, weil man unendlich viel gesehen und erfahren hat?«

Iduna blieb stehen und himmelte ihren Bendix an. »Sprich weiter«, bettelte sie.

Doch Bendix war so verwirrt, daß ihm nichts Vernünftiges mehr einfiel. »Hab' ich dir beispielsweise mal erzählt, daß die Frauen in Rom ihr Lebensalter nicht nach Jahren, sondern nach der Zahl ihrer Ehemänner berechnen?«

Iduna war nur wenige Sekunden irritiert, dann lächelte sie. »Das machen sie bestimmt nur, um länger jung zu bleiben.«

»Im Gegenteil. Auf diese Weise sind manche Römerinnen fünfzig, die bei uns höchstens dreißig wären.«

Von einer dieser anspruchslosen Birken riß Iduna einen Zweig ab und schlug lachend auf Bendix ein: »Du sollst mich nicht immer so verkohlen, Bendix Büsum. Ich kann doch nichts dafür, daß ich so wenig weiß. Das finde ich überhaupt nicht schön, wenn du dir so alberne Sachen ausdenkst.«

»Aber das habe ich mir nicht ausgedacht«, beteuerte er.

»Soll das heißen, Frauen mit dreißig haben schon fünfzigmal geheiratet?« Iduna wartete nicht, was er antworten würde, sondern postulierte mit strengem Ernst: »Wir Teutonen heiraten jedenfalls nur ein einziges Mal. Wir Frauen. So, wie eine Frau nur einen Leib hat und ein Leben, soll sie auch nur einen Mann haben.« Und als ob sie befürchtete, ihn eingeschüchtert zu haben, ergänzte sie: »Bei den Männern ist das natürlich anders. Aber dafür sind sie ja Männer.«

Bendix kommentierte diese Feststellung nicht; vermutlich, weil er davon überzeugt war, seiner Iduna ebenso bis in den Tod zugetan zu bleiben. Wie günstig die Prognose einer Ehe für germanische Männer demnach war, blieb ihm verschlossen.

*

Heino schaute auf seine Uhr: »Erst kurz nach neun. Den Krach zwischen den beiden Frauen schaffe ich noch. Aber dann muß ich zum Kandidatenthing.«

»Aber das ist doch erst am Donarstag, heute ist Mondtag«, bemerkte Elske.

Aus so präzisen Zeitangaben machte sich Heino wenig, überging also Elskes Hinweis.

»Mein Papi hat gesagt, daß das ein großer Tag in der Geschichte von uns Teutonen werden wird«, tönte Walgari, als verstünde er, was Sigurd damit gemeint hatte.

»Dein Papi meint viel, wenn der Tag lang ist.«

»Weil an diesem Tag eine neue Epoche für alle Germanen beginnt«, fuhr Walgari unbeirrt fort. »Allerdings hat Mami gesagt, daß dann ja eine alte zu Ende geht, und das findet sie traurig.«

»Wollen wir erst mal abwarten, wie nun gewählt wird und wann, das wird sich ja diese Woche rausstellen, und dann mal sehen, wer gewählt wird. Wenn dein Vater Gauführer wird, dann ist ja sowieso die Kacke am Dampfen. Dann heißt das: gute Nacht, Germania! Dann dürfen Germanen kein Fleisch mehr essen, und aus unserem heiligen Hain wird ein Puff gemacht, weil wir ja dann alle seinen Universalgott vorgeschrieben kriegen.«

»Tante Brunhilde hat sogar schon Kuchen gebacken«, berichtete Elske.

»Kuchen? Was ist denn das?« fragte Goldemar.

»So 'ne Art süßes Brot, aber als ob es vorher ins Wasser gefallen wäre, naß und weich. Es schmeckt gräßlich. Die Sanellas nennen das Ratisumi – oder so ähnlich. Das Rezept hat sie von Bendix.«

»Dieser Bendix geht mir von Tag zu Tag mehr auf den Schurz; alles weiß er besser. Weiß alles, kennt alles; aber wir Germanen sind die letzten Arschlöcher. Genau wie dieser aufgeblasene Nohau aus Westfinnland.«

Hätte zufällig irgend jemand, der Bendix aus Rom kannte, in Bonarum nur einen Tag lang Mäuschen spielen können, hätte er vermutlich am wenigsten begriffen, daß ausgerechnet einer wie Bendix von allen germanischen Frauen angehimmelt wurde. Selbst Kinder machten da keine Ausnahme. Elske, die ihren Opa Heino sonst liebte und verehrte, stand jedenfalls wütend auf: »Ich habe gedacht, daß du uns heute von dem Streit von den beiden Frauen was erzählst. Wenn du aber nur auf dem armen Bendix rumhacken willst, dann gehe ich lieber nach Hause. Das tust du ja nur, weil Bendix noch mehr weiß als du.«

Elskes Mut steckte sogar die scheue Asgard an, die sich ebenfalls erhob: »Oder weil er kein Teutone ist, sondern nur ein Kimber.«

»Wenn ich nicht so ein hervorragender Bogenschütze sein würde, dieses sanellische Arschloch wäre doch im Urwald verreckt«, verteidigte sich Heino. Aber damit wollte er lediglich seinen Rückzug tarnen. Denn fast übergangslos begann er mit seinem Bericht, als wäre nichts geschehen.

»Wenn man überhaupt verstehen will, wie das zu allen diesen schönen Morden und Vergewaltigungen bei den Nibelungen gekommen ist, wie die da alle durcheinandergebrögelt haben und sich gegenseitig betrogen und belogen und so, dann muß man sich noch mal die Hochzeitsnacht vorstellen. Mit der hat alles angefangen, nicht die erste, die zweite, wo Brunhilde zum ersten Mal gebrögelt wurde, wo sie dachte, das wäre ihr Günter gewesen. Aber tatsächlich, das hab' ich ja wohl schon erzählt, hatte sich Siegfried zu ihr ins Bett gelegt. Günter hatte sich neben dem Schrank versteckt. Und kaum versucht Siegfried, ihr das Nachthemd ein bißchen hochzuschieben, damit er an die Muschi rankommt, damit sie vorher schön in Fahrt kommt, da brüllt sie ihn an: ›Hat dir geiler Bock die letzte Nacht nicht gereicht?‹ und noch so 'n paar Sachen in dem Ton. Weil sie natürlich dachte, der im Bett neben ihr wär ihr Günter. Und wartet gar nicht ab, ob der sich das vielleicht zu Herzen nimmt und mit der Fummelei aufhört – hätte er allerdings auch nicht gemacht, war ja eben Siegfried, und der hörte bei so was nie auf –, sondern sie holt schon mal ihren Gürtel, damit sie ihn wieder unter die Decke hängen kann. Das war Siegfried nun nicht gerade angenehm; der Gedanke, genauso unter der Decke zu hängen wie Günter, war ihm irgendwie unangenehm. Und da hat er, ohne das groß anzukündigen, ihr erst mal eine auf die Nuß gegeben. Das hat Brunhilde vermutlich ein bißchen überrascht. Aber sie hat sich schnell wieder berappelt, weil die schon einiges vertragen konnte, und dann ging die Keilerei los. Da hat sie um sich gehauen, daß fast der Schrank zerbrochen wäre, hinter dem sich Günter versteckt hatte. Und was soll ich sagen, fast hätte dieses Mammutweib Siegfried besiegt, aber der hat dann seine letzten Kräfte mobilisiert, daß ihm das Blut unter den Fingernägeln rausspritzte, und hat sie an die Bettkante geschleudert, daß ihre Glieder krachten. Da erst hat sie nachgegeben, wurde auf einmal ganz sanft, legte sich brav in die Heia, machte die Beine breit, und Siegfried konnte gemütlich seinen Trüffel reinschieben, mußte nur aufpassen, daß Günter das nicht mitkriegt. Denn das hätte dem bestimmt nicht gefallen. Erst als es bei ihm gekommen war, hat er Günter Bescheid gesagt, daß die Alte endlich gezähmt ist. Da reißt der sich natürlich sofort die Klamotten vom Leib und haut sich aufs Bett. Aber dieser friesische Halunke hat dann noch schnell Brunhilde ihren Ehering vom Finger runtergezogen und, bevor er sich endgültig verdrückte, auch noch den bewußten Gürtel geklaut, weil der ziemlich wertvoll war. Brunhilde hatte nichts mitgekriegt, Günter sowieso nichts, denn die waren wie verrückt am Brögeln. Die Alte hat nicht mal gemerkt, daß sie einen ganz anderen Trüffel drin hatte. Angeblich haben die durchgemacht bis zum nächsten Morgen. Und überhaupt konnte sie sich von da an vor Zärtlichkeit für ihren Günter gar nicht mehr lassen.

Aber was Siegfried für ein stieseliger Hohlkopf war, könnt ihr daran erkennen, daß dieser Einfaltspinsel nicht Besseres zu tun hatte, als seiner Frau Kriemhild Gürtel und Ring zu schenken.

»Also das mit Brunhilde kann ich nicht verstehen«, meldete sich Heldmut. »Erst ist sie so brutal wie ein Eisenschmied. Und dann auf einmal so friedlich wie ein junges Lamm.«

Diesen Widerspruch konnte Elske ihrem Bruder erläutern: »Sie hat eben gemerkt, daß Günter sie wirklich liebt. Weil er sie unheimlich verhauen hat.«

»Außerdem hat er sie gleich nach der Prügelei entlarvt. An dem Mann, der eine Frau als erster im Leben brögelt, hängt sie ewig«, ergänzte Walgari.

»Oft noch länger«, behauptete Heino. »Manchmal brögelt man ja so eine Dame und denkt, die hat das schon mit zwanzig anderen gemacht, und dann stellt man plötzlich fest, man ist der erste gewesen, und dann bleibt die an einem kleben . . . mein lieber Ragnarök.«

»Aber wenn da auf einmal zwischen Günter und Brunhilde so alles Friede, Freude, Hirseklöße war, wieso hat es dann später diesen Krach an der Tür vom Tümpel gegeben?« wollte Heldmut jetzt wissen. »Und was ist eigentlich ein Tümpel?«

»Das ist so was wie ein heiliger Hain oder die heilige Eiche, nur mit Sitzplätzen und einem Dach drüber.«

Das wollte Heldmut nicht in den Kopf. »Soll das heißen, daß die ihre Götter einschließen?«

Elske mußte nicht lange nachdenken. »Die haben ja nur einen. Wenn wir alle unsere Götter in ein Haus stecken würde, gäbe es ja Mord und Totschlag.«

»Wenn ihr immer dazwischenquatscht, dann erfahren wir heute wieder nicht, was im Tümpel los war«, quäkte Asgard zickig.

So schnell ließ sich Elske jedoch nicht zum Schweigen bringen: »Jedenfalls waren das alles Christen wie dein Papi. Und wenn die ein Haus für ihren Gott haben, müssen sie ihre heiligen Tänze und die Gesänge und so nicht immer im Regen machen, wie wir fast immer.«

Heldmut wollte seiner Schwester nicht nachstehen: »Aber warum sagen die zu einem Haus Tümpel?«

Heino hatte keine Lust, alles zu erklären, wußte in diesem Falle die Antwort ohnehin nicht. »Das ist doch nun völlig egal. Wir sagen ja auch nicht einfach Wald für die Stelle, wo wir unsere heiligen Gesänge machen. Die machen ihre Beschwörungen eben da, damit dieser neue Gott Bescheid weiß, daß man vielleicht mal gerade Regen braucht oder daß er irgendeinen Feind vernichten soll oder aufpaßt mit der Ernte, daß die auch ausreicht. Das Übliche eben. Wie wir. Aber weil die Christen nun ziemlich rückständig sind, lassen die bei ihren Veranstaltungen auch Frauen mit in dies Haus. Und dabei ist es dann passiert. Das heißt einen Tag vorher. Da trafen sich die beiden Königinnen so beim Spazierengehen, und natürlich fing Brunhilde wieder an zu meckern. Und daß Kriemhilds Siegfried nur irgend so 'n hergelaufener Angeber ist, und seine Wertsachen sind sowieso nicht vererbt, wie sich das bei Königen so gehört, sondern geklaut.«

»Aber das war doch auch die Wahrheit«, empörte sich Elske.

»Schon, aber Kriemhild wollte die natürlich nicht hören. Denn das war ja nun mal ihr Mann, dieser friesische Wegelagerer Siegfried, und der war auch so groß und blond und hat blaue Augen gehabt, wie das da in der Gegend vorgeschrieben ist. Solche Muscheln, Haare auf der Brust, aber leeres Hirn. Und da hat Kriemhild nur kühl gesagt: ›Hör auf mit dem Scheiß, Schwägerin. Das reicht für heute. Morgen mehr. Wir sehen uns dann ja im Tümpel.‹ Brunhilde bleibt vor Wut die Sprache weg. Erst mal hatte ihr niemand gesagt, daß Kriemhild da auch eingeladen war. Und dann war ihr der Ton zu ordinär. Und dann stellt sie sich so hin, so ganz stramm, Kopf hoch, Brust raus . . . und sagt noch kühler, geradezu eisig: ›Komm ja nicht auf die Idee, morgen vor mir in den Tümpel zu gehen!‹ Und das war's.«

»Das war's?« fragte Heldmut verblüfft.

»Ich nehme an, das hängt mit irgendeinem Aberglauben von den Christen zusammen, wer da nun zuerst ins Haus rein darf. Beispielsweise kann das ja sein, daß die das noch aus Rom mitgekriegt haben, wo ja immer Löwen oder Soldaten hinter denen her waren. Und wer dann zuerst in ein Haus reinkam, der war dann ja gerettet. Und da bringt sich der Höherstehende natürlich immer zuerst in Sicherheit, wie bei uns auch.«

Heldmut beharrte auf seinem Einwand: »Aber trotzdem ist das doch kein Krach, wenn man sagt, morgen gehe ich vor dir in den Tümpel.«

»Abwarten und Mezza trinken«, sagte Heino. »Ein direkter Krach nicht. Noch nicht. Aber immerhin. Kriemhild tat jedenfalls so, als wär sie von einer Kufe Hafer in den Achilles gepiekst worden. Dann hat sie Brunhilde so angeguckt, wie vorher Brunhilde das bei ihr gemacht hat, und hat dann gesagt: ›Ach nee‹ und dann: ›Wer will mir denn verbieten, da zuerst reinzugehen, wenn ich zuerst komme?‹ – ›Ich‹, sagt Brunhilde, ›weil mein Günter nämlich wertvoller ist als wie dein Siegfried.‹ Und nun ging es los. Kriemhild grinste tückisch und fragte scheinheilig: ›Wie kann mein Siegfried niedriger stehen als dein Günter, wenn mein Siegfried dich entlarvt hat und nicht dein eigener Mann? Dein Günter hat sich doch erst auf dich raufgetraut, nachdem mein Siegfried dich gebrögelt hat.‹

Zuerst hat Brunhilde ja noch gedacht, daß Siegfried mit so was nur geprahlt hat. Das gibt es überall auf der Welt. Da gibt es Männer, meistens die, die nie irgendwo landen bei einer Frau, die erzählen immer, die hab' ich gebrögelt und die und die auch noch.«

»Auch wenn es gar nicht stimmt?« wollte Heldmut wissen.

»Gerade dann. Aber bei Siegfried hat es ja gestimmt. Und am nächsten Tag hat sich Kriemhild extra früh wecken lassen, hat dann vor der Tür auf Brunhilde gelauert. Und als die dann ankam, ist sie schnell reingegangen. Brunhilde konnte erst mal natürlich gar nichts machen. Aber nach den heiligen Tänzen und Gesängen war Brunhilde früher an der Tür und ist ganz schnell vor ihr rausgegangen. Und dann hat sie sich umgedreht und ganz selbstsicher zu Kriemhild gesagt: ›Wenn du beweisen kannst, daß Siegfried mich gebrögelt hat, darfst du das nächste Mal vor mir rausgehen.‹«

»Aber wie soll man so was denn beweisen?« fragte Walgari.

»Normalerweise geht das gar nicht. Es sei denn, man kann so Sachen erzählen, die nur einer weiß, der das kennt, also sagen wir, daß die Dame immer hurra schreit, wenn es soweit ist.«

»Wenn was soweit ist?« fragte Heldmut.

»Das mußt du noch nicht wissen. Dazu seid ihr noch zu klein.«

»Und Brunhilde schreit immer hurra?« wollte Elske wissen.

»Ich habe gesagt, daß man das normalerweise nicht beweisen kann. Aber in diesem Fall war es anders. Nicht, weil Brunhilde immer hurra schreit, wenn es bei ihr kommt. Sondern weil Kriemhilde Beweisstücke hat. Und so sagt sie dann auch ganz überheblich: ›Beweisen, daß mein Siegfried dich gebrögelt hat? Wenn du das so haben willst, hier vor allen Leuten ... bitte sehr.‹ Und da zieht sie einen goldenen Ring vom Finger und wirft ihn Brunhilde vor die Füße. ›Vielleicht kennst du den ja?‹ fragt sie scheinheilig. Brunhilde sieht ihn an, wird blaß und sagt: ›Das ist ja mein Ring, der mir in der Hochzeitsnacht abhanden gekommen ist. Wer weiß, wie du an den rangekommen bist. Wahrscheinlich hat ihn jemand vom Personal gefunden und an Siegfried verkauft.‹ Daraufhin grinst Kriemhild nur, bindet sich stumm den Gürtel ab, den bewußten, gibt ihn Brunhilde und fragt: ›Und was ist damit?‹ Das war's dann. Und jetzt ging es los. Jetzt hat Brunhilde immerzu nur überlegt, wie sie sich rächen kann. Am liebsten wollte sie ihn umbringen. Aber das war so gut wie unmöglich, weil Siegfried ja mal in Drachenblut gebadet hatte und dadurch unverwundbar war. Aber ich wußte, daß es doch ging, und dann haben wir beide, ich und mein Freund Hagen aus Tromsö, mit der Königin Brunhilde geredet, daß wir eventuell dieses friesische Arschloch doch abstechen können. Aber wie wir das gemacht haben, muß ich euch später erzählen, auch wenn dieses Scheißthing bei Badwila erst am Donarstag stattfindet und heute erst Mondtag ist.«

*

Durch einen Zufall wurde die neue Brücke über den Rino nicht nur genau am Tage des Things für den Verkehr freigegeben, sondern sogar offiziell eingeweiht. Nachdem endlich die kaiserlichen Anordnungen für die vorgesehene Wahl eingetroffen waren, hatte sich nämlich Pintofex Pissus unverzüglich auf den Weg nach Bonarum gemacht und den Rino gerade in dem Moment erreicht, als die Tischler zum letzten Mal an dieser Baustelle ihre Äxte aus der Hand legten, Seiler die letzte der 1,40 m langen, querliegenden Bohlen verknotet hatten und türkisische Sklaven bereits begannen, den Abfall aufzusammeln.

Als er bemerkte, daß er, von den Handwerkern abgesehen, als erster die Brücke benutzen würde, stutzte er zunächst, blickte zum Himmel, ob durch irgendwelche Vogelschwärme diesem Zufall eine besondere Bedeutung beigemessen werden sollte. Doch mußten seine Augurenfähigkeiten nicht in Anspruch genommen werden, weit und breit kein Vogel. (Wie schon seinem Namen entnommen werden kann, war Pintofex Pissus eigentlich als Militärseelsorger der römischen Truppen in Germanien tätig. Daß er als Verantwortlicher mit den anstehenden Verhandlungen für die Wahlvorbereitungen betraut worden war, hatte vor allem protokollarische Gründe. Nachdem die Teutonen nämlich Badwila als Unterhändlerin benannt hatten, glaubte man in Rom, daß Pissus sich leichter mit ihr verständigen könnte als irgendeiner der Offiziere.[27])

Wie es noch heute bei – allerdings zumeist internationalen – Zusammenkünften geschieht, kam es auch anläßlich der Bonarumer Begegnung zu einigen bedeutsamen Vier-Augen-Gesprächen von Delegierten abseits der offiziellen Tagesordnung.

Das wichtigste fand zwischen Gundolf Graumantel und Baldur Blauzahn statt; ein sich aus diesem ergebender und als dringend notwendig erweisender Disput zwischen Baldur Blauzahn und Bendix Büsum (dem bis dato sein neuer Spitzname Nohau merk-

[27] Diese Entscheidung zeigt, daß die Römer über den Götterglauben der Germanen glänzend informiert waren. So war ihnen nicht nur bekannt, daß die Germanen glaubten, allen Frauen (Tacitus VIII) hafte etwas Seherisches an (wieviel mehr einer wie Badwila, die als alte weise Frau in einer so wichtigen Funktion tätig war), sie wußten ebenfalls, daß man in Germanien wie in Rom aus Stimme und Flug von Vögeln bestimmte Vorhersagen machen konnte. Tacitus meinte indessen, daß die Germanen noch mehr auf Vorzeichen und Losorakel achteten als die Römer (Tacitus X). Besonders beeindruckt hat ihn offensichtlich, daß die Germanen eben nicht nur die Vögel beachteten, sondern noch mehr die Pferde, die sie für Vertraute der Götter hielten. »Auf Kosten der Allgemeinheit«, heißt es bei ihm wörtlich, »hält man in den erwähnten Hainen und Lichtungen Schimmel, die durch keinerlei Dienst für Sterbliche entweiht sind. Man spannt sie vor den heiligen Wagen; der Priester und der König oder das Oberhaupt des Stammes gehen neben ihnen und beobachten ihr Wiehern und Schnauben.«

würdigerweise noch nicht zugetragen worden war) mußte wegen Terminschwierigkeiten auf ein späteres Datum verlegt werden.

*

Vor diesen Gesprächen jedoch hatte eine Unterredung zwischen Thusnelda und ihrer Tochter stattgefunden, bei der es nicht um vergleichbar epochale Ereignisse von öffentlicher Bedeutung ging, sondern um intim Ziviles. Doch für das Leben der Betroffenen war, was dort zur Sprache kam, kaum weniger einschneidend.

Thusnelda war damit beschäftigt, hastig aufzuräumen und Platz zu schaffen für eine spontan angesetzte Besprechung der weiblichen Bewohner Bonarums. Endlich hatten die Römer Badwilas Anfrage beantwortet, ob Frauen wählen dürften oder nicht. Sie durften nicht. Selbstverständlich war diese Nachricht enttäuschend, doch überrascht hatte sie niemanden. Denn daß überhaupt die Hoffnung entstanden war, Frauen dürften mit über ihr künftiges Schicksal entscheiden, lag lediglich daran, daß sich auf einmal so viele vorher unvorstellbare und abenteuerliche Änderungen ankündigten: eine Brücke über den Rino, mit noch nicht übersehbaren Veränderungen auf wirtschaftlichem Gebiet, Handel mit Münzen anstatt direkter Warenaustausch, freie Wahl für freie Germanen.

Nun also wollte man weiblich-gemeinsam überlegen, ob sich dennoch eine Möglichkeit eröffnete, die Geschichte zu beeinflussen. Und wenn ja, wie und mit welchen Zielen. Ausgerechnet in diesem Augenblick tauchte Iduna in der Tür auf, die eigentlich beim Unterricht sein sollte. Und in was für einem elenden Zustand: verheult und verstört, fast Totalschaden.

Am liebsten hätte Thusnelda sie sofort wieder aus dem Haus gejagt. Sie wußte, daß viele Frauen im Dorf ihr nachsagten, sie sei ziemlich schlampig, halte ihr Haus nicht so sauber, wie es sich für eine Germanin zieme; doch schließlich war sie nicht nur Hausfrau, auch Mutter. Und von einer Mutter darf man verlangen, daß sie alles andere stehen- und liegenläßt, wenn eines ihrer Kinder so offensichtlich Trost benötigt, selbst wenn es nur eine Tochter ist.

Aber schnell mußte es schon gehen. So hielt sie sich nicht mit stimmungsvollem Vorwegtrost auf, sondern versuchte, unmittelbar an den Kern zu gelangen: »Was ist passiert?« fragte sie also, »aber kurz und knapp.«

Iduna schaute ihre Mutter bestürzt an. So kühl, so wenig mitfühlend hatte sie den Empfang nicht erwartet. Am liebsten wäre sie gleich wieder gegangen (was Thusnelda bestimmt ertragen hätte), doch hatte sie nun schon so viel Unheil angerichtet, daß sie eigentlich nur wählen konnte, ob sie sich ins Moor stürzen oder sofort beichten sollte, was Goldemar ihr gerade gestanden hatte. Immerhin verminderte Mutters schroffer Ton die Gefahr, daß Iduna vor lauter Tränen kein verständliches Wort mehr rauskriegen würde. Sie begann sogar unerwartet nüchtern: »Gundolf Graumantel weiß alles über Bendix. Daß er Sklave in Rom war, geflüchtet ist und daß dieser Cornelius vielleicht immer noch hinter ihm her ist.«

Thusnelda wurde bleich, sagte aber nichts.

Ihr zaghaft prüfender Blick (bei halbgesenktem Kopf von unten, als hätte sie einen Mann vor sich) beruhigte Iduna so weit, daß sie den Rest vom ersten Teil des Geständnisses nicht mehr so zittrig vorbrachte, sondern mit fester Stimme: »Goldemar hat seinem Vater alles gesagt.«

Thusnelda nahm ein schon ziemlich blankgescheuertes Ziegenfell von der langen Bank, ging stumm zur Tür und schüttelte den Dreck raus. »Und wie hat Goldemar das erfahren? Hat ihm jemand das verraten?« fragte sie, während sie das Fell wieder auf der Bank ausbreitete.

Das vorläufige Ende von Idunas Selbstbeherrschung: Sie schlich zur Bank, hockte sich drauf, zog die Beine hoch, legte ihren Kopf auf die Knie und kreuzte die Arme vor den Beinen und begann so laut zu schluchzen, daß Thusnelda vermutete, man würde es noch auf dem Dorfplatz hören.

Tussi schaute eine Weile auf dieses Häufchen Elend hinunter. Noch wollte sie nicht wahrhaben, was ihr so eindeutig vorgetragen wurde: Ausgerechnet Iduna sollte dem ärgsten Feind der Blauzahns dieses wichtige Geheimnis preisgegeben haben? Ihre Tochter und künftige Ehefrau von Bendix?

»Du?« sagte sie schließlich. »Du hast ihm das gesagt?«

Iduna schien zu nicken, so deutlich war das nicht auszumachen. Doch dann hob sie den Kopf, nickte verzweifelt und versuchte zu erklären, wie es zu diesem ungeheuerlichen Verrat gekommen war: »Aber ich habe es nicht gesagt, um Bendix zu verraten. Im Gegenteil.«

»Im Gegenteil? Was soll das denn nun bedeuten? Verrät man so was aus Versehen? Hast du dir mal überlegt, was das für Folgen haben kann?«

Eine überflüssige Frage. Selbstverständlich hatte Iduna an die Folgen gedacht, vor allem an die Folgen, die sie schließlich mehr treffen würden als ihre Mutter.

Thusnelda setzte sich seufzend neben ihre Tochter und legte einen Arm um ihre Schultern. Sie mußte aus ihr herauskriegen, wie es zu diesem unheilvollen Verrat gekommen war.

»Du weißt doch«, begann Iduna leise, »daß Bendix immer Angst davor hatte, Fremde würden hier durchkommen, und dann kam Goldemar und erzählte mir, daß die Römer die Brücke schon fast fertig haben. Da habe ich mich so sehr erschrocken, daß ich Goldemar erzählt habe, wie schlimm das für Bendix ist und warum es so schlimm ist. Ich habe einfach nicht drüber nachgedacht. Ich hatte solche Angst um Bendix. Und Goldemar war auch sehr lieb. Er hat sofort angeboten, daß er Bendix helfen würde, wenn Bendix es möchte. Und ich weiß, daß Goldemar das so gemeint hat, wie er es gesagt hat, es war ihm wirklich ernst damit.«

»So ernst, daß er es sofort seinem Vater weitergetratscht hat.«

»Aber er ist erst mißtrauisch geworden, als er merkte, wie sein Vater reagiert hat. Und daraufhin ist Goldemar doch vorhin sofort zu mir gekommen, um mich zu warnen, damit ich Bendix warne.«

»Und wovor sollst du Bendix warnen? Hat dieser Mistkerl von Vater denn schon gesagt, was er vorhat?«

»Nein. Soweit ist es noch nicht. Der Vater ist, als Goldemar ihm das so beiläufig beim Abendessen erzählt hat, nur plötzlich vom Tisch aufgesprungen – die haben jetzt auch einen Tisch wie wir – und hat gejubelt. Und hat immer nur gesagt: ›Jetzt hab' ich diesen Strolch, jetzt hab' ich diesen Strolch.‹«

»Welchen Strolch hat er denn gemeint? Bendix?«

»Das wissen wir nicht. Goldemar glaubt aber, mit dem Strolch meinte er nicht Bendix, sondern unseren Papi.«

»*Deinen* Papi! *Meiner* ist es, Wotan sei Dank, nicht.«

Iduna blickte ihre Mutter hilfesuchend an. »Glaubst du, daß Bendix jetzt flüchten muß?«

Thusnelda stand auf und ging an den Herd und versteckte die schmutzigen Töpfe hinter den sauberen. »Das weiß ich nicht. Das muß er selbst beurteilen. Auf alle Fälle mußt du ihm sofort alles beichten.«

»Kannst du das nicht machen?« fragte Iduna, obwohl sie die Antwort im voraus kannte. Doch man sah ihr an, daß sie sich wieder gefangen hatte. Offenbar hatte es gereicht, ihrer Mutter alles erzählen zu können. Sie stand sogar ebenfalls auf und wischte die Ziegenhaare von ihrer Kutte. »Ist dir schon mal aufgefallen, was er für schöne blaue Augen hat?« fragte sie dabei unvermittelt.

»Blaue Augen? Du spinnst doch, die sind braun. Bendix hat doch keine blauen Augen.«

»Ich meinte ja auch nicht Bendix. Ich meinte Goldemar.«

Erst als sie den entsetzten Gesichtsausdruck Thusneldas bemerkte, schwante ihr, daß ihre Mutter irgend etwas mißverstanden haben mußte. »Ich meine, jemand, der so aufrichtige blaue Augen hat, der kann doch gar nicht bösartig und verlogen sein.«

Thusnelda wollte nichts mehr wissen. Den Gedanken, der ihr flüchtig durch den Kopf geschossen war, daß Iduna absichtlich Bendix Geheimnis verraten haben könnte, hatte sie gleich wieder verworfen. Das hätte Iduna selbst dann nicht übers Herz gebracht, wenn sie von Goldemar wirklich so beeindruckt war, wie Thusnelda jetzt vermuten mußte. Iduna war nur naiv und spontan, sprach sofort und aufrichtig aus, was sie gerade dachte, ohne Wirkungen zu bedenken. Wahrscheinlich wird sich alles genauso zugetragen haben, wie Iduna es berichtet hat, dachte Thusnelda. Weiter kam sie nicht, denn in diesem Augenblick erschienen Brunhilde und Sieglinde.

Iduna erhob sich und verkündete, als wären beide noch allein im Haus: »Eines möchte ich dir übrigens noch sagen: Wenn Bendix mich noch will, werde ich ihn auch heiraten. Falls er flüchten muß, werde ich eben mit ihm gemeinsam flüchten. Und jetzt such' ich Bendix und erzähle ihm alles.«

Selbstverständlich wollten Brunhilde und Sieglinde sofort wissen, was los war. Ebenso selbstverständlich entgegnete Thusnelda, daß sie auf keinen Fall darüber sprechen dürfe.

Noch während Thusnelda berichtete, was sie soeben erfahren hatte (was denn sonst?), schien sie sich erst wirklich bewußt zu werden, welche Konsequenzen dieser Vorfall haben würde. Über die Tatsache, daß Bendix nun doch nicht ihr Schwiegersohn werden würde, kam sie am leichtesten hinweg. Selbst wenn er das Dorf verließe, würde das ja keine Trennung auf ewig bedeuten. Vielleicht würde er sich nur ein paar Wochen verstecken müssen – selbstverständlich durfte davon außer den drei anwesenden Frauen niemand etwas erfahren –, aber irgendwann würde er wahrscheinlich ins Dorf zurückkehren können. Viel schwerwiegender wäre, daß man auf seine Kenntnisse würde verzichten müssen, gerade in diesen schwierigen Monaten der wirtschaftlichen Veränderungen.

»Und für die Wahl brauchen wir ihn mindestens ebenso dringend«, erklärte Sieglinde.

»Doch jetzt nicht mehr, wo wir Frauen gar nicht wählen dürfen«, widersprach Brunhilde.

Thusnelda blickte Sieglinde respektvoll an. »Ich glaube, daß Sieglinde recht hat. Wenn ich nur daran denke, was jetzt auf uns zukommt und was man dabei alles falsch machen kann, dann kriege ich eine Gänsehaut, wenn ich mir vorstelle, daß wir alles Männern überlassen. Da kommt doch nur Scheiße bei raus.«

»Das weiß ich auch. Aber diese Stehpisser wählen nun mal den neuen Gauführer, und wir Frauen dürfen ohnmächtig zusehen, wie wir dann mit dem Schwachsinn zurechtkommen, den der anrichten wird. Das ist doch immer so.«

»Bist du jetzt ganz ehrlich, Brunhilde?«

»Selbstverständlich«, antwortete Brunhilde dickköpfig.

Thusnelda mußte lächeln: »Wenn bei euch zu Hause was wirklich Wichtiges entschieden werden muß, macht Sigurd dann, was er will?« fragte Thusnelda.

Noch hielt sich Brunhilde tapfer: »Also, diese Körnerfresserei hat er sich selbst ausgedacht, daß er an einen neuen Gott glaubt und allen ähnlichen Unsinn, auch.«

»Und du ißt auch nur Körner?«

»Wenn er dabei ist, schon manchmal. Aber sonst natürlich

nicht. Obwohl er das verlangt. Aber das wäre ja noch schöner, daß ich mir von Sigurd vorschreiben lasse, was ich zu essen oder an welchen Gott ich zu glauben habe.«

Brunhilde mußte jetzt doch lächeln: »Also, wenn ich wirklich was Bestimmtes durchsetzen will, dann bringe ich ihm das schon bei. Das merkt er ja gar nicht. Natürlich lasse ich ihn in dem Glauben, daß er entschieden hat, aber in Wirklichkeit war ich das natürlich.«

Thusnelda nickte: »Genauso ist es, und genauso suchen wir uns aus, welchen Mann wir als Gauführer haben wollen. Erst mal einigen wir Frauen uns auf einen Kandidaten. Und danach müßten Sonne und Mond schon gleichzeitig hoch vom Himmel scheinen, wenn der nicht gewählt werden würde.«

»Hast du denn schon einen im Sinn?« wollte Brunhilde wissen.

»Ach, Unsinn. Erst mal müssen wir ja wohl wissen, was wir überhaupt erreichen wollen, was wir erreichen können, und danach, wer fähig ist, das für uns durchzusetzen. Wir können uns doch keinen aussuchen, weil er besonders gut gebaut ist, nicht mal, weil er klug ist oder liebenswürdig, weil er uns sympathisch ist. Wenn es nötig ist, werden wir das größte Arschloch unterstützen.«

Sieglinde wurde ungeduldig. Sie liebte Brunhilde sehr, aber manchmal ging ihr deren Biederkeit doch mächtig auf den Schurz. Also erweiterte sie Thusneldas Antwort leidenschaftlich: »Das hat Bendix neulich doch ganz klar gesagt: Ein anständiger Mensch hat in der Politik nichts zu suchen. Wenn einer erst anfängt, darüber nachzudenken, ob er den Leuten vielleicht was vorlügt oder nicht, dann kann man ihn gleich vergessen. Weil das ja bedeutet, daß er Lüge und Wahrheit unterscheiden kann. Aber wer erfolgreich sein will, darf sich nur überlegen, was ihm hilft, an die Macht zu kommen.«

»Ich hab' ja nur mal so aus Spaß gefragt«, entschuldigte sich Brunhilde. »Aber um so schlimmer ist, daß wir das alles ohne Bendix machen müssen.«

Kein Widerspruch, also redete Brunhilde weiter: »Glaubt ihr wirklich, daß dieser Kotzbrocken Graumantel unseren Bendix an die Römer verraten wird? Könnt ihr euch vorstellen, daß ein Germane einen anderen Germanen an die Sanellas verrät?«

»Aber selbstverständlich. Weißt du nicht, wie oft das schon vorgekommen ist?« erwiderte Thusnelda.

Sieglinde ergänzte: »Der schlimmste Feind des Germanen, hat mein Vater immer gepredigt, ist der andere Germane. Ich bin sicher, daß Graumantel Bendix verraten wird.«

»Und was hätte er davon?« fragte Brunhilde. »Wenn ich Graumantel wäre, würde ich doch erst mal versuchen, irgendwas für mich selbst rauszuschlagen.«

Sieglinde blickte Brunhilde mitfühlend an. »Daß Graumantel so was versuchen wird, glaub' ich auch. Nur ist er viel zu dämlich, um zu wissen, wie man das anstellt.«

»Wenn er überhaupt rausfindet, was ihm nützt und was ihm schadet«, fügte Thusnelda hinzu.[28]

[28] Merkwürdigerweise ist selten darüber nachgedacht worden, wie unterschiedlich Tacitus die germanischen Frauen schildert bzw. die Achtung, die ihnen von Männern gezollt wird. Auf der einen Seite sind sie Heilige, verfügen über seherische Fähigkeiten, scheinen dann aber wieder rechtlos zu sein, zumindest wenn sie gegen den Standard der Vollkommenheit verstoßen. Es ist nicht zu übersehen, daß wir in unseren Tagen erneut auf dieses Phänomen stoßen. Besonders in jüngster Zeit wird häufig der Eindruck zu vermitteln versucht, Frauen seien so gut wie unfehlbar. Wären sie es wirklich, würde diese beleidigende Unterstellung (bedauerlicherweise) nicht von so vielen Frauen begeistert nachgeplappert. Eigentlich hätte es sie bereits mißtrauisch machen sollen, daß es stets Männer waren, die ihnen Vollkommenheit bescheinigten.
Es ist müßig, die Motive dieser verirrten Männer enträtseln zu wollen. Wer behauptet, sie versuchten sich (ganz anders als jene des Tacitus) auf primitive Weise ranzuschmeißen, muß sich nicht irren. Viele der etwas umsichtigeren Frauen tun sich glücklicherweise schwer, an diesem Unfug teilzuhaben. Sie wissen, daß Vollkommenheit unerträglich ist. Wo sie glaubhaft auftritt, verbreitet sie Schauder, wenn nicht Grauen. Auf jeden Fall verhindert sie Genuß. Der große Geiger Jascha Heifetz hat einmal (lange her) berichtet, daß ihm George Bernard Shaw nach einem Konzert einen Brief geschrieben habe, in dem die Bitte stand: »Tun Sie mir den Gefallen und greifen Sie doch hie und da auch einmal einen falschen Ton.«

DAS SIEBENTE KAPITEL

Die meisten Bewohner der Dörfer in der weiteren Umgebung von Bonarum hatten die Tage, nachdem die Wahl angekündigt worden war, ebenso verbracht wie die Tage vorher. Nichts hatte sich für sie geändert. Und daß sich nach der Wahl etwas ändern würde, glaubte ebenfalls niemand. Die einzigen Kontakte mit dem Gauführer hatten – von kriegerischen Eroberungszügen abgesehen – für die meisten darin bestanden, daß sie dessen Beauftragten einen Teil ihrer Herde oder Erntevorräte ablieferten.[29] Warum sollte das bei einem neuen Gauführer anders werden? Daß der neue Gauführer in einer Zeit voller Umbrüche sein Amt antreten und demnach durch seine Entscheidungen den Lauf der Dinge beeinflussen würde, war ihnen schon klar.

[29] Wenn Tacitus (Germania XV) behauptet, daß diese Abgaben an die Beamtenschaft freiwillig und freudig vorgenommen und als Ehrengabe empfangen wurden (»Mos est civitatibus ultro ac viritim conferre principibus vel armentorum vel frugum, quod pro honore acceptum etiam necessitatibus subvenit, gaudent praecipue finitimarum gentium donis, quae non modo a singulis, sed et publice mittuntur, electi equi, magnifica arma, phalerae torquesque; iam et pecuniam accipere docuimus.«), dann spricht das mehr für die früh entwickelte Geschicklichkeit der Beamten, mögliche Kritker zu täuschen, als für einen unter den alten Germanen krankhaft verbreiteten Schwachsinn der Steuerzahler. Daß Tacitus im selben Abschnitt darauf verweist, daß wertvolle Geschenke einschließlich Bargeld gern angenommen wurden, und so seine Behauptung, daß die Bevölkerung ihre Abgaben freiwillig entrichtet, zu belegen versucht, läßt dagegen lediglich den Schluß zu, daß Tacitus offensichtlich unfähig war, zwischen Geben und Nehmen einen Unterschied zu erkennen. In diesem Zusammenhang dürfte es wohl kaum einen Leser überraschen, wenn er erfährt, daß das erste Wort deutscher Sprache, welches aufgeschrieben wurde (vom römischen Dichter Ennius etwa um 200 v. Chr.), das altgermanische Wort für Beamter war (ambactus, got. andbahts, der Gefolgemann; andbahti, das Ambet, Amt).

Da ihnen aber kein einziges der anstehenden Probleme auch nur in Umrissen bekannt war, wäre es unbillig gewesen, von ihnen bereits eine Meinung darüber zu erwarten, welche Entscheidung für sie richtig oder falsch, günstig oder ungünstig sein würde.

Wohl spürten sie, daß Veränderungen bevorstanden, doch wie diese sich auf ihr gewohntes Leben auswirken würden, hätte niemand von ihnen beschreiben können. Die wenigen Gerüchte, die durch die Landschaft schwirrten, machten sie höchstens ein bißchen neugierig, ereifert oder geängstigt hatten sie sich nie.

Badwila dagegen, die nicht nur beruflich dazu verpflichtet war, die Zukunft zu erkennen, zu deuten und mit ihr fertig zu werden, war weniger gelassen. Dabei hatte sie die Wahlprozedur noch ungerührt hingenommen. Die bislang üblichen Methoden, durch die, wenn es soweit war, neue Gauführer gekürt wurden, hatten die Germanen schließlich ebenfalls nur selten (und dann zufällig) davor bewahrt, von Schwachköpfen regiert zu werden. Sorgen machte ihr vielmehr die neue Brücke. Durch sie bahnte sich etwas an, was ihr fremd war und gefährlich schien. Deshalb hatte sie Bendix zu einem kurzen Gespräch zu sich gebeten.

Als Bendix das Haus betrat, blieb er eine Weile in der Tür stehen; er mußte sich, wie alle anderen vorher, zunächst an das Dämmerlicht gewöhnen.

»Setz dich«, befahl Badwila in einem Ton, den allein sie für liebenswürdig hielt.

Als sich seine Augen an das Halbdunkel gewöhnt hatten, staunte er; es kam ihm alles so fremd vor, als wäre er bei seinem ersten Besuch in einem anderen Haus gewesen.

»Ich habe aufgeräumt. Ich mag es nicht, wenn Fremde in meinem Handwerkszeug rumschnüffeln. Außerdem sind viele Kräuter giftig. Aber Pintofex bestand darauf, daß wir in meinem Haus tagen. Du weißt sicher, daß er die Wahlkandidaten herbestellt hat.«

Bendix setzte sich. »Aber die passen doch längst nicht alle rein. Wenn ich richtig informiert bin, gibt es doch mehr als dreißig Kandidaten.«

»Sechsundvierzig«, sagte Badwila. »Aber ich glaube nicht, daß heute auch nur zehn kommen werden. Sie sind für Donarstag, also für heute, um elf Uhr herbestellt, und die Römer vermuten, daß sie dann auch heute um elf auf der Matte stehen. Pissus wird sich wundern. Allerdings ist mir das auch egal. Du hast sicherlich schon gehört, daß die Sanellas eine Brücke über den Rino gebaut haben.«

Bendix nickte erwartungsvoll.

»Du bist der einzige, der die Sanellas kennt und dem ich vertraue. Da gibt es ein paar Sachen, die ich nicht verstehe. Das erste, was ich wissen möchte: Warum haben die Sanellas die Brücke eigentlich gebaut?«

»Sie verkürzen damit den Landweg an das nördliche Meer. Außerdem können sie damit das Gebiet der hier lebenden Teutonen erschließen.«

»Was haben sie davon?«

»Wirtschaftliche Vorteile.«

»Was heißt das?«

»Bei uns und noch weiter nördlich gibt es viele Rohstoffe, die bei ihnen knapp sind oder die sie gar nicht haben. Bei uns gibt es Eisen, in Britannien Zinn, die Pelze aus dem Norden, und dann wollen sie natürlich den Bernstein von den Küsten.«

»Du meinst, sie wollen wieder versuchen, unser Land zu erobern?«

»Wieso denn? Nein. Jedenfalls ganz bestimmt nicht mit Waffengewalt. Weil sie das gar nicht mehr nötig haben. Sie werden nur versuchen, uns das zu verkaufen, was sie im Überfluß besitzen.«

»Das klingt ziemlich harmlos. Öl und Wein kriegen wir schon seit ewigen Zeiten von ihnen.«

»Wenn es nur Öl und Wein wären. Du ahnst vermutlich gar nicht, was dort inzwischen alles hergestellt wird. Die arbeiten nämlich schon seit langem nicht mehr wie wir. Die haben sich die Arbeit aufgeteilt. Wenn bei uns einer einen Sattel für sein Pferd braucht, dann geht er zu einem Sattler, und der macht ihm einen.«

»Was sonst?«

»Bei den Sanellas ist das ganz anders. Da gibt es Leute, die bereiten das Leder zu, dann kommen andere, die schneiden daraus die Teile zu, die man für einen Sattel braucht, und wieder andere, die stellen die Metallteile her, die für so einen Sattel verwendet werden, und ganz zuletzt sind die Facharbeiter dran, die dann die Teile zusammennähen.«

»Was bedeutet das?«

»Das bedeutet, daß die auf diese Weise viel mehr Sättel herstellen, als sie benötigen. Also müssen sie versuchen, ihren Überfluß an Sätteln außerhalb ihres Landes zu verkaufen.«

»Und du meinst, sie wollen uns ihre Sättel verkaufen?«

»Aber bestimmt.«

»Und was machen dann unsere Sattler?«

»Wenn sie nicht ganz schnell versuchen, genauso zu arbeiten wie die Sanellas, dann müssen sie sich eine andere Arbeit suchen. Dann müssen sie eben umsatteln. Und so geht das nicht nur mit Sätteln, sondern mit hundert anderen Dingen.«

»Aber so viele Dinge gibt es doch gar nicht.«

»Hier nicht, bei denen schon. Man kennt sie hier nur nicht.«

»Wenn wir sie nicht kennen, bedeutet das aber doch, daß wir sie auch nicht benötigen. Oder?«

Als Bendix nicht gleich antwortete, wurde Badwila ungeduldig. »Stimmt das etwa nicht, was ich gesagt habe?«

»Es kommt nicht darauf an, ob es stimmt oder nicht stimmt. Ob man etwas braucht oder nicht braucht. Nach allem, was ich in Rom gelernt habe, glauben die Menschen, daß sie etwas brauchen, sobald sie es gesehen haben.«

»Du meinst, Germanen werden genauso unnützes und überflüssiges Zeugs besitzen wollen, nur weil sie erfahren, daß es das gibt?«

Bendix mußte einen Moment darüber nachdenken. »So unnütz sind viele Sachen ja nicht. Beispielsweise Lampen. Das sind so Gefäße aus Ton oder aus Bronze, manche davon sehr sorgfältig verziert, und da gießt man Öl rein, aus Oliven oder Nüssen oder Fischen, und wenn es abends dunkel wird, zündet man sie an, und es wird hell im Raum. Bei uns in der Stadtvilla gab es sogar ganz kostbare Stehlampen. Das war so ein Ständer mit vier oder fünf Armen für Lampenschüsseln dran. Oder Heizungen. Die Sanellas haben sogenannte Öfen. Das sind eigentlich nur Kohlebecken, in denen man Holzkohle verbrennt.«

Badwila schien verstört. »Ich dachte immer, bei denen da unten ist es sehr viel wärmer als bei uns.«

»Und wie! Das kann man gar nicht vergleichen. Bei denen ist der Winter so wie bei uns der Sommer.«

»Und der Sommer?«

Zum ersten Mal seit vielen Monaten bekamen Bendix' Augen einen traurig-sehnsüchtigen Glanz. »Der Sommer? Fast immer blauer Himmel, fast immer Sonne, man kann nachts noch draußen in einer Taverne sitzen und herrlichen Wein trinken.«

»Das kann man hier auch», fuhr Badwila ärgerlich dazwischen.

»Aber hier höchstens ein paar Tage im Jahr. Da unten viele Monate. Das schöne Wetter macht natürlich auch den Boden viel fruchtbarer. Daß da so viele Sorten Obst und Gemüse wachsen, wie sie sich ein Germane gar nicht vorstellen kann. Auch zum Essen gibt es viel mehr Geschirr als bei uns.«

»Geschirr?«

»Na ja, die Sanellas stellen nicht einfach eine Kumme auf den Tisch, in die dann jeder mit seinen Fingern reingrabscht, da kriegt jeder einen Teller und einen Löffel, da füllt sich dann jeder was auf, und da gibt es verschiedene Becher, sogar welche nur für Eier, und Schüsseln, Schöpflöffel, Tassen, Krüge, Kannen, Pokale und was weiß ich noch alles. Und meistens sitzen die auch nicht beim Essen, sondern sie haben große Sofas, auf denen sie liegen.«

Bendix unterbrach seine schwärmerische Beschreibung, weil Badwila gar nicht mehr zuzuhören schien.

»Und dann erst mal die Kleidung und der Schmuck, besonders für die Frauen . . .«, versuchte Bendix zaghaft weiterzuerzählen.

»Hör auf. Es reicht mir für heute. Und du glaubst, daß unsere Germanen genauso leben möchten wie die Sanellas?«

Bendix zog nur stumm seine Schultern hoch. Badwila schien allerdings mit einer Antwort auch nicht gerechnet zu haben. Im Grunde hatte Bendix die Frage ja bereits beantwortet. »Und glaubst du, daß ich etwas tun kann, damit so ein Unheil verhindert wird? Oder irgend jemand anders? Vielleicht ein neuer Gauführer?«

»Wenn er keine undurchdringlichen Palisander um das gesamte Gebiet unserer Stämme zieht? Ich wüßte nicht, wie. Diese eine Brücke ist ja erst der Anfang.«

Badwila nickte. Bendix glaubte sich entlassen, stand auf und wollte Badwilas Haus verlassen.

»Es ist üblich, daß ich entscheide, wann ein Gespräch beendet ist. Setz dich wieder hin, junger Mann.«

Bendix gehorchte.

»Wie hast du dich entschieden?« Als Bendix nicht sofort antwortete, fuhr sie fort: »Hast du meine Frage nicht verstanden? Ich will wissen, ob du bei uns bleiben willst, auf die Gefahr hin, daß Graumantel dich bei den Römern verpfeift, oder ob du dich wieder auf die Socken machen willst?«

»Ich weiß es selbst noch nicht genau. Bis vor ein paar Wochen noch hätte ich vor Angst vielleicht in die Hosen gemacht. Aber als mir Iduna das gestern erzählt hat, das mit Graumantel, da hat mich das kaum berührt. Aber ich könnte das nicht erklären.«

Badwila blickte ihn einen Moment prüfend an. »Glaubst du etwa nicht, daß Graumantel dich verpfeifen wird?«

»Ich glaube, daß es mir ziemlich egal ist, ob er das macht oder nicht.«

»Und was das für dich für Folgen haben kann, das ist dir auch egal?«

»Egal nun nicht gerade. Aber diese ewige Ungewißheit, ob Cornelius mich nun wieder einfangen will oder nicht ... Ich will endlich wissen, woran ich bin. Grundsätzlich.«

»Grundsätzlich?« fragte Badwila. Doch als Bendix bockte und offensichtlich nicht bereit war, näher zu erläutern, was er damit meinte, beendete Badwila die Audienz.

*

Gundolf Graumantel war an diesem Donarstag früher aufgestanden als gewohnt, hatte nur einen Happen Brot in den Mund gesteckt und sich auf den Weg nach Bonarum gemacht. Er hätte noch viel früher losmarschieren können, weil er während der Nacht keine Minute geschlafen hatte. Zuviel war ihm durch den Kopf gegangen. Sofort nachdem ihm Goldemar eröffnet hatte, welches Geheimnis diesen Bendix umgab, wußte er, daß er diese Kenntnis für sich ausnutzen konnte, nur war er nicht ebenso schnell auf eine Lösung verfallen, wie er möglichst viel für sich dabei herausschlagen könnte. Thusnelda, Iduna und Sieglinde wären sehr verwundert gewesen, wenn sie gewußt hätten, wie gründlich Graumantel seinen Verstand strapazierte. Weder war er zu dämlich, überhaupt zu erkennen, was ihm nützlich war, noch zu bekloppt, um nicht herauszuklamüsern, wie er seine Kenntnis optimal nutzen könnte. Tatsächlich war Graumantel etwas eingefallen, was er im ersten Moment als zu absurd und abenteuerlich verwarf. Doch auf dem langen und anstrengenden Weg von Bad Wotansberg nach Bonarum hatte er sich immer mehr davon überzeugt, daß die Idee fast perfekt war.

Dabei war es warm und schwül, die Sonne, wo Graumantel sie hätte sehen müssen, blieb hinter nebligen Wolken. Als er endlich in Bonarum eintraf, war er erschöpft und durchgeschwitzt. Er sehnte sich nach einer Erfrischung, fürchtete aber – es war nämlich immer noch früh –, außer ein paar Sklaven noch niemanden im Dorf anzutreffen. So war er nicht nur überrascht, sondern vor allem erleichtert, als er Sigurd vor dessen Haus entdeckte.

Sigurd war beschäftigt. Mit einem Sklaven hatte er vor seinem Haus zwei Pfähle so tief in die Erde gerammt, daß nur noch etwa 80 cm von ihnen zu sehen waren. Als sich Blaumantel neben ihn stellte, schien Sigurd gerade darüber nachzudenken, wie er zwei ziemlich breite, seitlich miteinander verbundene Bretter auf den Pfählen befestigen könne.

»Du machst dir einen eigenen Donarbalken?« fragte Graumantel, nachdem er unerwartet gegrüßt hatte.

»Einen Donarbalken würde ich doch nie vorm Haus bauen.«

»Warum nicht? Dann kann man sich doch schön unterhalten mit allen, die vorbeikommen.«

Die Sklaven hatten die Bretter auf den Pfählen abgelegt und warteten geduldig auf die nächste Anweisung.

Sigurd grinste. »Du hast sicherlich keine Ahnung, was das werden soll?«

Für eine Bank war es zu hoch, ein Donarbalken sollte es nicht werden, also beschrieb Graumantel, was er vor sich sah: »Zwei Baumstümpfe mit zwei Latten drauf.«

»Aber zu welchem Zweck?« fragte Sigurd stolz.

Graumantel war nicht in der Stimmung, lange zu raten. »Du hast nicht zufällig irgendeine Erfrischung für mich? Ich bin eben erst gekommen, und es ist ziemlich warm heute. Ein Glas Milch vielleicht, notfalls sogar Wasser.«

Sigurd nickte heiter: »Sogar was viel Besseres.«

Graumantel erschrak: »Bitte keine Körner oder Rotwurzeln.«

Sigurd rief ins Haus: »Sieglinde, bring schon mal Beißmilch raus. Der erste Kunde ist da.« Dann wendete er sich wieder Graumantel zu und verkündete hoheitsvoll: »Vor dir siehst du die erste germanische Budike.«

Graumantel verstand kein Wort, dachte jedoch nicht daran, sich ausgerechnet vor diesem Tölpel zu blamieren, begnügte sich also mit einem nüchternen »Aha«.

Sigurd bewahrte sich seinen Enthusiasmus. »Bei Geschäften muß man nämlich unheimlich aufpassen«, dozierte er. »Da kann man seine Waren gar nicht zu früh anbieten, nur zu spät.«

»Welche Waren?« fragte Graumantel.

Sigurd deutete auf die Kummen mit Dickmilch, die Sieglinde gerade gebracht hatte und nebeneinander in zwei Gruppen auf die Latten stellte. »Die ist mit Honig und die ohne«, erklärte sie, füllte einen Löffel mit Dickmilch und hielt ihn Graumantel hin. »Ein Löffel voll als Kostprobe. Und die ist noch umsonst.«

Graumantel ließ sich mißtrauisch füttern. Es schmeckte ihm. »Gar nicht übel. Und wie machst du das?«

Sigurd lachte: »Das könnte dir so passen, daß ich dir das Rezept verrate. Und in der nächsten Woche machst du genauso eine Budike auf. Das ist nämlich der ganze Witz überhaupt, hat Bendix gesagt. Wettbewerb und Konkurrenz. Wenn die nicht wäre, dann . . . Also was dann ist, weiß ich nicht mehr so genau. Jedenfalls macht man alles nur wegen der Konkurrenz. Wie in der Politik.«

Graumantel war nur einmal kurz zusammengezuckt, als der Name Bendix gefallen war. Obwohl es nicht nötig gewesen wäre, wurde ihm damit die Entscheidung, daß dieser Kerl endlich verschwinden müsse, eindringlich bestätigt. Offenbar gab es nichts, was diesem flüchtigen Sklaven zu geringfügig war, seine Nase reinzustecken und mit Ratschlägen zu protzen.

Graumantel streckte Sieglinde seinen Arm hin: »Wie schon gesagt, es schmeckt nicht übel, gib mir ruhig eine ganze Kumme.«

Sieglinde zögerte, blickte Sigurd an.

»Hast du denn schon Sesterzien?« fragte er Graumantel.

»Woher wohl, und was soll ich damit?«

»Die Beißmilch bezahlen. Ich habe dir doch gesagt, daß dies eine Budike ist. Da gibt es nichts mehr umsonst. Es wird verkauft. Damit werden Geschäfte gemacht. Und das geht so: Du kommst hier an meine Budike, ich meine, an die Latten hier, und dann fragst du mich, was kostet bei dir denn die Beißmilch, und dann sag' ich vielleicht fünf Sesterzien, und dann sagst du, nein, das ist mir zuviel, ich würde höchstens drei Sesterzien bezahlen. Und dann sage ich, also gut, ich komme dir entgegen. für viereinhalb Sesterzien würde ich mich von dieser herrlichen Beißmilch trennen. Immerhin hat sie viel Arbeit gemacht und dann das Risiko, daß sie schlecht wird.« Daß Sieglinde in diesem Moment hüstelte, weil sie schließlich wußte, daß die Beißmilch ein Produkt aus bereits verdorbener Milch war, ignorierte Sigurd würdevoll.

In Graumantels Kopf schwirrte es. »Kriege ich nun so eine Kumme oder nicht?«

»Du hast zwar keine Sesterzien. Aber ich will mal davon ausgehen, daß du bald welche in die Finger bekommst.« Mit den Worten »Man ist ja kein Unmensch« reichte er Graumantel die Kumme hin, der Sieglinde die Kostprobe entnommen hatte. »Auf Kredit, Gundolf Graumantel. Allerdings muß ich da den Preis natürlich etwas raufsetzen.«

Als Graumantel mit wütendem Gesichtsausdruck Sigurd die Kumme aus der Hand nehmen wollte, zog der sie noch einmal zurück. »Hör mal zu, du mußt nicht, wenn dir meine Bedingungen nicht gefallen. Da kommen Hunderte, die mir die mit Kußhand abnehmen.«

»Es ist ja gut«, sagte Graumantel und riß Sigurd die Kumme fast aus der Hand.

»Das hat euch wohl alles dieser Bendix beigebracht.«

Sigurd lächelte. »Das nun mal ausnahmsweise nicht, so die Einzelheiten, wie man Geschäfte macht. Das steht in meiner Bibel.«

Doch Graumantel hatte gar nicht mehr zugehört. Baldur Blauzahn war erschienen, noch halb verschlafen, denn er mußte seine Augen zusammenkneifen, weil ihn selbst das sonnenlose Tageslicht blendete. Graumantel ging sofort auf ihn zu. So hörte er nicht mehr, daß Sigurd fröhlich hinter ihm herrief: »Und bring die Kumme gleich wieder zurück, sonst muß ich auch noch Pfand berechnen!«

*

Zunächst hatte Baldur so getan, als wäre Graumantel Luft, war zu Sigurd gegangen, hatte sich dessen Beißmilch-Sortiment angesehen und überlegen gegrinst. Dann hatte er sich auf den für diese Stunde für ihn üblichen Weg zum Donarbalken gemacht. Aber Graumantel ließ sich nicht abschütteln, sondern versuchte, auf dem ganzen Weg mit Baldur zu sprechen.

»Ich bin deinetwegen früher gekommen. Wir müssen etwas besprechen, nur wir beide. Es ist wichtig, Baldur. Und du brauchst auch erst mal nichts zu sagen, wenn du keine Lust dazu hast. Vielleicht magst du so früh am Morgen ja gar nicht reden. Das kenne ich. Das geht mir auch oft so. Nachdem meine Frau mir morgens das Frühstück hingestellt hat, muß sie das Haus verlassen, da will ich alleine sein und nicht gestört werden. Und wenn es nicht so wichtig wäre, dann wäre ich ja auch nicht so früh gekommen. Aber heute nacht ist mir eine Lösung eingefallen, von der wir beide profitieren, aber was sag' ich, nicht nur wir beide, unsere gesamte Sippe, unser ganzer Stamm, vielleicht sogar alle Germanen. Aber die größten Vorteile hast du. Wirklich, das kannst du mir glauben.«

Inzwischen waren sie am Donarbalken angelangt, Baldur zog seine Hose runter und setzte sich. Graumantel blieb vor ihm stehen.

»Na schön, wir leben im Streit miteinander. Schon ziemlich lange. Aber weißt du noch, wie der Streit ausgebrochen ist? Ich weiß es nicht mehr. Ich weiß nicht, weshalb wir so verfeindet sind. Natürlich weiß ich, daß mich die meisten unserer Teutonen verachten, daß sie mich den schwarzen Barbaren nennen und einige sogar behaupten, daß ich jeden Morgen gebratene Kinder frühstücke. Aber niemand hat sich mal Gedanken darüber gemacht, warum das so ist, warum ich diese Verleumdungen nicht nur hinnehme, sondern sogar noch unterstütze. Meinst du, ich renne aus Jux andauernd in dieser schwarzen Kutte rum? Ich würde lieber so eine schöne graue Kutte tragen wie du, wie alle anderen Teutonen. Und wenn du es nicht weitersagst, will ich dir verraten, daß ich auch so eine habe und sie manchmal, wenn ich sicher bin, daß mich niemand sieht, anziehe und an unseren Dorfteich gehe, um mich da anzusehen, wenn mich das Wasser abspiegelt. Aber sonst mache ich alles, damit die anderen Angst vor mir haben. Sie sollen mich fürchten. Weil ich es allen Bewohnern von Bad Wotansberg schuldig bin. Ich trage schließlich die Verantwortung für sie. Ich muß sie schützen. Wenn es sich herumsprechen würde, daß ich in Wahrheit ein friedliebender Mensch wäre . . .«

In diesem Augenblick ertönte ein heroischer Furz, der es, so präzise terminiert, Baldur ersparte, sich einen höhnischen Zwischenruf auszudenken.

Doch selbst von diesem Kracher ließ sich Graumantel nicht irritieren; er trat lediglich ein paar Schritte seitwärts, nachdem er vorher automatisch die Windrichtung geprüft hatte. »Wenn die wüßten, wie friedfertig ich wirklich bin, sie würden sofort über uns herfallen. Habt ihr euch nie überlegt, wie ungerecht das Schicksal mit uns umgegangen ist?

Ihr in Bonarum beispielsweise, ihr lebt weit weg von allen Fremden, nicht zu dicht am Limes, weit entfernt von allen anderen Stämmen, von undurchdringlichen Wäldern und den nördlichen Sümpfen auf natürliche Weise geschützt. Alle erreichbaren Nachbarn sind friedlich.«

»Bis auf einen: Gundolf Graumantel!«

»Selbst wenn ich wirklich so wäre, wie du sagst, frag doch mal, wie ist denn unsere Lage? Womit haben wir es zu tun? Schon was sich am anderen Flußufer rumtreibt, dieses Gesindel von Legionären im Dienst der Sanellas, mit Türkisen, Chaoten, sogar Hunnen, Abschaum aus der ganzen von den Sanellas eroberten Welt. Da gibt es Schwarze, Braune und Gelbe, manche mit Gesichtern, die nicht mal bei Sonnenschein aussehen wie bei normalen Menschen. Und nach der anderen Seite? Gallier, Friesen und die langen Barden. Vor denen braucht ihr keine Angst zu haben, weil wir zwischen euch und denen leben. Ihr könnt ungestört eure Äcker pflügen, säen und ernten. Und wir?«

Baldur hatte sein Vorhaben beendet, riß ein Büschel Gras aus und beobachtete Graumantel aus den Augenwinkeln, ob der ausreichend beeindruckt war, als er sich damit seinen Hintern reinigte. Er war. Doch war er bemüht, es sich nicht anmerken zu lassen.

Baldur erhob sich. Graumantels leidenschaftliches Plädoyer hätte wohl jeden auch nur halbwegs empfindsamen Germanen nachdenklich gestimmt. Nicht jedoch Baldur. Der war von anderem Kaliber. Das soll nicht heißen, er wäre hartherzig oder weniger beeindruckt. Überhaupt nicht. Nur war das alles nicht neu für ihn. Er hatte immer gewußt, daß die Graumantels Pech gehabt hatten, als sie sich seinerzeit in Bad Wotansberg ansiedelten, während sich die Blauzahns nur ein paar Stunden entfernt in Bonarum niederließen. Aber diese paar Werst waren, wie sich Jahre später herausstellte, entscheidend für das Wohlergehen der einen und die Mühsal der anderen. Daß es jedoch so gekommen war, lag schließlich nicht an ihm, es war nicht seine Schuld.

Aber Baldur hatte im Laufe seines Lebens gelernt, daß man Menschen in Not am wenigsten trauen durfte. Sie waren zu jeder Gemeinheit fähig. Und daß Graumantel überhaupt zu ihm gekommen war, bewies Baldur, daß dessen Lage mehr als trostlos sein mußte. Also äußerte er sich entsprechend: »Bist du am Ende mit deinem verlogenen Gewinsel? Dann halt jetzt deine Schnauze, du Arschloch. Deinen Honig brauchst du mir nicht um den Bart zu streichen, schmier ihn dir an den Sack.«

Graumantel mußte einsehen, daß liebenswürdige Töne bei Baldur wirkungslos blieben.

Er stellte sich Baldur, der zurück ins Dorf gehen wollte, breitbeinig in den Weg und wählte einen strengeren Ton. »Na schön, wie du willst, Vetter. Dann reden wir jetzt streng zur Sache. Ich weiß über dich Bescheid und über Bendix. Und wenn ich das, was ich weiß, etwa nachher dem Pintofex Pissus mitteile, dann brauchst du kein Gras mehr, dann kannst du dir mit deiner Kandidatur den Arsch abwischen. Im ersten Moment habe ich auch gedacht, das wäre das einfachste, um dir Holzkopf Manieren beizubringen. Aber dann habe ich weiter nachgedacht, wie schon die Tage vorher, beispielsweise darüber, was in den nächsten Monaten alles auf uns zukommen kann, und das Schlimmste dabei ist, daß wir einfach keine Ahnung haben.«

»Du vielleicht nicht, ich schon.«

»Ist sehr gut möglich«, räumte Graumantel sofort ein.

Baldur war perplex. »Das gibst du zu?«

»Warum nicht. Du hast ja schließlich den einzigen Menschen in deiner Umgebung, der dich so beraten kann, daß du uns allen gegenüber einen nicht einzuholenden Vorsprung hast.«

»Dieses selbstherrliche Arschloch Bendix Büsum kannst du geschenkt kriegen. Wenn der wirklich der letzte Kimber ist, wie er behauptet, dann möchte ich mal wissen, warum Wotan von allen Kimbern ausgerechnet so einen am Leben gelassen hat.«

»Du mußt hier nicht eine solche Nummer abziehen, Blauzahn. Jemand, der dich nicht kennt, würde vielleicht auf diesen Quatsch reinfallen. Mir gegenüber kannst du das Theater lassen. Auch wenn ich etwas weiter weg wohne, von dem, was hier los ist, erfahre ich schon eine ganze Menge.«

»Weil du deinen Sohn zum Spion abgerichtet hast.«

»Goldemar? Der und Spion? Der ist so brav und aufrichtig wie kaum ein anderer Junge in seinem Alter.«

»Dann muß deine Alte mit einem anderen gebrögelt haben, um ihn zu zeugen.«

»Wenn du von Bendix nichts hältst, dann würde ich gern mal wissen, warum du dich mit dem zusammentust, um gemeinsam Geschäfte zu machen?«

»Ich? Gemeinsame Geschäfte mit Bendix Büsum? Eher würde ich unseren heiligen Schimmel zum Sonntagsbraten machen.«

»Ich weiß alles. Der Gewinn wird halbe-halbe geteilt. Du machst die Arbeit, und er sagt dir, was du machen sollst. Du siehst, es hat keinen Zweck, mir was vorzuschwindeln, Vetter.«

»Ich bin von dir ja schon Gemeinheiten gewohnt, Vetter. Aber wenn du diese Verunglimpfung meiner Ehre nicht zurücknimmst, bin ich gezwungen, dir die Rübe runterzuhauen.«

Graumantel wurde unsicher. Was er über Bendix wußte, hatte er von seinem Sohn erfahren. Das war zuverlässig. Dieses gemeinschaftliche Geschäftsunternehmen jedoch war ihm auf Umwegen über Sieglindes Vater zu Ohren gekommen. Deshalb konnte er Mißverständnisse nicht ausschließen. Also versuchte er einzulenken.

»Na schön. Fangen wir noch mal von vorn an: Ich weiß, daß Bendix geflüchtet ist und daß er noch gesucht wird, ich weiß sogar mehr als du, ich weiß, daß dieser Cornelius gar nicht weit weg von hier sein Lager aufgeschlagen hat. Und . . .«

Das schien Baldur tatsächlich nicht zu interessieren. »Na und? Dann geh doch hin und sag ihm alles, dann sind wir den Kerl endlich los.«

»Das wollte ich zuerst ja auch. Aber jetzt nicht mehr, nachdem ich alles in Ruhe durchdacht habe. Und ich halte es für das Beste, wenn wir beide uns seine Kenntnisse sozusagen teilen. Schließlich sind wir nicht die einzigen Kandidaten. Es gibt noch vierundvierzig andere. Und das betrifft nur die Wahl. Was die wirtschaftlichen Sachen angeht, da ist es lebenswichtig, daß wir einen auf unserer Seite haben, der die Tricks dieser Händler von da unten beherrscht. Einer, der denen gewachsen ist, der merkt, wenn die uns über den Tisch ziehen wollen. Und da bin ich auf folgende Idee gekommen: Du hast eine sehr liebenswerte Tochter, und ich habe einen ebenso lieben Sohn. Wir kämen beide mit einem Schlag raus aus dem Schlamassel, wenn die beiden heiraten würden. Zwischen uns wäre keine Feindschaft mehr, sondern wir wären wieder eine Familie wie früher.«

Baldur Blauzahn stand starr wie von einem göttlichen Blitz zu Stein verwandelt. Sogar das Atmen schien er vergessen zu haben, konnte nicht mal brüllen. So zischte er nur voller Haß: »Ehe ich meine Iduna einem deiner Söhne zur Frau gebe, bringe ich sie um, mich und dann noch dich.«

Graumantel gab auf und lächelte bitter. »In dieser Reihenfolge?« fragte er noch, drehte sich dann um und ging.

Als er ins Dorf kam, nahm Baldur die Fremden noch gar nicht wahr. Zu sehr beschäftigte ihn, was sich gerade am Donarbalken zugetragen hatte. Was hatte Graumantel wirklich erreichen wollen? Daß dieser beabsichtigte, was er gesagt hatte, schloß Blauzahn aus. Graumantel war ein so verschlagener Halunke, daß er nicht nur nie aussprechen würde, was er dachte, sondern bei allem, was er sagte, davon ausging, daß sein Gegenüber ihm nicht glaubte. Das allerdings würde bedeuten, überlegte Baldur, daß Graumantel hin und wieder schon die Wahrheit sagen könnte, weil er schließlich wußte, man würde sie ihm nicht abnehmen. Selbst ein Genie wie ich, dachte Baldur, hätte also immer Schwierigkeiten, bei Graumantel zu erkennen, wann dieser log und wann er die Wahrheit sagte. Diesmal hatte Graumantel allerdings einen Fehler gemacht, als er behauptete, er, Baldur, habe mit diesem Kimbern gemeinsame Geschäfte vereinbart, halbe-halbe, wie er sich ausgedrückt hatte. Das wußte er schließlich besser.

Baldur lächelte befriedigt, als er mit seiner Denkarbeit so weit vorangekommen war. Geschäfte! Nein, nie und nimmer. Nicht Baldur Blauzahn. Und dann noch auf diese erniedrigende Weise: Bendix die Ideen und er die körperliche Arbeit. Absurd, sich das nur vorzustellen. Selbst wenn er Bendix als Schwiegersohn hinnehmen müßte – das hatte er schließlich in einer schwachen Minute zugestanden (dabei allerdings vorsorglich den Preis so hochgeschraubt, daß Bendix ihn nie würde zahlen können) –, so würde er sich nicht demütigen lassen. Nicht einmal ohne Bendix würde er Geschäfte machen, obwohl seit Wochen in Bonarum über nichts anderes soviel geredet wurde. Da waren die Germanen nun seit Menschengedenken ohne Sesterzien ausgekommen; auf einmal interessierten sie sich für nichts anderes mehr. Wo er auch hinkam, alle zerwühlten ihre Phantasie nur mit dem Ziel, so schnell wie möglich an diese fremdartigen Scheibchen aus Silber oder Gold heranzukommen. Es genierte diese Elenden nicht einmal, daß, wie er erfahren hatte, die Köpfe römischer Kaiser auf ihnen abgebildet waren. Sollte ein Germane am Ende so feilschen mögen, wie er es einmal bei einem Sanella erlebt hatte, der mit Rosinen (und Olivenöl) handelte? Was war das für ein widerliches und würdeloses Erlebnis gewesen. Und würdelos sollte es für jeden einfachen Germanen sein, für einen Germanen in seiner Position war es undenkbar – es sei denn, plötzlich war ihm dieser grauenhafte Gedanke gekommen, es sei denn, man wäre dazu gezwungen, weil man sonst nicht zum Gauführer gewählt werden würde.

Baldur blickte auf seine Armbanduhr, er wollte wissen, wieviel Zeit ihm noch blieb, über dieses Problem nachzudenken, bevor er bei Badwila sein mußte. Erst jetzt bemerkte er, daß die Sonne noch immer verdeckt war, so daß er die Tageszeit nicht ablesen konnte. Und fast wäre er im selben Moment mit seiner Tochter Iduna zusammengestoßen, die mit zwei gefüllten Wasserkrügen (und mit fast allen anderen Dorfbewohnern) am Rande eines abenteuerlichen Haufens seltsam aussehender Menschen stand.

Sie trugen Kleider, wie er sie noch nie gesehen hatte, aus Stoffen, die er nicht kannte (wie er später herausfand, waren sie nicht aus Wolle oder Leinen, sondern viele aus Baumwolle und aus Seide), in Farben, die er nicht einmal in der Natur gesehen hatte. Über ihre zum Teil purpurgesäumten Gewänder, einige sogar mit Goldstickereien verziert, trugen sie Mäntel (auch diesen Namen erfuhr Baldur erst viel später). Es waren sogar einige Frauen unter ihnen, die sich nicht nur mit goldenen Ringen an den Fingern und mit Edelsteinen verzierten Armspangen geschmückt hatten; sie trugen sogar noch goldene Ketten um den Hals und Ringe an den Ohren, die am Ohrläppchen befestigt waren. Offenbar besaßen die Frauen der Sanellas dort, wo germanische Frauen ihre Ohrläppchen hatten, irgendwas mit einem Loch drin.

Etwas abseits entdeckte Baldur einen ungewöhnlichen Wagen, mit dem die Fremden offenbar gekommen waren und den sie gerade wieder bestiegen, um weiterzureisen. Zwei Pferde waren eingespannt, so was hatte Baldur schon mal gesehen, aber was er noch nie gesehen hatte (und nicht geglaubt hätte, wenn man ihm das erzählt hätte): Der Wagen verfügte wie ein Haus über ein Dach, und auf diesem Dach waren noch mal zwei Bänke, auf die sich vier Männer niedergelassen hatten. Nach unverständlichem Gebrüll setzte sich der Wagen in Bewegung und ließ eine verstörte Dorfgemeinde hinter sich zurück. Einige Kinder, unter ihnen selbstverständlich Elske, Walgari, Heldmut und Asgard, liefen noch lange neben dem Wagen her.

Wie zufällig stand Sieglinde neben Bendix, einen leeren Wassereimer in der Hand. »Haben viele Römer solche Wagen?« wollte sie wissen.

»Sehr viele.«

»Aber dann müssen die sich auf den Straßen doch ganz schön drängeln. Wie können die da vorwärtskommen? Und die Pferde auch noch.«

Bendix lächelte: »Gar nicht.« Und ließ sie noch einen Moment zappeln, bevor er fortfuhr: »Es ist schon seit Jahren verboten, im Stadtzentrum mit Wagen zu fahren. So ist das nun mal, wenn sich der Reichtum ausbreitet. Früher, als nur der Kaiser einen Wagen hatte, vielleicht noch ein paar Senatoren, reiche Legaten, Inhaber großer Handelshäuser, Fabrikbesitzer – da war das kein Problem. Aber nachdem man sogar als Friseur reich werden konnte oder durch den Import von Elfenbein, haben sich eben so viele Römer einen Wagen leisten können, daß die Straßen Roms für alle Gefährte mit Rädern gesperrt werden mußten.«

»Gefährte mit Rädern?« lächelte Sieglinde, »gibt es denn Gefährte ohne Räder?«

»Na ja, eigentlich dürfte es so was natürlich nicht geben«, mußte Bendix einräumen, »aber tatsächlich gibt es so was doch. Die sind so ähnlich wie der Wagen, den du eben gesehen hast . . .«

»Nur ohne Räder?«

Bendix nickte. Sieglinde blickte ihn prüfend an, hatte den einleuchtenden Verdacht, er würde ihr was vorschwindeln. Doch Bendix blieb ernst. »Sänften. Anstelle der Räder sind lange Stangen am Unterteil befestigt, so daß Sklaven, meistens acht, sie tragen können. Die meisten Sänften sind aus ganz kostbaren Hölzern, die extra aus Afrika rangeschafft werden müssen, schön verziert mit Beschlägen aus Gold, aus Silber und aus Elfenbein.«

»Ich verstehe zwar nur die Hälfte, weil ich weder weiß, was ein Friseur noch was Elfenbein ist – aber ich spüre auch so, daß es der echte Wahnsinn sein muß, da zu leben und nicht in so einem elenden germanischem Kaff.«

»In dem man sich das Wasser noch vom Brunnen holen muß«, mahnte Bendix lächelnd.

»Schon gut«, sagte Sieglinde und machte sich auf den Weg.

Noch immer standen die Bonarer in aufgeregten Grüppchen beisammen und überboten sich gegenseitig bei der Schilderung der soeben gesehenen märchenhaften Pracht.

Lediglich Sigurd blickte wehmütig auf das noch vollständige Sortiment seiner Dickmilch.

Brunhilde hatte sich neben ihn gestellt und versuchte, ihn zu trösten: »Viel hast du anscheinend nicht verkauft?«

»Bei nicht viel wäre ich zufrieden.«

»Wie viele Kummen bist du denn losgeworden?«

»Keine.«

Bendix drängte durch die sich langsam auflösenden Gruppen der Dörfler, die nur allmählich wie aus einer Betäubung zu erwachen schienen. Der kurze Aufenthalt der Menschen aus einer anderen Welt hatte alles überwältigt. Bei Sigurd angelangt, mußte er sich nicht erst nach dessen Verkaufserfolg erkundigen, die Enttäuschung war seinem Gesicht zu entnehmen. Als Brunhilde den neuen, aber geheimen Geschäftspartner ihres Mannes entdeckte, fuhr sie ihn wütend an: »Das hast du vorher gewußt, du Spitzbube!«

»Was soll ich gewußt haben?«

»Daß man mit dicker Milch keine Geschäfte machen kann. Daher deine Großzügigkeit. Aber warum hast du ihm überhaupt geraten, daß er damit handeln soll?«

»Das hat er gar nicht. Das mit der dicken Milch war meine eigene Idee«, verkündete Sigurd kleinlaut, aber aufrichtig.

»Die Idee ist ja auch nicht falsch«, sagte Bendix, der Sigurds Verkaufsstand vorher noch nicht gesehen hatte. »Selbstverständlich kann man dicke Milch verkaufen.«

»Wenn sie niemand braucht?« jammerte Sigurd.

»Mann, Sigurd. Und so was will nun ein Christ sein. Ein richtiger Händler ist einer, der das verkaufen kann, was niemand braucht. Das ist das Geheimnis. Nur so kannst du reich werden.«

Sigurd glaubte, nicht richtig verstanden zu haben. »Was?« fragte er entgeistert. In diesem Moment erschienen Thusnelda und Iduna ebenfalls an Sigurds Latten. Die beiden hatte das dringende Bedürfnis hergetrieben, sich mit Brunhilde über die erregende Kleidung der fremden Frauen zu unterhalten. Als sie merkten, daß Brunhilde im Augenblick nicht gestört werden durfte, schwiegen sie, blieben jedoch. Iduna lächelte Bendix verstohlen, aber liebevoll an.

»Du mußt dir irgendwas einfallen lassen, damit die Leute glauben, sie brauchen das.«

»Dicke Milch?«

»Egal, was. Sie müssen glauben, daß sie ohne das, was du verkaufen willst, nicht glücklich sind.«

»Also, das verstehe ich nicht«, sagte Brunhilde.

Selbst Iduna meldete sich zu Wort: »Wenn ich ehrlich sein soll, das geht auch über meinen Verstand.«

Bendix überlegte: »Also gut, dann wollen wir mal sehen, wie ich euch das am besten erklären kann.«

Alle blickten ihn in gespannter Erwartung an. Aber offenbar hatte er sich zuviel vorgenommen, denn er blieb stumm – nein, doch nicht. Plötzlich strahlte er und begann: »Angenommen, wir Germanen ziehen in eine Schlacht«, er blickte Sigurd an: »Warst du überhaupt schon mal in einer Schlacht?«

Sigurd nickte: »Natürlich. Der Überfall in der Schlucht von Eberswalde.«

Sieglinde war endlich mit dem gefüllten Wassereimer vom Brunnen zurückgekehrt und stehengeblieben.

»Bei Eberswalde, da war ich sogar dabei. Das war ja erst vor ein paar Jahren«, erklärte sie stolz. »Das war aber keine große Schlacht.«

»Es gab immerhin über zwölf Tote«, mahnte Sigurd.

Sieglinde verbesserte ihn: »Neun.«

»Immerhin.«

Sieglinde gab nicht nach: »Neun insgesamt. Auf beiden Seiten zusammen.«

Sigurd beharrte auf seiner Bewertung: »Demnach war das schon ein ganz schönes Gemetzel.«

Bendix drängte: »Also, wie spielt sich so eine Schlacht ab?«

»Ich denke, du bist selbst Germane. Da mußt du doch wissen,

wie wir Germanen kämpfen«, sagte Sigurd vorwurfsvoll. Doch Iduna verteidigte ihn sofort: »Wenn er schon als Kind verschleppt worden ist?«

Bendix nickte ihr dankbar zu, erklärte allerdings, daß er sehr wohl Bescheid wisse, aber alles von Sigurd hören möchte.

»Die Schlacht. Also, wie war das? Was habt ihr da gemacht?

»Was man eben so macht in einer Schlacht«, erklärte Sigurd nicht besonders anschaulich.

»Ich war ja nicht dabei. Also erzähl mal. Alles schön der Reihe nach.«

»Also, wir wußten ja, daß da ein Rudel Langbärtige bei uns durchreisen wollte. Lange Barden eben. Und daß das gefährliche Halunken sind, die alles klauen und auch schon mal ein paar Dörfer abgebrannt hatten. Die kamen da aus der bajuwarischen Walachei, wo die Urhunnen gelebt hatten . . .«

»Haben die Urhunnen nicht in Sachsen gelebt?« unterbrach ihn Thusnelda.

So genau kannte Sigurd sich nicht aus, es interessierte ihn auch nicht besonders. »Kann sein. Also, die hatten jedenfalls gehört, daß da irgendwo neben oder hinter den Schneebergen – aber eben nicht die Richtung, wo die Sanellas leben, sondern mehr nach rechts –, daß da auch die Sonne öfter scheint als bei ihnen zu Hause. Immer blauer Himmel und daß es nie regnet und schneit sowieso nicht. Und der Wind ist ganz sanft und warm, nicht so Sturm wie bei uns, wo die Bäume umgerissen werden. Und nachts ist der Himmel hell von den vielen Sternen . . .«

Bevor sich Sigurd völlig in seiner Schwärmerei verlor und darüber vergaß, was er erzählen sollte, mahnte ihn Bendix milde: »Die Schlacht, Sigurd.«

Sigurd erwachte: »Ja klar. Entschuldige. Also wenn sie da hinwollten, mußten sie bei uns durch. Und da hat Badwila Baldur und Graumantel zu sich bestellt und ihnen befohlen, daß sie sich in dieser Gefahr, vorübergehend jedenfalls, wieder verbünden. Das haben sie dann auch getan. Graumantel war mit ein paar Leuten den langen Barden entgegenmarschiert und hatte die Spitze dann auch entdeckt und den Weg, den sie wohl gehen würden. Und da haben wir uns eben in der Schlucht bei Eberswalde auf beiden Seiten versteckt, und dann kamen sie auch bald.«

Bendix seufzte: »Endlich. Und was habt ihr dann gemacht?«

»Wir sind aus unseren Verstecken rausgesprungen, haben furchtbar gebrüllt, damit sie sich erschrecken, und dann . . .«

Bendix unterbrach ihn enthusiastisch: »Gebrüllt. Siehst du? Genau das!«

»Was?« fragte Sigurd verstört.

»Ich versuche, euch doch gerade klarzumachen, wie man Leute dazu bringt, etwas zu kaufen, was sie gar nicht haben wollen und . . .«

Jetzt wurde Bendix von Brunhilde unterbrochen: »Kannst du mir das noch mal in Ruhe erklären? Also, wir haben die dicke Milch, und die will keiner kaufen. Aber man kann sie verkaufen, wenn man wie bei der Schlacht in der Schlucht von Eberswalde . . . meinst du, Sigurd soll brüllen? So wie in der Schlacht?«

»Natürlich kann er auch brüllen, das ist auf alle Fälle besser, als wenn er sich hier einfach hinter die Latten stellt und wartet, daß irgend jemand fragt, was da steht. Ich hatte das mehr symbolisch gemeint. Also, wenn man an eine Schlacht denkt, dann glaubt doch jeder, da hauen einfach ein paar Männer mit Schwertern aufeinander ein, und damit ist die Sache erledigt. Aber in Wahrheit habt ihr vorher gebrüllt. Und warum habt ihr gebrüllt? Mit der Brüllerei habt ihr den Feind ja nicht verletzt, ihm keine Wunden beigebracht. Er hat nicht geblutet, als ihr gebrüllt habt. Ihr habt auf seinen Geist eingewirkt, ihr habt ihm Angst eingejagt. Ihr wolltet ihn im Kopf verwirren.«

»Und wir erst mal«, sagte Brunhilde, von der Erinnerung hingerissen. »Wir Frauen waren ja auch nicht untätig. Wir haben unsere Kutten aufgerissen und den langen Barden unsere blanken Busen hingestreckt. Ich kann dir sagen, die wußten gar nicht mehr, wo sie hingucken sollten.«

»Ich war ja damals noch ein Kind, aber ein bißchen konnte ich doch auch schon vorweisen«, gestand Sieglinde bescheiden, aber stolz, und zog, wie es schien, gedankenlos ihren rechten Ärmel von der Schulter.

Bendix war begeistert, während Sigurd zweifelnd auf das Stückchen von Sieglindes Busen blickte, das freigelegt war.

»Und so soll ich dicke Milch verkaufen?«

Brunhilde war bereits überzeugt: »Aber ja!«

Sigurd deutete auf seine Kummen: »Aber das ist doch Milch von der Kuh.«

Brunhilde wurde ungeduldig: »Du verstehst das offenbar immer noch nicht. Wenn einer kommt und sieht deine dicke Milch, dann . . .«

». . . kommt Sieglinde und reißt sich die Kutte von der Schulter«, ergänzte Sigurd.

Brunhilde schüttelte ärgerlich den Kopf: »Von wegen, dann komm' ich, leg die Titteria frei, und dann ist der so durcheinander, daß er dir die dicke Milch abkauft.«

Sie strahlte Bendix an, dessen begeisterte Zustimmung erwartend.

Doch Bendix wirkte seltsam distanziert. Er hatte, selbst als Sieglinde kaum mehr als den Ansatz ihres Busens zeigte, beklommen zur Seite geblickt.

»Vielleicht ja. Aber es geht eigentlich um die Idee, die dahintersteckt. So, wie ein Feind abgelenkt wird und verwirrt, mußt du einen, dem du was verkaufen willst, vor allem ablenken.«

»Von der dicken Milch?« wollte Sigurd wissen.

»Gewissermaßen, ja. Der mögliche Käufer muß denken, der Sigurd verkauft mir keine dicke Milch, sondern ganz was anderes.«

»Und was?« fragte Sigurd.

»Also, da mußt du dir schon selbst was einfallen lassen. Das ist schließlich dein Geschäft.«

Doch es war Sigurd anzusehen, daß er zehn Jahre lang nachdenken könnte, ohne daß ihm irgendwas einfallen würde. Sogar Bendix mußte zugeben, daß es ihm schwerfallen würde, Milch nicht als Milch anzupreisen.

Aber Sieglinde kam prompt mit einem Vorschlag: »Könnte Sigurd nicht sagen: Dicke Milch ist gesund?«

Und wieder einmal war es ihr gelungen, Bendix von den Beinen zu holen. Wer weiß, ob er sie nicht sogar umarmt hätte, wäre Iduna nicht neben ihm gewesen.

»Das ist nicht schlecht, Sieglinde. Das ist fast genial«, sagte er bewußt ruhig.

Sieglinde lächelte ihn kokett an: »Der Einfall hätte von Ihnen sein können, nicht wahr?« Doch drehte sie sich geschickt gleich wieder zu Sigurd und Brunhilde: »Herr Sigurd verkauft also keine dicke Milch. Er verkauft Gesundheit.«

Aber Sigurd war dagegen: »Das geht nicht. Das kann ich nicht.«

»Und warum nicht?« wollte Brunhilde wissen.

»Weil es nicht wahr ist. Dicke Milch ist Milch, die schlecht geworden ist.«

Brunhilde blieb standfest: »Woher willst du das wissen, daß sie schlecht ist? Sie ist dick, weiter nichts. Außerdem hat mir gerade heute morgen unser kleiner Sklave Egil erzählt, daß man bei ihm zu Hause – der stammt vom Hartbrocken – sogar noch die Beißmilch verfaulen läßt, und das essen die dann, und das heißt Karmuffel. Die sollen gut schmecken, aber gräßlich stinken.«

Sieglinde wurde jetzt übermütig: »Außerdem sollte man Beißmilch nicht einfach so anbieten, sondern nur einen Teil naturell, einen anderen vielleicht mit Zwiebeln, wieder einen mit Honig, noch einen mit Kirschen. Da würde einem noch viel einfallen. Dann sollte man ein großes Brett an die Hauswand hängen, wo vielleicht draufsteht: ›Nur hier bei Sigurd gibt es die echte Beißmilch.‹ Und dann vielleicht noch drunter: ›Wer einmal am Tag dicke Milch ißt, kann zweimal am Tag brögeln.‹«[30]

30 Zahlreiche Wissenschaftler behaupten, daß die Germanen keine Schrift besaßen. Hier ist weder Zeit noch Ort, über deren rätselhafte Motive nachzudenken. Dabei besteht überhaupt kein Zweifel daran, daß die Germanen lesen und schreiben konnten – sicherlich nicht alle, das ist auch heutzutage nicht anders. Es kann indessen ohne weiteres zugestanden werden, daß die Germanen nicht mit Pinseln oder Federn geschrieben haben. Sie nutzten die heimischen Rohstoffe, sie kerbten ihre Texte in Buchenholz. Wenn so wenig von ihrem Schriftgut erhalten geblieben ist, dann mag das einfach am germanischen Klima liegen, an seinen frostigen Wintern. Ehe man erfror, verbrannte man lieber ein paar unbezahlte Rechnungen, die besser wärmten, als hätte man sie auf Papyrus geschrieben. Wenn unsere jungen Leute dafür kein Verständnis haben, dann liegt es einfach daran, daß sie mit einer ständig funktionierenden Zentralheizung aufgewachsen sind. Sie können sich gar nicht vorstellen, was es heißt, wirk-

Bevor Bendix Sieglinde antwortete, legte er vorsichtshalber seinen Arm auf Idunas Schultern, die, davon völlig überrascht, rot im Gesicht wurde wie eine Himbeere im Juli. »Jeder Mann, der dich einmal heiratet, Sieglinde, hat mehr Glück, als er verdient.«

»Mich heiratet kein Mann. Ich heirate ihn«, verkündete Sieglinde energisch, nahm den Wassereimer und verschwand im Haus.

Ohne Sieglinde wirkte die Gruppe plötzlich seltsam hilflos.

»Ich glaube«, begann Thusnelda, »das Wichtigste haben wir ja besprochen. Außerdem haben wir Frauen einen anstrengenden Vormittag vor uns. Badwila reißt uns den Kopf ab, wenn wir unsere Erfrischungen nicht rechtzeitig servieren.«

Sigurd zuckte zusammen: »Das Wahlthing. Das hätte ich ja fast vergessen.«

Erst jetzt entdeckte Iduna den in respektvoller Entfernung wartenden Goldemar Graumantel. Sie lächelte ihn freundlich an, kuschelte sich jedoch gleichzeitig tiefer in Bendix' Arm, der noch immer auf ihrer Schulter lag.

Thusnelda tat so, als wäre Idunas Verhalten normal, und forderte sie lächelnd auf, sich von ihrem Geliebten loszureißen, ging aber bereits über den Dorfweg nach Hause. Bendix folgte ihr, drehte sich nach zwei Schritten zu Iduna um: »Kommst du nicht mit?«

»Ich muß Tante Brunhilde noch was fragen.«

Bendix nickte und ging weiter.

Brunhilde hatte ihre Nichte verdutzt angeblickt, aber nichts gesagt. Da Sigurd ebenfalls ins Haus ging, waren die beiden jetzt allein.

»Es hat gar nichts zu bedeuten«, begann Iduna stockend, »nur weil Mami immer sonstwas denkt, wenn man bestimmte Sachen wissen will.«

lich so erbärmlich zu frieren. Aber aus solchen Gründen die Existenz einer germanischen Schrift anzuzweifeln ist schon deshalb albern, weil sie in unserer Sprache noch heute enthalten ist. Wo sollten die Wörter Buch oder Buchstabe denn sonst ihren Ursprung haben, wenn nicht in der Tatsache, daß unsere Ahnen eben auf Buchenholz geschrieben haben?

»Irgendwas mit Bendix?« fragte Brunhilde.

Vehement widersprach Iduna: »Es hat überhaupt mit niemandem was zu tun. Nur weil ich in letzter Zeit immer mehr darüber nachdenke, was es heißt, eine Frau zu sein.«

»Das ist auch ganz normal, schließlich bist du ein erwachsener Mensch und kein Kind mehr. Da ist es mir genauso gegangen. Was willst du also wissen?«

Für einen Augenblick schien Iduna ihre Kühnheit zu bereuen und zögerte, dann riß sie sich zusammen – zu lange hatte sie diese Frage gequält – und fragte schneidig: »Kann es sein, daß eine Frau zwei Männer lieben kann?«

Brunhilde war einen Moment fassungslos. Mit einer Frage aus dem weiblichen Intimbereich hatte sie gerechnet, aber nicht mit so einer. Was in aller Welt mochte Iduna zu dieser Frage veranlaßt haben? Ob sie lediglich für die Zeit vorsorgen wollte, in der Bendix sich verbergen müßte? Oder gab es einen akuten Grund? Doch Iduna ließ ihr keine Zeit: »Du mußt mir ja nicht antworten«, sagte sie und log beherzt, »so wichtig ist es ja nun auch wieder nicht. Es fiel mir nur so ein.«

Brunhilde ging auf Idunas gespielt harmlosen Ton ein und lächelte: »Ich selbst weiß es nicht, aber ich habe mir sagen lassen, daß man sogar zwanzig Männer lieben kann. Wenn man so viele findet. Allerdings nur nacheinander, nicht gleichzeitig.«

»Nicht mal zwei?« wiederholte Iduna ihre Frage, etwas enttäuscht.

»Unter bestimmten Umständen schon. Wenn man beispielsweise schon viele Jahre verheiratet ist.«

Iduna mußte einen Moment über die Bedeutung dieser Antwort nachdenken, schien dann zufrieden zu sein. Mit der Bitte, ihrer Mutter nichts von diesem Gespräch zu verraten, verabschiedete sie sich, während Brunhilde darüber nachdachte, ob sie diese erstaunliche Neuigkeit wirklich für sich behalten dürfte, falls sie zu einer solchen, fast unmenschlichen Verschwiegenheit überhaupt fähig sein würde. Sie nahm sich vor, das in sie gesetzte Vertrauen nicht zu enttäuschen. Immerhin etwas.

*

Badwila hatte das Innere ihres Hauses der Feierlichkeit entsprechend hergerichtet, gleichzeitig für etwas mehr Helligkeit gesorgt. An den Wänden loderten Fackeln, und vom Herd hatte sie die Abdeckplatte entfernt. Pintofex Pissus hatte seine Begleiter vor der Tür gelassen, er war also allein. Allerdings waren nicht einmal zehn Kandidaten anwesend, sondern gerade halb so viele. Außer Baldur, Graumantel und Sigurd waren lediglich Theoderich Topfer erschienen und Silvadomus.

Während Topfer noch so angezogen war, wie es für Germanen üblich war, wenngleich lediglich an besonders kalten Wintertagen, mit dickem Fell also, obwohl es an diesem Tag, wie bereits erwähnt, unerträglich schwül war, trug Silvadomus lediglich eine kurze Hose aus Rindsleder, die durch zwei lange Riemen aus Hirschleder, über die Schulter gelegt und vorne durch ein etwas breiteres, verziertes und gefärbtes Stückchen Hirschleder miteinander vernäht, gehalten wurde.

Daß seine Stammesgenossen bei diesem Anblick in viehisches Gelächter ausbrachen, hatte er erwartet und überlegen hingenommen. Als jedoch, noch während sie johlten, Pintofex Pissus das Haus betrat, blieben ihre Mäuler wohl noch geöffnet, doch zu hören war nichts mehr.

So hätten sie sich nicht mal Wotan bei dessen Amtseinführung vorstellen können. Allerdings hatte Pissus es darauf angelegt, Eindruck zu machen – in diesem Kreis vollkommen überflüssig, weil seine alltägliche Patrizierkluft ausgereicht hätte, um die Germanen einzuschüchtern.

Pissus trug anstelle seiner Tunika die Prunkuniform römischer Offiziere im Verwaltungsdienst, maßgeschneidert aus Leder und Bronze, deren auf dem Brustpanzer eingeprägten rätselhaften Embleme die Anwesenden noch Stunden beschäftigten. Über die rechte Schulter hatte er eine karminrote Toga geworfen, wie sie eigentlich Festlichkeiten vorbehalten sein sollte. Er saß etwas abgesondert auf einem Stein, auf den Badwila ihr bestes Schlaffell gelegt hatte. Seinen eisernen Helm (allerdings von seinem Onkel, dem Legaten, entliehen), mit einem in der Farbe zu seiner Toga passend rot gefärbten, von der Stirn bis zum Nacken reichenden Schweif, hatte er neben sich gelegt, seine Haare trug er, der diesjährigen Mode entsprechend, lang, gelockt und geölt.

Pissus hatte ein kurzes Eingangsreferat zu seinem Lieblingsthema gehalten: daß die Menschheit, von allen äußerlichen Unterschieden abgesehen, in zwei Arten aufgeteilt werden kann. Da gibt es das einfache Volk, den sogenannten Pöbel. Er stellt die überwiegende Mehrheit, und dann gibt es rare Ausnahmen, wenige Auserwählte, die Elite. »Und diese Oberschicht«, hatte Pissus mit klirrender Stimme offenbart, »diese Führungspersönlichkeiten sind dafür entscheidend, ob aus einem wilden Haufen ein Volk werden kann und aus einem Volk wiederum eine Nation. Ohne Oberschicht und ohne Führung bleibt ein Haufen von Menschen ein Haufen von Menschen, weiter nichts, und ist anderen Menschengruppen hilflos ausgeliefert, die über einen Anführer verfügen.«

Pissus hatte seine Kehle trockengeredet, griff zu einem flachen Fläschchen aus ziseliertem Silber und nahm einen langen Schluck. Die Germanen hingen stumm an seinen Lippen. Allerdings war nicht eindeutig zu erkennen, ob sie von Pissus' Schmeicheleien so beeindruckt waren – sie mußten ja annehmen, daß er sie für Vertreter der angesprochenen Führungsschicht, der Elite, hielt – oder ob sie lediglich ebensolchen Durst hatten wie Pissus.

Nachdem er seine Flasche wieder zugeschraubt hatte, redete er sofort weiter. »Es ist übrigens gleichgültig, nach welchen Prinzipien und auf welche Weise auch immer diese Führer ausgesucht werden. Nun hat unser göttlicher Kaiser . . .« – Pissus erhob sich, legte die rechte Hand für einige Sekunden flach auf sein Herz, setzte sich dann wieder – ». . . entschieden, daß ihr euren neuen Gauführer durch eine frei Wahl selbst wählen sollt. Dazu will ich euch nur soviel mit auf den Weg geben: Denkt immer daran, daß es nur wenige Eigenschaften gibt, die den Menschen bewegen. Es sind die Furcht, die Begehrlichkeit, der Ehrgeiz und der Neid. Aber das alles kann das einfache Volk nicht erkennen, es bleibt blind und läßt sich deshalb sehr leicht durch von außen wirkende Affekte und vor allem durch den Schein der Dinge auf ein bestimmtes Ziel hinlenken. Rationale Argumente würden in einem Wahlkampf das Volk demnach nur irritieren. Es wäre hirnrissig, dem Pöbel zu erklären versuchen, was man wirklich bewahren und erhalten und was man verändern will. Mehr als sogenannte Parolen, das sind möglichst griffige Sätze, von denen man aber nie mehr als drei verwenden darf, einer ist am besten, sollte man also öffentlich nie anwenden. Dabei ist der Inhalt völlig nebensächlich, am sichersten haben sich solche Sätze und Parolen erwiesen, die in Wahrheit überhaupt keinen Inhalt haben. Es geht nämlich, und das schreibt euch hinter die Ohren, nicht darum, den Verstand des Volkes anzusprechen, weil es den gar nicht besitzt, sondern das Gefühl.«

Es war Pissus anzusehen, daß er erleichtert war, als er an dieser Stelle von Thusnelda, Brunhilde und Iduna unterbrochen wurde, die Erfrischungen brachten. Schon während der letzten Minuten war Pissus der Verdacht gekommen, daß diese Wilden nicht einmal fähig waren, seine absichtlich schlicht formulierten Erkenntnisse zu kapieren.

Noch während die Bretter abgestellt wurden und Badwila mahnte, mit dem Trinken zu warten, bis das Essen fertig sein würde (einiges mußte noch gewärmt werden), hatte jedoch schon jeder ein Trinkhorn ergriffen und versucht, dem anderen eine der wenigen Kummen zu entreißen.

Erstaunlicherweise nur Baldur nicht. Der hatte, bereits als die Frauen die Trinkhörner auf einem breiten Brett ins Haus trugen, seine Stirn kraus gezogen und wohl als erster ein Trinkhorn genommen, sich aber nicht mehr für den Inhalt interessiert, weil er den Eindruck gehabt hatte, irgendwas mit den Trinkhörnern stimmte nicht. Während die anderen ihre Hörner gedankenlos füllten, betrachtete er seines von allen Seiten. Tatsächlich, sie waren nicht so, wie germanische Trinkhörner zu sein hatten.

»Was ist denn mit denen passiert? Die sind ja alle kaputt«, fuhr er seine Frau an.

Doch Thusnelda lächelte, wobei sie einen Ausdruck von Stolz nicht unterdrücken konnte: »Im Gegenteil. Wenn du die Spitzen vermißt, die habe ich absichtlich absägen lassen.«

»Jetzt müßt ihr nicht immer alles auf einen Zug austrinken. Wenn noch Mezza im Horn drin ist, muß man sie nicht mehr mit Gewalt in die Erde rammen, man kann sie einfach hinstellen, wo immer man ist. Jetzt könnt ihr auch mal nur einen kleinen Schluck trinken und müßt nicht das ganze Horn auf einen Zug leer machen«, erläuterte Brunhilde, noch sorglos heiter, obwohl sie den Mienen der anwesenden Männer (außer Pissus) entnehmen konnte, daß die ihre Begeisterung nicht teilten.

Pissus verfolgte den Zwischenfall verständnislos und mußte an seine vier ägyptischen Trinkgläser denken, die sein Sohn ihm gerade zum Geburtstag geschenkt hatte. Die waren immerhin weit über tausend Jahre alt und hatten deshalb einen Ehrenplatz in seinem Schrank mit den edlen Schildpattintarsien erhalten.

Als der Tolpatsch Sigurd sein Horn beim Abstellen umkippte, konnte Baldur erleichtert seine Frau zurechtweisen: »Da kannst du mal sehen. Überlaß das Erfinden lieber mir. Außerdem wird sich so was nicht durchsetzen. Trinkhörner, die dann überall rumstehen? Nee.«

Es wäre allerdings ungewöhnlich gewesen, wenn sich die anwesenden Germanen einig geblieben wären, selbst wenn es lediglich um die verbesserte Form der Trinkhörner ging.

Silvadomus jedenfalls nutzte diese Gelegenheit (obendrein hatte er als einziger das betretene Schweigen Pissus' fast korrekt gedeutet), um zu widersprechen: »Ich weiß nicht. Warum sollen unsere Kinder nicht eines Tages aus Gefäßen trinken, die man hinstellen kann?«

Anstatt zu antworten, wandte Baldur sich an Badwila: »Das wollte ich vorhin schon fragen: Was hat ein ligurischer Honigpupser eigentlich hier bei uns zu suchen? Was will der Kerl bei uns Teutonen?«

Bevor Badwila erklären konnte, daß der in Rom zuständige Legat, offenbar aus Unkenntnis, den gebirgigen Teil Liguriens versehentlich den Teutonen zugeschlagen hatte – sie hatten deshalb bereits Einspruch eingelegt, doch noch keine Antwort erhalten –, war Silvadomus bereits aufgesprungen und hatte mit quengelndem Tonfall in dem Gebirgsliguriern eigenen, hier kaum zu verstehenden, stets kindlich-albern wirkenden Dialekt Baldur anzubrüllen versucht: »Wir Gebirgsligurier sind bereits Germanen gewesen, als es hier unten noch überhaupt niemanden gab, der auf zwei Beinen gehen konnte.«

»Das war, als sich deine Väter noch blau angemalt haben und

immer mit Keulen in die Berge geklettert sind und ›uhuhuh‹ gebrüllt haben, wenn ein Kaninchen aufgetaucht ist«, meinte Graumantel in seltener Koalition mit Blauzahn.

Theoderich Topfer mochte nicht zurückstehen; vor allem als geographischer Nachbar der Gebirgsligurier immer in der Gefahr, mit diesen verwechselt zu werden, sprach er an, was alle Teutonen ärgerte, die mit Gebirgsliguriern in (ungewollten) Kontakt geraten waren: »Habt ihr eure Namen eigentlich schon damals sanellisiert oder erst nachdem euer Land erobert wurde?«

Jetzt mußte Badwila eingreifen: »Das ist doch nun völlig egal, ob einer nun seinen Namen auf sanellisch sagt oder auf germanisch.«

Wie für Gebirgsligurier typisch, überschätzte Silvadomus seine anfangs noch vertretbare Position. Jetzt korrigierte er selbst Badwila: »Ich sage ihn nicht auf römisch, ich schreibe ihn. Aber für die, die nur den hiesigen Eingeborenendialekt beherrschen: Silva bedeutet bei euch Wald und Domus . . .«

»Und was heißt ›leck mich am Arsch‹ auf sanellisch, Gugelhupf?« unterbrach ihn Baldur unter dem beifälligen Gelächter der anderen.

Doch Silvadomus wähnte sich (ebenfalls stammestypisch) auf breiter Siegerallee, obwohl er die Schlacht schon längst verloren hatte. »Ihr tut so, als ob ihr diejenigen wärt, bei denen immer alles klappt. Zuverlässig wie der Lauf der Sonne, flink wie wilde Eber, hart wie Kocheisen, zäh wie teutonische Hammelkeule. Dabei sind wir als wirkliche Urgermanen . . .«

Ein lautes Scheppern ließ ihn zusammenfahren. Badwila hatte einen Topf genommen und auf ihren Herd geknallt.

»Schluß jetzt!« fuhr sie Silvadomus an. »Setz dich. Schließlich ist Pintofex Pissus vom römischen Senat beauftragt worden, genau so was zu verhindern. Er soll vor allem darauf achten, daß in der Zeit vor der eigentlichen Wahl, also während der sogenannten Kürfehde, bestimmte Anstandsregeln eingehalten werden. Und das beginnt bereits hier und heute. Persönliches und Privates hat in der Auseinandersetzung zwischen euch nichts zu suchen. Es dürfen keine Lügen über die anderen Kandidaten verbreitet werden, niemand darf seinen politischen Gegner verleumden. Also auf gut germanisch: keine Gemeinheiten, keine Hinterlist, keine Heimtücke, keine persönliche Niedertracht.«

»Sonst?« fragte Baldur, der sich als erster gefaßt hatte.

»Bei der geringsten Zuwiderhandlung darf der Betreffende nicht mehr länger kandidieren. Er wird von der Wahl ausgeschlossen.«

Baldur überlegte einen Moment. Er war sicher, daß sich ihm so schnell keine dermaßen günstige Gelegenheit bieten würde, seinen gefährlichsten Gegner aus dem Rennen zu werfen. »Wenn einer aber tatsächlich so was getan hat, also etwas Verbrecherisches, darf man das dann nicht sagen?« fragte er mit geheuchelter Arglosigkeit.

Badwila vergewisserte sich durch einen kurzen Blick bei Pissus und antwortete dann: »Wenn einer von euch wirklich gefrevelt hat, besteht kein Anlaß, das zu verschweigen.«

»Und wenn ich weiß, daß einer andauernd an die heilige Eiche pißt, was wäre das?«

»Wenn das wirklich jemand getan haben sollte, dann wäre es sogar deine Pflicht, es zu melden. Und selbstverständlich wird der Betreffende ohne Verzug von der Kandidatenliste gestrichen.«

Baldur lehnte sich beruhigt zurück: »Dann kannst du Graumantel schon streichen. Ich habe ihn nämlich erst heute morgen dabei ertappt.«

Das verschlug selbst einem so hartgesottenen Burschen wie Graumantel die Sprache. Hilfesuchend blickte er sich bei seinen Kollegen um. Konnte wirklich jemand glauben, daß er zu einer so abstoßenden Perversion fähig wäre? Graumantel mußte nicht fragen, das Grinsen der anderen Kandidaten reichte als Antwort. Diese menschlichen Wracks würden heilige Eide jeder Sorte und Qualität schwören und behaupten, sie hätten ihn ebenfalls dabei beobachtet, notfalls sogar behaupten, daß er grundsätzlich an heilige Eichen pissen würde. Je heiliger, je lieber. In diesem Kreise blieb es sinnlos, Unschuld zu beteuern. Ihm blieb nur die Rache, auch wenn er sich selbst damit schaden würde.

»Es hat sicherlich keinen Zweck«, begann er also, »hier zu beteuern, daß ich nicht mal im Traum daran denken würde, an unsere heilige Eiche zu pinkeln. Aber ich würde den Pintofex gerne fragen, was mit einem geschieht, der den Sklaven des berühmten Cornelius absichtlich verbirgt.«

Badwila schloß für einige Sekunden die Augen. Das konnte ja heiter werden. Doch sie vermochte nichts mehr zu ändern. Der Stein rollte. Vielleicht wäre ihr doch noch ein rettendes Wort eingefallen, wenn sie zu den Frauen am Herd geblickt hätte, insbesondere zur fast ohnmächtigen Iduna. Dabei ahnte niemand, daß ihr der endgültige Schicksalsschlag erst noch bevorstand.

Zu ihrem Erstaunen bemerkte Badwila indessen, daß Pissus weder einem Wutausbruch nahe schien, noch sonderlich verblüfft war. Denn zum ersten Mal, seit sie ihn kannte, lächelte er. Demnach schien diese Neuigkeit ihn vorwiegend zu amüsieren. »Der ist bei euch? Sieh mal einer an. Cornelius' berühmter Sklave hat sich bei euch versteckt.«

»Kennen Sie ihn denn?« fragte Badwila verdutzt.

»Wenn er Kimber ist und Bendix heißt...« Pissus lächelte noch immer.

Obwohl er nicht direkt gefragt hatte, nickten alle.

»Allerdings kenne ich selbst ihn nicht, ich habe ihn nie gesehen, aber in Rom sehr viel von ihm gehört. Tacitus hielt ihn noch strenger versteckt, als ihr es tut.«

»Wieso Tacitus?« kam Idunas Stimme zaghaft und zitternd vom Herd. »Wir dachten, Bendix' Herr heißt Cornelius?«

Pintofex Pissus drehte sich zum Herd, noch immer so fröhlich, daß Graumantel schon fürchtete, er habe Baldur ungewollt eine Gefälligkeit erwiesen.

»Cornelius ist doch nur sein Vorname. Cornelius Tacitus. Aber da ihr den Namen nur aus dem Mund von diesem Bendix gehört habt, ist es kein Wunder, wenn ihr seinen Familiennamen nicht kennt. Für Bendix war er Cornelius.«

Eine Weile genoß Pissus die fragenden Blicke aller Anwesenden. Dann löste er sein mageres Rätsel auf: »Dieser Bendix war schließlich nicht nur sein Sklave, er war sein Geliebter.«

Der Tumult entwickelte sich wie ein Tornado, kündigte sich also durch lähmende Stille an; erst als das bedrohliche Fauchen einsetzte, wurde die endgültig bewußtlose Iduna ins Freie getragen. Nach gut zwanzig Minuten gab Badwila auf und unterbrach, unterstützt von Pissus' römischen Leibwachen, das Thing bis zum Nachmittag. Beim Verlassen des Hauses bewies Baldur seine unerschrockene Geistesgegenwart. Als erster draußen, blieb er dicht an der Wand neben der Tür stehen und stellte dem ihm folgenden Silvadomus unauffällig, aber doch so wirksam ein Bein, daß nicht nur er, sondern ebenso der nach ihm kommende Theoderich Topfer auf den harten Boden aufschlugen, ohne sich jedoch, wie Baldur bedauernd feststellen mußte, ernsthaft zu verletzen.

*

Niemand blieb gleichgültig, als sich die Neuigkeit, Bendix sei schwül, über Bonarum entlud, als wäre eine schwarze Wolke geplatzt. Die meisten, besonders die Frauen, wirkten auf trostlose Art entgeistert, selbst die Sklaven reagierten fassungslos. Iduna war nur erwacht, um sofort wieder ohnmächtig zu werden. Zumindest sah es danach aus, als ob ihr der Anblick der Trümmer, die von ihrer Welt geblieben waren, erspart bleiben würde, solange sie ihre Augen geschlossen hielt.

Allein Sieglinde wirkte seltsam unbeschwert. Als man ihr eröffnete, Bendix sei eine Schwuchtel, tat sie, als hätte man ihr mitgeteilt, er habe sich einen Fuß verrenkt. Selbst zu dieser geringen Bekundung von Anteilnahme mußte sie sich zwingen, denn innerlich jubelte sie.

Die meisten Eltern waren froh, daß ihre Kinder noch unten am See waren, zum Unterricht bei Heino. So blieb ihnen etwas Zeit, um sich ausweichende Antworten auf die zu erwartenden hämischen Fragen ihrer Kinder zurechtzulegen.

Daß an diesem Tag Wahlthing war, hatte Heino vergessen, und niemand hatte ihn daran erinnert. Die anderen Kandidaten waren froh, ihn nicht dabeizuhaben, und die Kinder waren zu neugierig gewesen, weil Heino zugesagt hatte, ihnen endlich von Siegfrieds Ermordung zu berichten. Wie jedes germanische Kind versprachen sie sich davon tierische *action*.

Leider hatte Heino vergessen, was zu erzählen er vorhatte, wollte andererseits vermeiden, daß sich die Kinder wieder einmal wiehernd auf dem Boden wälzten, weil sein Gedächtnis ihn neuerdings hin und wieder im Stich ließ.

Also versuchte er einen Trick. »Ihr habt doch hoffentlich nicht vergessen, womit ich das vorige Mal aufgehört habe?« Als zunächst niemand antwortete, ahnte er, daß die Kinder ihn durchschaut hatten und ihn hängenlassen würden.

Doch dann erbarmte sich (wie immer) Elske: »Da war der Streit an der Pforte vom Tümpel in Wormatia zwischen Brunhilde und Kriemhild. Als Kriemhild den Gürtel . . .«

Heino war im Bilde und winkte großmütig ab: »Ich wollte mich ja nur vergewissern, ob ihr auch aufpaßt. Schließlich seid ihr ja hier, um was zu lernen. Nachdem Günter also von dem Zwischenfall erfahren hatte, war ihm natürlich sofort klargewesen, was in der Nacht passiert war, als er da hinter dem Schrank darauf wartete, bis Siegfried seine Brunhilde brögelfertig getrimmt hatte. Aber das konnte er öffentlich natürlich nicht zugeben. Dann wär ja die Kacke erst recht am Dampfen gewesen. Aber so tun, als wär das alles halb so schlimm, konnte er auch nicht, weil ihm seine hartnäckige Alte sonst unheimlich auf den Schurz gehen würde.

Erst mal Zeit gewinnen, dachte er und ließ den friesischen Lümmel Siegfried kommen und hat ihn ganz freundschaftlich gefragt, wie er sich das denn erklärt, daß Kriemhild, Siegfrieds Frau also, einfach so behauptet, Siegfried habe als erster, oder überhaupt, den vorzüglichen Leib seiner Brunhilde bestiegen. Ob er vielleicht so'n bißchen damit geprahlt hätte? ›Das kann ja mal vorkommen, man sagt da manchmal so was hin, ohne sich was dabei zu denken‹, sagt er, um Siegfried die Ausrede schon mal in den Mund zu legen. Der Günter war nämlich gar nicht so dämlich, verglichen mit Siegfried, sogar ein echter Riese. Aber dieser friesische Prahlarsch war nicht mal bereit, dies bißchen auf seine Kappe zu nehmen. Diese Neiderländer tun ja alle immer so, als wären sie unfehlbar. Statt dessen schiebt er alles auf seine Frau und sagt: ›Also, Günter, du weißt doch selbst, wie die Weiber sind. Was die so alles zusammentratschen, weil die sonst nichts um die Ohren haben. Ich würde so was nie tun.‹

Günter blieb also in der Scheiße; irgendwas mußte er seiner Brunhilde schon anbieten. Und da hat er dann gemacht, was die feinen Leute in solchen Fällen immer machen, sie tun so, als ob.

Also fragt er Siegfried: ›Bist du bereit, unter Zeugen in aller Öffentlichkeit einen heiligen Eid zu schwören, daß du meine Brunhilde nicht gebrögelt hast?‹ Dieses friesische Stinktier war natürlich froh, mit einem schlichten Meineid aus dem Schlamassel rauszukommen. Und Siegfried schwört auf alles, was ihm heilig ist. Was das wohl sein könnte, hat Günter vorsichtshalber nicht nachgefragt. Für ihn war die Sache erledigt. Dann hat er Siegfried noch gesagt, daß er seiner Frau ausrichten soll, ab sofort die Schnauze zu halten, und dasselbe wollte er seiner Brunhilde befehlen.

Damit hätte alles natürlich Friede, Freude, Hirseklöße sein können – Siegfried hatte seine Kriemhild sogar kräftig durchgeprügelt –, wenn nicht mein Freund Hagen aus Tromsö am nächsten Tag zu mir gekommen wäre mit einem unheimlichen Rochus im Bauch. Daß das eine Sauerei ist, schimpfte er, weil ja Brunhilde als das echte Opfer genauso bestraft werden sollte wie diese affige Putzsuse Kriemhild. Und daß Brunhilde nun immer in ihrem Zimmer rumsitzen würde und heulen. Ich hatte mir das von der Seite noch nicht so überlegt, aber da war ja was dran. Aber ich frag' ihn natürlich, was ihn das denn anginge und so. Aber da hat mein Freund Hagen nur Ausflüchte gehabt, diesen Scheiß von germanischer Treue und so, und er wäre ja nun mal Anführer von Brunhildes Leibgarde und so. Na ja, aber hab' ich natürlich gemerkt, was wirklich Sache war. Hagen war stocksauer, daß Siegfried Brunhilde gebrögelt hatte, sie ihn aber nicht rangelassen hatte.

Aber er war nun mal mein bester Freund, und deshalb hab' ich mir nichts anmerken lassen. Und sag' ihm, das ist ja alles ganz ungerecht und traurig, aber was sollen wir da machen? ›Brunhilde hat mir gesagt‹, sagt er, ›am einfachsten wäre es, wenn man ihn ermorden würde. Aber das geht ja nicht, weil sich dieser Feigling mal in Drachenblut gebadet hat, damit er so 'ne Hornhaut kriegt, wo kein Schwert und kein Ger durchgeht.‹

Und da hab' ich ihm geantwortet, daß mir auch nichts lieber wäre, als wenn sich diese friesische Runkelrübe die Hirsewurzeln von unten ansehen kann. Und sag' Hagen, daß ich aus sicherer Quelle gehört habe, daß es doch eine Stelle gibt, weil beim Baden ein Blatt auf ihn raufgefallen ist, irgendwo hinten, wo er das nicht gleich gemerkt hat. Nur weiß niemand, wo genau.«

»Am Achilles«, rief der vorlaute Walgari dazwischen.

Heino nickte: »Ja, heute weiß das jeder. Aber damals wußte ja nur ich, daß er überhaupt diese Stelle hatte, aber wo die war, wußte außer ihm nur seine Frau Kriemhild.«

Und wieder quatschte Walgari dazwischen: »Bendix hat übrigens behauptet, daß es früher einen gab, der seinen Achilles am Fuß hatte. Ich glaube, der heißt Hektor. Hast du von dem mal gehört?«

»Natürlich, aber der hieß nicht Hektor, sondern Ata. Nein Ajax. Aber euch scheint es nicht zu interessieren, wie wir aus seiner Kriemhild rausgekitzelt haben, wo Siegfried diese Stelle hatte! Dabei könntet ihr ganz schön was draus lernen. Also eines Nachts haben sich ein paar Kumpel von uns, meistens Verwandte von Hagen, heimlich aus Wormatia rausgeschlichen und haben sich da versteckt. Und am nächsten Tag, als es ganz hell war, sind sie zurückgekommen, jeder anders verkleidet, und haben so getan, als wären sie Boten von irgendeinem weit entfernten Stamm, haben sich bei Günter angemeldet und ihm gesagt: ›Mein Gauführer ... oder Stammführer ... erklärt Euch hiermit den Krieg.‹ Hat natürlich alles gar nicht gestimmt, das hatte sich mein Freund Hagen aus Tromsö nur ausgedacht.«

»Und warum?« wollte Heldmut wissen.

»Und wie viele waren das?« fragte Walgari gleichzeitig.

»Ungefähr zweiunddreißig«, beantwortete Heino erst mal Walgaris Frage, dann grinste er. »Warum, jawoll, das hatte sich eben mein schlauer Freund Hagen ausgeknobelt. Ihr müßt nur mal darüber nachdenken, was nun los war in Wormatia. Günter mußte ja denken, daß ihm da zweiunddreißig Stämme auf einmal den Krieg erklärt hatten. Jeder in Wormatia mußte das glauben. Eben auch Siegfried und Kriemhild, und das war genau das, was Hagen erreichen wollte. Allerdings hat Hagen mir mal später angedeutet, daß er das alles vorher mit Günter besprochen hatte, daß der also schon Bescheid wußte. Aber das ist ja nicht so wichtig.«

Heino machte eine dramatisch geschickt gesetzte Pause, ließ

sich seinen Mezzakrug reichen, trank in aller Ruhe drei Hörner leer und labte sich an den erwartungsvoll glänzenden Augen der jungen Germaninnen und Germanen. Und um die Situation möglichst restlos auszukosten, sagte er nach einer zusätzlichen Pause: »Ich glaube, das wird alles zuviel für heute. Am Ende werden eure Eltern noch unruhig, wenn ihr so spät nach Hause kommt.« Selbst diese offensichtliche Lüge hielt die Kinder nicht davon ab, lärmend zu protestieren.

»Na schön, ausnahmsweise. Also ich und Hagen sind dann zu Kriemhild gegangen, die wohnte ja nicht weit weg, und haben ihr gesagt, daß uns das so leid tut, so kurz nach der Hochzeit, und schon muß ihr junger Siegfried in den Krieg ziehen, weil er ja als strahlender Held im Grunde dazu verpflichtet ist. Nur gut, daß sie sich keine Sorgen machen muß, weil ihm ja nichts passieren kann, weil ja bei ihm nirgendwo eine Waffe durchgeht. Und prompt heult sie auch schon los, genau wie Hagen das prophezeit hatte, und jammert: ›Aber eben nicht überall.‹ Und schluchzt und stöhnt und winselt. Und ich geb' ihr dann noch einen drauf und tu' so, als ob ich von nichts was weiß: ›Ach nee, so was auch‹, sag' ich, ›ist das wahr? Nicht überall? Das ist ja ein Ding.‹ Und Hagen macht mir schon Zeichen, daß ich nicht so übertreiben soll. Aber bei Weibern kenn' ich mich besser aus als er und frag' sie dann ganz harmlos, wenn er so eine Stelle hat, wo kein Drachenblut rangekommen ist, wo die denn wohl wäre. ›Das darf ich nicht verraten‹, sagt sie, immer noch flennend.

Und da hatte Hagen seinen großen Moment: ›Aber wenn man wüßte, wo die ist, dann könnte man bei jeder Schlacht ja immer hinter Siegfried stehen und drauf aufpassen‹, sagt er zu ihr. Und prompt war das Gejaule vorbei, und sie guckt uns beide nur aus ihren blassen Augen an und sagt: ›Das würdet ihr wirklich tun? Mein ein und alles behüten und schützen? Das nenn' ich Treue‹, sagt sie noch, ›und da werden unsere Kinder und Kindeskinder noch drüber reden – vielleicht wird man das sogar eines Tages Nibelungentreue nennen.‹ Und dann hat sie uns verraten, daß seine Stelle auch nicht sehr groß ist, so groß wie ein Lindenblatt und genau auf dem Achilles.

Das hat uns natürlich nicht gereicht. Das müßten wir schon

genauer wissen, etwa, ob auf der rechten oder der linken Backe. Und ich schlag' ihr vor, die genaue Stelle einfach zu markieren, am besten mit einem Faden oder so was.

Und das hat sie dann auch gemacht.

Und dann sind wir losgeritten, wir mit Siegfried, und vorher hatte Hagen noch heimlich dafür gesorgt, daß alle Getränke zu Hause geblieben sind, weil er wußte, daß die Neiderländer ja nicht nur dafür berühmt sind, daß sie sich für den einzigen Menschenstamm halten, der noch fehlerloser ist als die Götter, sondern obendrein für die berühmtesten Säufer der Welt. Tatsächlich wollte Siegfried, kaum waren wir raus aus Wormatia, unbedingt was zu trinken haben. Und als er hörte, daß nichts da war, da hat der getobt, daß die Bäume im Wald gewackelt haben. Aber Hagen beruhigt ihn und sagt: ›Ich kenn' hier in der Nähe eine herrliche Quelle, und da können wir ja hin.‹ Na ja, das war's dann. Zur Strafe hat Siegfried angeordnet, daß kein anderer mitdarf – das war uns ja nur recht –, und dann ritt Hagen also mit Siegfried zur Quelle, und während sich Siegfried gierig drüberbeugte, hat ihm Hagen seinen Speer so tief in den Achilles reingestoßen, daß der am Herzen wieder rauskam.«

Versonnen blickte Heino auf den tief liegenden Nebel überm See, genußvoll erinnerte er sich an diese glückliche Stunde. Nur mühsam fand er in die Gegenwart zurück, als Walgari ihn plötzlich fragte: »Und was hat Kriemhild zu Hagen gesagt, als sie wußte, wie er sie beschissen hatte?«

»Ach so. Ja. Also, da hab' ich Hagen nie nach gefragt, da hab' ich mich rausgehalten. Schließlich war es ja seine Idee gewesen. Was sie nun direkt gesagt hat, weiß ich nicht. Aber diese Zicke war ja so nachtragend, daß wir später nie unseren schönen Raubzug in die bajuwarische Walachei zu König Stretzel gemacht hätten, wo wir dann alle Hunnen und Bajuwaren und was weiß ich noch alles zu Tausenden abgeschlachtet haben, wenn diese Kriemhild nicht bis zuletzt sauer auf mich und meinen Freund Hagen aus Tromsö gewesen wäre, weil wir ihr diesen Streich gespielt hatten, mit der Stelle von Siegfrieds Achilles.«

DAS ACHTE KAPITEL

Pintofex Pissus hatte an dem bewußten Nachmittag noch versucht, die Germanen davon zu überzeugen, wie wenig absonderlich es sei, wenn die Liebe eines Mannes sich nicht auf Frauen beschränkt. Selbst dazu hatte er sich erst herbeigelassen, nachdem ihn Badwila während der erzwungenen Mittagspause darüber aufgeklärt hatte, daß für einen Germanen unvorstellbar sei, wozu sich Angehörige südlicher Völker offenbar verpflichtet fühlten. Bis dahin war ihm nämlich rätselhaft geblieben, was die versammelten Germanen so außer Fassung gebracht hatte. Gleichwohl konnte er noch immer nicht verstehen, was dabei sei, wenn einer bei einem männlichen Ideal ein weibliches Temperament habe, sonst im Leben dennoch Mann bleibt. Für die Betreffenden sei es viel weniger widersprüchlich, als es Außenstehende vermuten. Er versuchte sogar, den versteinert zuhörenden Germanen Appetit zu machen, weil sich das Glück der Liebe gerade für jene beneidenswert entfalte, die Männer und Frauen gleichermaßen liebten oder abwechselnd. Schließlich begnügte er sich mit dem Hinweis, im Falle Bendix sei er sicher, daß dieser von der Natur nicht für einen weiblichen Charakter ausersehen sei, sondern leider ausschließlich auf Frauen fixiert. Wäre es anders, wäre er kaum geflohen. Wenn er, Pissus, richtig informiert sei, hätte Cornelius zu jener Zeit Bendix freilassen und adoptieren wollen. Dann wäre Bendix der Sohn von Cornelius Tacitus geworden. Ein Glück, um das ihn sämtliche Sklaven Roms beneidet hätten, vor dem Bendix aber geflüchtet sei.

Doch Pintofex hätte ebenso der Rinderherde auf der Weide predigen können; seine Bemühungen scheiterten, schienen eher grenzenlose Verachtung zu erzeugen. Lediglich Heino, der an der

Nachmittagssitzung teilnahm, brüllte vor Vergnügen und erzählte, wie häufig er in seiner Jugend, besonders während langer Seereisen mit den Wikingern, seinen Achilles hinhalten mußte.

Pissus verließ Bonarum mißmutig, nachdem er auftragsgemäß die nötigen Hinweise für das Wahlverfahren lieblos und nüchtern verlesen hatte. Allerdings verpflichtete er noch Badwila, dafür zu sorgen, daß Bendix unbehelligt und in Bonarum bleibe, denn er müsse Tacitus selbstverständlich von Bendix' Aufenthaltsort unterrichten.

Badwila hatte sorglos zugestimmt, weil sie nicht ahnte, wie schwierig es sein würde, einen ordentlichen Teutonen dazu zu bringen, einen (ehemals) schwülen Kimbern in sein Haus aufzunehmen. Daß Bendix, zumindest während einiger Wochen, nicht mehr bei Baldur würde wohnen können, war vorherzusehen; das mochte Thusnelda ihrer Iduna nicht zumuten.

Nur Brunhilde (nach einer Unterredung mit Sieglinde!) hatte sich sofort bereit erklärt, den von allen Verstoßenen aufzunehmen, doch ginge das natürlich nicht ohne Sigurds Zustimmung. Und der war dazu nicht bereit, so daß sich Bendix ein provisorisches Lager hinter Badwilas Hütte aufschlagen mußte. Doch dann konnte Badwila (mit einem dialektischen Kabinettstückchen) Sigurd umstimmen. Allerdings half ihr dabei ein Zufall.

Baldur hatte sich bereits vor dem Wahlthing, obwohl er ständig über die ungermanische Geschäftemacherei hergezogen war, einen länglichen Kasten gebaut, einen Riemen daran befestigt, ihn mit mehreren Sorten Beißmilch vollgestopft und ein Plakat vorbereitet, auf dem stand:

Noch nie dagewesen, absolut einmalig
BALDURS BEISSMILCH
Neu! Neu! Neu!
Natur, mit Kräutern, mit Obst (nach Jahreszeit)
KALTE KAMUFFEL
frisch, gesund und nahrhaft
Verkauf und Tausch

Sobald sich in Wahlkampfpausen fremde Reisende ankündigten, hing er sich diesen Kasten um den Hals und rannte damit den Ankömmlingen entgegen, verdarb so Sigurd, der schließlich mit seinem stationären Stand an die Dorfmitte gebunden war, den ohnehin nur mühsam angelaufenen Verkauf.

Nachdem Sigurd seinem Schwager auf die Schliche gekommen war, stürzte er unangemeldet und wutschnaubend in Badwilas Haus, damit sie diesen unlauteren Wettbewerb unterbinde.

»Vier Plunder Milch sind mir schon verdorben«, schimpfte er, ohne Vorrede, selbst ohne Gruß, »weil ich sie nicht verkaufen konnte. Mein eigener Schwager. Und der macht so hinterlistige Sachen. Und von der Kandidatenliste muß er ebenfalls gestrichen werden.«

»Normalerweise finde ich das auch nicht in Ordnung, andererseits, wenn einer sich über die Gemeinheiten anderer nicht aufregen darf, dann bist du das doch, Sigurd Swastika.«

Sigurd fiel aus allen Wolken: »Ich? Ausgerechnet ich? Der einzige Mensch weit und breit, der an einen Gott glaubt, dessen wichtigstes Gebot lautet: Liebe deinen Nächsten?«

Schlichte Gemüter hätten sich vermutlich mit diesem Zitat begnügt und Sigurd nun dazu aufgefordert, die verlangte Nächstenliebe dann gefälligst an Bendix zu praktizieren. Doch Badwila war kein schlichtes Gemüt, fürchtete freilich auch, daß dem erwähnten Gebot ein Verbot entgegenstehen würde, nach dem sich Männer, jedenfalls körperlich, nicht lieben dürften. So gründlich kannte sie sich nicht aus, hatte nur hier und da einige Geschichten aufgeschnappt, die ihr reichlich interpretationsfähig vorgekommen waren. Deshalb wollte sie nicht riskieren, daß Sigurd sich da wieder rausreden könnte. Deshalb beantwortete sie Sigurds Erstaunen mit der Behauptung: »Ich habe das gesagt, weil du doch Christ bist. Und dieser sogenannte Sohn von deinem neuen Gott war doch, wie ich gehört habe, in geschäftlichen Dingen ganz schön rücksichtslos.«

Sigurd glaubte nicht richtig gehört zu haben: »Sprichst du von Jesus?«

»Nach allem, was man so hört, ist das ja ein richtiges Biest gewesen.«

»Jesus ist die Mensch gewordene Liebe«, empörte sich Sigurd. »Nie hat er was Böses getan. Immer nur Gutes. Jedenfalls hat er nie was verkauft und damit anderen die Geschäfte verdorben.«

»Und wie war die Sache mit dem Brot? Hat er nicht mal mit einem Brot ein paar tausend Menschen gefüttert?«

»Und ob er das getan hat! Das war sogar eines seiner berühmten Wunder.«

»Daß er so viele Menschen mit einem Brot satt gekriegt hat?«

»Vielleicht waren es auch zwei Brote oder drei.«

»Von mir aus fünf. Aber für ein paar tausend Menschen.«

Sigurd konnte sich nicht vorstellen, daß diese gütige Geste irgend etwas Verwerfliches hatte. Also lieferte er voller Stolz noch den Hinweis nach, daß Jesus diesen Tausenden obendrein Wein zu trinken gegeben habe, aus einer Kanne, die nie leer wurde.

Badwila tat verblüfft: »Und das findest du richtig?«

»Das ist doch wunderbar, daß jemand soviel Gutes tun kann!«

»Wenn es für alle gut ist«, sagte Badwila.

»Jeder, der wollte, hat was gekriegt von dem Brot«, verkündete Sigurd energisch.

Badwila nickte zufrieden und begann: »Ich habe gehört, das hat sich in der Nähe einer Stadt zugetragen?«

Sigurd stimmte fröhlich zu: »Einer sehr großen Stadt sogar.«

»Und in so einer Stadt leben die Menschen ganz anders als bei uns, habe ich gehört. Da macht ja niemand mehr nur das, was er selbst braucht.«

»Da leben die ganz anders. So wie wir ja wohl auch in ein paar Jahren. Da gibt es beispielsweise Leute, die machen nur Töpfe. Von morgens bis abends. Oder sie machen Sachen aus Eisen oder aus Holz ... Vielleicht haben einige noch einen kleinen Garten vorm Haus, wenn da Platz ist, aber das ist natürlich nur nebenbei. Normalerweise leben sie von den Sachen, die sie herstellen, die sie verkaufen, und für die Sesterzien, die sie kriegen, kaufen sie wieder das, was sie brauchen. Aber das weißt du doch alles.«

»Und wenn sie selbst kein Brot mehr backen, müssen sie sich also Brot kaufen.«

Siegessicher glaubte Sigurd, er habe Badwila endlich überzeugt: »Eben. Und da hat Jesus nun den vielen Menschen Brot gegeben und Wein, und die konnten sich nun mit dem Geld, was sie gespart hatten, andere Dinge leisten, vielleicht Fleisch oder sogar schöne Stoffe, Honig, was weiß ich.«

»Genauso habe ich mir das vorgestellt.«

Erst nachdem Badwila eine Weile Sigurd stumm, aber eindringlich angesehen hatte, holte sie zu ihrem Schlag aus: »Wenn das so eine große Stadt war, dann wird es doch in dieser Stadt viele Bäcker gegeben haben, nehme ich an?«

Sigurd stimmte eifrig zu. »Und ob. Sehr viele.«

»Und diese Bäcker müssen also, wenn sie Brot backen wollen, erst mal das Korn kaufen. Dies werden sie dann gemahlen haben. Und dann haben sie Teig gerührt und zu Broten geformt. Sie haben die Backöfen geheizt und dann gebacken, damit die Kunden am nächsten Tag frisches Brot kriegen.«

»Ich habe gehört, daß die Bäcker sogar in der Nacht arbeiten, damit es richtig frisch ist, weil Brot ja ganz frisch am besten schmeckt.«

»Eben. Und weil Brot sich nicht lange hält«, ergänzte Badwila. »Und das haben die Bäcker dieser Stadt natürlich auch gemacht. Aber als sie die ganze Arbeit hinter sich hatten, ihr ganzes Geld für das Korn ausgegeben und nun drauf warteten, daß es ihnen, wie an jedem anderen Tag, von den Bewohnern abgekauft wird, kommt keiner. Sie stehen da mit Tausenden von Broten und erfahren, daß draußen vor der Stadt ein Fremder, der nie in seinem Leben gearbeitet hat, ein Rumtreiber . . .«

Noch immer hatte der schwerfällige Sigurd nicht kapiert, wohin Badwila steuerte, doch jetzt unterbrach er sie beleidigt: »Er war immerhin Gottes Sohn. So einer braucht nicht zu arbeiten.«

»Dann hat er dieses eine Brot vielleicht sogar geschenkt gekriegt. Das ist auch nicht so wichtig. Aber er nimmt dieses Brot, macht damit irgendeinen Zauber, und dies eine Brot reicht für viele tausend Menschen.«

»Mit Fisch hat er das auch mal gemacht«, sagte Sigurd froh, weil er glaubte, Badwila sei endlich von der Güte seines Herrn überzeugt.

»Bleiben wir beim Brot«, sagte sie etwas unwirsch. »Als ich

von dieser Sache gehörte habe, da habe ich mir überlegt, und das wollte ich dich eigentlich fragen: Was haben eigentlich die Bäcker mit ihrem Brot gemacht, das sie für diese vielen Menschen gebacken hatten?«

Sigurd blickte Badwila an, als hätte sie ihm eins mit dem Holzkloben übergezogen. »Was die Bäcker mit dem Brot gemacht haben, willst du wissen?«

»Ja. Mehr nicht.«

Sigurd fühlte sich immer unbehaglicher und versuchte das Wunder zu bagatellisieren. »Er hat das ja nur ein einziges Mal gemacht.«

»Das wäre ja auch noch schöner, wenn sich so was einbürgern würde. Ich habe nun in meinem langen Leben erfahren müssen, daß es mit den sogenannten guten Werken leider meistens so ist wie bei dieser Sache mit dem Brot. Ganz besonders bei Leuten, wie dein Jesus einer gewesen zu sein scheint. Da machen sie ein Brimborium, behaupten, sie tun nur Gutes. Nur, wenn man die Sache etwas genauer betrachtet, muß man feststellen, daß diese guten Taten merkwürdigerweise immer zu Lasten von irgendwelchen anderen Leuten gehen. Immer müssen andere, die gar nichts damit zu tun haben, dafür bezahlen, ohne gefragt worden zu sein, und gelobt werden sie erst recht nicht. Die Wohltäter selbst zahlen nie.«

»Jesus hat sich ja immerhin ans Kreuz schlagen lassen«, widersprach Sigurd.

»Und ist prompt wieder runtergeklettert, als die Soldaten weg waren. Laß mich bloß damit zufrieden.«

Endlich wurde Sigurd ärgerlich, lange genug hatte es ja gedauert: »Ich glaube, das sagst du alles nur, damit ich wieder an deine germanischen Götter glaube.«

Aber Badwila wehrte lächelnd ab: »Ach, Sigurd. Ob du nun an unsere Götter glaubst oder nicht, ist doch völlig egal, mir und ihnen. Es gibt sie nun mal, fertig, ob du an sie glaubst oder nicht.«

»Das kann ich von meinem genausogut behaupten.«

»Natürlich kannst du das. Aber es gibt einen kleinen Unterschied. Du behauptest, daß deine Religion besser ist, weil sie verkündet, die Menschen seien gut, klug, gerecht und was weiß ich noch alles, aber vor allem, daß sich alle Menschen lieben.«

»Ich habe nie gesagt, daß sie es tun. Selbst ein Christ kann sündigen, aber er soll sich bemühen, die Menschen zu lieben.«

»Und bemühst du dich denn?«

Ohne eine Sekunde nachzudenken, trompetete Sigurd: »Genau das tue ich. Ich bemühe mich, Gutes zu tun, wo immer ich kann.«

Das war's, die Falle war zugeschnappt. Badwila nickte ihm lächelnd zu: »Das freut mich, Sigurd. Wirklich. Jetzt kann ich ja zugeben, daß ich schon befürchtet hatte, du würdest dich weigern, den armen Bendix für ein paar Wochen bei dir zu Hause aufzunehmen. Dabei hatte mir deine Frau schon versichert, daß sie es sich nicht vorstellen könne, du würdest einen Menschen in Not von der Schwelle weisen.« Sie packte Sigurd mit beiden Händen an den Schultern, zog ihn zu sich runter und hätte ihn vielleicht sogar geküßt, hätte er nicht so gräßlich gezittert.

*

Während der ersten Tage nach dem Thing hatte Badwila noch täglich Iduna an der Krankenbank besucht. Doch nachdem ihre raffiniertesten Kräuterkombinationen zum Einnehmen, Einreiben oder Inhalieren das arme Ding nicht wieder auf die Beine brachten, gab sie auf und erklärte: »Meine Mittel sind erschöpft. Idunas Krankheit hat seelische Ursachen, was wir ja schon vermutet hatten. Und eine kranke Seele kann nur durch den Anlaß der Krankheit selbst geheilt werden.«

»Durch Bendix?« fragte Thusnelda bestürzt.

»Durch die Liebe«, verbesserte Badwila, ohne ihre Diagnose mit einem Namen zu verbinden. »Das kann Bendix sein oder irgendeine andere Person. Du bist die Mutter, du wirst das besser wissen.« Ohne eine Antwort abzuwarten, verließ sie das Haus.

Thusnelda blickte noch verstört zur Tür, als Badwila bereits bei sich zu Hause war.

Erst als Elske die von Badwila benutzten Schüsseln und Töpfe nebenan absichtlich lärmend wegräumte, kam sie wieder zu sich.

Als Elske sicher sein durfte, von ihrer Mutter gehört zu werden, begann sie: »Also, wenn Iduna Bendix nicht sehen will, dann muß man sich überlegen, ob man nicht irgendeinen anderen jungen Mann findet, der sie mal besucht.«

Thusnelda mußte lächeln und strich ihrer kleinen Elske zärtlich über den Kopf, war aber mit ihren Gedanken ganz woanders: »Ach, Kind, wenn das so einfach wäre. Du hast es gut, du bist noch zu klein, um zu verstehen, was ein junges Mädchen in so einer Situation durchmacht.«

Elske ertrug den begütigenden Ton ihrer Mutter; sie hatte nicht erwartet, ernst genommen zu werden. Doch ihr war aufgefallen, was ihrer Mutter und Badwila entgangen war: Iduna hatte keineswegs geschlafen, sondern aufmerksam verfolgt, was gesprochen wurde.

»Außerdem«, fuhr Thusnelda fort, »selbst wenn du recht hättest, mein Kind, und der Besuch eines anderen jungen Mannes Iduna wieder gesund machen würde – gibt es irgendeinen Mann in dem richtigen Alter hier in Bonarum? Abgesehen von den Sklaven natürlich.«

»Hier in Bonarum nicht«, gab Elske zu. »Aber beispielsweise in Bad Wotansberg.« Noch zögerte sie, wußte nicht so recht, ob sie es riskieren sollte, jetzt bereits den Namen preiszugeben. Doch dann dachte sie, wenn überhaupt, wäre die ganze Angelegenheit prompt und radikal anzugehen. Eine wahrhaft günstige Gelegenheit würde sich nie bieten, selbst wenn ihr Vater bald seine ersten Wahlkampfauftritte außerhalb von Bonarum haben würde und nicht irgendwo im Dorf wie jetzt. Nein, es mußte sein, denn ihr allein waren, bevor das Unheil mit Bendix über Iduna hereingebrochen war, einige unbeholfene Blicke beim Unterricht am See nicht entgangen. Niemand sonst ahnte etwas davon. Elske zweifelte sogar daran, daß sie Iduna bewußt geworden waren.

»Man müßte Goldemar dazu bringen, daß er herkommt und sie besucht. Er ist genau in dem richtigen Alter.«

Thusnelda war entsetzt: »Bist du total bambam? Was ist das für eine abenteuerliche Vorstellung! Ein Graumantel in unserem Haus! Elske, vergiß das nie in deinem Leben: Eine Blauzahn würde lieber sterben, als sich durch einen Graumantel heilen zu lassen.«

»Aber der schwarze Barbar war doch neulich sogar selbst hier in unserem Haus, und der ist sogar der Sippenvogt von den Graumantels. Goldemar ist . . .«

»Dazu war dein Vater gezwungen worden. Freiwillig hätte er das nie geduldet.«

Elske warf ihrer Schwester einen verstohlenen Blick zu, als wollte sie sich vergewissern, daß sie nicht zu sehr übertreibe. Doch Iduna war viel zu aufgeregt, um zu reagieren; es fiel ihr schwer genug, weiter so zu tun, als schliefe sie. »Dann muß man eben Goldemar genauso dazu zwingen«, sagte Elske unbefangen.

»Du kannst Goldemar zwingen, aber nicht deinen Vater. Und von allem abgesehen: Wenn ein junger Mann eine junge Frau besucht, dann muß zumindest die Möglichkeit vorhanden sein, daß aus den beiden . . .« Doch Thusnelda brach mitten im Satz ab. Was sollte sie sich mit dem Kind über etwas unterhalten, von dem es nichts verstand, nichts verstehen konnte. Sie beendete die Unterhaltung mit dem vielfach erprobten Hinweis: »Wenn du mal größer bist, können wir weiter darüber reden. Jetzt habe ich anderes zu tun.«

Doch so leicht ließ Elske sich nicht mal von ihrer Mutter abwimmeln. Überdies hatte sie gar nicht damit gerechnet, daß diese den Vorschlag, Goldemar Graumantel einzuladen, sofort begeistert aufnehmen würde. Doch einen derartig entschlossenen Widerstand hatte sie wiederum auch nicht erwartet, nicht von ihrer Mutter. Wie gut, dachte Elske, daß ich mir einen Ausweg überlegt habe.

Also tat sie so, als würde sie einlenken: »Ja, wahrscheinlich hast du recht, Mami, wie immer. Aber wenn ich mal größer bin, mußt du mir auch wirklich alles erzählen, was man als junges Mädchen wissen muß.«

Thusnelda mußte wieder lächeln. Wie lieb die Kinder doch sind, solange sie noch so klein sind wie Elske, dachte sie, und wieviel weniger Sorgen sie ihren Eltern machen als später, und sie blickte seufzend auf die noch immer wie tot daliegende Iduna, während sie Elske versicherte, zukünftig ganz gewiß alles mit ihr zu besprechen.

»Ich werde dich daran erinnern«, sagte Elske in dem neckischen Ton, den ihre Mutter so liebte, fügte dann aber betont beiläufig hinzu: »Übrigens hat Sieglinde vor einiger Zeit mal erzählt, daß sie mehrmals erlebt habe, wie seelische Krankheiten ganz sicher geheilt werden. Man läßt die Kranken bei Neumond im heiligen Hain übernachten.«

Thusnelda, die gerade dabei war, die gesäuberten Kruken unter dem Herd zu verstauen, richtete sich verdutzt auf.

»Bei Neumond im heiligen Hain«, wiederholte sie nachdenklich, »Sieglinde . . . Neumond. Ja, Sieglinde ist ein kluges Kind. Machen könnte man es ja.« Während sie bis jetzt eher mit sich selbst gesprochen hatte, wendete sie sich nun Elske zu: »Schaden kann es ja auf keinen Fall. Die Nächte sind warm. Warum nicht? Wir sollten nichts unversucht lassen. Weißt du zufällig, wann der nächste Vollmond ist?«

»Ich glaube, schon morgen«, antwortete Elske, obwohl sie es genau wußte.

»Dann ist es so beschlossen. Wir beide bringen Iduna morgen zum heiligen Hain.«

Elske konnte ihre Genugtuung nur schwer verbergen. Sie grinste heimlich zu Iduna rüber, die freilich trotz ihrer vorgetäuschten Hinfälligkeit ratlos wirkte, weil sie sich nicht erklären konnte, mit welchen Hintergedanken ihre Schwester diesen absurden Vorschlag gemacht hatte.

Am nächsten Morgen mußte Elske während des Unterrichts Goldemar nur noch – beiläufig und möglichst arglos – darauf hinweisen, daß Iduna die kommende Nacht vom Sonnenuntergang bis zum Morgengrauen unbehütet im heiligen Hain zubringen werde, und konnte zufrieden vermerken, daß er von diesem Moment an unfähig war, dem Unterricht zu folgen.

Nur mußte Elske leider lernen, daß nicht alle Weisheiten, die Eltern ihren Kindern mit auf den Lebensweg geben, purer Rintintin sind. Wie oft hatte Thusnelda sie gemahnt, daß die Eichen nicht in den Himmel wachsen. Stets hatte Elske gehorsam genickt, doch gedacht, vielleicht bei dir nicht, aber mein Leben werde ich bestimmt so einrichten, daß sie es tun, ihr werdet euch noch wundern. Und nun verpaßte Elske die Ernte ihrer Kabale, genauer gesagt, sie verschlief ihre Provision. Sie hatte fest darauf vertraut, endlich Zeugin eines Vorgangs zu werden, von dem sie bislang so viel gehört hatte, den sie sich aber nie hatte richtig vorstellen können. Sie hatte vorgehabt, zum heiligen Hain zu schleichen, sowie die Eltern eingeschlafen waren. Doch dann waren ihr die Augen zugefallen. Erst als die Nacht fast zu Ende war, wurde sie wach, raste wütend zum heiligen Hain, konnte nichts erkennen, hörte lediglich aus einem mit Fellen bedeckten Klumpen Goldemars merkwürdig verschleierte Stimme flüstern: »Hörst du sie auch? Ich glaube, sie zwitschert ihr Ständchen nur für uns. So wunderschön habe ich noch nie eine Nachtigall singen hören.«

Iduna, der ein ornithologisches Talent angeboren war, verbesserte ihn zärtlich: »Du liebes, kleines Dummerchen, wie kommst du darauf, daß das eine Nachtigall ist?«

»Aber hör doch mal genau hin. Das ist keine Nachtigall?«

»Leider nicht, mein Goldi. Das ist eine Lerche.«

Einen Moment lang hörte Elske schmatzende Geräusche, die sie sich nicht erklären konnte, dann schien der fellbedeckte Klumpen zu explodieren, und sie hörte Goldemar erschreckt ausrufen: »Eine Lerche! Die Nacht ist vorbei! Es ist Tag![31] Jeden Augenblick kann jemand kommen! Bis nachher!« Danach sah sie lediglich noch Goldemars fliehenden Schatten im Dämmerlicht des beginnenden Tages.

*

Die meisten Bewohner von Bonarum spürten erst allmählich, wie sehr ihnen Bendix fehlte. Seit er durch Sigurds christliche Nächstenliebe ein Quartier gefunden hatte, traute er sich tagsüber selten ins Freie. Obwohl seit seiner (unfreiwilligen) Ankunft erst ein paar Monate verstrichen waren, hatte sich Bendix, ohne

[31] Der Problematik einer Liebe zwischen Angehörigen miteinander verfeindeten Familien kann in unserem Zusammenhang leider nicht weiter nachgegangen werden. Wer sich jedoch auf dieses spezielle Dilemma näher einlassen möchte, dürfte in der, allerdings übertrieben poetischen, Arbeit des Sohnes eines englischen Handschuhmachers (zuerst als Raubdruck veröffentlicht, 1597) nützliche Hinweise finden, obwohl sich der Autor (W. Shakespeare) auf italienische Familien in Verona konzentriert hat.

daß es den meisten aufgefallen war, fast unentbehrlich gemacht. Irgendwann war jeder mal auf ein Problemchen gestoßen und zu Bendix marschiert. Und niemals hatte Bendix einen Ratsuchenden enttäuscht, er beantwortete geduldig selbst die banalsten Fragen.

Allerdings war davon auch niemand wirklich überrascht, wer ein bißchen nachgedacht hatte, ahnte so was im voraus – ausgenommen Baldur Blauzahn. Völlig unerwartet mußte sich ausgerechnet der in Bonarum allein übriggebliebene Wahlkandidat, der vorher auf jeden Rat des Kimbern selbstherrlich verzichtet hatte, eingestehen, daß nun vermutlich niemand Bendix so sehr entbehrte wie ausgerechnet er. Als es nämlich jetzt darum ging, über die Dörfer zu ziehen, um Stimmen für seine Wahl zu sammeln, merkte er, daß er vor seiner Aufgabe stand wie ein Teutone vor den Schneebergen. Nun reichte es nicht mehr, *über* den Wahlkampf zu sprechen, jetzt mußte er *im* Wahlkampf reden. Was, in Wotans Namen, sollte er den Leuten denn sagen? Sosehr er sein Gehirn auch strapazierte, ihm fiel dazu nichts ein, und außer seinem Schwiegervater, dieser senilen Runkelrübe, gab es niemanden, mit dem er sich beraten konnte. Immerhin, tröstete sich Baldur, war der wenigstens schon mal in Rom gewesen und hatte dort hoffentlich nicht nur ständig gebrögelt, sondern wenigstens in den Pausen mitbekommen, was jene Sanellas tun, die eine Wahl gewinnen wollen.

Zunächst war Baldur verblüfft, weil Heino sich überhaupt nicht geehrt fühlte, sondern es für ganz normal hielt, daß er um Rat gefragt wurde.

»Also in Rom«, hatte Heino begonnen, »ist das ja nun ganz einfach, da stellt der Betreffende sich einfach auf den Marktplatz oder auf das Forum und hält seine Rede an das Volk.«

»Wo die reden, ist mir ziemlich scheißegal, ich will wissen, worüber die reden!«

Heino hatte Mühe, den Sinn der Frage zu verstehen: »Aber das liegt doch wohl auf der Hand. Wenn du was von einem willst, dann sagst du das, was der hören will. Jeder Kandidat sagt das, was die Leute hören wollen. Und du mußt den Leuten was versprechen. Und genau das, was sie haben wollen. Für jeden einen eigenen Weinberg, Freikarten für das Gladiatorenfinale, nur noch halb soviel Ernteabgaben. Und was du alles tun wirst, wenn du Gauführer bist. Etwa anordnen, daß niemand länger als zwanzig Stunden arbeiten muß . . .«

Baldur unterbrach ihn: »Zwanzig Stunden? Ist das nicht ein bißchen viel? Da bleiben einem ja nur vier Stunden zum Schlafen.«

»Mann, Baldur«, Heino schüttelte den Kopf über soviel Begriffsstutzigkeit, »doch nicht zwanzig Stunden Arbeit am Tag. In der Woche. Du sollst es doch nur versprechen. Später nicht wirklich machen. Wenn du erst mal Gauführer geworden bist, kannst du doch machen, was du willst.«

»Und nachher kommen die und sagen, was ist mit den zwanzig Stunden? Nee, das kann man vielleicht bei den Sanellas so machen, aber nicht bei Germanen. Außerdem wird der Gauführer nicht lebenslänglich gewählt, sondern nur für vier Jahre. Dann wird neu gewählt. Und wenn ich den Leuten so dies und das verspreche, aber nichts davon halte, dann wählen die mich doch nie wieder.«

»Rintintin. Ballaballa. Das nächste Mal versprichst du genau dasselbe wie diesmal. Du kannst ihnen alle vier Jahre dasselbe versprechen, sogar jedesmal etwas mehr. Denn erstens hätten sie das wissen können, als sie dich gewählt haben, weil du noch nie gehalten hast, was du versprochen hast. Und zweitens verstehen die Leute gar nicht genau, was man verspricht. Drittens, wenn sie zufällig doch was verstanden haben sollten, nach den vier Jahren haben sie alles wieder vergessen. Ich hab' ja in meinem Leben schon viele Wahlen mitgemacht, und das kannst du mir glauben: Niemand, der wählt, weiß, was er wählt. Niemand.«

»Dann könnte ich also alles mögliche versprechen? Sonntags in jede Familie eine geräucherte Wildschweinkeule und für jedes Dach einen Schornstein.«

Heino winkte angeekelt ab. »Doch nicht so 'nen Tüdelkram. Bei so was mußt du richtig rangehen.«

Baldur blickte Heino hilflos an, er hielt seine Vorschläge für großzügig.

»Außerdem hab' ich dir gesagt, du sollst den Leuten das sagen, was sie hören wollen, das versprechen, was sie haben wollen. Und nun guck dich mal um bei uns. Worüber wird überall geredet, wenn nur ein paar Teutonen zusammenstehen?«

Baldur mußte nachdenken; er stand so selten mit andern Teutonen zusammen. So konnte er nur raten: »Übers Brögeln?«

»Das natürlich immer, aber das mein' ich nicht. Was ist denn hier los, seit die Brücke da ist und jeden Tag mehr Fremde herkommen und jeder erzählt, wie schön es da auf der anderen Seite von den Schneebergen ist, im Grunde das, was Bendix schon immer den Leuten erzählt hat. Die sind doch ganz bambam geworden, weil sie denken, daß sie auf der falschen Seite von der Welt geboren worden sind. Und das Klima und die Sauferei. Alles ist da besser.«

»Vielleicht stimmt's ja auch so 'n bißchen«, wandte Baldur zaghaft ein.

»So 'n bißchen? Wenn du das mal gesehen hättest, da unten – du würdest nie wieder hierher zurückkommen, jedenfalls nicht freiwillig. Also, wenn ich du wäre, dann würde ich denen versprechen, daß sie es in ein paar Monaten genausogut haben wie die Sanellas. Mit allem Drum und Dran.«

»Also, dann kann ich ja gleich sagen: Kommt, Leute, packt eure Sachen. Wir marschieren nach Rom!«

Heino blickte seinen Schwiegersohn mißtrauisch an. Konnte es sein, daß dieser große Erfinder ihn nicht verstanden hatte, oder war er so dämlich, daß er sich nicht vorstellen konnte, wie Germanen auf so einen Vorschlag reagieren würden? Doch bevor er Baldur davon abraten konnte, derart zu übertreiben, hatte der sich bereits erhoben und war, von der Idee ganz hingerissen, auf dem Rückweg ins Dorf.

*

Sorglos und vergnügt war man eigentlich nur in Sigurds Haus, nachdem herausgekommen war, daß Bendix Büsum eine Schwuchtel (gewesen?) sei. Bendix hatte sich erstaunlich schnell mit seinem neuen Aufenthaltsort abgefunden, obwohl der einem Hausarrest gleichkam. Tatsächlich war er erleichtert, daß die Zeit der Ungewißheit darüber, ob er noch verfolgt würde oder nicht, beendet war. Lediglich der Gedanke an Iduna machte ihm in der ersten Zeit zu schaffen. Niemand redete von ihr, nicht einmal Thusnelda, die häufig kam. Zu fragen traute er sich nicht, und Iduna selbst ließ sich nie blicken. Sollte er sie so sehr gekränkt haben? Doch mit der Zeit verblaßte ihr Bild, und manchmal ertappte er sich sogar dabei, ihr in Gedanken Vorwürfe zu machen, weil sie so überhaupt kein Lebenszeichen gab.

Besonders schnell fühlte sich allerdings Sigurd getröstet, war Badwila sogar dafür dankbar, daß sie ihn gezwungen hatte, Bendix in seinem Hause sicheren Unterschlupf zu gewähren. Denn auf diese Weise hatte er seinen heimlichen Geschäftspartner ständig, aber unauffällig in seiner Nähe. Von heute auf morgen, wie er anfangs vermutet hatte, war nicht einmal der Verkauf vor seiner Haustür in Gang gekommen – wieviel länger würde es dauern, bis die größeren Projekte profitabel werden würden? Immerhin hatte er inzwischen kapiert, daß eine politische Karriere (auf die er ja verzichtet hatte) nur dann Sinn machte, wenn man durch sie persönliche Vorteile materieller Art erreichen würde, sie also nur ein Umweg zu dem wäre, was einem bei wirtschaftlichem Erfolg in den Schoß fallen mußte. Der Unterschied zwischen diesen beiden Möglichkeiten, reich zu werden, so hatte Bendix ihm glaubhaft versichert, bestünde nur darin, daß politische Höhen von jedem Idioten erklommen werden könnten, sofern ihm nur die Wahrheit fremd und er wohltönender, aber inhaltsloser Rede fähig wäre. Eine wirtschaftliche Karriere dagegen sei nur Ausnahmepersönlichkeiten vorbehalten, die über vielerlei Talente verfügten und zu ungewöhnlichen Leistungen bereit wären. Sollte er, Sigurd, erreichen, was er sich vorgenommen hatte, wären die politischen Anführer nämlich von ihm abhängig, hatte Bendix erklärt, nicht er von ihnen. Der Preis, den er dafür zu entrichten hatte, erschien ihm lächerlich: Er müßte lediglich darauf verzichten, jemals öffentlich preiszugeben, wie mächtig er in Wahrheit sei. Sollte dergleichen jemals von anderen behauptet werden, müsse er das entschlossen zurückweisen, statt dessen immer vorgeben, er würde sich strikt an die vom Gauführer erlassenen Vorschriften halten.

Brunhilde und Tussi hingegen konnten den Tag nicht abwarten, an dem es ihnen möglich erschien, Bendix danach zu fragen, was sie am meisten interessierte: nämlich wie Männer *es* eigentlich miteinander bewerkstelligten. Einiges konnten sie sich vorstellen, anderes wiederum nicht bzw., was sie sich vorstellen konnten, erschien ihnen nicht dazu angetan, daß es *beiden* Männern gleich viel Vergnügen bereiten dürfte. Sie wußten, daß sie nicht endlos Zeit hatten, die Angelegenheit zu klären. Denn irgendwann würde dieser Cornelius Tacitus eintreffen, und dann wäre aus Bendix nichts mehr rauszuholen. Thusnelda kam meistens schon ziemlich bald nach dem Frühstück, um von Brunhilde zu erfahren, ob die Zeit gekommen sei. Doch ausgerechnet jener Tag, den Brunhilde endlich für geeignet hielt, war einer zu spät.

Zuerst hörten sie ihn nur. Denn Tacitus hatte es sich nicht nehmen lassen, sein Kommen bombastisch anzukündigen. Schließlich waren vier musizierende Sklaven in seinem Gefolge. Selbst während er reiste, wollte er auf Tanzvergnügungen nicht verzichten. Allerdings wäre er nie auf die Idee gekommen, selbst zu tanzen; das wäre würdelos für einen Römer seines Standes gewesen. Vornehme Römer ließen tanzen. Da zwei Sklaven Trompete bliesen, einer Tuba und der vierte abwechselnd auf Becken und Tamburin schlug, war der Lärm fast schon zu hören, nachdem sie die neue Brücke passiert hatten. Erst als die Beifallssalven der Dorfbewohner zu hören waren, ging Bendix vor die Tür, dicht gefolgt von Sieglinde und Brunhilde.

»Da kann ja wirklich kommen, wer will, Germanen jubeln jedem zu, den sie für berühmt halten«, murmelte Brunhilde noch angewidert, war dann aber doch sprachlos, als sie die protzige Kavalkade erblickte.

Tacitus hatte sich gerade aus seiner kostbaren Sänfte helfen lassen und stand nun lächelnd vor Bendix, der verlegen zurückgrinste. Cornelius hatte eine Schwäche für Parfüm, so daß sich sofort eine kräftige Duftwolke um ihn herum ausbreitete. Und wenn Brunhilde später gefragt wurde, was ihr von dieser ersten Begegnung am deutlichsten in Erinnerung geblieben sei, erwähnte sie stets zuerst den atemberaubenden Geruch, der, wie sie hinterher erfuhr, speziell für Tacitus aus Blüten, Gewürzen und arabischen Edelhölzern gemischt wurde. Daß Tacitus täglich einen ganzen Flakon voll nur deshalb über sich ausleerte, weil er befürchtete, kahl zu werden wie sein Freund Plinius, blieb ihr hingegen verborgen. Der verschwenderische Verbrauch des Parfüms sollte nämlich vor allem den ekelhaften Geruch kaschieren, den sein (wirkungsloses) Haarwuchsmittel verströmte.

Eine Weile standen sich die beiden gegenüber, dann breitete Cornelius seine Arme aus, und Bendix blieb nichts anderes übrig, als sich, nach einem scheuen Blick zu der dicht neben ihm stehenden, heiter lächelnden Sieglinde, von Tacitus an die Brust pressen zu lassen. Nur mühsam konnte er seine Erleichterung unterdrücken, als Cornelius ihn unverhofft schnell wieder entließ. Doch hatte er sich zu früh gefreut und zu auffällig. Denn selbstverständlich war Tacitus die Verlegenheit seines ehemaligen Lieblings nicht verborgen geblieben, und er gedachte nicht, ihn so leicht davonkommen zu lassen.

»Was ist mit dir?« fragte er Bendix so laut, daß es jeder hören konnte. »Willst du mir keinen Kuß geben?« Tacitus wartete mit ernster Miene, schien die Wirkung seiner Worte lange genießen zu wollen.

Doch plötzlich lächelte er wie früher. »Ich sehe schon, du möchtest lieber deine Braut küssen.«

Bendix blickte sich suchend nach Iduna um, obwohl er sie einige Wochen nicht gesehen hatte. Dann tippte ihm Sieglinde lachend auf die Schulter und blickte ihn selbstbewußt an: »Er meint mich.«

Bendix war fassungslos: »Dich?« Betroffen blickte er zu Tacitus. »Sieglinde?« vergewisserte er sich.

»Wie sie heißt, weiß ich nicht, aber bevor du mir vormachen willst, du hättest keine Braut, laß dir sagen, daß ich mich selbstverständlich danach erkundigt habe, bevor ich hergekommen bin.«

»Ja ... schon ... aber ...«, stotterte Bendix verdattert, während Sieglinde sich bei ihm einhängte.

»Allerdings hatte ich mir Sorgen gemacht, daß du – mit deinen Erfahrungen gegenüber Frauen ist es ja nicht weit her –, daß du dir eine auserwählt hättest, die über weiter nichts verfügt als ein hübsches Gesichtchen. Aber ich muß gestehen, daß ich aufs angenehmste überrascht bin. Vor allem, weil sie nicht nur schön ist – in ihrem Alter sind alle Frauen schön –, sondern weil sie klug ist. Das sieht einer wie ich sofort, der sich auf das Lesen von Physiognomien auch nur einigermaßen versteht.« Jetzt sprach er Sieglinde direkt an: »Sieglinde.«

Sieglinde trat vor.

»Du mußt mir versprechen, daß du immer gut auf ihn aufpaßt. Bendix ist zwar manchmal etwas leichtfertig und voreilig mit seinen Worten, aber er ist etwas ganz Besonderes.«

»Das weiß ich schon lange«, sagte Sieglinde stolz.

»Ich würde mich freuen, wenn ihr mich möglichst bald in Rom besuchen würdet. Und sollte es euch nicht so schnell möglich sein, dann bringt auf alle Fälle eure Kinder mit.«

»Nur, wenn es Töchter werden«, erwiderte Sieglinde frech. Doch Tacitus war nur für Sekunden sprachlos. Dann lachte er laut und gab Sieglinde einen Kuß, wendete sich dann wieder Bendix zu, der allerdings wie betäubt dastand, aus Kuhaugen in die Gegend glotzte, nichts erkannte, sich mitten in einem wüsten Traum wähnte und keineswegs verwundert gewesen wäre, wenn er in der römischen Villa erwachte, in der er seine Jugend verbracht hatte.

Mittlerweile hatten sich sämtliche Einwohner des Dorfes vor Sigurds Haus versammelt. Als letzte waren Iduna und Goldemar aufgetaucht, blieben jedoch weiter entfernt stehen. Sogar Heino war erschienen, stand aber ziemlich weit hinten und verstand von dem, was gesprochen wurde, so gut wie gar nichts. Die Kinder konnte er nicht mehr fragen, weil die sich nach vorn durchgedrängelt hatten, sich dort allerdings weniger für Tacitus oder Bendix interessierten, sondern staunend die drei Wagen bewunderten, mit denen Tacitus gekommen war, und noch mehr das exotische Gefolge, unter dem sich sogar zwei Neger befanden. »Das sind die mit den langen Trüffeln«, erklärte Elske unbefangen, war immerhin doch zu schüchtern, um sich diese zeigen zu lassen.

Die Erwachsenen indessen waren von allem so beeindruckt, daß selbst Thusnelda sich nicht traute, den Fremden etwas zu essen oder zu trinken anzubieten. Brunhildes zaghafter Versuch, Tacitus ins Haus zu bitten, blieb unbemerkt. Aber Tacitus schien Aufläufe gewohnt und tat weiter so, als wäre er mit Bendix (und Sieglinde) allein.

»Du weißt sicherlich, daß ich am Anfang ganz schön böse auf dich war. Aber heute bin ich dir sogar dankbar dafür, daß du mich verlassen hast.«

Bendix, der ganz allmählich wieder wahrnahm, was um ihn herum geschah, schaute in die Sänfte, weil er vermutete, Cornelius habe einen angemessenen Ersatz für ihn gefunden. Doch die war leer. Daraufhin wanderten seine Gedanken sofort wieder zu dem Anlaß zurück, der seine vorübergehende Bewußtlosigkeit hervorgerufen hatte: Sieglinde. Die hing noch immer an seinem Arm, als wäre es nie anders gewesen. Während Tacitus munter weiterplauderte, freundete sich Bendix verblüffend schnell mit dem Gedanken an, sich künftig etwas gründlicher mit Sieglinde zu beschäftigen. Doch die war schon viel weiter. Als sie sein nachdenkliches Gesicht sah, zog sie sein Ohr an ihren Mund, weil sie zu wissen glaubte, was ihn so beschäftigte, machte eine Kopfbewegung in Richtung Tacitus und munterte ihn auf: »Wegen der Sachen mit ihm mußt du dir keine Sorgen machen, ich krieg' dich bestimmt wieder hin.«

Bendix reagierte mit einem vagen Lächeln, das jedoch nicht lange anhielt, sondern wiederum durch einen sorgenvollen Ausdruck vertrieben wurde. Plötzlich war ihm eingefallen, daß er schon seit Tagen nicht mehr an Iduna gedacht hatte. Diesmal hatte Sieglinde seine Gedanken korrekt gelesen. Durch Gesten veranlaßte sie ihn, in die Richtung zu blicken, in der Iduna und Goldemar standen, dicht beieinander.

Tacitus war immer noch dabei, Bendix zu erklären, warum er ihm so dankbar sei. »Nie wäre ich darauf gekommen, nach Germanien zu reisen. Warum sollte ich auch? Aber jetzt werde ich einen ausführlichen Bericht darüber schreiben. So was hat es noch nie gegeben, weder in der Literatur noch in der Geschichtsschreibung, ein Buch über ein einziges Land. Du weißt vielleicht, daß der göttliche Cäsar schon mal ein bißchen über euch Germanen geschrieben hat, aber das meiste ist Unsinn. Und ich werde alles richtigstellen. Ich bin nämlich schon monatelang durch Germanien gereist und habe mich sehr gründlich umgesehen. Ich prophezeie dir, daß man noch nach Tausenden von Jahren meinen Namen nennen wird, wenn es um euch Germanen geht.« Er machte eine Pause und fügte dann mit dem von ihm gewohnten mokanten Lächeln, gleichfalls sehr viel lauter, hinzu: »Falls es dann noch Germanen geben sollte.«

Zum ersten Male ging ein mürrisches Raunen durch die Versammlung. Im Hintergrund schlugen einige sogar mit Schwertern protestierend auf ihre Schilde.

Doch Zustimmung hatte Tacitus nicht erwartet, an Mut hatte es ihm ebenfalls nie gemangelt. Deshalb erhob er jetzt sogar seine Stimme, damit möglichst viele verstünden, was er zu sagen hatte. Schließlich hatte er, um Anwalt zu werden, in Rom Rhetorik studiert und kannte Quintilians »Lehrgang der Beredsamkeit« fast auswendig. Er griff in seine Sänfte und zog einen seidenen Schal hervor, den er sich, nach alter griechischer Mode, um den Hals schlang, zum Zeichen, daß er eine Kostprobe seiner so lange vernachlässigten Kunst zu bieten vorhatte.

»Könnt ihr euch vorstellen«, begann er geschickt, »daß einer wie ich hier leben würde?« Einige kicherten. »Eine absurde Vorstellung, in der Tat. Und warum ist das so? Weil es grundsätzlich für einen Römer schwer verständlich sein muß, daß es Menschen geben kann, die gern hier leben, nein, was sage ich da, nicht schwer verständlich, es ist schlicht unbegreiflich.[32] Kein Römer

[32] Sollte jemand meinen, Tacitus hätte sich in seiner Ansprache mäßigen sollen, so wird ihn die Lektüre lehren, daß sich Tacitus bei dieser Gelegenheit in Wahrheit rücksichtsvoll geäußert hat. Heißt es doch etwa (in Abschnitt II) u. a.: »Die Germanen selbst sind, möchte ich meinen, Ureinwohner und von Zuwanderung und gastlicher Aufnahme fremder Völker gänzlich unberührt. Denn ehemals kam nicht auf dem Landwege, sondern zu Schiff gefahren, wer neue Wohnsitze suchte, und das Weltmeer, das ins Unermeßliche hinausreicht und sozusagen auf der anderen Seite liegt, wird nur selten von Schiffen aus unserer Zone besucht. Wer hätte auch – abgesehen von den Gefahren des schrecklichen und unbekannten Meeres – Asien oder Afrika oder Italien verlassen und Germanien aufsuchen wollen, landschaftlich ohne Reiz, rauh im Klima, trostlos für den Bebauer wie für den Beschauer, es müßte denn seine Heimat sein?« Oder später (im Abschnitt V): »Das Land zeigt zwar im einzelnen einige Unterschiede; doch im ganzen macht es mit seinen Wäldern einen schaurigen, mit seinen Sümpfen einen widerwärtigen Eindruck.«
Und wenn wir aufrichtig sind, müssen wir einräumen, daß Tacitus, Symbole unseres Wohlstands betreffend, einen wunden Punkt berührt, wenn er über das germanische Vieh, den einzigen Reichtum unserer Ahnen, notierte: »Vieh gibt

kann sich vorstellen, hier zu leben. Habt ihr euch schon mal unter euch umgesehen? Und ist euch dabei nie aufgefallen, wie ähnlich ihr euch alle seht? So, als wäret ihr sämtlich von einem Vater und von einer Mutter. Alle seid ihr fast gleich groß, die Männer wie die anderen Männer, die Frauen wie die anderen Frauen ...«

Merkwürdigerweise ließen die Anwesenden diese Behauptung unwidersprochen, obwohl Sieglinde beispielsweise einen Kopf größer war als Iduna, Sigurd dünner als der stämmige Baldur, Brunhilde etwas breiter in den Hüften als die schmale Thusnelda. So konnte Tacitus, entgegen den für jeden sichtbaren Tatsachen, leidenschaftlich fortfahren: »Alle habt ihr wild blickende blaue Augen, rötliches Haar. Das muß euch doch aufgefallen sein?« Einige sahen ihre Nachbarn prüfend an, als erblickten sie sie zum ersten Mal, und nickten dann zustimmend, als wären sie hypnotisiert.

»Und da fragt man sich doch, woher kommt das? Ich will euch nicht auf die Folter spannen und es euch verraten: Ihr seid euch alle so ähnlich, weil euch kein Fremder in euren trostlosen Ländern jemals freiwillig besucht. Dreht euch mal um und schaut euch nur die paar Menschen an, die mich begleiten. Da würde doch niemand auf die Idee kommen, daß alle diese winzigen oder riesigen Menschen, deren Haarfarbe von hellem Stroh bis zu schwarzem Pech reicht, mit erstaunlichen Variationen dazwischen, deren Hautfarbe blaß sein kann oder schwarz, daß die alle aus einem Volk stammen. Dabei sind sie sogar in einer einzigen Stadt geboren, in Rom. Die Völker der ganzen Welt drängen sich nämlich danach, nach Rom zu gelangen. Sie wollen in Rom leben und in Rom sterben, kennen kein größeres Glück, als in Rom eine Familie zu gründen, damit ihre Kinder als Römer auf die Welt kommen. Und wer dieses Traumziel einmal erreicht,

es reichlich, doch zumeist ist es unansehnlich. Selbst den Rindern fehlt die gewöhnliche Stattlichkeit ...; die Menge macht den Leuten Freude.« Daß die Tiere also häßlich sind, war unseren Ahnen schnurz, es mußten nur möglichst viele sein. Deshalb hätte in keinem anderen Land die waghalsige Hoffnung formuliert werden können, nach der Quantität irgendwann in Qualität umschlagen werde. So was geht eben nur bei uns.

wird niemals in seine Heimat zurückwollen. Noch nie hat irgendeiner Rom wieder verlassen, wenn wir ihn nicht – aus dem einen oder anderen Grund – gewaltsam wieder in seine Heimat transportiert hätten.«

Tacitus löste seinen Schal und forderte Sieglinde und Bendix auf, mit ihm zu speisen. Aber nicht hier, wo es nach Kuhscheiße und Menschenschweiß röche. Bendix zögerte, blickte Sieglinde fragend an, doch die war bereits dabei, eine der Kutschen zu besteigen. Bendix folgte ihr etwas zögernd, blickte zu Thusnelda und Brunhilde, die nebeneinanderstanden, suchte dann Iduna. Doch die war nicht mehr da, wo sie vorher gestanden hatte, Goldemar genausowenig. Bendix kletterte auf den Sitz neben Sieglinde, ohne sich zu verabschieden. Allerdings ahnte er in diesem Augenblick nicht, daß er Bonarum nie in seinem Leben wiedersehen würde. Sieglinde, die es wußte, sah keinen Grund, ihn auf diese Möglichkeit hinzuweisen.

Als die Kutsche anfuhr, sagte Thusnelda zu Brunhilde: »Ich hatte immer das Gefühl, daß Bendix und Iduna nicht zueinander passen würden. Sie sahen nur so schön aus, nebeneinander.«

»Davon kann man nicht leben«, erwiderte Brunhilde knapp und wischte sich ein paar Tränen von den Wangen.

Doch niemand blieb gedankenvoller zurück als Baldur. Er hatte gespürt, wie beeindruckt seine Landsleute Tacitus' Ansprache verfolgt hatten. Er wäre schwachsinnig, wenn er diese Tatsache so kurz vor der Wahl ignorieren würde. Als Bendix nach Bonarum verschlagen wurde, konnte man dessen Schwärmen von einem Land, in dem Milch und Honig flössen, noch als Phantasievorstellung eines wichtigtuerischen Kimbern abtun. Doch als die ersten Handelskarawanken über die neue Brücke durchs Dorf kamen, hatte Baldur gespürt, daß ein neues Zeitalter angebrochen war. Die soeben vernommene Rede des Cornelius Tacitus hatte gewirkt, als hätte jemand endgültig die Fenster weit aufgestoßen, und jeder empfand, daß eine erregend fremdartige Brise ins Land strömte.

*

Viele Wochen danach, auf der Suche nach einem Platz, an dem er ungestört nachdenken wollte, gelangte Baldur, unbewußt angezogen, zum Donarbalken. Als er Heino dort sitzen sah, wollte er schleunigst wieder abdrehen, zögerte dann jedoch. Vielleicht wäre es nützlich, überlegte er sich, wenn er seine Sorgen nicht länger in sich hineinfressen, sondern mit jemandem darüber reden würde. Heino wäre wahrscheinlich ohnehin der einzige Mensch, dem er gestehen könnte, was ihn seit Tagen nicht mehr schlafen ließ, weil er von Träumen, schwer wie Hünengräber, heimgesucht wurde. Achtlos setzte er sich neben Heino, der ihn auch sofort warnte: »Paß auf, du hast vergessen, deine Hose runterzuziehen.«

Baldur winkte ab: »Ich will mich nur setzen.«

»Wie du meinst. Aber ich hab' mir vor vielen Jahren mal in die Hose geschissen, allerdings vor Angst, und den Geruch bin ich wochenlang nicht mehr losgeworden. Doch du hast ja keine Angst, wie ich gehört habe.«

Das fing ja gut an. Baldur bereute schon, sich hier niedergelassen zu haben. Doch mußte er lernen, ironische Anspielungen dieser Art zu ertragen. Wahrscheinlich würde er sich künftig sogar noch Schlimmeres anhören müssen.

»Wenn du dich nur darüber unterhalten willst, dann gehe ich lieber gleich«, begann er betont forsch, obwohl ihm anders zumute war. »Eigentlich wollte ich dich nur fragen, ob du sicher bist, daß man noch weiterlebt, wenn man tot ist.«

»Du nicht? Natürlich lebt man weiter. Das ist ja wohl das mindeste, was man von seinen Göttern erwarten kann. Die sind ja nicht dämlich; genau deshalb haben die ja alles so eingerichtet, daß man weiterlebt. Daß alles weiterlebt. Wozu würde man sonst Götter brauchen? Das bißchen Regen oder Sonne würden wir auch ohne die hinkriegen.«

Von so schlichten Argumenten ließ Baldur sich jedoch nicht überzeugen. »Die Götter haben es so eingerichtet, daß alles stirbt«, widersprach er resigniert.

»Sieht vielleicht auf den ersten Blick so aus. Aber dann lebt es wieder. Wenn du hier mal ein Stück von dieser Wiese abgraben würdest, dann ist da blanke Erde drunter. Aber dann wartest du ein paar Wochen, und was siehst du?«

»Neues Gras. Genauso, wie im Frühling neues Gras kommt, nachdem im Herbst Wotan mit seinen riesigen Rossen über den Himmel gejagt ist und es bei uns kalt und stürmisch geworden ist und das Gras für immer gestorben ist.«

»Es schläft, im nächsten Frühling kommt es wieder raus.«

»Das ist anderes Gras. Nicht dasselbe.«

»Woher willst du das wissen? Hast du mit Sigurd drüber gesprochen, wie das da mit seinem Krösus ist, ob man bei dem weiterlebt, wenn man mal tot ist?«

»Ich hab' mit niemandem drüber gesprochen.«

»Dann möchte ich mal wissen, wie du drauf kommst, daß es nach dem Tod kein Leben mehr gibt.«

»Hast du denn schon mal einen getroffen, der tot ist? Wenn alle, die tot sind, weiterleben, dann hätte man doch irgendwo schon einmal einen treffen müssen.«

»Hier bei uns? In dieser Gegend?«

»Hier sterben die Leute genauso wie woanders.«

»Das schon, aber als Toter kannst du dir ja aussuchen, wo du hinwillst. Und wenn ich eines Tages sterbe, dann gehe ich als Toter überallhin, nur nicht hierher. Hier lebt man doch nur, wenn man hier mal geboren worden ist. Sonst doch nicht. Freiwillig würde hier niemand leben wollen. Erst recht nicht, wenn man tot ist. Ich geh' jedenfalls bestimmt irgendwohin, wo die Sonne scheint.«

Obwohl Baldur dieses Thema angeschnitten hatte, um sich davon überzeugen zu lassen, daß das Leben mit dem Tode nicht einfach zu Ende war, behielt er seine Zweifel – vielleicht gerade, weil er sich vergewissern wollte. »Aber einen hätte man schon mal treffen müssen. Sigurd beispielsweise, der verträgt gar keine Sonne. Der kriegt immer Pickel. Und das war bei seinem Vater genauso. Und so einer würde bestimmt nicht da wieder auftauchen, wo immer die Sonne scheint.«

Heino entzog sich einer Antwort mit einem eruptiven Furz und grinste Baldur triumphierend an, als hätte er etwas Bewunderungswürdiges geleistet. Außerdem wußte er schließlich, weshalb Baldur sich auf einmal für das Leben nach dem Tode interessierte, und tröstete ihn: »Außerdem, wenn du im Kampf stirbst, dann kommst du ja sowieso in die Waldhalle.«

»Walhalla«, verbesserte Baldur.

»Und da soll es ja so schön sein, daß niemand wieder weg will. Da stehst du morgens auf, dann kommen die Walküren mit den Krügen voll Mezza und Mezzaforte. Dann geht die Sauferei los. Danach wird ein bißchen gekämpft, damit man nicht aus der Übung kommt, und nachmittags versammeln sich dann alle in der großen Halle des Volkes, und dann gibt es Fleisch vom göttlichen Eber und ...«

Doch Baldur konnte sich nicht länger beherrschen, jammernd fiel er seinem Schwiegervater so plötzlich um den Hals, daß der fast in die Scheiße gestürzt wäre. »Ich will trotzdem nicht sterben. Und wenn es da noch so schön ist in der Walhalla.«

Heino löste Baldurs Arme von seinem Hals und schob ihn unwillig auf seinen Platz. »Reiß dich zusammen, Baldur. Haltung. Wenn das ein anderer Germane sieht.« Doch entfernte er sich vorsorglich und rutschte ein Loch weiter. »Soll ich dir mal ein Geheimnis verraten?« fragte er von dort aus, ohne eine Antwort zu erwarten, und bekannte überraschend: »Ich scheiß' auf Walhalla. Damit habe ich nie was am Helm gehabt.«

Bevor er jedoch weitersprach, vergewisserte er sich mit einem Blick zum Himmel, ob sich dort auch nichts zusammenbraute. »Die denken, was sie sich da für eine tolle Sache ausgedacht haben mit der Waldhalle. Aber überleg dir mal, wer da überhaupt reinkommt. Alle germanischen Krieger, die im Kampf getötet worden sind. Und nun stell dir das mal vor. Ich bin da also getötet worden im Kampf, von irgendeinem Sanella oder Hunnen. Und dann werde ich da hingefahren, mit einem Wagen, soviel ich weiß. Und dann komm' ich da an, und da ist dann dieser riesige Saal. Und überall nur Männer. Wo du hinguckst, Männer. Neben dir, vor dir, hinter dir ... Männer.«

Baldur versuchte es sich vorzustellen, brachte dennoch einen Einwand vor: »Aber die Walküren?«

»Hast du mal eine gesehen?«

»Du denn?«

»Ich selbst nicht, aber ich habe viele getroffen, die welche gesehen haben. Und alle sagen das gleiche. Dreimal so groß wie du oder ich. Und fett. Eine eklige, wabbelige Masse. Und Muckis, die hängen bis zu den Knien. Und dann reden die nie. Wenn sie einem was mitteilen wollen, singen sie das. Aber das Schlimmste: Alle sind blond.«

»Natürlich blond. Was sollen germanische Walküren deiner Meinung nach für Haare haben? Schwarze?«

»Zum Beispiel.«

»Aber das weiß doch jeder, daß mit denen nichts los ist. Kaum haben sie die Beine auseinander, schon schlafen sie ein und schnarchen. Die Blonden halten, was die Schwarzen nur versprechen.«

»Von wegen. Soll ich dir mal sagen, wer das Gerücht aufgebracht hat? August von Rom. Hauptpintofex und Obercäsar. Die unverschämteste Lüge, seit unsere Götter die Riesen besiegt haben.«

Das kapierte Baldur nicht: »Und warum sollen die ihre eigenen Weiber schlechtmachen?«

»Weil sie Angst haben. Angst vor uns. Angst vor den Germanen. Damit wir nicht auf die Idee kommen, mal den Ger umzudrehen und bei denen einzumarschieren. Weil wir Germanen für unsere Geilheit ja weltberühmt sind. Und wir sollen denken, ach was, das Land der Sanellas zu überfallen lohnt sich doch nicht. Die Weiber da unten haben alle schwarze Haare, und Weiber mit schwarzen Haaren schlafen beim Brögeln ein. Wenn die Weiber da unten Feuer im Achilles hätten, dann würden die Germanen ja schon mal in Rom einmarschieren, aber so? Da lohnt sich das doch nicht. Das sollen wir denken. Aber in Wirklichkeit haben die schwarzhaarigen Weiber nicht nur im Achilles Feuer... schon, wenn man bei denen mal zufällig mit dem kleinen Finger irgendwo rankommt, dann explodieren die bereits.«

Jetzt wurde Baldur doch neugierig: »Und deshalb sind wir da nie einmarschiert?«

»Vor allem, hauptsächlich, weil wir denken sollten, wegen der Weiber lohnt es sich nicht, und dann natürlich, weil hier ja keiner eine Ahnung davon hatte, wie schön es auf der Welt sein kann, außerhalb von Germanien. Und dann gibt es noch einen Grund: weil wir Germanen uns immer streiten müssen. Wenn wir mal zusammenhalten würden, wenn wir uns einig wären, alle Germanen ein einig Volk von Brüdern – dann würde die Welt vor uns erzittern. Aber das wirst du ja nun endlich alles erleben. Ich hätte den Mumm ja nicht aufgebracht, auch nicht für eine Wahl. Da bin ich richtig stolz auf dich.«

Schon etwas mißmutig bemerkte Baldur: »Du tust gerade so, als hätte ich mir das alles ausgedacht. In Wirklichkeit hast du mir das doch alles eingebrockt. Du hast doch gesagt, ich soll den Leuten versprechen, was sie hören wollen, und daß sie sofort nach der Wahl vergessen, was ich gesagt habe. Und jetzt bin ich gewählt, und wenn ich nun nicht nach Rom losmarschiere, dann schupsen die mich doch ins Moor. Die wollen in die Sonne.«

»Du wirst doch nicht die Ehre unserer Sippe aufs Spiel setzen, nur um deinen Kopf zu retten? Außerdem kennt ein Germane keine Angst.«

»Ich habe auch keine Angst«, behauptete Baldur bleich und zitternd, »aber ich darf doch nicht nur an mich denken. Meine Söhne brauchen den Vater, meine Frau braucht den Mann, und mein Gau braucht einen Führer, der ihm den Fortschritt bringt.«

»Aber du hast ihnen versprochen, sie hinzuführen, wo der Fortschritt schon ist. Eins von beiden geht nur.«

»Was soll ich denn nun machen?« fragte Baldur wieder weinerlich und rutschte auf Heino zu, der sich aber sofort wieder um ein Loch entfernte. »Was würdest du an meiner Stelle machen?«

Heino ließ sich alles geruhsam durch den Kopf gehen, riß sich ein Büschel Gras ab und wischte sich den Hintern damit ab, zeigte Baldur den Büschel, bevor er ihn in die Grube warf: »Das hat mir Sigurd beigebracht, so bleibt kein Gift in der Spalte.«

Kurz bevor Baldur platzte – schließlich galt Baldurs Sorge nicht der Sauberkeit seines Hintern (obendrein wischte er sich seinen ebenfalls seit Monaten ab) –, redete Heino weiter. Gleichmütig meinte er: »Also, ich würde an deiner Stelle einfach bei dem bleiben, was du versprochen hast, und sagen: Wir marschieren nach Rom.«

Baldur schaute seinen Schwiegervater an, endgültig davon überzeugt, daß der einen kräftigen Sprung in der Kumme habe. Heino erhob sich, zog gelassen seine Hose hoch und fuhr fort: »Und dann würde ich weiter sagen: Aber vorher müssen wir uns natürlich gründlich vorbereiten; schließlich wollen wir nicht schon, bevor wir Rom überhaupt auch nur von weitem gesehen haben, von den Sanellas geschlagen werden wie damals unsere Väter, die Kimbern und Teutonen.«

*

Es spricht für das politische Geschick Baldur Blauzahns, wenn eingeräumt werden muß, daß es leider ungewiß ist, ob er diesen weltbeglückenden Triumph gesunder germanischer Sitten, germanischen Familiensinns und germanischer Kriegskunst überhaupt noch erlebt hat: die Eroberung Roms am 24. August 410. Sicher ist, daß er am Feldzug selbst nicht teilgenommen hat; angeblich war es zu einem heftigen Streit zwischen ihm und Alarich gekommen, der ihn so sehr mitgenommen hatte, daß ihn Badwila krank schreiben mußte. Im Grab von Thusnelda jedoch fand sich ein in Rom hergestellter Armreif, mit Bildern vom Einzug ihrer Kinder durch das Salarische Tor. Ob Walgari und Heldmut und noch einige andere aus Bonarum allerdings mit zu jenen gehörten, die, gleich nachdem sie (in der Nacht) das Tor passiert hatten, brennende Fackeln auf die Häuser in der Nähe dieses Tores warfen, somit einen Brand erzeugten, der sich langsam durch die engen Gassen der Vorstadt wälzte, als erstes die Paläste des Sallust vernichtete und der folgenden Plünderung Roms als Beleuchtung diente, konnte niemand bestätigen.

Ziemlich sicher ist hingegen, daß es weder Bendix Büsum noch seine Frau Sieglinde waren, die das Salarische Tor den Eroberern geöffnet hatten, wie oft behauptet wurde. Das Ehepaar war (mit seinen drei Kindern) vermutlich auf Capri, weil die Familie seit Jahren den August dort verbrachte. Bendix und Sieglinde dürften erst einige Wochen später von dem schmachvollen – verglichen mit dem heroischen Untergang Karthagos, Jerusalems oder Syrakus' – Untergang Roms erfahren haben. Nirgendwo Widerstand, statt dessen Flucht, Mord und Plünderung. Mit Genugtuung hatten sie sicherlich zur Kenntnis genommen, wie vorbildlich schonend die Eindringlinge mit vielen berühmten Bauwerken umgegangen waren, obwohl sie doch entsetzt sein mußten, als ihnen die sittliche Verkommenheit der Einwohner offenbar wurde. Ihnen vorzuwerfen, daß sie beispielsweise die Frauenklöster sprengten und die unglücklichen Nonnen gewaltsam von ihrer Jungfrauenschaft befreiten, beweisen lediglich die aus Neid geborenen, üblen Nachreden, denen wir Germanen seit Hunderten von Jahren ausgesetzt sind. Die Tatsache, daß es in ganz Germanien in jenen Tagen lediglich einen Christen gab, nämlich Sigurd Swastika, also niemand wußte, was ein Kloster ist, wird regelmäßig unterdrückt.

Ganz sicher haben unsere Ahnen viel weniger zerstört, als man es von ihnen erwartet hätte. Daß so sehr viele Kunstschätze und Prachtbauten zerstört worden seien, wie von den Römern später behauptet worden ist, kann schon deshalb nicht stimmen, weil die Eroberer nur drei Tage in Rom blieben. Zu jener Zeit brauchten selbst Germanen mehr Zeit, um alles zu vernichten.

Um ihren Kurzaufenthalt maximal zu nutzen, erschien es ihnen nämlich lohnender, möglichst viel Beute zu machen. Wenn sie Thermen, Paläste, Kirchen und Tempel stürmten, dann nicht, um sie zu zerstören – natürlich ebenfalls nicht, um die Kunstwerke alexandrinischer Meister zu bewundern (von denen sie ohnehin nichts verstanden) oder die vielen unschätzbaren Kostbarkeiten, die von den Ahnen der Eroberten auf gleiche Weise aus Hellas oder einst in Palmyra, Assyrien und Persien erbeutet worden waren –, sondern um dort vermutete Schatzkammern in aller Eile zu leeren. Daß dabei ein paar tausend Bewohner Roms ihr Leben lassen mußten, ist deren Unvernunft und Habgier zuzuschreiben. Hätten sie nicht so verbissen ihr Eigentum verteidigt, wäre ihnen möglicherweise gar nichts passiert.

Tatsächlich ist, wenn man den Charakter der Südländer in Rechnung stellt, die These wenig riskant, daß die Römer ihre Bauten selbst zerstört haben, um dann uns Germanen die Schuld daran in die Schuhe zu schieben.

Allerdings sind ein paar Germanen doch in Rom geblieben, noch mehr allerdings in Italien, nachdem das Land erobert war. Die meisten von ihnen sind später (aus unterschiedlichen Gründen) dann doch wieder nach Hause, in ihre kalte Heimat, marschiert, geritten oder gefahren, wenngleich kaum einer von ihnen ohne den Vorsatz, irgendwann noch einmal nach Rom zurückzukehren, und sei es auch nur, um ihren Kindern die malerischen Ruinen zu zeigen, die sie hinterlassen hatten. Daran haben sie sich gehalten, bis heute.